한국의 정치변동

홍득표 지음

인하대학교 출판부

국립중앙도서관 출판시도서목록(CIP)

한국의 정치변동 / 홍득표 지음. -- 인천 : 인하대학교 출판부, 2006
p. ; cm

ISBN 89-7407-203-3 93340 : ₩17000

340.911-KDC4
320.9519-DDC21 CIP2006000422

| 머리말 |

한국에서 가장 발전되지 않은 분야가 정치라고 한다. 정치가 발목을 잡아 국가발전을 저해한다는 말은 새삼스럽게 들리지 않는다. 정치인은 언제나 가장 존경을 받지 못하는 대상의 하나로 분류된다. 그래도 정치지망생은 넘친다. 왜냐하면 모든 길은 로마로 통한다는 말과 같이 한국에서 모든 길은 정치로 통하기 때문일 것이다. 정치를 통하지 않고는 되는 일이 없을 정도다. 정치만능의 정치화된 사회다. 정치논리가 지배하기 때문에 정치를 통하지 않고는 아무것도 할 수 없다. 그래서 누구든지 특정분야에서 유명인사가 되면 영입 대상이 되고, 유명 인사들이 기회만 오면 정계에 입문하려 한다.

정치인 중에는 대학 때 운동권 출신과 학생회 간부를 해 본 사람, 말 잘하는 사람, 똑똑한 사람, 고시에 합격한 사람, 기업에서 성공한 사람, 고위 공직을 역임해 본 사람, 당료로서 정당생활을 오래한 사람, 특정 분야에 전문성이 뛰어난 사람, 민주화 운동으로 옥고를 치른 사람 등이 많다. 대부분 훌륭한 자질과 리더십 그리고 개인보다는 국가를 중시하는 사람들이 상당수 정치에 입문하는데도 불구하고 정치가 더디 발전하는 이유는 무엇일까?

그 뿐만 아니라 숱하게 많은 정치개혁을 추진하였지만 발전 속도가 느리다. 선거 때는 말할 것도 없이 정치권에서는 언제나 정치개혁을 들먹인다. 정치인마다 정당마다 모두가 정치개혁의 적임자라고 주장한다. 정치개혁을 독점하려는 경쟁이 치열하다. 정치개혁은 아마도 정치권에서 가장 흔하게 등장하는 메뉴의 하나라고 볼 수 있을 것이다. 헌정체, 국회제도, 정당제도, 선거제도, 정치자금법 등 손을 대지 않은 곳이 없다. 완전 누더기가 될 정도로 고치고 또 고쳤다. 하지만 끝없이 제도개혁의 필요성이 등장하고 있다. 그 덕분에 정치가 분명하게 변하고 있는 것은 사실이다. 숱한 정치변동을 겪으면서 정치가 점진적으로 발전하고 있다. 변화의 속도가 더딜 뿐이다. 다른 분야의 발전 속도를 따라가지 못하고 있을 뿐이다.

유능한 인사가 정계에 입문하고 거의 모든 제도를 도입·운영해 본 경험이 있지만 정치가 가장 뒤떨어진 분야라고 지적받고 있다. 왜 그럴까? 다양한 원인이 있겠지만 그 중 하나로 '낮은 제도화 수준'을 들고자 한다. 정치제도화란 "정치와 관련된 조직(organizations)과 절차(procedures)가 가치와 안정성을 확보하는 과정"이다. 정치관련 조직은 헌정체, 권력구조, 행정조직, 국회, 정당 등이 있으며, 절차는 선거, 정권교체, 권력행사, 정책결정과 집행, 각종 정치관행 등을 예로 들 수 있을 것이다. 가치와 안정이란 조직이나 절차가 그 역할과 기능을 효율적으로 수행하여 쓸모 있는 것으로 인정되고 받아들여져 제도가 공고화되는 것을 의미한다. 제도화를 측정할 수 있는 지표로 적응성(adaptability), 복합성(complexity), 자율성(autonomy), 응집성(coherence) 등을 들고 있다. 적응성이란 측면에서 한국정치의 제도화 수준은 매우 낮다고 볼 수 있다.

자유민주주의 정치체제를 도입한 지 60년이 다 되었는데도 아직도 제도타령이다. 정치권에서는 개헌론, 선거구제 개편론, 연정론, 창당론, 합당론, 정계개편론 등이 제기되고 있다. 정치개혁이 화두로 등장할 때마다 제도를 운영하는 사람들의 행태와 문화를 탓하기보다 제도를 문제 삼고 있다. 제도개혁이 정치발전의 만능 처방전으로 인식되고 있는 형편이다. 제도를 바꾸는 것이 정치발전의 지름길이요, 정치개혁의 완성이라는 시각을 갖고 있다. 한국의 정치조직이나 절차가 수시로 변동되어 안정성을 상실하고 본래의 기능을 제대로 수행하지 못하는 결과를 빚고 있다.

한국정치는 정치학의 실험실과 같이 정치학 교과서에 나와 있는 모든 제도를 골고루 도입해 본 역사가 있다. 제도 논쟁에 종지부를 찍고 하루빨리 정치제도화 수준을 높여 정치관련 조직과 절차가 안정성을 유지하면서 가치 있고 쓸모 있는 것으로 받아들여져야 할 것이다. 제도타령을 벗어나 질(質)의 정치(quality politics)로 변모해야 한다. 질의 정치란 정치조직이나 절차가 안정된 가운데 양질(良質)의 자유(liberty), 복지(welfare), 안전(security)과 같은 정치재화(political goods)를 효율적으로 산출하여 국민에게 권위적으로 공정하게 배분하는 것을 의미한다. 앞으로 제도화 수준을 높여 질의 정치가 정착될 수 있도록 노력해야 할 것이다. 정치인들에 의한 립서비스 정치(lip service politics)가 아니라 정치재화를 효율적으로 산출하는 알찬 정치를 해야 한다.

그 동안 정치제도를 숱하게 바꿔봤다. 도입해보지 않은 제도가 거의 없을 정도로 많은 제도의 도입과 운영 경험이 있다. 또 다른 제도를 도입하여 한국정치를 정치학의 실험실로 삼으려는 시도는 정말 신중해야 할 것이다. 그 동안 겪은 많은 시행착오와 정치실험을 토대로 출발해야 할 것이다. 이런 상황에서 새로운 제도를 또 다시 도입하여 정치실험을 하는 것은 불확실성의 지속이기 때문에 새로운 제도의 도입에는 신중을 기해야 할 것이다. 하지만 시대적 상황이나 국민의 요구 그리고 여야가 합의한다면 제도를 바꿀 수 있을 것이다. 비민주적인 요소 때문에 자유민주주의의 공고화에 걸림돌이 되거나, 국민의 정치적 권리와 자유를 제한하는 조항이 있거나, 시대 변화를 뒷받침 할 수 없는 제도라면 개혁하는 것이 마땅하다. 제도 개혁의 방향은 정파적 이해를 떠나 국민에게 질의 정치를 제공할 수 있고 국민을 위하여 진정 필요하다면 얼마든지 바꿀 수 있다. 그런 전제하에서 만약 개헌을 한다면 6년 단임의 국민직선 정부통령제와 양원제 도입의 필요성을 제기하였다. 여야간 평화적 정권교체의 누적, 소선거구제 유지, 전국단위 개방식 정당명부 직능대표제 도입, 원내정당화, 선거정당화, 당원의 정체성 확립 등을 제시하였다.

그리고 무엇보다도 정치가 본질적으로 발전하려면 정치교육을 통한 정치의식 향상과 시민문화의 정착이 필요함을 강조하였다. 민주시민교육원의 설립 필요성도 제기하였다. 아무리 좋은 수종(樹種)을 골라서 식목(植木)했더라도 기후나 풍토가 맞지 않거나 이를 보살피고 가꾸는 사람들의 의식과 태도가 변하지 않으면 무럭무럭 자라서 맛있는 열매를 맺을 수 없기 때문이다. 또한 거목(巨木)으로 자랄 수 있도록 시간을 두고 기다려야 한다. 강남에 귤이 나지만 강북에 심으면 탱자가 열리고, 제나라에서는 도둑질을 안 하던 사람이 초나라에 오면 도둑질을 했다는 말의 의미를 새겨 볼 필요가 있다.

이 책은 8장으로 구성되어 있다. 그동안 발표한 논문을 일부 또는 대폭 수정·보완하였으며, 몇 장을 새롭게 집필하여 한 권의 책으로 엮었다. 책을 세상에 내 놓는다는 것은 정말 대단한 모험인 줄 잘 알면서 또 용기를 냈다.

이 책을 내는 데는 "2004~2005학년도 인하대학교 학술저서 발간 지원사업"에 큰 도움을 받았다. 연구지원처 여러 선생님들에게 감사드린다. 그리고 출판을 흔쾌히 허락해 준 인하대학교 출판부와 진원디자인프린텍 관계자 여러분에게 고마운 마음을 전한다.

2006. 2. 20

송도(松都) 앞 바다가 멀리 보이는 연구실에서

홍 득 표

차 례

제6장

민주화와 정치변동

제7장

교육과 정치변동

제8장

정치의식과 정치변동

제1장

한국의 정치변동 과정

한국정치의 제도화 수준과 방향

한국정치의 제도화 수준과 방향

I. 머리말

한국의 현대정치는 격동, 격변, 단절, 굴절, 불안, 위기의 악순환을 거듭하면서 변증법적으로 발전해 오고 있다. 다른 나라에서 한번만 겪어도 충분한 정치적 사건을 하나도 빼 놓지 않고 모두 경험하여 한국정치는 '정치발전의 실험실' 과 꼭 같은 모습을 보이고 있다.

36년동안(1919~1945) 일본의 식민지배, 3년 동안(1945~1948)의 미군정, 6·25전쟁(1950), 4.19학생혁명(1960), 군사쿠데타(1961, 1979, 1980), 9회의 계엄선포, 6회의 국회의원 임기 단축, 장기집권, 권위주의 정치체제, 대통령의 망명(1960), 대통령 시해(1979), 광주민주항쟁(1980), 6월항쟁(1987), 군정청산과 전직 두 대통령의 구속(1995), 외환위기(1997), 대통령의 여당 총재직 사퇴(2001), 헌정 사상 초유의 대통령 탄핵소추안 국회통과(2004)등 정말 파란만장한 역정을 걸어왔다.

한국은 1997년 외환위기를 맞이하여 일시적으로 어려움을 겪기도 했지만 경제적으로 최단 시일 내에 고도 압축성장을 이룩하여 자본주의 발전의 성공적인 모범사례를 제공하여 왔다. 서구에서 100년이상, 일본에서 70~80년 동안 이룩한 경제발전을 불과 한국은 20~30년 만에 한강의 기적을 이루었지만 정치는 퇴행과 저발전을 반복하면서 발전하고 있다. 정치가 발전하고 있지만 사회·경제적인 변동 속도에 비하여 더딘 것이 사실이다.

정치발전의 개념은 매우 다양하다. 분석의 대상이나 초점을 어디에 맞추느냐에 따라서 달라지고, 시대와 상황에 따라 변하기도 한다. 일반적으로 발전에 대한 다양한 기존 시각들의 공통분모는 결과지향적·성과지향적이라는 점이다. 발전은 제도, 상황, 행태 혹은 의식의 변화를 의미한다. 그것은 과정위주(process-centered)이기보다는 결과위주(result-centered)의 뉘앙스를 풍긴다(임성호 2001, 375). 발전은 바람직한 방향으로 변화되는 모습을 의미한다. 발전은 진화(evolution)와 다르다. 사회진화는 자연성(natural), 방향성(directional), 내재성(immanent), 지속성(continuous), 필연성(necessary), 통일된 인과성(uniform causes) 등 여섯 가지의 전제

(premise)가 있다(Bill and Hardgrave 1981, 46~47). 하지만 발전은 진화와 달리 설정한 목표나 바람직한 방향을 향해서 진행되는 과정이나 눈에 보이는 성과가 나타난 모습을 의미한다. 정치발전도 마찬가지다. 국민이 희망하는 바람직한 정치의 모습으로 변화되는 과정이나 변화된 결과를 의미한다고 볼 수 있다.

정치발전에 대한 연구는 근대화론적인 접근, 공공정책적 접근, 종속이론, 발전과 국가라는 시각에서 이루어지기도 하며(정희채 2000), 사회과정 모델, 구조기능모델, 비교역사모델(김기우 1998)등으로 분류하여 접근하기도 한다. 근대화론적 접근법에서 제시한 정치발전이론도 수십 가지가 넘는다. 종속이론은 통일된 접근법이 없다. 파이(Lucian Pye)가 제시한 정치발전 개념도 10가지나 된다(1966).

한국정치를 분석하는 데 과연 어느 접근법이 가장 적실성이 있느냐를 따지는 것은 솔직히 부질없는 노력이 될 수밖에 없을 것이다. 앞서 언급한 바와 같이 분석의 대상이나 주제의 다양성 그리고 시대적 상황이나 정치주체의 변화 등에 따라서 접근법을 달리해야 하기 때문이다. 또한 단일 요인으로 인과관계를 분석하기 어려운 정치현상도 있기 때문이다. 일반적으로 한국의 정치발전은 자유민주주의 정치체제의 공고화라는 시각에서 접근하는 경향이 있다. 정치발전을 자유민주주의 이념과 가치 및 원리를 정치현실에서 구체적으로 구현하는 데 있다고 보는 것이다. 정치발전에 대한 관심은 자연스럽게 자유민주주의 정치체제의 기본골격인 권력구조, 국회, 정당, 선거제도에 쏠리게 되는 것이다.

본 연구에서는 구조-기능주의적(structural-functionalism)시각에서 정치발전을 논의하고자 한다. 구체적으로 헌팅톤(S. P. Huntington)의 제도화 이론(institutionalization theory)을 적용하여 한국의 정치변동과정을 제도적 시각에서 살펴보고 발전방향을 제시하고자 한다(1968). 그 이유는 앞서 열거한 다양한 정치실험들이 대부분 제도화 수준이 낮아서 발생한 것으로 보기 때문이다. 정치권에서 끈임 없이 제기되고 있는 개헌론, 선거구제 개편론, 정계개편론, 신당창당·분당·합당론, 대연정론 등등은 정치조직이 아직도 제도화 되지 못했음을 단적으로 보여주는 것이라고 볼 수 있다. 또한 여야관계, 입법부-행정부-사법부관계, 정부와 언론관계 등이 확립되지 못한 것도 제도화 수준이 낮기 때문이라고 볼 수 있다. 한국정치가 안정되지 못하고 항상 개혁논란에 빠져 있는 것은 제도화 수준이 낮기 때문이다.

본 연구에서는 헌정체와 권력구조, 국회제도, 선거제도, 정당제도 등의 제도화 수준을 살펴보고 발전방향을 제시하고자 한다.

II. 정치발전단계와 제도화 이론

헌팅톤은 정치발전을 구조-기능주의 시각에서 정치제도화(political institutionalzation)에 초점을 맞추어 접근하고 있다. 헌팅톤은 정치근대화의 특징을 ① 혁명적 ② 복합적 ③ 체계적 ④ 세계적 ⑤ 장기적 ⑥ 단계적 ⑦ 동질적 ⑧ 진보적 과정이라고 이해하였다. 헌팅톤은 사회세력(social forces)과 정치제도와의 관계를 중시하였으며, 한 사회의 정치공동체(political community)의 수준은 그 사회가 갖고 있는 정치제도와 사회세력과의 관계에 달려 있다고 주장한다. 즉, 사회가 복잡해지고 구조 및 활동이 다양해지면서 이에 상응하는 높은 수준의 공동체의 성취와 유지는 점차적으로 정치제도에 의존하게 된다는 것이다.

따라서 정치발전은 사회경제적 변화에 상응할 수 있는 정치의 제도화가 이루어져야 한다는 입장이다. 정치제도화란 "정치와 관련된 조직들(organizations)이나 절차들(procedures)이 가치와 안정성을 확보하는 과정"이라고 이해하였다. 정치와 관련 된 조직은 헌정체, 권력구조, 행정조직, 국회, 정당 등과 관련이 있으며, 절차는 선거, 정권교체, 권력행사, 정책결정과 집행, 각종 정치관행 등을 예로 들 수 있을 것이다. 가치와 안정이란 조직이나 절차가 그 역할과 기능을 효율적으로 수행하여 쓸모 있는 것으로 인정되고 공고화되어 질서를 유지하는 것을 의미한다. 제도화를 측정할 수 있는 지표로 ① 적응성(adaptability) ② 복합성(complexity) ③ 자율성(autonomy) ④ 응집성(coherence) 등을 제시하였다.[1)]

헌팅톤은 정치가 발전되지 않은 국가의 정치 제도화 수준은 매우 낮아 잦은 갈등과 대립으로

1) 적응성은 조직과 절차가 변화하는 환경과 도전에 잘 견뎌내는 것을, 복잡성은 하위단위의 기능적 분화와 다기능화를, 자율성은 조직이나 절차의 행위양식이 외부의 압력이나 영향력으로부터 독립성과 통합성 유지를, 응집성은 분열과 갈등보다는 단결과 화합을 유지하는 것 등을 의미한다. 예를 들면 적응성을 분석하는 기준으로 조직이나 절차의 연륜(나이)을 따진다. 왜냐하면 조직과 절차가 오래 존속한 것은 그 만큼 필요했기 때문이며, 그 가치가 인정된 것으로 본다. 또한 오래된 조직과 절차는 그 만큼 변화하는 환경과 도전에 잘 견뎠다는 것을 의미하기 때문이다.

정치불안과 위기를 겪는다고 한다. 사회동원(social mobilization)의 지표인 도시화, 산업화, 교육기회의 증대, 매스미디어의 발달 등은 국민의 정치의식 향상을 가져오고, 국민의 정치에 대한 기대나 요구의 수준을 높이는데 기여하게 된다. 이는 결국 국민의 정치참여욕 증대로 이어지고, 정치제도가 이를 수렴할 수 없을 때 격차(gap)가 생기며, 이의 해소방법을 찾는 과정에 정치불안과 위기에 직면하게 된다는 것이다. 정치질서가 불안정하고 정치적 퇴행(political decay)을 겪기 때문에 미래에 대한 예측을 어렵게 만든다고 한다. 따라서 정치가 변화되는 과정이 질서정연하게(orderly) 이루어지는 것이 바람직하다고 하면서 정치발전은 단선적인 경로(unileanear path)를 밟기보다는 변증법적으로 이루어진다고 보았다.

헌팅톤의 제도화 이론을 정치발전 단계와 연계하여〈그림-1〉과 같이 나타내 보았다. 헌팅톤이 주장한 제도화 수준을 평가하는 네 가지 지표 중 적응성 개념을 적용하여 한국의 정치 조직과 절차를 분석하면 정치발전 수준은 단계(I)을 지나 단계(II)에 와 있다고 볼 수 있다. 앞으로 한국정치가 지향해야 할 발전방향은 정치제도화 수준을 높여 민주주의의 공고화 단계를 지나 민주주의를 내실화하여 질의 정치(quality politics)를 정착시키는 단계(III)이라고 볼 수 있다.

〈그림-1〉 정치제도화 과정과 정치발전 단계

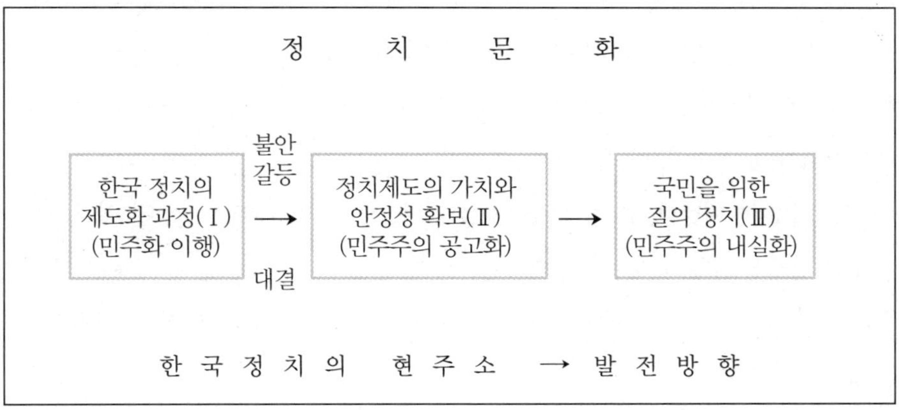

국민을 위한 질의 정치란 정치조직이나 절차가 안정된 가운데 양질(良質)의 자유(liberty), 복지(welfare), 안전(security)과 같은 정치재화(political goods)를 효율적으로 산출하고 국민에게 권위적으로 공정하게 배분하는 활동을 의미한다. 정치제도가 안정된 가운데 정치의 생산성, 효율성, 봉사성을 높여 민주주의의 내실화를 기하는 것을 의미한다.

III. 헌정체와 권력구조의 제도화

1. 헌정체와 권력구조의 변화

정치공동체를 형성·유지·발전시키는 데 정치적 권력관계를 법적으로 규율하는 것이 헌법이다. 민주국가에서 헌법은 민주공화정의 수호와 기본권 보장에 목적이 있고, 통치구조는 민주공화제의 유지와 기본권 보장을 위한 수단이고 제도적 장치라고 볼 수 있다. 따라서 헌법에서 "대한민국은 민주공화국"이라고 선언하고 있으며, 국가의 기본권 보장의무를 명시하고 있다. 헌법은 국가의 기본법으로서 통치형태·통치기능·통치기구 등의 기본 틀을 규정하는 조직규범이다(권영성 2001, 673~675). 따라서 통치형태인 권력구조문제가 민주공화정을 형성·유지·발전시키는데 매우 중요하다.

하지만 1948년 정부가 수립된 이후 수없는 헌정체(constitutional regime)의 변동이 있었다. 1공화국부터 6공화국이 탄생하기까지 공화국의 변동은 대부분 법과 제도에 의하지 않고 초법적·탈법적으로 이루어졌다. 1공화국은 4·19혁명으로, 2공화국은 5·16군사쿠데타로, 3공화국은 유신체제 도입을 위한 계엄령선포로, 4공화국은 10·26 사태로, 5공화국은 6월항쟁으로 각각 붕괴되었다. 그 결과 1개 공화국의 평균 수명은 10년이다. 초대 이승만 대통령에서 16대 노무현 대통령에 이르기까지 대통령의 법적 임기는 4~7년이었으나 실질적인 평균임기는 3.6년에 불과하다. 그리고 7회의 대통령 권한대행체제를 경험하였다. 비정상적인 정치변동은 헌정질서의 파괴, 권력공백, 정치불안, 정치위기의 악순환을 초래하였다.

권력구조도 수없이 변했다. 1948년 5월 31일 198명의 국회의원으로 구성된 제헌국회가 개회되고, 바로 헌법제정 작업에 착수하여 대통령중심제, 임기 4년의 국회간선, 대통령 1회 중임, 단원제 국회의원 임기 4년 및 국무총리제 등을 채택한 제헌헌법이 제정되었다. 하지만 9차례의 개헌이 있었다.

1차 개헌은 1952년 7월 7일 실시된 '발췌개헌' 이다. 주요 내용은 대통령·부통령 직선제, 양원제(민의원 4년, 참의원 6년) 등을 채택한 것이다. 2차 개헌은 1954년 11월 29일 이루어진 '四捨五入개헌' 이다. 표결 결과 국회 재적의원 203명중 135명만이 찬성하여 개헌에 필요한 의결 정족수 재적의원 2/3(136명)에 미치지 못하였으나 '사사오입' 원칙에 의하면 203의 2/3는 135라고 주장하였다. 주요 내용은 대통령 중임제 철폐, 주권 제약 및 영토 변경에 대한 국민투표제 도입, 국무총리제 폐지 등을 들 수 있다. 3차 개헌은 4·19혁명 이후 1960년 6월 15일 이루어진 의원내각제 도입, 대통령 국회선출, 5년 중임제 등을 도입하는 것이었다. 4차 개헌은 1960년 11월 29일, 3·15부정선거의 주모자들과 부정선거에 항의하는 군중을 살상한 자들과 부정축재자 처벌을 위한 헌법적 근거를 마련하는 것이었다. 5차 개헌은 5·16이후 1962년 12월 26일 이루어졌다. 대통령중심제 도입, 국회단원제와 비례대표제 도입, 법원의 위헌법률심사권을 부여하는 내용이었다. 6차 개헌은 1969년 10월 27일 대통령의 3선 허용과 대통령탄핵소추 의결정족수를 가중하는 내용이었다. 7차 개헌은 1972년 12월 27일 유신헌법을 도입한 것이다. 유신헌법은 대통령 임기 6년의 연임제한 철폐, 통일주체국민회의 대의원에 의한 대통령과 국회의원 3분의 1의 선출권 및 헌법개정안을 확정할 수 있는 권한을 부여했으며, 대통령의 긴급조치권, 국회 해산권, 국회의원 3분의 1 추천권 등을 부여하였다. 8차 개헌은 1980년 10월 27일 대통령에게 비상 조치권·국회 해산권 부여, 대통령 7년 단임의 간선제 유지 등의 내용이다. 9차 개헌은 6·10 민주화 항쟁이후 1987년 10월 27일 국민투표를 거쳐 29일 공포된 5년 단임의 대통령직선제 개헌이다. 〈표-2〉에 나타나 바와 같이 헌법개정을 위한 국민투표도 6차례나 있었다. 9차례의 헌법개정으로 헌법의 평균수명은 7년도 못된다. 헌법개정은 대부분 국민의 자유와 권리를 신장시키고 국리민복 차원에서 이루어진 것이 아니라 특정한 정치지도자의 장기집권이나 정파의 권력 강화를 위해서 시도되었다.

〈표-2〉 국민투표 현황

시행일/구분	투표일	인구수	투표인수	투표율(%)	찬성율(%)	사 유
1962.12.17	1962.12.06	26,278,025	12,412,798	85.3	78.8	헌법개정
1969.10.17	1969.10.08	30,481,835	15,048,925	77.1	65.1	헌법개정
1972.11.21	1972.10.31	31,536,109	15,676,395	91.9	91.5	헌법개정
1975.02.12	1975.02.05	33,290,921	16,788,839	79.8	78.0	헌법개정 및 정부신임
1980.10.22	1980.10.15	37,589,091	20,373,869	95.9	91.6	헌법개정
1987.10.27	1987.10.17	41,338,959	25,619,648	78.2	93.1	헌법개정

한국의 권력구조는 〈표-3〉에 나타난 바와 같이 많은 변화를 경험했다. 1공화국은 대통령 국회간선, 국민직선, 국무총리제, 정부통령제, 4년 중임제 및 연임제한 철폐, 2공화국은 대통령 간선의 5년 중임이 가능한 내각책임제, 3공화국은 대통령직선의 4년 중임제, 4공화국은 간선의 임기

6년의 무제한 연임이 가능한 대통령중심제, 5공화국은 선거인단에 의한 간선 및 대통령 임기 7년의 단임제, 6공화국은 국민 직선의 대통령 임기 5년 단임제 등 수없는 변천을 겪어 왔다. 직선과 간선, 중임제와 단임제, 정부통령제와 국무총리제 도입 등 내각제적 요소를 가미한 변형된 대

〈표-3〉 권력구조의 변화

공화국	권력구조	특 징	대통령선출방식	임 기
1공화국	대통령중심제	정·부통령제/총리제 도입	간선/직선	4년/중임·무제한
2공화국	내각책임제	국무총리제	간선	5년/연임
3공화국	대통령중심제	총리제 도입	직선	4년/중임·3선 허용
4공화국	영도적대통령제	〃	간선	6년/무제한
5공화국	대통령중심제	〃	간선	7년/단임
6공화국	대통령중심제	〃	직선	5년/단임

통령제, 4, 5, 6, 7년의 대통령 임기제 등 다양한 권력구조와 선거제도를 경험하였으나 아직도 권력구조가 제도화되지 않은 가운데 개헌론이 제기되고 있다.

개헌을 주장하는 논리는 ① 대통령에게 권력집중과 국회-대통령의 마찰 ② 권력구조개편의 시의 적절성 ③ 시대적 변화에 부응 ④ 권력구조의 디자인 원칙 ⑤ 5년 단임제 대통령과 무책임한 민주주의 ⑥ 분점정부의 지속적 출현 등의 이유를 들고 있다.[2] 정치권에서도 개헌에 대하여 관심을 보이고 있다. 시기적으로 2007년 12월 대통령선거와 2008년 4월 국회의원 선거가 예정되어 있어 국회의원 임기를 약간 단축하면 두 선거를 동시에 치룰 수 있기 때문에 개헌적기라고 보는 것이다. 정치권의 개헌론은 '1987년체제'를 운영하면서 제기된 문제점 때문이기도 하지만 차기 집권 가능성과 관련한 정파적 이해나 전략이 크게 작용한 측면이 있는 것도 사실이다. 국정실패의 원인이 헌법에 있는 것처럼 정치권에서 개헌타령이 끊이질 않는 것은 권력구조의 제도화 수준이 낮다는 것을 반증하는 것이다.

---

2) 조성관, "한국 권력구조 개편 논의 : 대통령제의 정상적 가동을 향한 개헌론" 2005년 한국정치학회 춘계학술회의 발표 논문. 저자는 미완의 논문으로 인용을 가급적 삼가해 달라고 주문하였음.

2. 헌정체의 제도화

기본적으로 개헌에 대하여 신중한 입장이다. 비생산적인 한국정치의 주된 원인이 '1987년체제'에서 기인했다고 보지 않기 때문이다. 오히려 제도를 파행적으로 운영하는 정치지도자의 행태와 리더십에 더 큰 문제가 있다는 시각이다. 하지만 헌법은 고정불변의 것이 아니라 국민의 요구나 시대변화 그리고 여야 합의에 의하여 고칠 수 있다고 본다. 하지만 개헌의 당위성에 대하여 몇 가지 문제를 제기하고자 한다.

대통령에게 정치권력이 집중되어 있으며, 국회와 대통령의 마찰이 심하다는 것은 인정한다. 제왕적 대통령을 해소하기 위해서 대권과 당권이 분리되어 대통령이 겸하던 여당총재는 사라졌다. 국회의장이나 상임위원장도 자유 경선을 통하여 선출된다. 당내 민주화를 통하여 공직후보에 대한 상향식 공천이 대세로 자리 잡아가고 있다. 국회에서 교차투표가 일반화 되어 당론정치가 약화되고 있다. 17대 국회는 의정경험이 전무한 초선의원 비율이 63%나 되어 국회의 관행인 선수(選數)가 파괴되고 위계질서도 무너졌다. 하지만 국회가 정부나 청와대로부터 독립하여 완전한 자율성을 유지한다고 볼 수 없다. 거대 여당이 평당원인 대통령의 눈치를 살피고, 대통령의 말 한 마디에 대부분의 여당의원들이 정책 소신을 바꾼다. 국회와 정부의 갈등이 심한 것은 사실이지만 개헌으로 국회권한을 강화한다고 대통령을 효율적으로 견제할 수 없을 것이다. 한국 국회의 국정감사 및 조사권, 예산승인 및 결산심의권 등 어느 나라 입법부보다도 막강한 권한을 갖고 있지만 행정부를 견제하지 못하고 있다. 개헌으로 대통령의 권한을 약화시키고 국회를 강화시킨다고 해결 될 수 있는 문제가 아니다.

권력구조개편의 시의 적절성에 대하여 공감한다. 2008년 4월 국회의원 선거를 2007년 12월 대통령 선거와 동시에 치르고 임기를 같게 하면 선거 주기를 맞출 수 있을 것이다. 국회의원의 임기를 몇 개월만 단축하면 가능한 일이다. 환승비용(transferring costs)을 줄일 수 있다는 주장에 전적으로 공감한다.

개헌이 시대적 변화에 부응한다는 주장은 꼭 그렇다고 단정 짓기 어렵다. 1987년 체제는 유신체제나 5공화국 체제의 대안으로 도입된 것이 사실이다. 1인 장기집권이 한국정치에서 가장 커다란 문제로 지적된 상황에서 5년 단임제를 선택한 것은 시대적 산물이라고 볼 수 있다. 하지만 국민소득 2만불 시대가 도래하고, 정보통신혁명과 세계화가 진행 중이기 때문에 1987년 체제가 부적합하다는 주장에 동의하기 어렵다. 내각제나 4년 중임의 정부통령제로 개헌하는 것이 변화되는 시대 상황에 부응한다는 논리를 수긍하기 어렵다. 1987년 체제가 정보화나 세계화의 걸림돌은 아니라고 보기 때문이다.

권력구조의 디자인 원칙인 민주성(대의성), 통치성(효율성), 안정성을 위해서 개헌을 해야 한다는 주장도 공감하기 어려운 부분이다. 현행 권력구조도 민주성, 통치성, 안정성을 유지하고 있다고 볼 수 있다. 국민의 직선에 의하여 선출되는 대통령이 차기를 염두에 두지 않고 소신껏 국정을 운영할 수 있다. 레임덕은 5년 단임이나 8년 중임이나 시기에 문제일 뿐 필연적으로 나타나는 자연적인 현상이다.

5년 단임제 대통령과 무책임한 민주주의라는 주장도 꼭 그런 것은 아니다. 4년의 업적에 대하여 회고투표(retrospective voting)를 통하여 정부의 반응성과 책임성을 높일 수 있다. 하지만 재선이후 4년동안 무책임하게 국정을 운영할 경우 견제장치가 없다. 재선을 위해서 첫 임기 동안 인기위주의 선심정책을 구사할 경우 오히려 집권자의 무책임성이 더 큰 문제가 될 수 있을 것이다. 또한 현직대통령이 중임에 도전했을 때 공무원의 정치적 중립, 사정당국의 편파성, 언론의 불공정성, 정경유착 등이 우려된다.

그리고 분점정부가 지속적으로 출현한 것을 개헌 이유로 들고 있으나 대선과 총선의 동시 실시로 통합정부를 출범시킨다는 보장이 없다. 국민의 견제 심리가 작용하여 행정권과 입법권을 각각 다른 당에 위임하는 분리투표행태가 나타날 경우 임기 내내 분점정부에 시달릴 가능성도 있다. 분점정부가 국정의 비효율성을 야기 한다는 문제도 있지만 대통령과 행정부의 견제 및 여야 합의와 타협에 의한 의회운영도 기대할 수 있다는 장점이 있다. 분점정부는 제왕적 대통령을 견제할 수 있는 대안이 될 수 있다.

시기적으로 대통령 선거와 국회의원 선거를 동시에 치를 수 있기 때문에 개헌의 적기로 본다면 그리고 국민이 원하고 여야가 합의한다면 개헌을 추진할 수 있을 것이다. 하지만 내각제보다는 순수한 대통령중심제를 선택하되, 대통령 임기를 6년 단임으로 하여 안정적으로 일할 수 있는 충분한 기간을 보장해 주고, 2007년 말 동시 선거, 2011년 총선을 통한 대통령 중간평가, 2013년 대통령선거, 2015년 총선을 통한 대통령 중간평가, 2019년 동시 선거를 치르는 정치일정을 대안으로 제시하고자 한다. 권력구조 개편 관련 구체적 내용은 2장에서 논의하고자 한다.

IV. 국회의 제도화

1. 국회제도의 변화

현대의 모든 민주정치체제에서는 의회제도를 채택하고 있다. 민주주의 정치체제에서 의원은 국민직선에 의하여 선출되며, 시민에 대하여 정치적 책임을 진다. 의회주의란 국민대표의 원리, 공개와 이성적 토론의 원리, 다수결의 원리, 교체의 원리(principle of rotation)에 따라서 국회가 행정부와 균형과 견제를 이룩하면서 입법 등의 수단으로 정책결정과정에 참여하는 정치방식을 의미한다. 의회가 수행하는 정치적 기능은 다양하지만 ① 국민의 다양한 의사와 이해관계를 통합·조정하고 각계 각층의 요구를 수렴하여 국가정책결정과정에 반영한다. ② 법안 또는 예산안 심의과정을 공개함으로써 국민들의 정치적 관심과 판단력을 제고하는 정치교육적 기능을 수행한다. ③ 주권자인 국민을 대표하여 집행부의 활동을 감시·통제·비판하는 역할을 수행한다(권영성 2001, 804).

의회정치의 발상지인 영국 의회는 "남자를 여자로 바꾸는 것을 제외하고 무엇이든 할 수 있다."는 말이 있다. 이는 의회가 국민주권과 대의원칙에 따라서 자유민주주의 정치이념과 원리를 구현하는 정치의 중심이 되고 있음을 뜻한다. 의회가 국민의 대의기관으로서 정치적 의사결정의 최고 기관임을 의미하는 것이다. 따라서 의회정치가 활성화되는 것은 국민에 의한 정치가 구체적으로 실현되는 것으로 발전된 민주정치의 모습이라고 평가할 수 있다.

한국도 해방이후 정부가 수립되면서 의회제도를 채택하여 민주주의가 요구하는 입법기능을 부여해 오고 있다. 1948년 제헌국회를 구성한 이래 17대 국회를 구성하는 헌정사를 지니고 있다. 〈표-4〉에서 보여주고 있는 바와 같이 의회의 구성원리인 단원제와 양원제를 채택한 경험이 있다. 1952년 1차 개헌에 의하여 양원제가 채택되었으나 개정헌법 부칙 4조에 의하여 2~5대에 이르기까지 참의원을 구성하지 않았다. 그러나 1960년 3차 개헌에 의하여 양원제가 채택되어 5대 국회는 참의원을 실제로 구성했으나 5.16으로 국회가 해산되면서 임기를 마치지 못하였고, 1962년 5차 개헌에 의하여 양원제가 폐지되고, 6대부터 단원제를 채택하고 있다.

국회의원 정수도 175명(6~7대)~299명(13~15대, 17대)에 이르기까지 다양하다. 지역구 출신 의원도 131명(6~7대)~253명(15대), 비례대표의원도 44명(6~7대)~92명(11~12대)에 이르기까지 많은 변화를 경험하였다. "국회의원의 수는 법률로 정하되, 200인 이상으로 한다"는 헌법 제 41

조 2항 때문에 13대부터 현재에 이르기까지 200~300인 사이에서 조정되고 있는 것이다.

〈표-4〉 국회제도의 변화

대 별	제 도	임 기	국회 해산 및 대체국회	의원정수 (비례대표)
초대	단원제	2년	제헌의원은 헌법 102조에 의거 2년	200
2대	양원제	참의원 6년 민의원 4년	1차 개정헌법에 따라 참의원은 구성하지 않음	210
3대	〃	〃	참의원은 구성하지 아니함	203
4대	〃	〃	참의원은 구성하지 아니함. 3차 개정헌법으로 의원 임기단축(2년 2월 28일)	233
5대	〃	〃	군사혁명위 포고령에 의해 국회해산(9월 18일)	민의원 233
			국가재건최고회의(61.05.26~63.12.16)	참의원 58
6대	단원제	4년	5차 개정헌법에 의해 임기단축(3년 6월 14일)	175(44)
7대	〃	4년		175(44)
8대	〃	4년	대통령특별선언으로 국회해산(1년 3월 17일) 비상국무회의(72.10.18~73.03.11)	204(51)
9대	〃	지역구 6년 유정회 3년		219
10대	〃	〃	8차 개정헌법으로 국회임기 종료(1년 7월 16일) 국가보위입법회의(80.10.26~81.04.10)	231
11대	〃	4년		276(92)
12대	〃	4년	9차 개정헌법에 의하여 임기종료(3년 1월 18일)	276(92)
13대	〃	4년		299(75)
14대	〃	4년		299(62)
15대	〃	4년		299(46)
16대	〃	4년		273(46)
17대	〃	4년		299(56)

국회의원 임기도 제헌의원 2년, 2~5대에서 참의원 6년, 9~10대 지역구출신 의원 6년과 유정회 의원 3년 등을 제외하고 대부분 4년제를 채택하고 있다. 임기를 채우지 못한 국회도 6회(4, 5,

6, 8, 10, 12대)나 된다. 초대 의원 임기는 4년이었으나 제헌헌법 102조에 의해 개시일로부터 임기가 2년이기 때문에 단축되었다. 2~4대 국회는 1차 개정헌법(1952. 7. 7)에 의하여 참의원 임기 6년, 민의원 임기 4년이었으나 부칙 4조에 의하여 참의원을 구성하지 않았다. 4대 국회는 3차 개정헌법(60. 6. 15) 부칙 4호에 의하여 해산되었다. 5대 국회는 군사혁명위원회의 포고령(61. 5. 16)에 의하여 국회가 해산되었으며, 국가재건최고회의가 입법기능을 담당하였다. 8대 국회는 대통령특별선언(1972. 10. 17)으로 해산되었으며, 비상국무회의가 입법기능을 대행하였다. 국민의 대의기관인 국회기능이 마비되는 사태를 여러 번 경험한 것이다. 9대 국회는 7차 개정헌법(1972. 12. 27)에 의하여 지역구 직선의원 임기 6년, 통일주체국민회의가 선출한 유정회 의원 3년으로 임기를 다르게 규정하였다. 10대 국회는 8차 개정헌법(1980. 10. 27) 부칙 5조 1항에 의하여 1년 7개월여 만에 임기가 종료되었으며, 국회기능을 개정헌법 부칙 6조에 따라서 국가보위입법회의가 대행하였다. 12대 국회는 9차 개정헌법(1988. 2. 15) 부칙 3조 2항에 의하여 임기가 3년 1개월여 만에 종료되었다.

의회의 구성원리, 의원정수, 임기, 국회해산 및 대체입법 기구의 출현 등 제헌국회에서 17대 국회에 이르기까지 한국의 국회제도가 많은 변화를 거듭하였음을 알 수 있다.이는 제도화 수준을 평가하는 '적응력' 이란 기준에서 보면 매우 낮은 것이라고 볼 수 있다.

국회의 권한도 커다란 변화를 거듭하였다. 입법권, 국정통제권, 헌법기관구성권 등은 변함없이 국회의 고유한 권한이 되고 있다. 하지만 1960년 내각제가 채택된 이후 국회는 입법권, 국정통제권, 헌법기관구성권과 국무총리 선출권, 내각불신임권까지 보유하는 등 막강한 권한을 부여받았다. 현재 국회는 (1) 입법에 관한 권한으 로 헌법개정제안·의결권, 법률제정·개정권, 조약체결·비준권, (2) 재정에 관한 권한으로 예산심의·확정권, 결산심사권, 기금심사권, 재정입법권, 계속비 의결권 등 기타 권한, (3) 일반국정에 관한 권한으로 국정감사·조사권, 헌법기관구성권, 탄핵소추권, 계엄해제 요구권 등 기타 권한을 갖고 있다. 독립된 입법기관으로서 국회위상이 강화되기도 했으며, 또한 행정국가적 성격이 강했던 시기에는 행정부 예속적 지위 때문에 권한이 약화되기도 하였다.

국회의 운영과 관련된 국회법도 많은 변화를 가져왔다. 국회의 조직·의사 기타 필요한 사항을 규정하여 국민의 대의기관의 민주적이고 효율적인 운영에 기여한다는 목적으로 1948년 10월 2일 제정된 국회법도 2003년 7월 18일, 27차의 개정에 이르기까지 많은 변화를 가져왔다. 국회법의 전면 개정이 5차례 있었기 때문에 6번의 국회법을 가졌던 역사를 지니게 되었다. 국회법은 국회의 조직·의사 및 운영 기타 필요한 사항, 예를 들면 국회의 회기와 휴회, 국회의 기관과 경비, 의원, 의석배치, 의사일정, 교섭단체, 위원회와 본회의, 회의록, 대정부질문, 청원, 국회와 국민 또는 행정기관과의 관계, 탄핵소추, 사직·퇴직·궐원과 자격심사, 질서와 경호, 윤리심사와 징계 기타 국회 관련 의사 및 내부규율 등 국회의 민주적이고 효율적인 운영 및 절차, 그리고 국회의원의 의정활동에 필요한 사항을 규정한 것이다. 국회법이 자주 바뀐 것은 제도화 수준이 낮다고 평가할 수 있지만 국회를 운영하면서 발견한 시행착오와 축적된 경험을 바탕으로 보다 민주적이고 생산적인 국회운영을 위해서 발전적인 방향으로 개정했기 때문에 제도화 수준이 낮다고 평가할 수 없을 것이다. 물론 국회의원들의 자율적인 의정활동을 규제하는 개정도 있었다. 예를 들면 의사일정 변경을 제정 국회법에는 10인이상 동의 혹은 의장이 인정한 경우를 30인으로 강화 했다가 다시 20인으로 개정한 것이나, 의원발언시간에 대한 무제한 허용을 의장이 교섭단체대표와 협의하여 발언시간과 수를 제한 것 등이다.

국회운영 및 절차에 관한 국회법 못지않게 중요한 것이 실질적인 국회운영 관행이나 실태라고 볼 수 있다. 한국의 의회는 그동안 헌정질서를 정초한 숱한 헌정 왜곡과 파란에도 불구하고 권위주의 정권과 맞서 헌정민주주의(constitutional democracy)를 수호하고자 노력하는 민주주의의 보루로 기능해 왔다. 정부의 실정에 대한 날카로운 비판의 장소였고, 많은 정책대안을 제시하는 현장이었다. 의회는 권력자의 자의를 제어하는 민주주의의 균형추(balancer) 역할을 해왔다. 국법질서를 틀 지운 많은 법률들이 상정·토론되고 제정된 곳도, 국민생활과 관련된 민생법안들이 만들어진 곳도, 시민사회의 의사를 헌정질서의 틀(constitutional framework)내로 수렴하려 노력한 곳도, 시민사회의 민주화 의지를 기반으로 권위주의 정권에 맞설 수 있었던 곳도 국회였다(백영철 1999, 17~18). 하지만 국회법에 구체적으로 명시하지 않은 입법과정에 실질적으로 발생하는 여야간 정쟁, 격돌, 멱살잡이, 욕설, 폭력, 날치기, 난장판, 점거, 농성, 의사진행 방해, 단독국회, 공전, 다수의 횡포, 소수의 폭거 등등 대의기관의 이미지를 실추시키는 일들이 자주 발생했다. 국회가 정치의 중심으로 자리 잡지 못하고 청와대 주도적인 정치에 끌려 다니면서 행정부 부속물, 행정부 시녀, 통법부, 고무도장(rubber stamp), 거수기라는 정치의 주변부적 존재로 기능하고 있다는 비판을 받아 왔다. 국회는 국민으로부터 위임받은 입법권을 축소 행사 내지 포기하여 행정권에 대한 균형과 견제 추 역할과 국민의 대표 기능을 다하지 못하고 있다는 비난을 받고 있다. 한국의회의 특징으로 ① 국회의 낮은 제도적 자율성 ② 정책기능의 부실한 수행 ③ 정당간 갈등의 효과적 해소 실패 ④ 대표기능 수행에 있어서 왜곡, 편향성과 무책임성 등을 지적하고 있다(박찬욱 1999, 61). 이는 아직도 국회의 운영절차나 입법과정 그리고 여야관계가 제도화되지 못하였음을 단적으로 보여주는 것이라고 평가할 수 있을 것이다.

2. 국회의 제도화 방안

(1) 양원제 채택

우선 국회의 제도변화 차원에서 만약 개헌이 성사된다면 양원제 채택을 고려할 것을 제안한다. 상원의 구성은 16개 시·도별로 인구수와 상관없이 정당공천을 배제한 가운데 3~4인씩 선출하여 50인 내외로 구성하고, 피선거권도 국회보다 강화하여 연령이나 출마자격을 엄격하게 제한하여야 할 것이다. 전국의 행정구역을 50~60개시로 개편한다면 한 개 시에서 1명씩 선출하면 될 것이다. 상원에 출마할 수 있는 자격요건을 국정운영이나 사회경험이 풍부한 정치, 경제, 사회, 문화계 등의 지도급 인사로 구체적인 경력을 제시하고, 권한도 국회와 달리 대통령에 대한 탄핵소추권, 고위공무원임명동의권, 조약체결권 등 대통령이나 행정부를 견제할 수 있는 권한을 부여하는 것이 좋을 것이다. 입법권도 당리당략에 의하여 좌우될 수 있는「공직선거법」등은 상원에서 처리하도록 권한을 부여하는 방법도 있을 것이다. 또한 국회에서 여야간 합의가 성사되지 않고 날치기로 처리되는 경우, 졸속입법으로 국민적 저항이 큰 경우, 국회와 행정부간 힘겨루기로 갈등을 심하게 빚는 경우 등이 발생하면 상원이 중재할 수 있는 권한을 부여하는 방안 등을 고려할 수 있을 것이다. 양원제를 제안하는 이유는 지역주의가 지배하는 국회와 달리 분열주의를 막고, 시·도별 지역등가성을 보장하며, 정쟁으로 일삼는 국회운영의 변화를 유도하고, 국가의 원로원과 같은 역할을 하면서 독선·독주·독단적으로 오기를 부리거나 또한 리더십과 자질이 부족한 대통령을 보완하고 견제하기 위해서다. 또한 국가의 최고 지도자를 배출할 수 있는 국가리더십 양성 역할을 수행할 수 있게 하기 위해서다. 양원제나 단원제 모두 각기 장단점이 있으며, 국회가 비생산적이고 정쟁과 당리당략의 대결장소라고 비판받는 상황에서 옥상옥의 입법기관을 설치하는 것은 무리라는 반론도 제기될 수 있을 것이다. 하지만 상원이 국가원로원과 같은 역할을 수행한다면 상황은 달라질 수 있을 것이다.

양원제와 단원제의 장단점은 다음과 같다.[3] 양원제는 영국, 미국, 독일, 프랑스, 이탈리아, 스

페인, 일본 등에서 채택하고 있다. 그 장점은

① 의안심사에 신중을 기할 수 있어 단원제의 경솔과 졸속을 피할 수 있다.

② 양원의 조직을 달리하여 단원제의 파쟁과 부패를 막을 수 있다.

③ 의회구성에 권력분립 원리를 도입하여 의회나 원내다수파의 전제와 횡포를 방지하고 국회의 권익을 옹호할 수 있다.

④ 일원이 정부와 충돌할 경우 타원이 이를 조정할 수 있다.

⑤ 하원의 지역대표제에 대하여 상원의 직능대표제 또는 주 대표제를 통해 직능단체나 구성주의 특수이익을 대변할 수 있다.

단점은 ① 중복된 절차로 말미암아 의안의 심의가 지연되고 국비를 낭비한다.

② 양원이 책임을 전가함으로써 의회에 대한 책임소재를 불분명하게 한다.

③ 의회가 양원으로 분열되기 때문에 정부에 대한 의회의 지위가 상대적으로 약화된다.

④ 상원과 하원의 구성이 동일한 기반에 입각할 때에는 상원은 무용의 존재가 되고,상이한 기반에 입각할 때에는 상원이 보수화·반동화 될 수 있다.

단원제는 뉴질랜드, 이스라엘, 덴마크 등 69여개국에서 채택하고 있으며, 국민의 대의기관은 하나여야 한다는 데 이론적 근거를 두고 있다. 장점으로 ① 신속·능률적인 의안 심사를 기할 수 있다. ② 정부에 대한 의회의 지위를 강화할 수 있다. ③ 의회의 책임소재를 분명하게 해준다. ④ 국비의 절감을 기할 수 있다. 단원제의 단점은 양원제의 장점에 반대되는 경우라고 이해하면 된다.

(2) 국회 운영의 개혁방향

국회가 국민의 의사를 정치과정에 반영하는 대의기관으로서 그리고 국가의 의지를 정책으로 구체화시키는 입법기관으로서 그 역할과 기능을 다하기 위해서는 자율성, 생산성, 책임성을 다할 수 있는 제도로 정착되어야 할 것이다.

국회의 자율성은 크게 두 가지다. 하나는 행정부로부터의 자율성이며, 다른 하나는 의원 각자의 자율성이다. 국회는 행정부와 대등한 관계를 유지하면서 입법부는 행정부와 균형과 견제를

---

3) 양원제와 단원제의 장단점 등에 대하여 다음을 참고할 것. 권영성, 『헌법학원론』(서울:법문사, 2001), pp.819~823.

이루어야 한다. 국회는 제도적으로 행정부를 견제할 수 있는 충분한 권한이 부여되어 있다. 국정감사·조사권, 예산심의·확정권, 결산심의권, 정부구성권, 탄핵소추권, 인사청문회 제도의 도입, 그리고 국회예산정책처의 신설 등 제도적으로 행정부를 견제할 수 있는 충분한 법적·제도적 장치가 마련되어 있다. 일부에서는 개헌을 통하여 감사원을 국회로 이관해야 명실공히 행정부를 견제할 수 있을 것이라고 주장 한다. 본질적으로 국회가 행정부를 견제하지 못하는 것은 국회 권한이 약하기 때문이 아니라 국회의원 각자의 태도가 문제다.

국회의원의 자율성도 제도적으로 충분하게 보장되어 있다. 교차투표가 허용되고, 당권과 대권이 분리된 상황이다. 국회의장, 상임위원장, 원내대표도 의원들의 자유경선에 의하여 선출되는 분위기가 정착되고 있다. 국회의장의 당적 이탈도 현실화 되었다. 하지만 대통령의 말 한마디에 여당의원들은 정치적 소신을 접는 경우가 있다. 다만 문제가 된다면 당론정치가 의원들의 자율성을 저해하는 요인으로 작용하고 있는 것이 사실이다. 당론정치가 타파되어 의원 각자의 정치적 소신에 따라서 입법활동을 할 수 있도록 보장하고, 의원총회가 의원들의 최고의사결정 기구로서 역할을 할 수 있도록 정착되어야 할 것이다. 아울러 당 대표나 당 의장 제도를 폐지하고 원내 대표가 당의 최고 지도자가 되어야 할 것이다. 그리고 당정간 인사교류를 금지하여 의원 입각으로 빚어지는 행정부 예속으로부터 국회의 자율성을 신장시켜야 할 것이다.

국회의 생산성은 효율성이나 의원들의 전문성과도 관련이 있다. 〈표-5〉에 나타난 바와 같이 국회는 날이 갈수록 법률안 처리에 있어서 상당한 생산성을 보이고 있다. 나날이 국회의 생산성은 높아지고 있는 것이 사실이다.

국회에는 의원들의 입법활동을 지원하기 위해서 국회사무처, 국회도서관, 국회예산정책처 등의 기구를 설치하였다. 의원 개개인의 보좌기능도 2명의 보좌관과 1명의 비서관 등으로 구성되어 있다. 하지만 의원들의 입법활동을 보좌할 수 있는 기능을 보강해야 할 것이다. 그리고 국회의원 개인 보좌관 제도도 전문성 있는 인사로 충원하고 분야별 풀제로 운영해야 할 것이다. 의원 보좌관과 원내교섭단체의 국회소속 정책연구위원을 통합하여 풀제로 운영하는 방안도 고려해야 할 것이다. 그리고 훌륭한 법안을 어느 의원이 발의하여 입법화되면 그 법률안 발의자 이름을 따서 명명하는 방법도 고려할 수 있을 것이다. 그 외에도 국회 상임위원회의 활성화, 상임위원 배정방법의 개선, 복수상임위원회제 도입, 국회의 연중상설화, 법률안의 상정시기 제한 및 연중심사제의 도입, 불문율의 축적과 징계규칙의 강화 등을 제시하기도 한다(정영국 1999, 487~498). 보

〈표-5〉 의안처리 통계

2006. 2. 3

대 별	제 출	가 결	부 결	폐 기	철 회	반 려	보 류	회기 불계속, 임기만료로 폐기
제헌	512	365	15	49	7		13	63
2	1,183	861	29	150	11	6	22	104
3	642	300	17	36	3		1	285
4	642	300	17	36	3		1	285
5	752	252	3	60	5		320	252
6	1,194	671	7	266	33			217
7	884	654	9	88	19			114
8	245	111	4	9	5			10
9	952	797	2	62	8			83
10	308	185	5	1	2	70		10
11	772	578	26	73	21			74
12	641	412	13	71	15			130
13	1,439	864	81	275	57			162
14	1,439	1,112	31	118	27			151
15	2,570	1,617	7	430	57			459
16	3,177	1,496	17	798	45			821
17	3,834	926	5	607	45			

출처) 국회홈페이지

다 근본적인 문제는 국회의원들의 자질에 달려 있다. 국회의원의 자질이 향상되지 않고 국회의 생산성을 높이는 것은 불가능하다. 하지만 역량 있는 국회의원을 선출하는 것은 정당의 공천에서부터 시작되어야 하지만 국민들의 선택에 좌우되기 때문에 국민도 이 문제에 대하여 책임을 공유해야 할 것이다.

국회의원의 대국민 책임성도 문제다. 국회의원은 정당에 대하여 책임을 지는 것이 아니라 국민에게 책임을 져야 한다. 국회의원에 출마하여 유권자들에게 공약한 정책은 공개적인 약속이기 때문에 지키도록 노력해야 한다. 추상적이고 구호성의 슬로건이 아니라 구체적으로 실천 가능한 정책을 약속하고 당선되면 실행에 옮겨야 한다. 그 결과를 토대로 다음 선거에서 국민에게 심판

받는 풍토가 조성되어야 할 것이다. 하지만 공약(公約)이 공약(空約)으로 변하는 경우가 너무 흔한 것이 현실이다. 공직후보자가 내세운 공약의 예산이나 추진일정 그리고 성과 등에 대하여 유권자에게 평가를 받자는 매니페스토(manifesto) 운동이 태동하고 있다. 이는 1834년 영국의 로버트 필 보수당 당수가 제기한 이후 1997년 영국 노동당 당수 토니 블레어 총리가 집권하면서 일반화된 개념이다. 일본에서는 2003년 매니페스토 운동이 시작되었다고 한다. 국회의원은 선거 당시의 공약뿐만 아니라 입법활동 과정에서도 항상 국민에 대한 책임의식을 가져야 할 것이다. 의정활동이 국민위주가 아닌 정당본위나 정당 지도자나 대통령 눈치 보기에 초점이 맞춰져서는 안 된다. 국민의 대표로서 국민에 대하여 책임진다는 자세로 의원 직무를 수행해야 할 것이다. 대국민 책임감은 의원의 도덕성이나 윤리의식과도 관련이 있다.

V. 선거의 제도화

1. 대통령선거 제도

(1) 선거제도의 변화과정

선거제도는 민주주의를 평가하는 중요한 척도가 된다. 민주주의를 이해하는 데 선거를 강조한 학자는 슘페터(J. A. Schumpeter), 립셋(S. M. Lipset), 다알(R. A. Dahl), 리파르트(Arend Lijphart), 다운스(Anthony Downs), 코헨(Carl Cohen) 등 무수히 많다. 국민에 의한 정부(government by the people)는 민주주의를 정의하는 데 핵심적인 요소라고 볼 수 있다. 대의정부(representative government)에 있어서 국민에 의한 정부의 실현은 선거를 통해서 가능하다. 립셋은 경험적 입장에서 "민주주의는 주기적인 선거를 통하여 정치지도자를 교체하는 법적인 기회를 제공하는 정치제도"라고 규정하였다. 주기적인 선거를 통하여 정치지도자를 충원하는 선거야 말로 민주주의 정치과정에서 가장 중요한 부분을 차지하고 있다. 국민에 의한 정치(politics by the people)를 실현하는 민주적인 방법을 선거라고 할 수 있다. 선거는 다양한 국민의 의사, 가치, 이익 등을 표출하는 기회를 제공하며 선거결과 지지자나 반대자나 국민통합을 이룩하는 계기가 마련된다. 선거는 무엇보다도 정치지도자를 뽑고 그리고 당선자에게 정통성을 부여한다. 또한 선거에 참여한 국민들에게 정치체제에 소속해 있다는 귀속감을 갖게 하고, 국가의 의사결정과정에 참여하는 주요한 정치행위자로서 자신의 효능감을 느끼게 하는 기능을 수행한다.

주기적인 선거를 통하여 정부나 국가지도자의 선택권과 국가의 중요한 정책을 결정하는 정치과정에 주체자가 국민인지, 국민의 자발적인 참여가 보장되어 있는지, 그리고 국민의 정치참여 기회가 주기적으로 법에 보장되어 있는지 등이 관건이다. 민주주의 발전사는 바로 주권자인 국민의 정치권리 확대과정이라고 해도 과언이 아니다. 참정권을 성인 모두에게 부여하는 보통선거제는 시민계급의 성장과 투쟁을 통하여 얻어진 결과이기 때문이다. 선거권의 확대는 국민이 정치의 주인이 되는 과정이었기 때문에 민주정치의 발전사라고 볼 수 있다.

특히 한 나라의 최고 정치지도자 선출방법을 규정한 대통령 선거제도는 매우 중요한 의미를 지닌다. 합법적으로 국민의 선택에 의하여 정치권력의 향배를 결정짓고, 국운을 좌우할 수 있을 정도로 막강한 영향력을 행사하는 정치리더십을 확립하는 절차와 과정이기 때문이다.

1948년 5월 10일 총선을 통하여 비로소 대한민국 역사상 최초로 보통선거제도가 도입된 것이다. 〈표-6〉에 나타난 바와 같이 제헌국회는 초대 대통령을 간선으로 선출하였다. 이승만, 김구, 안재홍 등 3명이 후보로 등록하여 이승만 대통령이 국회의원 196명이 참석한 선거에서 180표(92.3%)를 얻어 당선되었다. 이승만 대통령은 국회간선으로 재선 가능성이 낮다고 판단하여 한국전쟁 중에 개헌을 통하여 국민직선제로 바꾸고 2대 대통령 선거에서 유효투표의 74.6%를 얻어 당선되었다. 3선을 허용하는 사사오입 개헌이후 실시된 3대 대통령선거에서 이승만 대통령은 신익희 후보가 급서한 가운데 유효투표의 70%를 얻어 재선되었다. 4대 대통령 선거는 조병옥 후보의 급서로 이승만 대통령이 단독후보로 88.7%의 득표로 당선되었으나 3.15부정선거로 무효가 되고 말았다. 4.19 이후 내각제를 도입하여 국회간선으로 바뀌면서 윤보선 후보가 참의원과 민의원 양원합동회의에서 208표를 얻어 당선되었다. 국회에서 대통령을 선출하는 방식은 양원합동회의에서 재적 2/3이상 득표해해야 하는 절대다수제를 채택하였다. 1차 투표에서 당선자가 없을 경우 2차 투표에서는 재적 2/3의 출석과 출석의원 과반수의 득표자를 당선자로 하는 제도였다.

5대 대통령 선거는 5·16 이후 직선제로 바뀌면서 6개 정당후보가 입후보 한 가운데 박정희 대통령이 42.6%로 41.2%를 얻은 윤보선 후보를 간신히 이겼다. 6대 대통령 선거에서는 박정희 대통령이 51.4%를 얻어 재선되었다. 7대 대통령선거도 3선 개헌 이후 치러졌는데 박정희 대통령이 53.2%의 지지를 받아 45.3%를 얻은 김대중 후보를 누르고 대통령에 당선되었다. 8~12대 대통령 선거는 다시 간선으로 바뀌었다. 8대 대통령 선거는 전국 2,359명의 통일주체국민회의 대의원이 참석하여 2,357표 득표, 무효표 2표로 박정희 대통령이 당선되었다. 대통령선거가 형식적이고 의례적인 수준으로 전락한 것이다. 9대 대통령선거는 2,578명의 통일주체국민회의 대의원이 참석하여 2,577표를 얻은 박정희 대통령이 당선되었다. 박정희 대통령이 9대 대통령으로 취임한 후 10개월 만에 시해되자 같은 방식으로 치러진 10대 대통령 선거에서 2,549명이 참석한 가운데 2,465표, 무효 84표로 최규하 대통령이 당선되었다. 11대 대통령 선거도 최규하 대통령이 신군부의 압력으로 8개월여 만에 조기 사퇴하고 통일주체국민회의 대의원 2,525명 중 2,524표, 무효 1표로 전두환 대통령이 당선되었다. 12대 대통령 선거는 대통령 7년 단임, 선거인단에 의한 간선으로 개헌이 이루어진 이후 치러졌다. 선거인단 5,271명을 선출하는 선거인단 선거에서 정당 공천을 허용하였으나 야당 선거인단 입후보자는 극히 적은 가운데 선거인단의 90.23%

〈표-6〉 대통령 선거 현황

대 별	선거일	당선자	임기	선출방법/임기제
초대	1948. 07. 20	이승만	1948. 7. 20~1952. 8. 14	국회선출/4년 중임
2대	1952. 08. 05	이승만	1952. 8. 15~1956. 8. 14	직접선출/4년 중임
3대	1956. 05. 15	이승만	1956. 8. 15~1960. 4. 27	직접선출/4년 무제한
4대	1960. 03. 15	이승만	선거무효	직접선출/4년 무제한
	1960. 08. 12	윤보선	1960. 8. 12~1962. 3. 24	양원합동선출/5년 중임
5대	1963. 10. 15	박정희	1962. 12. 17~1967. 6. 30	직접선출/4년 중임
6대	1967. 05. 03	박정희	1967. 7. 1~1971. 7. 2	직접선출/4년 중임
7대	1971. 04. 27	박정희	1971. 7. 3~1972. 12. 26	직접선출/4년 3선 허용
8대	1972. 12. 23	박정희	1972. 12. 27~1978. 12. 26	간접선출/6년 무제한
9대	1978. 07. 06	박정희	1978. 12. 27~1979. 10. 26	간접선출/6년 무제한
10대	1979. 12. 06	최규하	1979. 12. 6~1980. 8. 16	간접선출/6년 무제한
11대	1980. 08. 27	전두환	1980. 9. 1~1981. 2. 24	간접선출/6년 무제한
12대	1981. 02. 25	전두환	1981. 2. 25~1988. 2. 24	간접선출/7년 단임
13대	1987. 12. 16	노태우	1988. 2. 25~1993. 2. 24	직접선출/4년 단임
14대	1992. 12. 18	김영삼	1993. 2. 25~1998. 2. 24	직접선출/4년 단임
15대	1997. 12. 18	김대중	1998. 2. 25~2003. 2. 24	직접선출/4년 단임
16대	2002. 12. 19	노무현	2003. 2. 25~	직접선출/4년 단임

인 4,755표를 얻은 전두환 대통령이 재선되었다. 6·29 선언이후 채택된 소위 '1987년체제'에 의하여 국민직선제가 다시 도입되었고, 13대부터 그대로 유지되고 있다.

짧은 대통령선거 역사를 통하여 다음과 같은 특징을 발견하게 된다. 첫째, 대통령선거의 제도화 수준이 매우 낮다는 사실이다. 대통령 선출방식의 변화가 잦았다. 3·15부정선거까지 포함하여 17차례의 대통령선거 중 7회의 간선과 10회의 국민 직선에 의하여 대통령을 선출하였다. 대통령선출 방식이 간선제→직선제→간선제→직선제로 바뀐 것이다. 또한 대통령이 법적 임기를 제대로 마치지 못하고 도중에 사퇴한 경우가 6차례나 되었다. 4대 대통령선거는 부정시비로 원천무효가 되어 대통령 취임은커녕 3대 이승만 대통령은 임기도 마치지 못하고 도중 하야하여 망명길에 올랐다. 4대 윤보선 대통령도 5·16으로 도중에 물러났다. 물론 내각제에서 대통령 임기는 없지만 헌정질서 중단으로 도중에 사퇴한 것으로 봐야 할 것이다. 7대 대통령도 유신체제의 도입으로 임기를 마치지 못했고, 9대 대통령은 측근에게 시해를 당하여 대통령 유고사태가 발생했다. 10대 최규하 대통령은 신군부의 압력으로 강제 사퇴하였으며, 11대 전두환 대통령은 개헌으로 임기를 마치지 못했다. 16대 노무현 대통령은 국회의 탄핵소추 의결로 대통령 직무가 두 달 넘게 정지되는 사태도 발생했다. 대통령 유고사태 때문에 허정(1960. 4. 27~6. 16), 곽상훈(1960. 6. 17~6. 22), 허정(1960. 6. 22~8. 11), 박정희(1962. 3. 24~1963. 12, 16), 최규하(1979. 10. 26~12.5), 박충훈(1980. 8. 16~9. 1), 고건(2004. 3. 12~5. 14) 등 7차례의 대통령 권한대행체제를 경험하는 헌정사를 기록하였다.

둘째, 대통령선출 방식이 수차례 간선과 직선으로 바뀐 원인은 국민에게 정부선택권을 확실하게 보장하기 위한 것이라기보다는 주로 집권세력의 재집권 전략 때문이라는 사실이다. 3선 개헌이나 유신체제와 간선제 등의 도입은 국민의 정치적 의사를 굴절 없이 정부선택에 반영시키기 위한 것이 아니라 집권자의 권력연장을 위한 편의성에 기초했다는 사실이다.

셋째, 일부 대통령 선거는 의식적 행사(ritual ceremony)에 지나지 않았다는 점이다. 후보가 급서한 가운데 단독후보를 대상으로 치러진 선거나, 통일주체국민회의 대의원과 선거인단에 의하여 체육관에서 실시된 선거는 형식에 불과한 행사였다고볼 수 있다. 무효 1~2표를 제외하고 거의 만장일치로 대통령을 선출한 것은 민주주의 국가에서는 유례가 없는 결과라고 볼 수 있다. 전형적인 의례적 준봉투표를 실시하여 인위적으로 정치권력의 정통성을 획득하고자 했던 요식절차였다고 평가할 수 있을 것이다.

(2)정치권력변동의 제도화 방향

대통령을 국민직선으로 선출해야 한다는 것은 두 말할 나위가 없다. 문제는 정치권력 변동의 제도화를 통하여 민주주의의 공고화에 기여해야 한다는 것이다. 헌팅톤은 3세계의 민주화는 민간정부 출범→군부통치→군부지배체제 해체→여야간 평화적 정권교체의 반복적 누적 과정을 거치면서 공고화 단계에 진입한다고 주장하였다. 한국의 권력변동은 비정상적인 방법으로 이루어진 경우가 많다. 장면정부는 4·19학생혁명으로 출범하였고, 박정희 대통령은 5·16쿠데타, 전두환 대통령은 12·12쿠데타와 5·17전국계엄 확대로 정권을 장악하여 헌정사에서 31년동안 군부지배체제를 형성하였다. 김영삼 민간정부의 탄생으로 군의 탈정치화가 이루어졌으며, 군정청산이 이루어졌고, 여야간 최초로 평화적 정권교체가 이루어져 김대중 정부가 출범하였다. 여야간 평화적 정권교체를 이룩하기까지 반세기가 걸린 셈이다. 하지만 노무현 정부가 출범하여 여야간 평화적인 정권교체가 누적되지 않았고, 여당에 의한 수평적인 정치권력 이동이 있었다.

헌팅톤은 여야간 평화적인 정권교체가[4] 수차례 누적되어야 정치권력 변동의 제도화 수준을 높일 수 있다고 주장한다. 여야간 평화적 정권교체가 제도화되면 정경유착, 부정부패, 정치보복, 공권력의 편파적 운영, 공무원의 줄서기 등이 사라지게 될 것이다. 한국보다 몇 년 앞선 민주화 과정을 밟고 있는 아르헨티나는 한국보다 먼저 군이 정치에 개입하였으며, 군정도 먼저 청산하였고, 민간정부도 먼저 출범하였으며, 그 후 여야 간 평화적 정권교체도 먼저 이룩하였다. 다시 여야간 수평적인 평화적 정권교체도 먼저 경험하면서 정치권력 변동의 제도화 수준을 높여가고 있다. 한국 정치발전에서 요구되는 것은 여야간 평화적 정권교체가 누적되어야 정치권력변동이 제도화 될 수 있을 것이다. 여야간 평화적 정치권력변동이 누적되면 권력투쟁형정치, 정쟁지향형정치, 대권중심형정치가 점차 사라지게 될 것이다. 정치권력 그 자체를 노골적으로 추구하는 권력투쟁형정치가 정책대결형정치로 바뀌는 계기가 될 수 있을 것이다. 국민의 지속적인 지지를 획득하기 위해서 정책으로 승부를 걸고, 실적에 의한 평가를 중시하게 될 것이다. 결국 어느 정당이 국민을 위한 양질의 정치재화를 더 많이 산출하여 국민에게 공정하게 배분했느냐가 정치권력

---

4) 파레토(Vilfred Pareto)는 엘리트를 결합본능이 강하고 권모술수에 능하며 영리한 여우형과 집단유지 본능이 강하고 규율과 질서를 강조하는 사자형이 있다고 하면서 엘리트의 순환(circulation of elites) 여우→사자→여우→사자 순으로 번갈아 이루어진다고 보았다.

획득요인으로 작용하게 될 것이다. 그러면 여야간 정책노선이나 성향의 차별성도 나타나게 되고 권력투쟁형정치가 정책대결형정치로 변하게 될 수 있을 것이다.

2. 국회의원 선거제도

(1) 선거제도의 변화과정

"총탄(bullet) 대신 투표(ballot)로서 정치문제를 해결하는 것이 민주적인 방법"이라는 브라이스(James Bryce)의 말을 인용하지 않더라도 선거는 국민의 대표자를 선출하는 가장 민주적인 수단이다. 따라서 국민의 대표인 국회의원을 뽑는 선거제도는 국민주권을 행사하여 국민에 의한 간접민주주의를 실현시키는 가장 현실적인 절차와 방법이기 때문에 그 중요성은 아무리 강조하여도 지나침이 없을 것이다. 인터넷 정치 등 전자정치(e-politics)의 등장으로 직접민주주의가 실현되는 듯 하지만 주기적인 선거를 통하여 국민주권이 행사되고 또한 국민이 선출하는 국민의 대표에 의해서 국가의 주요 정책이 결정되는 간접민주주의가 아직까지는 현실이다.

국회의원 선거제도를 논하기 위해서는 무엇보다도 300여종이 넘는 대표제의 유형 중 어느 것을 선택할 것인가, 선거구는 어떻게 획정할 것인가, 국회의원 수는 몇 명으로 할 것인가, 선거방식과 선거운동방법은 어떻게 규정할 것인가 등등을 종합적으로 검토해야 한다. 또한 단순하게 국민의 대표인 국회의원을 뽑는 절차와 방법이라는 측면에서 논의하기보다는 그 나라 민주주의의 역사, 전통, 경험, 국민의 기대와 희망, 권력 및 사회구조, 국민과 권력엘리트의 정치의식, 정치문화, 시대적 상황 등등을 동시에 고려해야 한다.

국회의원 선거는 17차례를 치렀다. 제헌의원 선거는 미군정 당국에 의하여 관리 되었는데 48개 정당·사회단체의 후보 948명이 등록한 가운데 진행되었다. 그 이후 국회의원 선거제도도 무수히 많은 변화와 발전을 거듭하였다. 제헌국회부터 4대까지는 소선거구제를 채택하여 1선거구에서 1인을 선출하였다. 5대 때 도입된 참의원 제도는 서울시와 도 단위 의원정수 2~8명을 선출하는 중·대선거구제를 택하였다. 참의원 선거의 기표 방식은 의원정수의 반수 이하를 선택할 수 있는 제한적 연기명 투표방식을 선택하였다. 6~8대까지는 소선거구제와 비례대표제(전국구)를 도입하였다. 9~10대는 1선거구에서 2명을 선출하되 단기명투표방식의 중선거구제와 대통령이 지명하는 유신정우회로 구성되었다. 11~12대는 단기명 투표방식의 중선거구제와 비례대표제를 채택하였으며, 13~16대에는 단기명 소선구제와 비례대표제를 도입했다가 2001년 10월 25일 헌법재판소에서 1인 1표는 지역구의원 선출과 비례대표의원 선출 등 2중의 가치를 부여한다는 이유로 위헌 결정을 내려 지역구 후보에게 1표, 전국구 후보에게 1표를 행사하는 정당명부식을 도입하였다.

국회의원 선거제도도 많은 변화를 겪었다. 우선 지역구와 비례대표제를 경험하였다. 지역구 수도 인구등가성 문제가 항상 제기 되면서 〈표-7〉에 나타난 바와 같이 인구하한선과 상한선 때문에 많은 변화를 경험하였다. 선거구 획정기준도 인구하한선 7.5만, 9만명, 10.5만명, 20만명, 40만명 상한선도 15만명, 25만명, 30만명, 35만명, 60만명 등등 헤아릴 수 없이 다양했다. 표의 등가성도 편차가 8:1에 육박하는 극심한 경우도 있었다. 헌법재판소는 현실적으로 3:1을 허용하되 점차 2:1로 줄일 것을 판결하였다.

선거구제도 소선거구제, 중선거구제, 중·대선거구제 등을 경험하였으며, 투표방식도 단기명(1인 1표)에서 의원정수의 반수 이하를 선택하는 제한적 연기명 투표, 1인 2표의 정당명부제 등을 도입하였다. 이렇게 많은 제도를 도입해 본 현재도 선거구제 개편 논의가 진행 중이다. 전국정당이나 지역감정 해소 등의 이유를 내세우지만 결국 자당에 유리한 선거구제도가 어떤 것인지에 대한 정파적 이해 때문에 선거가 임박하면 항상 선거구 개편 문제가 제기되곤 한다. 이는 아직도 국회의원 선거구제에 대한 제도화 수준이 낮다는 것을 보여 주는 것이다.

특히 눈여겨봐야 할 것은 비례대표의 배분방식이다. 한국정치의 발전과정을 비례대표의 배분방식을 통하여 이해할 수 있을 것이다. 〈표-8〉에 나타난 바와 같이 집권여당이 의회 과반수를 인위적으로 차지하기 위해서 갖가지 변칙적인 방법을 동원했음을 알 수 있다. 국회의원 선거구제와 전국구의 배분방식은 국회 의석분포와 밀접한 상관관계를 가지고 있기 때문에 여야는 항상 자신들에게 유리한 선거구제로의 변경을 끈임 없이 시도한 것이라고 볼 수 있다. 또한 득표비율에 따라서 전국구 의석을 배분해야 하는 것은 통계학적으로 상식이지만 여당에게 유리한 배분방식을 택했다. 이는 여당이 과반수 의석을 확보하여 국회가 행정부의 권위주의적 정책결정과 집행 과정에 거수기 역할을 할 수 있도록 의도한 것이라고 평가할 수 있다. 특히 9~10대 국회는 대통령이 의원의 1/3을 지명하여 입법부 위에 군림하고 의회를 장악 하는 경우도 있었다. 17대에 비로소 정당명부식 비례대표제가 도입되고, 득표 비율에 따라서 의석을 배분하는 합리적인 제도가 마련된 것이다. 비례대표의 배분 방식은 한국 민주주의 발전과정과 흡사한 모습으로 변천하였다고 볼 수 있다.

〈표-7〉 역대 국회의원 선거현황

대 별	선거일	임 기	선거구제	인구 상하한선
초대	1948. 05. 10	1948.05.31~1950.05.30	소선거구제	15만 미만 : 1개구 15~25만 : 2개구 25~35만 : 3개구 35~45만 : 4개구
2대	1950.05.30	1950.05.31~1954.05.30	〃	〃
3대	1954.05.20	1954.05.31~1958.05.30	〃	〃
4대	1958.05.02	1958.05.31~1960.07.28	〃	15만 초과시 10만마다 1개 증설
5대 참의원	1960.07.29	1960.07.29~1961.05.16	소선거구제+ 중·대선거구제	〃
6대	1963.11.26	1963.12.17~1967.06.30	소선거구제+ 비례대표제	20만명당 1인
7대	1967.06.08	1967.07.01~1971.06.30	〃	〃
8대	1971.05.25	1971.07.01~1972.10.17	〃	〃
9대	1973.02.27	1973.03.12~1979.03.11	중선거구제+ 유신정우회	인구 약 40만명당 2인
10대	1978.12.12	1979.03.12~1980.10.27	〃	〃
11대	1981.03.25	1981.04.11~1985.04.10	중선거구제+ 비례대표제	〃
12대	1985.02.12	1985.04.11~1988.05.29	〃	〃
13대	1988.04.26	1988.05.30~1992.05.29	소선거구제+ 비례대표제	인구 약 20만명당 1명
14대	1992.03.24	1992.05.30~1996.05.29	〃	〃
15대	1996.04.11	1996.05.30~2000.05.29	〃	7.5만~30만미만:1개구 30만이상~60만 미만:2개구 인구60만 이상:3개구
16대	2000.04.13	2000.05.30~2004.05.29	〃	9만~35만 기준
17대	2004.04.15	2004.05.30~2008.05.29	〃	10만 5천~31만 5천

〈표-8〉 비례대표 배분방식의 변화

대 수	비례대표제 의석배분 방식	비례대표 선출방식
6~8대	-지역구선거에서 의석 3석이상, 유효투표의 5/100이상 득표한 정당에 의석 배분 -1당의 득표율 50/100이상의 경우 정당의 득표 비율에 따라 배분 -1당이 득표율 50/100미만의 경우 1당에 전국구 과반수 배분 후 잔여의석은 득표율에 따라 배분	-1인 1표제, 지역구 의원에 투표한 결과를 전국적·정당별 집계
9~10대	-의원정수의 1/3 대통령이 지명(유신정우회)	-1인 1표제, 지역구 의원에 투표한 결과를 전국적·정당별 집계 -1개 선거구에서 2명을 선출하는 중선거구제 채택(단기명 투표)
11~12대	-지역구 선거결과 1당에게 전국구 의석 2/3배분 -잔여의석은 지역구 선거에서 5석 이상 득표한 정당의 득표비율에 따라 배분	-1인 1표제, 지역구 의원에 투표한 결과를 전국적·정당별 집계 -1개 선거구 2명을 선출하는 중선거구제 채택(단기명투표제)
13~16대	-지역구의원 선거에서 5석이상, 유효투표의 5/100 이상 득표한 정당의 전국 득표비율에 따라 의석배분 -총유효 투표 3/100이상~5/100미만 득표 정당에 1석 할당	-1인 1표제, 지역구 의원에 투표한 결과를 전국적·정당별 집계 -소선거구제
17대	-정당투표에서 3/100이상, 지역구에서 5석이상 득표한 정당에 득표비율에 따라서 의석배분	-1인 2표제 도입, 지역구와 정당에 각각 투표하되 정당투표를 전국적으로 취합하여 비율에 따라 의석 배분

(2) 국회의원 선거제도의 개혁 방향

선거제도 개편 시 고려 요인을 다음과 같이 제시하고자 한다.

첫째, 정략적 접근을 경계한다. 선거제도는 권력의 향배와 여야의 국회의석 수에 직접적인 영향을 미친다. 선거구제의 유형, 선거구 획정 기준, 비례대표제의 배분방식에 따라서 여야 당선자

수에 영향을 미치기 때문에 여야는 선거제도에 대하여 당리당략적 차원에서 접근하고 있는 것이 사실이다. 자당에 유리한 게임 규칙을 만들기 위해서 여야가 경쟁하는 자체는 나무랄 수 없다. 이는 정당의 당연한 활동으로 인정해야 할 것이다. 하지만 전국정당화나 지역감정 해소 등 그럴듯한 명분을 내세워 선거제도를 변경하겠다고 하면서 실은 자당의 의석수 늘리기에 유리한 제도라는 계산 때문이라면 이를 경계해야 할 것이다.

예를 들면 중선거구제 도입을 주장할 때 지지기반이 취약한 지역에서는 자당 후 보가 2등으로 당선되고, 말뚝만 박아도 당선될 정도로 지지 기반이 견고한 지역에서는 1, 2등 동반당선이라는 계산을 하고 있다면 이를 경계해야 할 것이다. 전국정당화나 지역감정 해소를 대외적인 명분으로 내세우면서 권역별 비례대표제를 주장할 때 진짜 속셈은 지지기반이 취약한 지역에서 일부 당선자를 배출하고 지지기반이 확실한 지역에서 대다수 의석을 차지하겠다는 계산을 하고 있다면 이를 경계해야 한다는 것이다.

권역별 비례대표제도 지역주의가 심한 곳에서는 지역구와 비례대표 모두를 똑 같은 정당에 투표하는 행태가 나타날 가능성이 높다. 특정지역에 편중되는 현상을 해소하기 위해서 권역별 비례대표 배분상한선을 두자고 제안한다면 더 큰 문제를 발생시킬 소지가 있다. 왜냐하면 특정지역에서 특정정당을 지지한 민의가 100% 의석수 배분에 반영되지 못하는 결과를 가져오기 때문이다. 자연발생적으로 나타난 민의를 인위적 배분방식으로 왜곡시켜 전국정당화나 지역감정 해소라는 명분으로 포장하는 것은 지역주의 투표행태의 해결방안이 될 수 없다.

또한 기본적으로 전국정당화의 개념에 대한 올바른 이해가 선행되어야 할 것이다. 특정지역에서 싹쓸이하고 또 다른 특정지역에서 턱걸이로 한 두 명의 당선자를 배출하여 설사 시·도 단위에 빠짐없이 당선자를 냈다고 전국정당화가 이루어졌다고 평가하거나 지역감정이 약화되었다고 확대 해석하는 것도 경계해야 할 것이다.

또 다른 예로 중·대선거구제와 권역별 비례대표제를 동시에 제안하는 것도 한번 따져봐야 할 것이다. 이는 본질적으로 중·대선거구제나 권역별비례대표제는 동일한 선거구에서 지역구 의원과 비례대표를 동시에 뽑는 결과를 가져와 중복선거라는 문제점이 있으며, 지역구 의원과 비례대표를 분리하여 투표하지 않고 지역연고가 있는 정당 후보에게 무조건 투표하는 결과를 가져온다면 꿩 먹고 알도 먹는 결과가 될 것이다. 지역주의 투표행태가 심한 나라에서는 채택하기 어려운 제도이다.

국회의원 각자의 정치적 이해가 첨예한 부분은 아무래도 지역구 획정인구의 상하한선일 것이다. 인구상하한선 조정으로 자신의 지역구가 통·폐합된다면 정치생명에 직접적인 영향을 미치기 때문에 객관적으로 문제를 접근하는 데 한계가 있으며 정략적인 태도를 보일 수 있다.

하지만 선거제도에 대한 논의는 무엇보다도 국민주권이나 민의가 왜곡되거나 굴절되지 않는지, 국민 대표성을 확보할 수 있는지, 표의 등가성을 보장할 수 있는지, 국민을 위해서 봉사할 수 있는 인물을 선택하는데 장애요인은 없는지, 깨끗하고 공명정대한 선거를 보장할 수 있는지, 현역이나 비현역 누구에게나 공정한 경쟁기회가 보장되는 게임규칙인지 등을 따지는 데서 출발해야 할 것이다. 선거제도의 변화를 주장하는 속셈이 당리당략적 차원이라면 경계해야 한다. 또한 여야가 담합하여 국민보다는 정당 입장에서 선거제도를 바꾸려는 시도도 경계의 대상이다.

둘째, 제도변화의 시기 선택이 중요하다. 선수들을 링 위에 올려놓고 게임 규칙을 마련하는 일은 없어야 할 것이다. 캐나다의 경우 선거구 획정안은 선거구 관계명령서를 총독이 공고문 형식으로 공표하고 장관이 관계명령서를 받은 이후 5일이내 공고문을 발행하고 공고문의 발행 이후 최소한 1년 이내의 첫 번째 의회폐회 즉시로 규정하여 사실상 선거 1년 훨씬 전에 효력을 발생토록 하고 있다. 국회의원 각자의 정치적 이해가 걸려있는 선거제도의 개정 시 효력은 차차기 선거에서부터 적용하는 것을 검토할 필요가 있다. 자신들의 게임 규칙을 자신들의 손으로 만들 수 있는 국회는 국회의원 각자의 정치적 이해타산 때문에 객관성과 공정성 그리고 당리당략을 초월하는 데 한계가 있기 때문이다.

헌법 128조 대통령의 임기연장 또는 중임변경을 위한 헌법개정은 헌법개정 제안당시의 대통령에게 효력이 없도록 한 점, 「공직선거법」 24조 7항 선거구획정위원회가 획정안을 선거 1년 전에 국회의장에게 제출토록 규정하고 있는 점, 2항에는 국회선거구획정위원회는 국회의장이 교섭단체대표위원과 협의하여 11인 이내의 위원으로 구성하되 학계·법조계·언론계·시민단체 및 선거관리위원회가 추천하는 자 중에서 위촉하도록 한 점 등을 참고해야 할 것이다.

완벽한 제도란 존재하지 않기 때문에 경험적으로 발견한 문제점을 보완하는 수준에서 개선방안을 모색하는 것이 보다 현실적인 대안이라고 볼 수 있을 것이다.

첫째, 소선거구제 유지를 주장한다. 소선거구제는 한 표라도 많은 후보가 당선되는 1위제(first-past-the-post system)인 단순다수제(simple pluralist system)라고 볼 수 있다. 소선거구제는 장·단점도 많지만 유권자와 후보간 가장 친밀해 질 수 있으며, 민의가 가장 잘 반영되는 제도라고 볼 수 있다. 소선거구제는 정치선진국인 미국, 영국, 독일, 캐나다, 오스트레일리아와 일본 등에서 채택하고 있다.

둘째, 전국단위 개방식 정당명부 직능대표제로 전환을 제안하다. 비례제(proportional system)는 다원제(pluralist system) 다수제(majority system), 혼합제(mixed system)와 더불어 대표제의 한 유형이다. 한국이 택한 비례대표제는 전국 단위의 폐쇄식(no choice between candidates)이다. 국민은 후보의 선택권을 행사할 수 없다. 정당이 제시한 명부는 엄격한 의미에서 정당명부제(party list system)라고 볼 수 없다. 비례대표제는 소선거구제의 단점인 사표를 방지한다는 장점이 있지만 정당 핵심간부나 지역구에서 승산이 없는 중진들의 원내진출 보장과 음성적인 정치자금 조달 창구로 전락하여 전국구(全國區)가 전(錢)국구라는 문제점을 낳고 있다. 전국구 후보 공천에 당 최고지도자의 전횡이 지적되어 왔다. 이를 방지하기 위해서 폐쇄식을 개방식정당명부제(open party list system)로 바꾸는 것이다. 정당은 가나다순으로 후보명단을 제시하고 국민은 그 명단 중에서 한 후보를 선택하도록 하면 된다. 개방식은 핀란드, 스위스, 룩셈부르크 등에서 채택하고 있다.

폐쇄식을 개방식으로 바꾸더라도 1인 2표제를 도입했기 때문에 이중투표라는 부작용과 번거롭다는 문제가 제기 될 수 없다. 또한 전국구는 본래 지역구와 달리 직능대표자를 국회에 진출시켜 지역에 얽매이지 않고 자율적인 의정활동을 보장하는 데도 목적이 있다. 이런 본래의 취지를 살리기 위해서 비례대표제의 성격을 직능대표제로 전환시키는 것이다. 요즘은 지역구 의원도 대부분 전문성이 있지만 국회의 직능대표성과 전문성을 보다 강화시키기 위해서 전국구 후보명부를 직능별로 분류하여 제시하는 것이다. 예를 들면 여성계, 장애인, 농어민, 중소기업인, 경영자, 노동계, 학계, 종교계, 언론계, 의료계, 문화예술계, 시민단체지도자 등으로 구분하여 그 분야에 전국적인 명성이 있거나 전문성이 뛰어난 인물을 가나다순으로 따로따로 정당명부에 포함시켜 국민의 자유선택에 맡기는 것이다. 이 또한 장·단점이 있다. 직능분야별로 자기와 이해관계가 있는 후보나 소속분야별로 지지표의 쏠림이나 집중현상, 그리고 자기 지역 출신 후보에게 투표하는 성향도 다소 나타날 수 있을 것이다. 하지만 이런 현상도 따지고 보면 직능분야를 대표하는 세력의 규모나 지지자에 따라서 당선자 수가 달라지기 때문에 비례대표의 정신을 살리는 것과 무관하다고 볼 수 없다. 국회의원 선거 때 1인 2표의 투표권 중 1표는 지역구 후보에게, 나머지 1표는 전국구의 직능대표 후보에게 투표할 수 있도록 하는 것이다. 전국구 직능대표 후보에게 기표하는 방식도 1인 선택식이냐, 직능단체별로 한명씩 선택할 수 있는 다수선택식이냐 하는 문제도 검토할 수 있을 것이다.

셋째, 국회의원 수를 줄여야 한다. 일반적으로 인구비례로 따지면 미국, 영국, 일본 등과 비교할 때 국회의원 수가 적다는 주장이 주를 이루고 있다. 하지만 국회의원 수 299명(지역구 243석, 전국구 56석)을 축소하는 것이 좋을 것이다. 그 이유는 국회가 정치의 중심이 되지 못하는 것이 국회의원 수가 인구비례에 못 미치는 데 원인이 있는 것은 아니기 때문이다. 국회의원 수가 늘어나면 국회기능이 분화되어 국회의 입법 활동이 강화 될 수 있을 것이다. 하지만 국회의원 수가 부족하여 입법기능을 제대로 수행하지 못하는 것이 아니라 국회의원의 전문성 부족, 보좌기능 미비, 봉사정신 결여, 공익보다 사익 우선주의, 의정활동보다는 지역구 관리의 중요성, 공식·비공식 행사 일정, 당리당략 등 때문이다. 국회의원 수를 늘리기보다는 입법보좌 기능을 대폭 강화하는 것이 설득력이 있을 것이다.

다음은 국회가 국민의 불신을 받는 국민정서를 고려해야 할 것이다. 국회의원 수는 단순하게 인구비와 같은 산술적 고려보다는 국민여론을 염두에 두고 검토해야 할 것이다. 국회의원의 양보다는 질적인 측면에서 접근하는 것이 바람직할 것이다.

국회의원 수의 조정은 선거구 획정시 인구의 하한선과 상한성을 어떻게 결정하느냐에 따라서 영향을 받는다. 인구등가성을 지나치게 강조하여 미국의 상원에서 채택하고 있는 지역등가성을 무시한다는 문제점이 제기되지만 행정구역과 면적이 넓더라도 인구밀도가 희박한 지역은 실질적인 경제활동을 포함하여 전반적인 사회활동이 활발하지 못한 점, 교통·통신의 발달과 정보화 사회의 도래로 시공이 압축된 상황 등을 고려해야 할 것이다. 농촌지역구 출신 국회의원이 많아야 농민의 이익을 대변하는 데 용이하겠지만 농어민단체가 오히려 보다 적극적으로 활동하고 있다는 사실도 유념할 필요가 있다. 도시형과 농촌형의 인구상하한선을 따로 정하는 것도 합리적인 대안은 될 수 없을 것이다. 하지만 인구대표성과 지역대표성을 정략적 차원이 아닌 객관적 시각에서 양자를 조화 시킬 수 있는 방안을 모색하는 것이 좋을 것이다.

또한 인구이동률이 산업화시기에 비하여 낮아진 것은 사실이지만 국회의원 임기 4년동안 지역구의 인구가 변동되어 4년 후 지역구를 잃게 되는 사례가 발생하고 있으며, 인구상한선의 초과와 하한선의 미달사태로 매 4년마다 지역구를 다시 획정해야 하는 번거로움이 있다. 이를 방지하기 위해서 지역구 인구의 상하한선을 탄력적으로 운영하는 방안도 검토할 수 있을 것이다. 예를 들면 임기 4년동안 인구하한선 ±5%, 상한선 ±5% 범위 내에서 인구변동이 있으면 재획정 대상에서 제외시키는 것이다. 이는 잦은 지역구 변동으로 야기될지 모르는 지역주민의 혼란을 방지하고, 해당 지역구 출신 국회의원의 효율적인 지역구 관리와 안정적인 의정활동에도 도움이 될 수 있을 것이기 때문이다. 캐나다와 일본은 10년 단위의 국세조사의 결과에 따라서 선거구간의 인구가 비등하도록 획정하고 있다.

지역구 의원과 전국구 의원의 비율도 1:1, 2:1, 3:1, 4:1 등 다양하게 제시되고 있으나 어느 비율이 가장 합리적이라고 단정할 수 없다. 전국구를 늘린다면 지역구를 축소 조정하고 그 범위 내에서 결정하는 것이 현실적인 대안이라고 본다.

선거제도를 바꾼다면 왜 바꾸어야 하는가, 무엇을 위해서 바꾸어야 하는가 그 이유를 명확하게 제시해야 한다. 바꾼다면 현행 제도가 안고 있는 문제점을 정말 획기적으로 개선할 수 있다는 보장이 있어야 할 것이다. 한번 바꿔보자는 식의 정치실험은 이제 끝내야 할 때가 되었다. 언제까지 한국정치가 정치학의 실험실 역할을 해야 할 것인가?

요약하면 「소선거구, 전국단위 개방식 정당명부 직능대표제」를 제안하는 것이다. 지역구는 현행 소선거구제를 유지하고, 전국단위 폐쇄식 비례대표제를 전국단위 개방식 정당명부 직능대표제로 전환하는 것이다. 개방식 정당명부 직능대표제는 정당의 지도자에 의한 전국구 공천의 전횡을 방지하고 국민의 선택권을 확대시켜 민의가 선거에 굴절 없이 반영될 수 있기 때문이다. 그리고 비례대표제를 직능대표제로 전환하여 지역구 의원이 담당할 수 없는 전문성 있는 인사에게 국회진출 기회를 제공하는 것이다.

VI. 정당의 제도화

1. 한국정당의 제도화 수준

한국정당의 제도화 수준은 매우 낮게 평가되고 있다. 한국정당의 역사성이 미천하기 때문이다. 한국정당은 포말정당(거품정당)이라는 평가를 받고 있는 상황이기 때문이다. 제도화가 낮은 이유는 정당의 생성과 소멸이 특정 정치지도자의 정치운명과 함께 했기 때문이다. 사당성이 강하고 명사(名士)중심 정당이란 오명 때문에 정당의 역사가 짧았다. 또한 정당을 정치권력 획득 수단이나 기제(mechanism)로 취급하여 국민 지지도가 낮고 당의 이미지가 실추되면 타개책으로 당명을 바꾸거나 합당, 통합, 분당 등의 변칙적 방법을 동원하여 위기를 모면하려고 시도했기 때문이다. 이런 상황에서 정당에 대한 정체성이 약할 수밖에 없고, 국민은 혼란 속에 빠지고, 정당정치가 불안해지고, 안정적으로 국민의 이익을 수렴하는 정당의 고유기능을 원만하게 수행하기 어렵게 된다. 정당의 잦은 해산, 통폐합, 이합집산은 정당정치의 불신을 자초하는 것이며, 정책의 일관성을 유지하기 어렵게 된다.

정당이 오랫동안 존속하면서 국민의 지지를 받고 국민의 변함없는 선택의 대상이 되는 것이 한국정당이 지향해야 할 과제라고 볼 수 있다. 정당도 잦은 창당과 해산, 정치인의 원칙과 명분 없는 빈번한 입·탈당 등으로 누더기 정당사를 기록하고 있다. 〈표-9〉에서 보여주고 있는 바와 같이 1~17대까지 총선에서 국회의원후보자 및 당선자를 낸 정당의 수는 각각 263개와 97개로 나타났으며, 무정당시대(5·16과 10·26이후)를 경험하기도 하였다.

〈표-9〉 총선 참가 정당 현황

대 별	1	2	3	4	5	6	7	8	9	10	11	12	13	14	15	16	17
참가정당 수	48	40	14	14	14	12	11	6	3	3	12	9	14	6	11	11	25
당선자 배출 정당 수	16	11	5	3	6	5	3	4	3	3	8	6	5	4	4	5	5

한국 정치인의 정당 창당과 분당·통합·해산시키는 능력과 당적보유 기록은 아마도 세계에서 으뜸을 차지 할 것이다. 무슨 일만 생기면 정치권에 항상 신당창당설, 정계개편설이 꼬리를 물고 있으며, 한국정당은 역사가 짧고 포말정당이 많기 때문에 정당의 이름을 기억하기조차 어려울 정도가 되었다. 김대중 대통령은 9회의 창당 기록을 갖고 있다. 정당의 존폐가 당 총재의 운명과 당 간부의 정치적 이해타산에 좌우되는 사당성(私黨性)이 강한 상황에서 자기가 당권을 장악하고 대권후보가 되면 정당하고, 이에 실패하면 추종세력을 이끌고 집단 탈당하여 새로운 정당을 창당한 사례는 한국 정당사의 커다란 오점이 아닐 수 없다.

한국정당의 제도화 수준은 어느 정도일까? 〈그림-10〉에는 여야당 변천사를 요약한 것이다. 2006년 2월 선관위에 등록된 정당은 8개이며, 창당준비위원회 결성신고는 8건이다. 1964년 이래 110여개의 정당이 등록된 바 있다. 50여년의 정당사에 정당통합 사례가 62건이나 되며 정당의 평균 나이는 2년이 조금 넘는다. 현존하는 정당의 역사도 2~10년에 불과하다. 미국은 200년

<그림-10> 한국정당 변천사

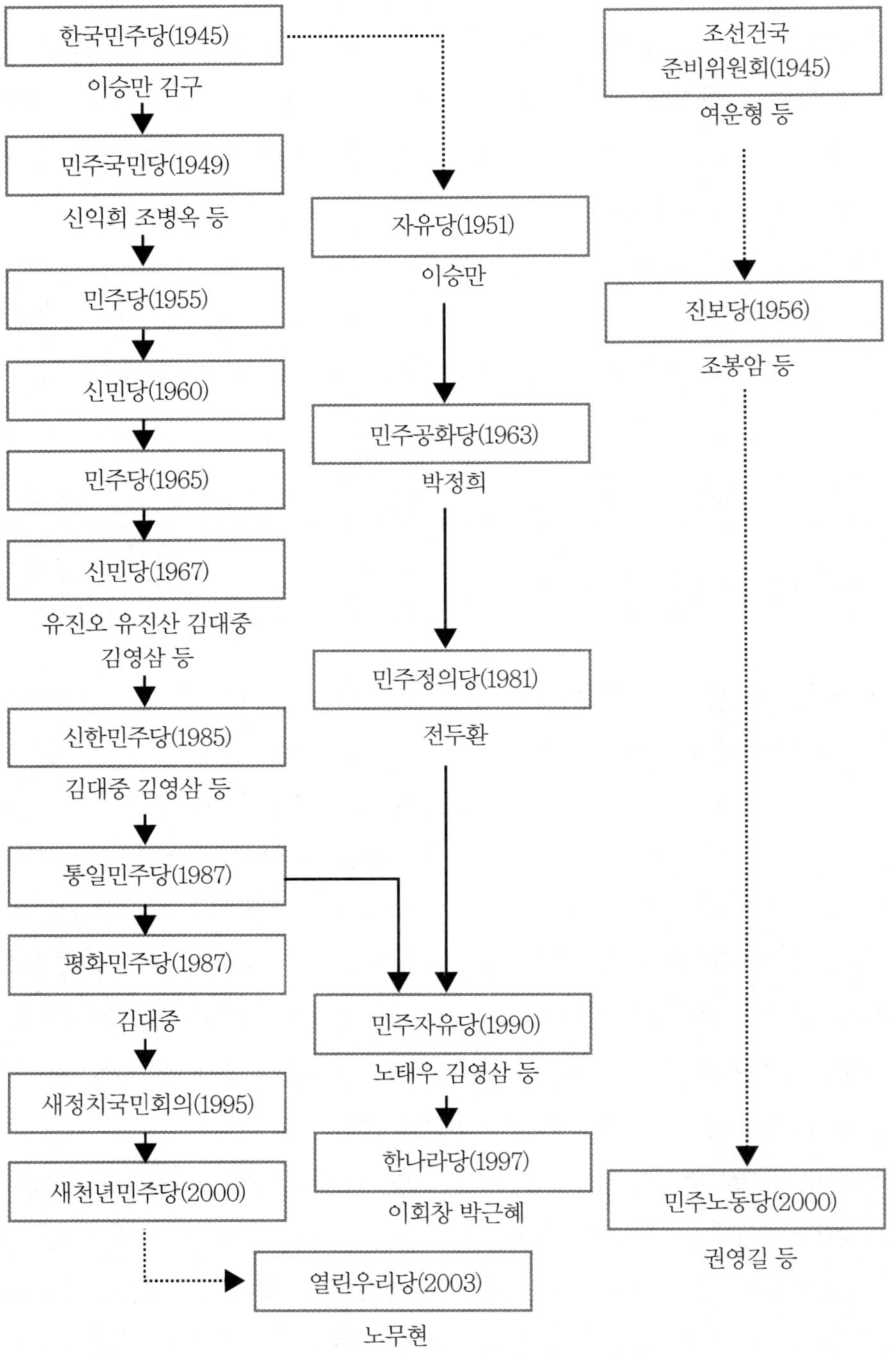

정당사에 5개의 주요 정당이 있었으며, 민주당 약 180년, 공화당 약 150년, 영국은 보수당 약 170년, 노동당 약 100년 등의 역사를 갖고 있다. 이들과 비교하면 한국정당의 역사는 유치원생 수준도 안 된다. 이래서 한국정당의 제도화 수준을 낮게 평가하는 것이며 포말정당(泡沫政黨) 또는 하루살이 정당이라고 불리기도 한다.

물론 역사가 오랜 된 정당이 무조건 다 좋다는 것은 아니지만 오랜 역사를 지니고 있다는 것은 급변하는 시대환경과 국민의 정치적 요구에 효율적으로 대응해 왔음을 보여주는 것이라고 평가할 수 있을 것이다. 그 만큼 가치가 있고 쓸모가 있기 때문이다. 정당의 제도화 수준이 이처럼 낮으니 정당이 국민의 이익을 집약하여 정책대안으로 제시하는 기능을 제대로 수행할 리 만무하다. 정당의 유형도 대중정당과 거리가 먼 엘리트·간부정당(명사정당, 인물정당, 보스정당 등)으로 분류할 수 있으며, 당 총재의 대권 획득을 위한 한시적이고 수단적인 기제(mechanism)에 불과 하다는 평가를 받는 지경에 이르렀다. 정당의 제도화 수준이 낮기 때문에 국민의 이익을 취합하여 정책 대안으로 제시하는 이익집약 기능을 다하지 못하기 때문에 여론조사 때마다 '지지할 정당이 없다' 는 응답자가 많이 나타나고 있다.

정당의 제도화 수준을 낮게 평가받는 요인으로 철새정치인이 많은 것도 하나의 요인이 될 수 있을 것이다. 12~15대 국회의원의 당적변경 현황에 의하면 12대 81명, 13대 32명, 14대 66명, 15대 56명이나 된다. 빈번한 당적변경은 정당의 잦은 통폐합 때문이기도 하지만 근본적으로 당에 대한 정체성 부족과 기회주의적인 정치인이 많기 때문이다. 이당 저당 옮겨 다니는 철새정치인이 많은 상황에서 당에 대한 충성심과 애착, 당에 대한 정체성 확립 그리고 진성(眞性) 당원을 기대하는 것은 불가능한 일이 되었다. 진성당원으로 당비를 납부하는 비율도 1% 미만으로 대단히 낮다.

2. 정당제도의 개혁 방안[5)]

(1) 원내정당화

최근 한국정당의 개혁 문제가 제기될 때마다 원내정당화가 제기된다. 원내정당의 가장 핵심은

5) 정당제도의 개혁 방안은 2006년 2월 「미래한국재단」에 제출한 "정치개혁의 종합적 추진전략" 보고서 내용과 많은 부분이 중복되고 있음을 밝혀둔다.

국회가 정당정치의 중심이 되어야 한다는 것이다. 의원들이 국회외적 조직인 소속정당에 억매이지 않고 국회를 정치활동의 주 무대로 삼아 의원들 간에 자율적인 대화 토론 타협 조정을 통하여 국가의 중요한 정책을 결정하는 것을 의미한다. 정당보다는 국회가 정치의 중심이 되고, 당직자나 원외인사보다는 국회의원이 정책결정과정의 주체적인 역할을 수행하는 것을 의미한다. 국회의원은 소속 정당으로부터 완전한 자율성을 보장받고, 원외요소로부터 해방되며, 정책결정 과정에 같은당 소속의원과 원내에서 협력하고 상대당 소속 의원과 원내에서 경쟁하는 것을 의미한다. 의원총회가 정당의 최고 의사결정 기능을 수행하며 정당운영의 중심이 된다. 당론이 의원중심으로 결정되는 것이다. 정당 활동의 가장 중요한 것이 원내에서 법률을 제정하는 등의 국가정책을 결정하는 것이기 때문에 활동의 핵심을 원내에 두는 것이다. 평상시에는 원내대표가 정당의 최고 지도자 역할을 수행하며, 정당은 선거 때 공직후보를 추천하고 선거운동을 지원하는 극히 제한된 역할을 수행하는 것이다. 자연스럽게 지구당이나 중앙당 등 원외의 조직은 대폭 축소 내지 폐지되고, 중앙당사는 자연스럽게 원내로 이전하는 것이다.

임성호 교수(2003)에 의하면 원내정당의 기대효과로 ① 정당정치의 중심 장(場)으로서 국회의 비중 증가 ② 정책결정 주체로서 의원들의 역할 강화 ③ 의원들의 개인적 자율성 증가 ④ 의원 간의 민주적 의사결정기관으로서 의원총회의 비중 상승 ⑤ 각 의원을 위해 일하는 소수의 전문가와 자원봉사자로 구성된 개인적 정치기반의 존재 ⑥ 상향식 공천제의 시행 ⑦ 의원과 유권자간의 보다 직접적인 연계 구축 ⑧ 평균적 일반대중에 호소하는 실용적 정책정당으로의 발전 ⑨ 대통령과 의회의 교착 상태를 타개하는 데 유리한 점[6] 등을 들고 있다. 결국 정치권의 민생현안 해결을 통한 대(對)국민 서비스가 나아질 것으로 기대할 수 있다.

원내정당화가 성공하기 위해서는 국회를 연중무휴 개회하여 모든 정치적 쟁점을 1년 내내 국회에서 토론하고 심의할 수 있어야 할 것이다. 국회가 명실 공히 정치의 주 무대가 되기 위해서도 필요하다고 볼 수 있다. 그 외에 국회의원의 전문성 향상, 자유투표제의 실질적인 정착, 토론과 타협의 의정문화의 정착, 표결실명제의 도입, 국회의원의 보좌기능 강화, 입법지원 기구의 확충,

6) 의원내각제 하에서는 정당체계의 안정과 책임정당정치의 실현을 위해 정당의 규율이 강한 것이 바람직하지만, 분점정부가 흔히 나타날 수 있는 대통령제 하에서는 정당의 규율이 약한 편이 대통령과 의회의 교착상태를 타개하는 데 유리하다는 입장을 보이고 있다(임성호, 2003).

국회의장 위상의 강화 등이 뒤 따라야 할 것이다. 이렇게 되면 입법부와 행정부간 균형과 견제를 이루는 데 기여하게 될 것이다.

(2)당원의 정체성 확립

당원이 소속 정당에 대하여 갖고 있는 정체성은 당에 대한 애착심(attachment)과 관련이 있으며, 진성당원으로서의 기본적인 조건이라고 볼 수 있다. 한국정당은 제도화 수준이 낮기 때문에 당원에 대한 정체성도 확립되지 못하고 철새당원들이 많은 것이 사실이다. 현존하는 정당 중에서 민주노동당원의 당성이 가장 강한 편이며 다른 정당들의 정체성은 상대적으로 낮은 편이다.

벨기에 사회당의 경우 후보자격 요건으로 최소한 5년간 당원이어야 한다는 조건이 있다. 한국과 같이 선거를 앞두고 급조된 정당이 많은 상황에서 이를 적용하는 것은 한계가 있을 수 있으나 최소한 입당기간을 정하는 것이 좋을 것이다. 선거가 임박하여 공천을 받기 위해서 입당하는 경우 후보신청 자격을 부여하지 않도록 제도화 하는 방안도 고려할 수 있을 것이다. 최소한 선거 6개월 전부터 당적을 보유하고 있어야 공직후보로 등록 할 수 있도록 하거나, 다른 당에서 선거를 앞두고 탈당하면 당해 선거에는 공직후보로 공천할 수 없게 하거나, 탈당 후 일정기간이 지나지 않은 사람은 공직후보로 등록할 수 없도록 하는 방안이 있을 수 있다. 특히 경선에서 탈락한 후보는 타당이나 무소속 출마를 불가능하게 만들어야 할 것이다. 탈당하면 자동적으로 의원직을 상실하는 것은 위헌 가능성이 있다고 하지만 다른 당에서 탈당한 의원은 일정 기간이 경과하지 않으면 입당자격을 부여하지 않는 방안도 적극 검토해야 할 것이다.

또한 공천을 신청할 때 대부분 당비 납부 영수증을 요구하는 데 과거에 당비를 납부한 실적이 없는 경우 일시불로 처리하는 경우가 많다. 일정기간 동안 정기적으로 당비를 납부하지 않으면 공천신청 자격을 부여하지 않는 방안도 도입할 필요가 있을 것이다. 특정 정당의 간판으로 공직후보에 출마하여 국민 심판을 받겠다고 하면서 선택한 당에 대한 소속감이나 정체성이 없는 인사들은 배제하는 것이 정당정치 발전을 위해서 검토해 볼 수 있는 방안이라고 볼 수 있다. 이는 나아가 정당의 제도화 수준을 향상시키고 당에 대한 정체성을 확립하는 데 기여할 것으로 보인다. 더구나 철새 정치인이 너무 많이 양산되면 정치윤리가 실종되고 국민의 민주시민교육에도 부정적인 영향을 줄 것이기 때문이다.

(3)선거정당화

정치과정에 정당의 존재나 역할은 민주주의의 안정성, 책임성, 정당성을 부여하는 데 필수적인 요소로 간주되고 있다. 하지만 원내 정당화와 더불어 정당개혁 방안의 핵심과제로 선거정당화를 제시하고자 한다. 양자가 동시에 도입되어야 정당개혁의 효과가 나타날 수 있을 것이다. 지구당을 폐지한 가운 데 중앙당을 축소하고 정당을 조직이 아닌 지지자 중심의 네트워크화하고 정책개발중심 정당으로 바꾸면 정당의 기능은 축소될 것이다. 그리고 궁극적으로 선거정당화 해야 한다. 평소에는 의회에서 원내대표 중심으로 의정활동을 수행하다가 선거 때가 되면 후보중심의 순수 선거용 정치조직으로 기능하는 것이다.

정당은 평소에 시·도지부를 원외 인사인 지역위원회 의장이 관리하다가 선거를 앞두고 공직후보를 선출하는 시기부터 선거정당으로서 활동을 전환하는 것이다. 평소에는 지구당을 폐쇄했다가 선거 6개월 전에 지구당 선거연락소를 설치하여 공직후보를 추천하고 선거운동을 하는 것이다. 그리고 선거가 끝나면 선거연락소는 자동적으로 폐쇄된다. 돈 먹는 하마와 같은 지구당이 없으면 의원들은 불법정치자금의 유혹으로부터 운신의 폭이 넓어 질것이다. 이렇게 되면 지역구민은 자기지역 출신의원이 국회에서 얼마나 국리민복을 위해서 입법 활동에 충실했느냐를 놓고 평가하게 될 것이다. 이는 결국 의원의 전문성 향상과 봉사하고 일하는 의원상의 구현에도 도움이 될 것이다.

예상되는 문제점으로 정치인과 유권자간 대면접촉 기회의 감소, 국민이익 집약의 소홀, 현역의원 유리, 정치신인의 정계입문 기회 차단 등을 지적할 수 있다. 하지만 면대면 접촉 대신 인터넷을 통하여 유권자와 얼마든지 상호작용이 가능하기 때문에 지역구 민원을 수렴할 수 있을 것이다. 그 동안 지구당사무실이 지역구민의 정치적 이익을 효율적으로 취합하는 기능을 수행하고 민의를 파악하여 정책대안으로 제시하는 정당과 지역구민간 커뮤니케이션 통로가 되었다고 인정하는 사람은 거의 없을 것이다. 지역구민이 지구당사를 방문하여 공적인 민원을 제기하고 이를 체계적으로 관리·해결할 수 있는 제도로서 기능했다고 보기 어렵다. 지구당은 지역구민의 애경사 챙기기, 조직관리, 일방적인 홍보를 담당하는 득표기제의 일부였다는 사실을 부정할 수 없을 것이다.

원내정당화와 선거정당화로 정치신인의 정계입문은 상대적으로 어려운 것이 사실이다. 하지만 이 문제도 국회의원 후보를 선출하는 과정에 당원만의 참여가 아닌 일반시민과 지지자들에게도 참여기회를 확대하는 경선모형을 도입할 때 얼마든지 개인의 정치능력에 따라서 정계에 진입할 수 있는 기회가 주어질 것으로 예상된다. 전자정치가 활성화되면서 정치 신인들의 입문기회도 점차 개방될 것으로 예상되며, 17대 총선에서 나타난 바와 같이 기성 정치권에 대한 국민적 불신 때문에 물갈이 폭이 컸던 경험에 비추어 볼 때 큰 문제가 될 것으로 보지 않는다.

VII. 한국정치의 제도화

한국의 정치와 관련된 조직과 절차의 제도화 수준이 매우 낮다는 것을 개략적으로 살펴보았다. 헌정체와 권력구조, 국회, 정당, 선거의 제도화 수준을 가늠해 볼 수 있는 각종 통계자료를 살펴보면서 한국정치의 제도화 수준이 매우 낮다는 사실을 확인하게 되었다. 한국정치는 너무 많은 제도를 도입하고 바꾸고 또 바꾸는 과정을 반복해 왔다. 한국은 민주정치 발전과정에 정치학에 나와 있는 수많은 제도를 골고루 운영해 본 경험을 갖고 있다. 하지만 아직도 개헌론, 선거구제 개편론, 정당통합론, 신당 창당론, 대연정론, 행정구역개편론 등등 여러 분야에서 제도변화를 꾀하려는 모습이 목격되는 현실이다. 이와 같이 짧은 헌정사에서 이렇게 많은 제도를 도입하고 바꿔본 나라는 세계 어디에서도 유례를 찾아보기 힘들 것이다. 그만큼 한국정치가 안정되지 못했고, 발전과정에 많은 시행착오가 있었으며, 변화의 진통이 컸음을 말해 주는 것이다.

한국의 정치발전은 〈그림-1〉의 모형에서 단계(II)에 놓여 있다고 평가하였다. 한국정치가 나아가야 할 발전단계는 단계(III)인 민주주의의 내실화를 위한 질의 정치(quality politics) 추구라고 볼 수 있다. 하루빨리 제도화 수준을 높이고 정치의 질적 향상을 추구하는 방향으로 발전되어야 할 것이다. 이미 밝힌 바와 같이 질의 정치란 정치조직이나 절차가 안정된 가운데 양질(良質)의 자유(liberty), 복지(welfare), 안전(security)과 같은 정치재화(political goods)를 효율적으로 산출하여 국민에게 권위적으로 공정하게 배분하는 것을 의미한다. 앞으로 제도화 수준을 높여 질의 정치가 정착될 수 있도록 노력해야 할 것이다. 형식이나 구호에 치우친 립서비스 정치가 아니라 알차고 내실 있는 민주 정치를 해야 한다는 것이다.

하지만 아직도 한국정치는 제도 탓이나 제도 타령을 계속하고 있다. 오늘날의 한국정치를 이 모양으로 만든 것이 마치 정치제도에 큰 잘못이 있는 양 제도를 주범으로 인식하는 경향이 있다.

정치제도의 변화가 정치문제 해결의 초보적 대안은 될지 모르지만 근본적인 해결책은 아니다. 교통질서를 유지하기 위해서 우선 신호등을 설치하는 것과 마찬가지로 정치제도를 마련하여 정치의 기본 틀을 정하는 것은 당연하다. 문제는 모든 제도는 장·단점이 있게 마련인 데 운영의 묘를 살리려는 노력보다는 우선 제도를 바꾸고 보자는 시각이 지배적이다. 제도를 운영하는 정치지도자와 국민의 정치의식이나 태도 그리고 정치문화를 고려하지 않고 무조건 제도를 바꿔 문제를 해결하고자 하는 접근방식에 이의를 제기하고자 한다. 제도적인 접근만으로는 근본문제 해결에 한계가 있기 때문이다.

그 동안 정치제도를 숱하게 바꿔봤다. 도입해보지 않은 제도가 거의 없을 정도로 많은 제도의 도입과 운영 경험이 있다. 또 다른 제도를 도입하여 한국정치를 정치학의 실험실로 삼으려는 시도는 정말 신중해야 할 것이다. 그 동안 겪은 많은 시행착오와 정치실험을 토대로 출발해야 할 것이다. 이런 상황에서 새로운 제도를 또 다시 도입하여 정치실험을 하는 것은 불확실성의 지속이기 때문에 새로운 제도의 도입에는 신중을 기해야 한다. 하지만 시대적 상황이나 국민의 요구 그리고 여야가 합의 한다면 제도를 바꿀 수 있다. 비민주적인 요소 때문에 자유민주주의 공고화에 걸림돌이 되거나, 국민의 정치적 권리와 자유를 제한하는 조항이 있다면 개혁해야 하는 것은 마땅하다. 제도 개혁은 정파적 이해를 떠나 국민에게 질의 정치를 제공할 수 있고 국민을 위하여 진정 필요하다면 얼마든지 추진할 수 있다. 그런 전제하에서 만약 개헌을 한다면 6년 단임제의 국민직선 정부통령제와 양원제 도입을 제안한 것이다. 그 외에 여야간 평화적 정권교체의 누적, 소선거구제 유지, 전국단위 개방식 정당명부 직능대표제 도입, 원내정당화, 선거정당화, 당원의 정체성 확립 등을 제안하였다.

아울러 강조하고 싶은 것은 제도 개혁 못지않게 정치문화를 선진화시켜 정치풍토나 정치 환경 자체를 근원적으로 변혁하는 노력도 병행해야 한다는 점이다. 비생산적인 정치가 법과 제도의 잘못 때문이 아니라 이들을 운영하는 환경과 풍토에도 문제가 있기 때문이다. 이들을 바꾸지 않고 아무리 좋은 법과 제도를 도입해도 그 가치와 안정성을 확보하기 어려울 것이다. 정치문화의 변동은 많은 시일이 요구된다. 그렇지만 의도적인 노력으로 정치문화의 변동을 앞당길 수 있을 것이다.

그리고 라스웰(H. D. Lasswell)이 주장한 바와 같이 사적동기(권력획득)를 공공의 이익(집합적인 선)이란 명분으로 포장하여 합리화시키려는 정치인이 많은 것도 고쳐야 한다.[7] 정치권력을 국민과 국가에게 봉사하는 수단이 아니라 정치인 개인의 목적달성 도구나 권력추구 그 자체를 목적으로 삼는 정치인이 많으면 정치는 발전할 수 없다. 많은 정치인들은 진정으로 국가와 국민을 위하기보다는 개인의 영달과 권력추구를 최우선 목표로 삼는다는 비판을 받고 있다. 이 때문에 한국정치가 생활정치나 민생정치 또는 정책대결보다는 정치의 초보적이고 원시적인 권력투쟁형 대권정치, 당리당략지향형 정치, 정쟁차원의 정치에 머물고 있는 주된 원인으로 작용했다고 볼 수 있을 것이다.

이제는 더 이상 정치실험에 매달려 법과 제도만 탓하지 말고 민주제도의 공고화를 이룩하여 정치를 안정시키고 민주 정치의 내실화를 기하여 국민을 위한 질의 정치를 정착시켜야 할 것이다. 민주제도의 공고화 이후에는 정치의 내용과 질을 향상시켜 진정으로 국민에게 봉사하고, 국민이 원하는 국민을 위한 정치를 하루빨리 뿌리 내릴 수 있도록 해야 할 것이다. 민주제도의 공고화와 민주 정치의 내실화를 이룩하는 데 정치지도자의 역할이 중요하다는 점을 강조하고자 한다.

* 참 고 문 헌 *

권영성. 2001. 『헌법학원론』 서울 : 법문사

김충남. 1992. 『성공한 대통령, 실패한 대통령』 서울 : 도서출판 진원.

김기우. 1998. 『정치발전이론』 서울 : 박영사

박찬욱. 1999. “한국 의회정치의 특징” 백영철 외(1999), pp.61~87.

백영철. 1999. “한국의 의회정치” 백영철 외 (1999), pp.13~28.

백영철 외. 1999. 『한국의회정치론』 서울 : 건국대출판부.

정영국. 1999. “민주정치 정착을 위한 국회운영제도의 개혁” 백영철 외(1999), pp.465~501.

정희채. 2000. 『정치발전론』 서울 : 법문사.

임성호. 2001. “한국 통치이념으로서의 ‘발전’ 개념과 의회민주주의,” 민준기 편저. 『21세기 한국의 정치』 서울 : 법문사, pp.271~403.

7) Harold D. Lasswell, *Power and Personality*(New York : W.W. Norton & Co., 1948), p.38.

임성호. 2003.“원내정당화와 정치개혁 : 의회민주주의 적실성의 회복을 위한 소고”, 『의정연구』 9권 1호(한국의회발전연구회).

허영. 1995. 『한국헌법론』 서울 : 박영사.

Bill, James A. and Robert L. Hardgrave, Jr., 1981. *Comparative Politics : The Quest for Theory*, London : University Press of America.

Chilton, Stephen. 1988. Defining *Political Development*, Boulder : University of Denver.

Huntington, S. P. 1968. *Political Order in Changing Societies*, New Haven : Yale University Press.

Lasswell, Harold D. 1948. *Power and Personality*, New York : W.W. Norton & Co.

Pye, Lucian W. 1966. *Aspects of Political Development*, Boston : Little, Brown

Wener, Myron/S. P. Huntington(ed.), 1987. U*nderstanding of Political Development*, Glenview : Scott, Foresman.

제2장

정치체제의 변동

국가권력 구조의 제도화 방향

국가권력 구조의 제도화 방향

I. 머리말

일제 식민통치로부터 해방된 지 61년, 정부수립 이후 58년이 되었다. 그동안 한국정치사는 격동, 격변, 단절, 굴절, 위기, 불안 등 악순환의 연속이었다. 정치가 역동적으로 수많은 정치적 격변을 경험하면서 변증법적으로 발전해 오고 있다. 다른 나라에서는 한번만 겪어도 충분한 정치적 사건을 하나도 빼 놓지 않고 모두 경험하여 한국의 정치사는 정치발전의 실험실과 꼭 같은 모습을 보이고 있다.

1948년 제1공화국이 출범한 이래 6개의 공화정을 경험하여 1개 공화국의 평균 수명이 10년에 불과하다. 6개 공화국의 변동은 대부분 법과 제도에 의하지 않고 초법적·탈법적으로 이루어졌다. 제1공화국은 1960년 4.19혁명으로, 제2공화국은 1961년 5·16군사쿠데타로, 제3공화국은 1972년 유신체제 도입을 위한 비상사태선포로, 제4공화국은 1979년 박정희 대통령의 시해로, 제5공화국은 1987년 6월항쟁으로 각각 붕괴되었다. 비정상적인 정치변동은 헌정질서의 중단과 파괴 그리고 권력공백 사태를 가져왔다. 노무현 대통령 탄핵소추 기간을 포함하여 7회의 대통령 권한대행체제 등의 경험이 이를 뒷받침하고 있다.

권력구조와 대통령 선거제도도 1공화국은 국회간선과 국민직선의 정·부통령제, 2공화국은 내각제, 3공화국은 직선의 대통령 중임제, 4공화국은 간선(통일주체국민회의)의 대통령중심제, 5공화국은 간선(선거인단)의 단임 대통령제, 6공화국은 직선의 단임 대통령제 등으로 많은 변천을 겪었다. 직선과 간선, 중임제와 단임제, 정부통령제와 내각제적 요소를 가미한 변형된 대통령제, 대통령 임기도 4, 5, 6, 7년 등 모든 제도를 골고루 경험하였다. 그럼에도 불구하고 아직도 권력구조가 제도화되지 않은 가운 데 그의 변화에 대한 시비가 끊이지 않고 있다. 대통령 선거나 국회의원 선거가 있을 때마다 그리고 새로운 정부가 출범할 때마다 권력구조의 변화에 대한 개헌타령이 지속되고 있다. 마치 한국정치의 문제가 권력구조에 있는 듯한 인상을 풍기고 있다.

헌법개정도 9회나 이루어져 헌법의 평균수명이 7년도 안된다. 9차례의 헌법개정 중 4·19학생혁명과 6·29선언 이후의 두 차례를 제외하면 모두가 국민의 자유와 권리를 신장시키고 국리민복(國利民福) 차원에서 이루어진 것이 아니라 특정한 정치지도자의 장기집권이나 정파의 권력 강화를 위해서 시도되었다는 사실이다. 지속적으로 제기되고 있는 개헌론도 시대변화에 부응하고 권력구조의 근본적인 문제점을 해결한다는 명분을 내세우지만 따지고 보면 이면에는 결국 국민의 입장보다는 정파적 이해와 관련된 차기 정권재창출 가능성이나 집권가능성 등과 밀접하게 관련되어 있음을 알 수 있다.

헌법의 나이가 그 나라 민주주의 수준을 판단하는 하나의 기준이 된다는 시각에서 보면 한국은 아직도 정치발전이 요원하다고 평가할 수 있을 것이다. 정치가 발전되지 않은 국가의 정치체제의 제도화(institutionalization) 수준은 매우 낮아 정치불안과 위기의 악순환으로 정치질서가 파괴되고, 미래에 대한 예측을 어렵게 만든다. 앞장에서 이미 논의한 바와 같이 헌팅톤(S. P. Huntington)은 제도화 수준을 평가하는 지표로 ① 적응성(경직성) ② 복합성(단순성) ③ 자율성(종속성) ④ 응집성(균열성) 등을 제시하였다.[1] 헌팅톤이 제시한 적응성이란 개념에서 평가하면 한국의 정치체제, 특히 권력구조의 제도화 수준은 매우 낮다고 볼 수 있다.

제도화 수준이 낮다는 것은 민주주의가 아직도 공고화되지 않았다는 것을 의미한다. 민주주의가 공고화되려면 ① 민주정치체제의 제도화 ② 정치문화의 발전 ③ 국민과 정치 엘리트의 민주정치의식의 향상 등 세 가지 조건이 충족되어야 한다. 민주주의 건설을 한 그루의 나무를 심고 가꿔 키우는 것에 비유한다면 민주제도는 나무 그 자체인 수종(樹種)을, 정치문화는 나무가 무럭무럭 자라는 데 필요한 기름진 토양, 기후, 환경을, 정치의식은 나무를 가꾸고 보호하고 열매를 맺도록 보살피면서 기다리는 사람의 가치, 신념, 태도 등의 정향(orientation)을 의미한다고 볼 수 있다.

그런데 한국정치는 아직도 수종 선택 문제를 논의하는 수준에 머물고 있다. 남북한 간에 통일에 대한 합의가 전연 이루어지지 않은 상황에서 영토조항 개헌 등 통일헌법 제정문제가 불거지는 가하면 선거 때만 되면 권력구조의 변화문제가 제기되어 민주주의의 제도화를 처음부터 다시 시작하자는 인상을 주고 있다.

---

1) 예를 들면 적응성은 연륜이나 나이 등으로 측정한다. 오래된 제도나 관행은 그만큼 필요했기 때문이며, 필요한 것은 존재하는 법이다. 생명력을 갖고 오랫동안 존속할 수 있다는 것은 변화하는 상황에 잘 적응한 결과다. S. P. Huntington, *Political Order in Changing Societies* (New Haven : Yale University Press, 1968), pp.12~17.

이 글의 목적은 국가 권력구조의 대안을 탐색하는 데 있다. 구체적으로 현 권력구조의 논란의 대상이 되고 있는 쟁점과 문제점을 제도적 측면과 운영적 측면으로 나누어 살펴보고, 권력구조의 변화에 대한 몇 가지 대안을 비교·분석한 후 해결방안을 제시하고자 한다.

II. 1987년 체제에 대한 쟁점 : 제도적 측면

현 대통령중심제의 정치체제는 1987년 6월 민주화 항쟁의 결실로 탄생하였다. 그 동안 1인 장기집권, 억압적인 군부지배체제, 권위주의적인 정권의 부도덕성과 잔인성에 대한 누적되었던 불만이 전국적으로 폭발되자 통치불능 상황에 직면한 집권세력은 6·29 민주화 선언을 통하여 정치위기를 관리하고 국민의 요구를 전면 수용하게 된 것이다. 그 결과 현행 권력구조는 여야 합의와 1987년 10월 12일 국민투표를 거쳐 확정되었다.

현행 헌법의 권력구조의 핵심 내용은 5년 단임의 대통령 중심제라는 것이다. 현행 권력구조를 20여년 가깝게 유지해 오면서 선거 때만 되면 개헌론이 제기되는 등 권력구조의 변화에 대한 논쟁이 끊이질 않고 있다. 그 방향은 (1) 권력구조를 내각제로 바꾸자는 주장 (2) 4년 중임의 순수한 정·부통령제를 채택하자는 주장 (3) 이원집정부제를 채택하자는 주장 (4) 1987년 체제의 불합리한 조항을 일부 수정·보완하자는 주장 등이다. 상이한 네 가지 입장이지만 공통적으로 제기한 현 권력구조에 대한 제도적 측면에 있어서의 쟁점은 (1) 정치권력의 1인 집중 (2) 5년 단임제 (3) 국무총리제 (4) 선거주기의 불일치 등 이다.

1. 정치권력의 1인 집중

현 권력구조의 문제점 중 가장 많이 제기되는 쟁점이 대통령 1인에게 정치권력이 과도하게 집중되어 있다는 것이다. 한국 대통령의 지위와 역할은 5가지 차원에서 설명할 수 있다.

첫째, 대통령은 헌법상 국가의 원수, 국정의 최고 책임자, 행정수반, 대의기관, 기본권보호기관으로서의 지위를 가지고 있다.[2)]

둘째, 대통령은 헌법개정과 국민투표에 관한 권한, 헌법기관의 구성에 관한 권한, 국회에 관한 권한, 입법에 관한 권한, 사법에 관한 권한, 행정에 관한 권한,[3)] 그리고 긴급명령권, 긴급재정·경제명령 처분권과 계엄선포권 등의 권한을 가지고 있다.

셋째, 대통령은 정책과정상 정책의제설정과정, 정책결정과정, 정책집행과정에서 많은 역할을 수행한다.

넷째, 대통령 개인의 리더십, 국정수행능력, 국민의 지지도, 국민의 대통령에 대한 평가와 인식과 관련하여 상당한 영향력을 행사할 수 있다.

다섯째, 대통령은 외국에 대하여 국가의 상징, 국내적으로 최고 정치권력의 상징, 각종 행사에 의전적·의식적인 상징, 국민통합의 상징이자 구심점이며, 그 시대 역사의 대표적인 인물이라는 상징적 지위를 가지고 있다.[4)]

대통령의 지위와 역할 그리고 권한을 구체적으로 열거하지 않더라도 대통령은 정말 높고 힘 있는 정치권력의 최고 자리라는 것을 쉽게 알 수 있다. 대통령은 언제든지 제왕과 같이 군림할 가능성이 높은 것이 사실이다. 당권과 대권이 분리되고 민주화가 이룩되고 국민의 정치의식이 향상되고 언론의 자유가 보장되어 있다고 해도 대통령은 경찰, 검찰, 세무기관, 정보기관, 군 등 국가의 공권력을 언제나 동원하고 사용할 수 있기 때문에 마음만 먹으면 못할 것이 하나도 없다. 아직도 검찰의 정치적 중립이 미흡한 상황에서 그리고 정보기관의 기능이 정치사찰을 금지하고 있다고 하더라도 대통령은 수사권과 국가의 중요한 정보를 독점하고 있기 때문에 정치적 반대자나 언론 등에 대한 탄압과 보복의 수단으로 얼마든지 활용할 수 있다. 대통령이 바뀌면 남북관계의 개선이나 각종 개혁정책을 내세워 국가 정체성까지도 변경할 수 있을 정도로 막강한 권한을 갖고 있다. 대통령은 언제든지 국무위원을 경질 할 수 있다. 제도적으로 대통령 1인에게 정치권력이 과도하게 집중되어 있는 것은 사실이며,[5)] 대통령의 리더십 행태에 따라서 오기와 독선정치가 가능하다. 대통령이 국민여론이나 야당의 반대를 아랑곳 하지 않고 마이웨이(my way)를 고집할 경우 탄핵소추 이외에 견제 할 수 있는 제도적 장치가 제한되어 하루 빨리 임기가 끝나기를 기다리는 수밖에 없는 경우가 발생하게 된다.

---

2) 허영, 『한국헌법론』(서울 : 박영사, 1995), pp.907~909.

3) 대통령은 공무원 총 24,208명에 대한 임명권을 가지고 있다고 한다. 권석천, "열린 대통령이 미래를 연다," 「경향신문」(1997. 10. 6), p.2.

4) 김충남, 『성공한 대통령, 실패한 대통령』(서울 : 도서출판 진원, 1992), pp.19~20.

2. 5년 단임제

한국 민주화를 가로막았던 가장 커다란 장애요소는 1인에 의한 장기집권이었고, 역대 위정자들은 장기집권을 기도하기 위해서 사사오입 개헌, 발췌개헌, 개헌안의 단독처리, 비상계엄하의 개헌 등 온갖 수단과 방법을 동원하였다. 이런 과거 헌정사의 수치스러운 경험은 결국 5년 단임제를 채택하는 계기를 만들었다. 5년 단임제를 채택한 후 적어도 1인에 의한 장기집권을 완전하게 차단할 수 있었고, 노태우, 김영삼, 김대중, 노무현 대통령에 이르기까지 평화적인 정권교체가 4회나 이루어졌다. 특히 여야 간 최초로 수평적 정권교체를 이룩하여 정치발전의 한 단계를 넘어서는 성과를 거두었다. 그러나 단임제에 대한 문제점으로 다음과 같은 것을 지적할 수 있다.

① 5년 단임은 시대적 산물이다. 단임제는 1인의 장기집권에 대한 반성적 차원에서 채택한 것이기 때문에 이제는 시대가 변하여 더 이상 단임제가 민주발전의 전부라는 인식은 그 유용성을 상실했다.

② 5년 단임은 너무 짧기 때문에 국정을 재대로 운영할 수 없다. 정권 인수 후 국정 파악 기간과 레임덕(lame duck) 현상 때문에 실질적으로 일할 수 있는 기간이 짧아 중장기적인 국가목표를 설정하고 이를 추진하는 데 제약 요인이 된다.

③ 정치를 잘하는 대통령을 5년 만에 바꾸는 것은 국가적 손실이다.

④ 중임제를 택하면 재선되기 위해서 더욱 더 열심히 일할 것이다.

⑤ 국회의원 선거와 주기가 맞지 않아 잦은 선거 시행 등 정치비용이 과다하게 지출되고 번거롭다.

⑥ 단임제는 국민에 의한 재심판의 길을 막아 놓고 있어 민주적 정당성과 반응성 그 자체를 경시한다.[6]

---

5) 그러나 제도적으로 꼭 그렇지 않다는 주장도 있다. 헌법에 규정된 대통령의 권한은 대통령제하의 다른 나라의 대통령 권한과 비교할 때 작다고 할 수 있으며 이는 헌법이 대통령제와 내각제를 절충하여 내각제적인 요소로 대통령의 권한을 제한하고 있기 때문이다. 그 뿐 아니라 국회는 국무총리 등 임명동의권과 국무총리와 장관의 해임을 건의할 수 있고, 입법권, 예산·결산심의권, 탄핵소추권, 국정질문권, 국정감사와 조사권 등 입법부에 의한 대통령의 견제장치가 보장되어 있기 때문이다. 다음을 참조할 것. 함성득, 『대통령학』(서울 : 나남출판, 1999), p.24.

6) 허영(1995), p.910.

그러나 반론도 있다.

① 시대가 변했어도 1인에 의한 장기집권이 민주발전의 장애요소라는 인식은 바꿀 수 없다.

② 민주정치는 정당정치이기 때문에 같은 정당에서 재집권하면 정책의 연속성과 일관성을 유지할 수 있다.

③ 집권 전에 충분하게 준비한 대통령은 5년동안 얼마든지 자신의 정책의지를 실현시킬 수 있다. 5년 단임으로 선출된 대통령이 임기가 짧아 할 일을 못했다는 아쉬움 보다는 오히려 임기가 빨리 끝나기를 바라는 경우가 대부분이었다.

④ 레임덕은 중임을 해도 나타나는 자연적인 현상이며, 정치를 잘하면 그 현상을 어느 정도 줄일 수 있을 뿐이지 완전하게 없앨 수는 없으며 단임 때문에 조기에 나타나는 것은 아니다.

⑤ 중임제를 택하면 연임되기 위해서 첫 4년동안 선심정책, 대중영합주의, 인기위주의 정책을 결정할 수 있다.

⑥ 재선되었을 경우 나머지 임기 4년 내내 국정에 소홀하여 레임덕이 지속될 수 있다.

⑦ 현직 대통령이 재선에 출마하면 국가의 공권력을 총동원하여 공정한 선거를 해칠 우려가 있다. 무능한 대통령이 재선되기 위해서 무리수를 쓸 경우 정통성 시비 등 선거 후유증이 우려된다.

3. 국무총리제

현 권력구조는 국무총리제를 두어 집행구조의 2원성을 띄고 있다. 국무총리는 헌법상 (1) 대통령의 포괄적 보좌기관으로서의 지위 (2) 집행부의 제2인자로서의 지위 (3) 차상급 중앙행정관청으로서의 지위를 가지고 있다. 또한 국무총리는 제도적으로 (1) 대통령권한 대행권 (2) 행정부 구성 관여권 (3) 국정심의권 (4) 부서권(副署權) (5) 행정통할권 (6) 총리령제정권 (7)의정관여권 등의 권한을 가지고 있다. 그러나 내각제적 요소인 국무총리제는 집행구조의 2원성의 징표로서 대통령직을 성역화해서 대통령직을 격상시키기 위한 권위주의적 대통령관의 그릇된 역사적 유물이라는 것이다.[7] 또한 헌법 이론적으로 옳지 않다는 것이다. 따라서 순수한 대통령제의 전형인 부통령제를 도입하자는 주장이 제기되고 있다. 부통령제 도입을 주장하는 논리는 다음과 같다.

---

7) 허영(1995), pp.936~942.

① 대통령에게 집중 된 정치권력을 정·부통령에게 분산시킨다.
② 임명직의 국무총리에 비하여 임기가 보장된 부통령은 보다 독립적으로 권한을 행사할 수 있다.
③ 대통령 유고시 자연스럽게 승계절차를 이행할 수 있다. 대통령 유고시 국무총리가 권한을 대행하는 것은 잠시나마 민주적 정당성의 공백을 가져온다.[8)]
④ 소외지역 출신을 러닝메이트인 부통령 후보로 추천하여 지역감정을 어느 정도 완화시킬 수 있다.

그러나 반론도 있다.

① 대통령의 러닝메이트로 부통령에 당선되었더라도 후보로 추천해 준 대통령의 권력을 견제할 수 없다. 정치권력은 부자간에도 공유하기 어렵다는 속성이 있다.
② 부통령은 대통령의 유고를 기다리는 입장에 불과하며 많은 나라에서 보여주고 있는 바와 같이 커다란 역할을 수행하지 못한다.
③ 특정지역 출신을 부통령으로 당선시킨다고 지역감정이 해소될 수 없다. 지역화합 차원에서 특정 지역 출신을 국무총리로 수차례 임명한 경험이 있으나 지역감정 해소에 도움이 되지 못했다.
④ 지역감정이 투표행태에 결정적으로 작용하는 현실에서 특정 지역출신 인사를 부통령 후보로 선택하여 지역당끼리 대선 승리를 위한 제휴·연합·야합 목적으로 활용될 가능성이 크다.
⑤ 대통령의 후계자로 낙점 받기 위해서 대통령에게 맹목적적인 충성을 보일 가능성이 높다.

4. 선거주기 불일치

대통령 선거는 5년마다, 국회의원 선거는 4년마다, 그리고 지방선거는 그 중간에 이루어지고 있다. 〈표-1〉에 나타난 바와 같이 선거과잉으로 국력이 낭비되고 정치가 안정되지 못했다는 지적이다. 선거주기가 달라 거의 매년 전국단위의 선거를 치르게 된다는 것이다. 지난 10년간 1999년, 2001년, 2003년을 빼고 매년 전국규모의 선거가 있었다.

대통령 선거와 국회의원 선거를 동시에 치르고 중간에 중간평가 형식의 지방선거를 치르면 좋을 것 같다는 주장이다. 일리가 있다. 또한 대통령이 분점정부하에서 당선되면 다음 총선까지 국

8) 허영(1995), p.607.

〈표-1〉 연도별 선거실시 및 예정현황

연 도	대통령선거	국회의원선거	지방선거	비고
1987	×			
1988		×		
1991			×	
1992	×	×		
1995			×	
1996		×		
1997	×			
1998			×	
2000		×		
2002	×		×	
2004		×		
2006			×	
2007	×			
2008		×		

정을 안정적으로 운영할 수 없다는 이유도 들고 있다. 또한 대통령과 의회권력과 지방권력 간의 불일치를 문제로 지적한다. 하지만 대통령과 국회의원 그리고 지방선거의 동시 실시가 통합정부 출현에 유리할지 불리할지는 선거상황에 따라서 결과가 다르게 나타날 수 있기 때문에 속단하기 어렵다.[9] 또한 권력이 행정부, 의회, 지방으로 분산되는 것이 민주주의 원리에도 합당한 측면이 있다. 통합정부의 효율성을 강조하지만 행정부와 의회관계가 극한대결구도가 형성되어 오히려 정치적 효율성이 떨어지고, 여당에 의한 일방주의식 밀어붙이기 정책결정이 잦았다. 반면에 분점정부하에서 여야 간의 타협의 정치가 이루어졌다는 것이 경험적으로 얻은 결과다.

잦은 선거로 선거관리나 선거비의 과다지출로 국력이 낭비되고 선거 때 국론이 분열되어 정치

9) 분점정부는 선거주기와 관련이 있다는 주장이 있다. 대선과 총선을 동시 치르는 경우 대통령 소속정당이 의회의 과반수를 차지하는 경우가 많고, 대통령 취임이후 치르는 의회선거는 중간평가의 성격이 강하기 때문에 분점정부의 형태가 나타난다. 유권자들은 대선에서 승리한 정당을 총선에서 견제하는 분리투표(split ticket voting) 경향이 나타나고, 유권자들이 장래의 공약을 두고 투표하지 않고 과거의 업적을 바탕으로 회고적 투표(retrospective voting)를 하는 경향이 강하기 때문에 총선에서 대통령 소속당이 불리하여 분점정부 현상이 나타난다. 함성득(1999), p.197 : 김용호, "21세기 새로운 의회정치의 모색 : 분점정부 운영방안," 「의정연구」 제6권 통권 제10호(2000), pp.38~39.

가 불안한 측면도 있다. 중앙선거관리위원회의 집계에 따르면 1995년부터 10년간 8차례의 선거에 소요된 비용은 1조 4,669억원이었다고 한다. 공식비용 외에 음성적인 비용까지 합치면 실제로 사용된 선거비용은 선관위의 공식집계의 3.4배라는 것이다.[10] 하지만 민주주의는 시간과 비용이 들어가는 제도라는 사실과 국민의 선거의식이 성숙되고 합리적인 투표행태를 보인다면 그리고 정치권에서 선거과열을 부추기거나 지역감정이나 세대간의 갈등을 조장하지 않는다면 잦은 선거를 통하여 국민통합과 선거의 일상화에 기여한다면 문제될 것이 없을 것이다. 특히 선거가 일상화되면 오히려 정치안정에도 도움이 될 수 있을 것이다. 또한 국민에게 정치참여 기회를 자주 부여하는 것도 정치교육에 긍정적으로 이바지 할 수 있다는 양면성이 있기 때문에 선거주기 때문에 개헌을 해야 한다는 주장이 전적으로 타당한 것은 아니다.

III. 권력구조의 변화에 대한 입장

권력구조에 대한 대안을 (1) 현상유지론 (2) 현상보완론 (3) 현상변화론 : 개헌론 등 세 가지로 나누어 장단점을 따져보고자 한다.

1. 현상유지론

현상유지론은 현행 권력구조를 굳이 손댈 필요가 없다는 입장이다. 개헌을 반대하는 가장 결정적인 이유는 모든 제도는 장단점이 있기 때문이다. 한국의 정치경험을 비추어 볼 때 제도도 중요하지만 그 운영에 문제가 더 많다는 인식 때문이다. 정치문화나 국민이나 정치지도자의 정치의식이 바뀌지 않은 상황에서 제도만 탓하는 것은 문제가 있다고 보는 것이다.

또한 비생산적이고 대결적인 정치가 헌법, 특히 권력구조 때문에 파생되었다고 전적으로 믿기 어렵기 때문이다. 대통령의 오기 정치나 무능력, 소모적이고 극단적인 여야대결, 정치적 과오나 실정(失政) 등의 주원인을 권력구조 탓으로 돌리는 것은 타당하지 않다고 보는 것이다. 지역감정, 레임덕 현상, 당리당략차원의 정책결정, 권력투쟁형 정치, 민생외면 정치와 경제불황, 정치불안

10) 동아일보(2005), "여야, 개헌론 물밑검토 끝났다," 1. 21.

등이 권력구조 때문에 발생한 것이 아니라는 것이다. 5년 단임 때문에 집권기간이 짧아 정책의 영속성을 유지할 수 없다는 측면도 어느 정도 수긍할 수 있으나 임기가 짧아 일을 못했다는 것은 변명에 지나지 않는다고 볼 수 있다. 한국정치의 속성상 권력구조를 고쳐도 또 다시 개헌론이 제기될 가능성이 크기 때문에 죄 없는 권력구조를 들먹이지 말라는 것이다.

개헌불가론의 이론적인 배경은 헌팅톤의 제도화이론에서 찾을 수 있을 것이다. 여야간 평화적 정권교체가 최소한 3~4회 반복적으로 이루어져 그것이 누적될 때 정치적 관행이 정착되고 제도화 수준이 향상되어 민주정치체제를 공고화시킬 수 있다는 것이다. 여야간 평화적·수평적 정권교체가 반복·누적되어 정치체제의 제도화 수준이 높아지면 국가 공권력의 편파적·불공정한 운영, 정경유착, 공무원의 정치적 중립, 언론의 불공정한 편향 보도 등이 사라지게 될 것이다. 또한 여야간 평화적 정권교체가 반복·누적되면 여야 모두가 집권경험을 쌓게되고 균형발전을 가져와 권력투쟁형 정치가 완화되고 정책대결형 정치로 바뀔 수 있을 것이다. 현재 단 한번 이룩한 여야간 평화적 정권교체를 앞으로 수차 반복·누적하려면 많은 시일이 소요될 것이다. 그 후에 개헌을 고려할 수 있을 것이며, 또한 그때 가면 통일헌법에 대한 논의도 가시화 될 수 있는 상황이 올 수도 있을 것이다.

2. 현상보완론

현상보완론은 개헌을 하지 않는 범위 내에서 최대한 제왕적 대통령을 견제할 수 있는 제도적 보완이나 운영의 묘를 살리자는 대안이다. 대통령이 주어진 임기동안 국정을 책임지고 안정적·효율적으로 운영할 수 있도록 보장해 주고, 또한 동시에 대통령에 의한 정치권력 남용을 견제 내지 제한하여 제왕적인 행태를 막아보자는 데 목적이 있다. 대통령이 너무 무기력하여 국정을 효율적으로 운영할 수 없어도 안되지만 그렇다고 권력분립 원칙을 무시하고 지나치게 3권위에 군림하여 제왕적 지위를 얻는 것도 문제이기 때문이다. 그러나 본질적인 문제는 대통령의 제왕적 행태에 있기 때문에 이를 극소화 할 수 있는 방안을 찾아보고자 한다. 제왕적 대통령을 막는 방법은 크게 (1) 자율적 방법 : 스스로 각성 (2) 타율적 방법 : 분점정부 출범, 입법부 위상 강화, 지방정부의 권한 확대, 언론자유 신장 (3) 정치환경이나 풍토의 변화 : 정치문화 발전, 시민의 참여적·합리적 정치의식 고양 등이 있을 수 있다.

자율적인 방법은 대통령 스스로 각성하여 무소불위(無所不爲)의 권력행사를 절제하는 것이 가장 이상적인 방안이다. 대통령이 민주적·합리적·탈권위주의적인 리더십을 발휘하여 제왕적 대통령이란 오명을 벗는 것이다. 스스로 비제도적인 정치권력 행사를 타부시하고, 법치주의를 강조하며, 원칙을 존중하는 자세로 대통령 직을 수행하는 것이다. 또한 입법적 리더십을 발휘하여 ① 당적 이탈과 정당에 대한 통제권 포기 ② 국회장악 의지 포기 ③ 국회의 자율성 최대한 인정 ④ 국회와 수평적 책임 공유 등의 자세를 유지해야 할 것이다.

타율적인 방법은 대통령이 각성하지 않고 제왕적 대통령으로 군림한다면 차선책으로 대통령의 제왕적 리더십 행태를 비판·견제하는 타율적인 통제방법을 고려할 수밖에 없을 것이다. 국민은 대통령이 약속을 위반하고 국민의 완벽한 대리인으로 행동하지 않아 대표제가 실패할 경우 임기 중 제재를 가하거나 처벌할 수 있는 제도적 장치가 없다. 국회에 의한 탄핵소추가 있으나 노무현 대통령에 대한 탄핵안이 가결되자 노 대통령의 리더십과 국정운영에 불만족을 나타내던 60%이상의 국민들이 하루아침에 탄핵반대로 돌아서고 역풍을 불러 일으켜 17대 총선에서 여대야소 정국을 만들었다. 대통령이 국정을 제대로 수행하지 못하더라도 임기를 보장해 주어야 한다는 국민적 인식이 확인되었으며, 국가원수에 대한 모독이나 도전은 대통령의 권위를 손상시키는 것으로 인식하고 있다. 이는 소모적인 정쟁이다, 사사건건 발목을 잡는다, 대권에 눈이 멀었다는 식으로 비판을 받는다. 일부 언론은 정권의 나팔수 노릇을 서슴치 않고 있으며, 일부 시민단체(NGO)도 정부를 비판하고 견제해야 하는 존재 의의를 스스로 망각하고 정부와 친화적인 태도를 보여 그 노선의 순수성도 의혹을 받는 상황이다. 또한 학자들의 절대 권력에 대한 비판은 곡학아세(曲學阿世)라는 비난과 계란으로 바위를 치거나 반향(反響) 없는 메아리라는 자조적인 분위기가 조성되어 있다.

결국은 국민의 대표기관이며 합법적 대의기구인 국회의 위상 강화로 제왕적대통령을 견제해야 할 것이다. 의회의 권능과 위상을 제고시켜 제왕적 대통령을 견제하여 행정권과 입법권의 균형을 이루는 것이다. 대통령·청와대주도의 정치를 여의도중심 정치로 전환시키는 것이다. 국회는 사회를 위하여 희소한 가치를 권위적으로 배분하는 정치시장(political market)으로서 본래의 기능과 역할을 효율적으로 수행한다면 제왕적 대통령은 어느 정도 견제할 수 있을 것이다.

3. 현상변화론

현상변화론은 현행 권력구조의 불합리한 점과 시대상황에 잘 맞지 않는 부분을 개정하자는 입장이다. 현상변화론인 개헌을 선택했을 경우 고려할 수 있는 권력구조, 추진시기 및 추진방법 등에 관하여 살펴보고자 한다.

(1) 권력구조

앞에서 살펴 본 바와 같이 모든 제도는 완벽한 것이 없다. 각각 장단점이 있기 때문이다. 한국의 정치문화와 국민의 민주정치의식 수준에 가장 적합한 권력구조를 한마디로 '이것이다' 라고 밝히는 것은 불가능한 일이다. 그러나 만일 개헌을 한다면 그래도 많은 시행착오를 겪으면서 경험한 대통령중심제가 내각제에 비하여 불확실성을 줄일 수 있을 것이다. 대통령제는 ① 국정운영의 효율성 ② 대통령의 대국민 책임성 ③ 정국의 안정 ④ 3권분립 등 장점이 있는 반면에 ① 권력남용과 제왕적 행태 ② 임기의 고정성에 따른 융통성 결여 ③ 승자독식의 제로섬 게임이라는 단점도 있다.

대통령에게 집중된 권력을 분산시키기 위한 대안으로 제시되는 것이 내각제의 개헌이다. 그러나 내각제도 권력집중이나 독재화의 우려가 있다. 내각제는 입법기능과 집행기능이 제도적으로 분리되지만 기능적으로 융합되는 일원적 권력구조이기 때문에 권력집중 현상이 나타난다. 3권분립이 아닌 2권 분립 현상 때문에 집권당이 의회와 내각을 동시에 장악하게 되면 정당독재의 우려가 있다. 대통령과 수상간의 권력분산도 이론과 같이 실제로는 용이한 일이 아니다. 대통령은 국가원수라는 상징성은 있지만 행정수반직을 맡고 있는 수상이 정치행정의 실권을 장악하게 되어 제왕적 수상제, 수상중심제, 수상독재로 변질될 우려가 있다.

따라서 만일 개헌을 추진한다면 오랫동안 경험한 대통령중심제를 채택하되 제왕적 대통령이 출현하지 않도록 3권의 보다 확실한 분립으로 명실 공히 균형과 견제를 이룰 수 있도록 보장해야 할 것이다. 대통령중심제의 골격은 정·부통령제를 채택하는 것이 좋을 것이다. 내각제적 요소가 가미된 국무총리제 보다는 순수한 대통령중심제의 원리에 부합되기 때문이다.

대통령의 임기는 다양한 형태를 골고루 다 경험한 상황에서 어느 것이 최선이라고 단정 짓기는 전연 불가능하다. 모두가 장단점이 있기 때문이다. 하지만 4년 중임제 채택을 주장하는 것이 대세를 이루고 있으나 6년 단임제를 고려하는 것이 좋을 것이다. 4년 중임제는 순수한 대통령중심제의 원리에 부합되며, 국회의원 임기와 같아 선거주기를 맞출 수 있다. 대통령과 국회의원의 동시선거로 잦은 선거의 부작용을 피할 수 있다는 장점이 있다. 하지만 매번 대통령과 국회의원의 동시 선거로 대통령의 업적을 중간평가 할 수 있는 장치가 없다. 또한 4년 중임제는 현직 대통령이 임기 4년을 마치고 분명하게 중임에 도전할 것이며, 현직의 프리미엄을 최대한 재선에 활용할 경우 도전자보다 유리한 것이 사실이다. 만약 인기 없는 대통령이 재선에 성공하기 위해서 선거과정에 공권력이나 친여매체 등을 동원할 경우 공정한 선거를 해칠 우려가 있다. 또한 앞서 지적한 바와 같이 첫 임기 4년은 인기위주의 재선용 선심정책에 치중할 우려가 있고, 중임 후에는 역시 4년 내내 레임덕 현상이 발생하지 말라는 보장이 없기 때문이다.

6년 단임을 제안하는 이유는 임기가 짧아 국정의 일관성과 효율성을 유지할 수 없다는 5년 단임제의 단점과 중임제의 폐해를 어느 정도 보완할 수 있으며, 단임 대통령으로서 연임에 신경 쓰지 않고 국정에 전념할 수 있을 것이라는 장점이 있기 때문이다. 그리고 대통령 선거와 국회의원 선거를 한번은 동시에 치를 수 있으며, 다음 국회의원 선거는 대통령 임기 2년 전에 치러 중간평가를 할 수 있는 기회를 부여할 수 있기 때문이다. 물론 충동구매로 잘못 선택한 무능한 대통령의 임기를 6년동안 보장한다는 것은 문제가 있을 수 있다.

6년 단임의 정·부통령제와 함께 양원제 채택을 고려할 것을 제안하고자 한다. 단원제와 양원제는 각각 장단점이 있다. 2공화국 시절 양원제를 채택한 경험도 있다. 하지만 양원제를 주장하는 근거는 첫째, 국회는 지역할거주의 때문에 특정지역 대표성에 문제가 있기 때문이다. 당분간 지역감정이 완화되리라는 것을 기대하기 어려운 측면도 있다. 따라서 16개 시·도 단위로 인구의 과다를 고려하지 않고 동일한 숫자로 2~3명 정도로 총 50명 규모의 상원의원을 선출하여 지역간 대표성의 균형을 이루자는 것이다. 상원의원은 정당공천을 배제하고 무당파를 원칙으로 하면 지역주의 성향의 묻지마 투표행태도 완화시킬 수 있을 것이다.

둘째, 국회를 장악한 다수당의 횡포를 상원이 견제할 수 있을 것이다. 무당파로 구성된 국가원로회의격인 상원은 국회에서 다수당의 횡포로 날치기 통과한 입법안에 대하여 견제할 수 있을 것이다.

셋째, 상원은 대통령의 오만과 독선 그리고 행정부의 독주를 견제하고 입법부의 권위를 확립시키는 데 기여할 수 있을 것이다.

물론 반대논리도 만만치 않을 것이 사실이다. 양원제를 채택하면 현재 소모적이고 비생산적인 국회의 입법과정을 지연시킬 우려가 있다거나, 공연하게 옥상 옥을 만들어 국정의 비능률과 재정 낭비의 가능성이 있다거나, 정치문화가 발전하지 않은 상황에서 구태가 반복될 것이라는 등의 우려도 제기될 수 있을 것이다. 하지만 상원의 출마 자격요건을 제한하는 것은 위헌시비가 있을 수 있지만 국가원로에 해당하는 상원은 그 출마 자격요건을 강화하면 많은 우려가 불식될 수 있을 것이다.

(2) 개헌추진 시기

만약 개헌을 추진한다면 그 시기는 2006년 후반기가 적기라고 볼 수 있다. 2006년 개헌안에 대한 여야 합의와 2007년 봄 국민투표를 실시하는 것이 시기적으로 적합하다고 볼 수 있다. 왜냐하면 2007년 12월로 예정된 대통령 선거와 2008년 4월 국회의원 선거를 동시에 치를 수 있는 가능성이 높기 때문이다. 노무현 대통령의 임기를 단축하지 않고, 다만 17대 국회의원의 임기를 몇 개월만 단축한다면 2007년 12월 대선과 총선을 동시에 치를 수 있기 때문이다. 대통령과 국회의원의 임기가 비교적 적은 시차를 두고 끝나기 때문에 조정하는 데 무리가 적기 때문에 2006년 후반기 여야 합의, 2007년 봄 국민투표 실시를 적기로 보는 것이다.

2007년 봄부터 개헌에 대한 공론화 개시는 불가능하다. 각 당의 대권후보가 어느 정도 출사표를 던지고 대통령 선거가 사실상 본격적으로 진행되는 상황에서 권력구조 변화 문제를 논의하는 것은 물리적으로 시기적으로 또한 기술적으로 부적절하기 때문이다. 선수를 링 위에 올려놓고 게임규칙을 제정하는 것과 다름없기 때문이다.

(3) 개헌추진 원칙

앞으로 개헌은 어떤 경우라도 초정파적으로 여야간 합의와 국민의 지지를 받아 민주적 절차에 따라서 추진되어야 할 것이다. 변칙적인 방법은 더 이상 용납되지 않을 것이며, 분명한 것은 개헌을 특정 정당이나 정파의 정치적 이해관계, 즉 차기 집권에 유불리를 개헌 추진의 실질적인 명분으로 삼거나, 상대당에 필적할 만한 대권후보가 부재하기 때문에 내각제 개헌을 추진한다거나, 대통령 퇴임 후의 영향력 행사나 특정 정파의 기득권 보호에 유리한 제도를 채택하기 위해서, 또한 대선에서 대북카드를 활용하기 위해서 연방제통일방안 등에 합의하고 이를 명분으로 통일헌법 제정을 내세우는 등등의 정파적 이익을 앞세운 개헌논의나 추진은 절대로 용납할 수 없을 것이다. 더구나 정부가 국민의 지지를 받지 못하는 상황에서 개헌론을 제기하면 정국 돌파용이나 국민관심의 호도용으로 오해를 받아 국민의 불신을 자초하는 결과가 될 수 있을 것이다.

개헌을 추진하면서 금과옥조로 삼아야 할 것은 개헌을 통하여 국민생활이나 민주정치 발전에 얼마나 기여할 것인가를 최우선 고려요인으로 삼아야 한다는 것이다. 개헌이 민생이나 국민복지 그리고 민주정치발전과는 상관없이 특정 정당이나 정파의 정치적 손익계산에 따라서 추진된다면 국민의 공감을 받기 어려울 것이며, 국력만 낭비하는 결과를 초래하게 될 것이다. 이런 개헌은 얼마 지나지 않으면 또 다른 개헌론을 제기하는 악순환을 거듭할 것이기 때문이다.

VI. 맺는 말

정부가 수립된 후 아홉 차례의 헌법개정을 통하여 한국의 권력구조와 선거제도는 대통령의 국회간선과 국민직선의 정·부통령제, 내각제, 직선의 대통령 중임제, 간선의 대통령중심제, 간선의 대통령단임제, 직선의 대통령단임제 등 수많은 변천을 겪어 왔다. 직선과 간선, 중임제와 단임제, 정부통령제와 내각제적 요소를 가미한 변형된 대통령제, 대통령 임기도 4, 5, 6, 7년 등 모든 제도를 골고루 경험하였다. 그럼에도 불구하고 아직도 권력구조가 제도화되지 않은 가운데 그의 변화에 대한 시비가 끊이지 않고 있다. 이는 정치체제의 제도화 수준이 낮아 아직도 민주주의의 공고화 단계에 진입하고 있지 않다는 것을 반증하는 결과라고 볼 수 있다.

정치권에서 2006년 초 개헌론이 화두가 된 것은 선거가 멀지않았음을 알리는 신호라고 인식되고 있다. 개헌론이 선거 때만 되면 예외 없이 단골메뉴로 등장했기 때문이다. 2007년 대선을 앞두고 벌써 여당과 야당의 일부 정치인이 남북문제를 고려한 영토조항의 개정, 경제조항의 개선, 지역감정 완화, 1987년 체제의 문제점 보완, 대선과 총선 주기의 불일치를 해소하기 위한 2007년 대통령선거와 18대 국회의원 선거의 동시 실시 등등 여러 구실을 내세워 개헌론을 제기한 바 있다. 한 마디로 1987년체제는 당시의 정치상황 만을 고려한 것이지 현재의 시대상황과는 맞지 않기 때문에 개헌을 해야 한다는 주장이다.

헌법은 시대와 상황 그리고 국민의 요구에 따라서 얼마든지 개정할 수 있지만 그 동안 비극적인 헌정사에 대한 기억 때문에 개헌론이 제기되면 그 순수성에 의구심을 갖게 된다. 최근에 개헌론을 제기하는 개인이나 정당은 자신의 정치적 입지, 정권획득을 위한 당파적·정파적 이해득실을 앞세워 자신들에게 유리한 권력구조로 변경하려는 속셈을 갖고 있는 것으로 평가할 수밖에 없는 것이 현실이다. 염불보다는 잿밥에만 관심을 갖고 개헌타령을 일삼는 것은 아직도 한국의 권력구조에 대한 제도화 수준이 매우 낮다는 것을 증명하는 것이다.

권력구조의 변화로 한국정치가 안정성, 정당성, 효율성을 유지할 것이라고 보지 않는다. 한국정치 파행의 근본 원인이 권력구조 탓이라고 보지 않기 때문이다. 그렇다고 개헌이 절대불가 하다는 현상유지론을 주장하는 것은 아니다. 현행 헌법의 제도화 수준을 높이면서 가장 커다란 문제점으로 지적되고 있는 독선·독주·독단을 일삼는 대통령을 견제할 수 있는 보완책을 마련하는 현상보완론을 제안하고자 한다. 정치란 경제와 달리 기적, 도약, 비약 등 하루아침에 획기적인 발전을 이룩하기보다는 점진적·변증법적으로 발전한다는 사실을 유념해야 할 것이기 때문이다.

하지만 2006년은 1987년체제에 대한 변화론에 대하여 심각하게 고민해야 할 적기라고 본다. 대선과 총선을 동시에 치르는 데 큰 무리가 없을 것으로 예상되며, 많은 여야 의원들이 1987년체제 변화에 대하여 긍정적인 입장을 보이고 있기 때문이다. 또한 각종 여론조사에서 「4년중임의 정·부통령제」를 선호하는 국민이 상당수 있는 것으로 나타나고 있다. 이런 상황에서 현상변화론에 대한 공론화를 한 번쯤 시도해 볼 수 있을 것이다. 하지만 17대 국회의 의석분포나 각 당의 정치적 이해 때문에 극적 합의를 도출하기는 그리 쉽지 않을 것으로 예상된다. 한나라당은 열린우리당의 국정실패로 정권교체 가능성이 그 어느 때보다도 높다고 판단하는 상황에서 섣불리 모험을 하려들지 않을 가능성이 있으며, 열린우리당은 정권재창출을 위한 정계개편이나 권력구조 개편 등 정치개혁을 앞세워 대대적인 반전카드를 활용할 공산이 크기 때문에 개헌합의가 성사되기 어려운 측면도 있다. 하지만 일부에서 역주행 운전자라는 우수개 소리와 함께 "역설적 전술로 성공"[11] 했다는 노무현 대통령의 리더십 스타일로 보아 개헌추진을 위한 정계개편, 재집권을 위한 상식을 초월한 대선승리전략 추진, 남북연방제통일방안 합의 발표 등을 포함한 역발상으로 정치권의 지각변동을 추구할 가능성은 있다.

하지만 국민의 선택과 여야 합의가 중요하다. 일반 국민은 4년 중임의 정·부통령제를 선호하지만 당장 개헌을 지지하는 입장이라고 보기에는 무리가 있다. 경제가 어려워 권력구조의 변화

11) "노대통령 난 역설적 전술로 성공" 「조선일보」 2006. 1. 14, p.A6.

문제에 별로 관심이 없을 것이다. 또한 여야 개헌안에 대한 극적 합의가 이루질 가능성은 그리 높지 않다고 볼 수 있다. 만의 하나 여야가 합의하고 국민이 지지한다면 「6년 단임의 대통령중심제」와 「양원제」도입의 개헌을 고려할 것을 제안한다.

아무리 좋은 수종을 수입하거나 골라서 식목했더라도 기후나 풍토가 맞지 않거나 이를 보살피고 가꾸는 사람들의 의식과 태도가 변하지 않으면 무럭무럭 자라서 맛있는 열매를 맺을 수 없다. 또한 거목(巨木)으로 자랄 수 있도록 시간을 두고 기다려야 한다. 강남에 귤이 나지만 강북에 심으면 탱자가 열리고, 제나라에서는 도둑질을 안 하던 사람이 초나라에 오면 도둑질을 한다는 말의 의미를 새겨 볼 필요가 있다.[12] 모든 제도는 장단점이 있으며 그 제도가 작동되고 운영되는 정치문화와 국민과 엘리트의 의식이 중요한 요인이라고 볼 수 있다. 어떤 제도든 여야 합의나 국민투표를 통하여 단시일 내 도입하고 채택할 수 있지만 제도가 정착되고 민주화가 공고화되려면 정치문화가 발전되고 국민과 정치엘리트의 민주정치의식이 향상되어야 한다. 권력구조 문제는 정파나 당파적 이해보다는 항상 국민 편에서 생각하는 자세가 필요하다.

* 참 고 문 헌 *

권석천. 1997. "열린 대통령이 미래를 연다," 「경향신문」 10. 6.

권영성. 1998. "새정부하의 국회와 행정부간의 관계 모색-권력분립원리의 구현을 위한 제언", 「국회보」 376호 (2월), pp.53~57.

김구용. 1990. 『동주 열국지』 제6권, 서울 : 민음사.

김민전. 1999. "예·결산심의와 국정감·조사," 백영철 외, 『한국의 의회정치론』 서울 : 건국대학교 출판부, pp.183~216.

김영국 외. 1992. 『정치학개론』 서울 : 박영사.

김용호. 2000. "21세기 새로운 의회정치의 모색 : 분점정부 운영방안," 「의정연구」 제6권 통권 제10호, pp.32~53.

12) 김구용, 『동주 열국지』 제6권(서울 : 민음사, 1990), pp.251~252.

김종림. 1998. "미국의 예산과정 : 다원민주 정치의 중심축," 「국회보」 380호, p 69.

김충남. 1992. 『성공한 대통령, 실패한 대통령』 서울 : 도서출판 진원,

김호진. 1996. 『한국정치체제론』 서울 : 박영사,

박통희. 1993. "제13대 여소야대 국회의 효율성 논란," 「한국정치학회보」 제27집 1호, 한국정치학회

백상창. 2000. 『정신분석 정치학』 서울 : 사회병리연구소,

백창재. 1998. "여소야대와 정부의 통치능력 : 미국 경험의 교훈," 「국가전략」 4~2, pp.119~148.

이강혁. 1986. "대통령제," 「민족지성」 (10월), pp.22~32.

이종률. 1991. 『대권의 주변』上, 서울 : 도서출판 내일,

이종찬. 2001. "권력구조, 위임대통령제, 한국사례," 미발표 논문 (7월).

이현우. 1999. "국회의장의 리더십," 백영철 외, pp.351~378.

임종훈. 1998. "의회의 대정부 견제 및 감독기능," 「의정연구」 제4권 제1호 통권 제6호, pp. 27~53.

임혁백. 1998. "민주화와 의회의 위상," 「의정연구」 제4권 통권 1호, pp.6~26.

「조선일보」. 2006. 1. 14. "노대통령 난 역설적 전술로 성공", p.A6.

최한수. 1995. "지방자치 선거에 따른 정당개혁의 과제," 나라정책연구회 제19차 심포지엄 (1. 22).

한국논단. 1999. "대통령이 제왕인가?" (8월), pp.60~70.

한국정치학회·고려대학교 평화연구소 공편. 2000. 『박정희 시대의 정당정치와 연합형성』 한국정치학회.

함성득. 1999. 『대통령학』 서울 : 나남출판

허 영. 1995. 『한국헌법론』 서울 : 박영사

홍득표. 2000. "공동정부 모형의 실험 : 국민회의 자민련 공동정부이 경험적 분석," 「국제 정치논총」 제40집 2호, 한국국제정치학회, pp.295~317.

Huntington Samuel P., 1968. *Political Order in Chaging Societies*, New Haven : Yale University Press,

Lim, Seong Ho. 1998. "An Paradox of Korean Democracy : 50 Years of Experiencers of the Imperial Presidency and the Peripheral Legitimacy," *Korea and World Affairs*, (Winter) 22-4.

O' Donnell, G., 1994. "Delegative Democracy," *Journal of Democracy* (January).
Schlesinger, Arthur. 1973. *The Imperial Presidency*, Boston : Houghton Mifflin,

제3장

정부의 변동

공동정부의 출현과 정부변동

공동정부의 출현과 정부변동*

I. 머리말

비교정치의 역사는 그리스 도시국가 형태를 결정하는 사회·경제적, 정치문화적 요건을 연구한 아리스토텔레스(Aristotle)까지 거슬러 올라간다.[1] 그러나 정치학의 중요한 분야로 자리잡기 시작한 것은 19세기 후반과 20세기초부터라고 볼 수 있다.[2] 초기의 비교정치론은 비교정부론으로부터 출발하여 문화횡단적·국경 초월적으로 각국의 정부형태, 유형, 특징 등에 관한 비교연구가 주를 이루었다.

정부(government)의 개념은 1960년대 초에 정치체제(political system) 개념으로 흡수되었지만 아직도 정부에 대한 연구는 소홀하게 다룰 수 없는 중요한 과제가 되고 있다. 정부에 대한 연구는 주로 정부의 유형, 구성, 형태, 운영, 특징 등에 초점을 맞추어 진행되고 있는 것이 사실이며, 한국의 역대 정부에 대한 연구도 이런 맥락에서 이루어졌다. 하지만 최근에는 정치학에 정부의 개념 대신 거버넌스(governance) 개념이 등장하여 정치학자들의 주된 연구의 대상이 되고 있다.

한국은 초대 이승만 정부에서 노무현 정부에 이르기까지 행정권(executive power)의 집중 여하에 따라 분류되는 다수지배형(majority rule)과 권력공유형(power-sharing)의 정부형태를 모두 경험하였다.[3] 대통령 중심제에서 구성된 이승만, 박정희, 전두환, 노태우, 김영삼, 노무현 정부와 내각책임제의 장면 정부는 단독정부로서 다수지배의 형태를 띠었다. 그러나 노태우 정부 말기에 제14대 대통령 선거를 앞두고 야당의 요구와 공정한 선거를 관리한다는 명분으로 대통령

---

* 「국제정치논총」 제40집 2호(pp.295~317)에 게재한 것을 수정·보완한 것임.

1) Howard J. Wiarda(eds.), *New Directions in Comparative Politics* (Boulder : Westview Press, 1991), p.11.

2) James A. Bill and Robert L. Hardgrave, Jr., *Comparative Politics : The Quest for Theory* (Lanham MD. : University Press of America, Inc., 1981), p.2.

3) Arend Lijphart, *Democracies : Patterns of Majoritarian and Consensus Government in Twenty-One Countries* (Westford, Mass. : Murray Printing Company, 1984), p.46.

은 당적을 떠났고 한시적으로 거국중립내각을 구성한 적이 있으며, 15대 대선을 앞두고 국민회의와 자민련은 집권 후 내각책임제 개헌을 전제로 선거연합을 형성하여 김대중–김종필 공동정부를 출범시켰다. 또한 노무현 대통령은 탄핵역풍으로 17대 총선에서 통합정부를 출범 시키는데 성공했으나 여당이 국회의원 재·보선에서 연거푸 참패하여 여소야대인 분점정부가 되자 이를 해소하기 위해서 여당인 열린우리당과 야당인 한나라당과의 대연정을 수차례 제안한 바 있다. 야당의 거부와 국민여론의 악화로 성사되지는 못했으나 이들을 권력공유형의 정부라고 분류할 수 있다.

다수지배형인 단독정부는 대통령중심제에서 나타나는 일반적인 유형이며 내각책임제에서도 국회 의석의 과반수를 차지한 다수당이 출현할 때 구성되는 유형이다. 권력공유형인 거국중립내각은 국가의 위기를 수습하기 위한 국력의 결집, 선거의 공정성 확보, 다양한 분파나 세력의 포용, 통합정부의 출범, 그리고 정치통합을 이룩하기 위해서 구성 된다. 하지만 행정권 공유의 가장 전형적인 유형은 연립정부(coalition government)로서 내각책임제에서 국회 의석의 과반수를 차지한 정당이 출현하지 않았을 때 구성되는 정부형태라고 볼 수 있다.

그러나 대통령 중심제에서 공동정부(joint government)나 연립정부를 구성하여 행정권을 공유하는 현상은 전례를 찾아볼 수 없기 때문에 관심의 대상이 되지 않을 수 없다. 한국은 제3세계 정치학의 실험실과 꼭 같이 대통령중심제에서 찾기 어려운 공동정부 모형을 실험하였다.

본 논문은 한국에서 경험한 공동정부의 출범과정과 배경, 공동정부의 구성과 운영 등 공동정부 전반에 대하여 연구하는 데 목적이 있다. 이를 위해서 내각책임제의 연립정부론을 참고하여 대통령 중심제에서 가능한 공동정부의 의의, 공동정부 모형, 공동정부 형성 방법과 조건 등을 새롭게 제시하고, 김대중–김종필 공동정부를 경험적으로 분석·평가하고자 한다. 결론적으로 한국의 공동정부가 새롭게 제시한 모형 중 어디에 해당되는지를 밝히려고 한다. 이는 어느 정당도 단독으로 정권을 획득하기 어려운 상황에서 지역간·정당간 제휴가 필요한 한국정치에 시사하는 바가 클 것으로 기대하기 때문이다.

연구의 범위는 공동정부 출범을 위한 양당 간에 협상이 시작되어 16대 총선을 앞두고 국민회의와 새천년민주당이 합당한 시점까지로 한다. 본 연구는 궁극적으로 공동정부에 대한 초보적인 이해를 돕는 시론적인 의미가 있으며, 새로운 이론의 개발과 보다 심층적인 연구의 기회를 마련하는 계기가 마련되길 기대한다.

II. 공동정부론

1. 공동정부의 의의

민주정부의 유형은 다양하게 분류할 수 있지만 리파르트(Arend Lijphart)는 크게 다수형(majoritarian type), 중간형(intermediate type), 협의형(consociational type) 등 3가지로 나눈다. 협의형을 다시 합의형(consensus democracy)과 구분 짓고 있다. 협의형은 대연립(grand coalition), 분파의 자율성, 비례제, 소수자의 거부(minority veto), 다원주의 사회, 엘리트에 의한 지배를 특징으로 한다. 합의형은 행정권의 공유(power-sharing), 국회-행정부의 균형, 다당제, 다원주의 정당제, 비례대표제, 연방 혹은 분권체제, 강력한 양원제, 성문헌법, 직접대표제 등의 특성을 갖는다.[4)]

공동정부나 연립정부는 다수제민주주의(majorotarian democracy)와 대비되는 협의제민주주의(consociational democracy)의 한 유형이라고 볼 수 있다. 그러나 공동정부에 대한 개념이 아직 확립된 것이 없기 때문에 유사한 유형인 연립정부에 관한 이론을 참고하여 개념을 정의하고자 한다.

연립정부가 구성되는 경우는 크게 두 가지로 분류할 수 있다. 가장 대표적인 것은 내각책임제의 정치체제에서 총선 결과 과반수 의석을 획득한 정당이 없을 때 다수의석을 확보하여 국정을 안정적으로 운영하기 위하여 정당 간 흥정과 협상(interparty bargaining and negotiation)을 통하여 정부(내각)를 구성하는 경우라고 할 수 있다. 내각책임제에서 총선 결과 국회 내 과반수 의석을 차지한 정당이 출현하지 않으면 다른 정당이나 정파와 연립하여 일정한 지분을 인정하면서 내각에 참여시켜 행정권을 공유하고 국회 내에서 다수 의석을 형성하는 것을 의미한다. 총선에서 특정 정당이 과반수 의석을 차지하면 통합정부 또는 단독정부(unified government)를 구성할 수 있기 때문에 연립정부를 구성할 필요가 없다.

다른 하나는 다양한 종교, 이념, 언어, 문화, 종족, 인종 등이 존재하는 사회에서 그 분파들과 제휴하여 연립정부를 구성하고 정치통합을 도모하는 경우다. 사회내의 소수 분파나 세력일지라

---

4) Arend Lijphart, "Democratic Political System," in Anton Bebler and Jim Seroka(eds.), *Contemporary Political Systems* (Boulder & London, Lynne Rienner Publishers, 1990), pp.71~79.

도 일정한 지분과 대표성을 인정하여 정부구성에 참여시킴으로써 그들의 권익을 보호하고 정국의 안정과 국민통합에 기여토록 하는 데 목적이 있다.

그러나 대통령중심제에서는 대선 결과에 따라서 당선자와 낙선자가 명확하게 구분된다. 당선자는 단독으로 정치권력을 획득하게 되고 당선자가 소속한 정당은 집권당이 되어 정부를 단독으로 구성할 수 있기 때문에 연립정부를 구성할 필요가 없다. 이런 맥락에서 내각책임제는 연합이나 협의에 의하여 정부를 구성하기 때문에 비영합(non-zero sum)의 정부형태라고 볼 수 있지만 대통령중심제는 승자가 독식하는 전부 아니면 전무(all or nothing) 또는 영합(zero sum game)의 정치체제라는 특징이 있다.

공동정부는 연립정부와 유사개념이라고 이해할 수 있으나 연립정부는 다당제의 내각책임제하에서 가능한 정부형태인 반면에 공동정부는 대통령 중심제에서 발견되는 유형이라고 볼 수 있다. 공동정부에 대한 개념을 정치권력을 획득하기 위하여 정당 간 제휴를 형성하고 대선에서 승리하면 공동으로 정부를 구성하여 정치권력을 공유하면서 국정을 운영하는 공조체제라고 조작적 정의를 내리고자 한다.

2. 공동정부 모형

공동정부의 모형을 이해하기 위해서는 유사한 형태인 연립정부에 대한 이론을 참고하는 것이 좋을 것이다. 연립정부에 관한 이론을 근거로 대통령 중심제에서 가능한 공동정부의 모형을 찾는 것이 용이한 방법이다. 일반적으로 연립정부는 권력의 공유와 정책연합이라는 시각에서 이해하고 있으나 본 논문에서는 정치권력의 획득과 유지 그리고 공유 정도에 따라서 공동정부의 모형을 분류하고자 한다.

(1) 대선승리연합 : 정당 간 선거제휴를 통하여 공동으로 정치권력을 획득하기 위해서 형성되는 모형이다. 다당제의 정당체제에서 대통령 후보가 난립하여 우열을 예측하기 어렵거나 특정 후보가 자력으로 당선이 불가능하다고 판단될 경우 일정한 지지기반을 확보하고 있는 어떤 후보가 사퇴하면서 유력한 특정 후보를 밀어줄 것을 공개적으로 선언하는 등의 방법으로 형성된다.

구체적으로 대선에 출마한 특정 후보가 사퇴하면서 다른 당 후보에 대한 지지를 선언하거나 또는 자신은 대선 후보를 포기하고 다른 당 대선 후보의 러닝메이트인 부통령후보가 되거나 당선 후 국무총리직을 보장받아 대선에서 승리를 공동으로 모색하는 것을 들 수 있다. 대선에서 승리하여 부통령이나 국무총리가 되면 행정권을 어느 정도 공유할 수 있게 된다. 또 다른 예는 여성이나 소수민족의 표를 의식하여 여성이나 소수민족의 대표를 러닝메이트로 지명하여 그들의 지지를 이끌어 내고 득표력을 높여 선거에서 승리하는 것이다. 미국 대선에서 여성유권자를 의식하여 부통령 후보로 여성을 지명한 예가 있다. 16대 대통령 선거를 앞두고 민주당의 노무현후보와 국민당의 정몽준 후보가 결국은 갈라섰지만 여론조사를 통한 단일화에 성공한 것도 하나의 예가 될 수 있을 것이다.

(2) **거국중립내각연합** : 단독정부를 구성할 수 있는 요건을 갖추었지만 국민통합과 통치안정 등 정권유지 차원에서 거국중립내각을 구성하여 초정파적인 정부를 탄생시키는 모형이다. 거국중립내각연합은 국내외의 위기, 선거의 공정관리, 소수파 대통령 당선, 여여 간 최초의 정권교체 등의 상황에서 나타날 수 있는 모형이다.

단독정부를 구성하여 국정을 운영하는 과정에 발생한 정치·경제·사회적인 위기를 극복하는 데 필요한 국력결집을 위해서, 중요한 의미를 갖는 선거에서 관권의 선거개입으로 공정성에 대한 시비가 우려될 때 이를 사전에 차단하고 후유증을 극소화하기 위하여, 대선에서 후보의 난립과 지지표의 분산으로 소수파 대통령이 되었거나 차점자와 근소한 표차로 다른 후보의 지원 없이 국정을 안정적으로 운영할 수 없다고 판단될 때, 또는 최초로 여여간 정권교체를 이루하여 국민화합이 요구되는 상황 등에서 형성되는 모형이다.

거국중립내각연합은 권력의 공유보다는 특수한 상황과 특정한 기능을 수행하기 위해서 한시적으로 형성하는 상징적인 모형에 가깝기 때문에 그 사유가 소멸되면 공동정부의 필요성도 없어지는 모형이다.

(3) **권력공유연합** : 선거가 끝나고 정당 간에 정치권력을 공유하기 위해서 연합(power sharing coalition)을 형성하는 모형이다. 권력공유의 정도가 가장 높은 모형으로 특정 정당에게 행정권의 일부를 할애하거나 또는 다양한 종교, 이념, 언어, 문화, 종족, 인종의 대표와 제휴하여 공동정부를 형성하는 것이다. 그러나 대통령중심제에서 각료 몇 명을 할당했다고 권력을 공유한 것으로 볼 수 있느냐 하는 문제가 제기될 수 있다. 그렇지만 공식적인 정책결정 기구인 행정부에 대표자를 참여시켜 그들의 이익을 대변할 수 있는 체제를 형성했다는 점에서 권력공유라고 볼 수 있다.

(4) **정책연합** : 정책에 기초한 연합(policy based coalition)은[5] 내각책임제뿐만 아니라 대통령

중심제의 국회에서 정책결정 과정에 나타나는 일반적인 현상이며 특정 정책을 결정하는 과정에 형성되는 모형이라고 볼 수 있다.

정책연립은 정책성향이 서로 비슷한 정당간의 공조, 순수하게 정책만을 고려한(pure policy consideration) 공조,[6] 맹목적적 정책연합(policy-blind coalition), 그리고 여소야대 국회를 극복하기 위한 공조 등으로 나눌 수 있다.

정책연합은 국회에서 정책을 결정하는 과정에 정책이념이 비슷한 정당 간에 제휴하는 경우, 정책의 내용에 공감하여 정당 간에 사안별로 공조하는 경우, 정책선호와 관계없이 맹목적적으로 다른 당의 정책입장에 동조하는 경우가 있다. 이러한 정책연합은 권력을 획득하거나 공유하기보다는 정치권력을 유지하는 데 목적이 있는 공동정부 유형이라고 볼 수 있다.

다른 한편 여당과 특정 야당이 합당은 하지 않은 채 다수세력을 확보하고 여소야대를 극복하면서 정치적 거래를 통하여 정책연합을 형성하는 경우도 있다. 여소야대의 국회에서 정부가 중요한 정책을 결정하는 과정에 야당이 반대한다면 법안처리가 불가능하게 된다. 또한 다당제의 국회에서 여야의 정파적 이해가 첨예하게 대립된 정책의 경우 어느 한 정당만으로 통과시키기 어렵다. 이런 상황을 극복하기 위해서 특정정파와 정치적 거래를 통하여 정책연합을 형성하는 것이다.

이러한 정책연합은 정당 간에 다양한 정치적 이익을 상호 거래하는 유형이라고 볼 수 있다. 여당은 특정야당과 제휴하여 다수세력을 확보하고 정책결정의 주도권을 행사할 수 있으며 정국의 운영과 정치권력의 유지에 안정을 기할 수 있다. 정책연합에 참여한 야당은 정책공조 대가로 정부여당이 제공하는 각종 정치적 혜택을 받을 수 있다.

3. 공동정부 형성 방법과 조건

내각책임제에서는 총선 결과에 따라서 정당 간 정부 구성을 위한 협상과 흥정이 진행된다. 연립정부의 구성권은 국회에서 다수의석을 차지한 정당 순에 따라서 우선권이 주어지는 고정순서

---

5) William H. Riker. *The Theory of Political Coalition* (New Haven, Conn. : Yale University Press, 1962).

6) Ian Budge and Michael Laver, "The Policy Basis of Government Coalitions : A Comparative Investigation," *British Journal of Political Science*(1993), Vol. 23, pp.499~519.

제(fixed order)와 정당 간 자유로운 협상과 선택을 통하여 이루어지는 경우로 나눌 수 있다.[7] 또한 정책이나 이념의 동질성에 따라서 제휴관계를 형성하는 경우도 있다.

연립정부 형성에 영향을 주는 독립변수로 국회 의석의 규모, 집권경험, 정당의 정향(party orientation)-공직의 획득과 정책입장의 교환의지(willingness to trade-off policy for office), 연정 참여에 대한 리더십의 통제력과 미래에 대한 통찰력, 이념적·정책적 입장(ideological and policy stances),[8] 정당의 수, 권력의 극대화, 협상과 흥정능력 등을 들 수 있다.

그러나 정당의 수, 국회의석의 규모, 권력의 극대화라는 요인만을 고려하여 최소승리연립(minimal winning coalitions), 최소규모연립(minimum size coalitions), 타협전제연립(bargaining proposition coalitions), 최소범위연립(minimal range coalitions), 최소연계승리연립(minimal connected winning coalitions) 등으로 분류한다.[9]

대통령책임제에서 공동정부를 구성하는 방법과 조건을 내각책임제의 경우를 참고하여 다음과 같이 제시하고자 한다.

(1) 대선승리연합 : 대선에서 승리하기 위한 제휴는 어느 누구도 당선을 확신하지 못하는 박빙의 선거전이 예상되거나, 선두주자를 추월하여 선거 판세를 역전시키기 위한 추적후보에 의한 전략적 선택, 또는 선거연합을 통하여 여론을 반전시켜 시너지(synergy) 효과를 가져와야 승리할 수 있다는 것을 절실하게 인지하는 상황에서 가능한 방법이다.

연합대상을 선택하는 기준은 무엇보다도 유권자의 지지도와 지지도의 결속력과 강도가 될 것이다. 예를 들어 ㉮ 라는 후보가 ㉯ 라는 후보를 연합의 상대로 선정했을 경우 ㉯ 의 지지자들이 ㉯ 의 요구에 따라서 ㉮ 를 지지할 수 있는 확실한 응집력과 강도가 있을 때 선거승리연합의 효과가 나타날 수 있을 것이다. ㉯ 후보의 경우도 자신이 ㉮ 후보를 지지했을 때 ㉮ 후보가 당선될 것

---

7) David P. Baron, "Government Formation and Endogenous Parties," *American Political Science Review*, 87-1(1993, March), pp.34~47.

8) Paul V. Warwick, "Coalition Government Membership in West European Parliamentary Democracies," *British Journal of Political Science*, Vol. 26(1996), pp.473~475.

9) Lijphart(1984), pp.47~52; Riker(1962), pp.32~46; Carol Mershon, "The Costs of Coalition : Coalition Theories and Italian Government," *American Political Science Review*, 90-3(1996, September), pp.535~538.

이라는 확신이 있을 때 제휴를 결정하게 된다. 대선승리연합은 대상 간에 선거제휴가 승리로 직접 연결될 것이라고 판단할 때 성사될 수 있다.

문제는 선거연합에 대하여 국민이 공감할 수 있는 뚜렷한 명분을 내세울 수 있는가와 국민의 지지를 얼마나 유도할 수 있느냐에 달려있다. 대외적인 명분 없이 권력획득만을 위한 야합, 밀실흥정, 담합, 매수, 회유 등으로 비춰진다면 오히려 역효과가 날 수 있다.

(2) **거국중립내각연합** : 특수한 상황에서 특정한 문제를 해결하기 위해서 형성되는 모형이기 때문에 상황에 따라서 공동정부에 참여하는 정당이나 참여자 선정이 달라질 수 있다. 예를 들면 선거의 공정관리를 위해서라면 도덕성과 공정성을 겸비하여 초당파적으로 존경받는 인사를 국무총리나 선거관리와 관련된 장관에 임명할 수 있을 것이다. 국민통합 차원이라면 국가의 원로로서 상징적인 인물이나 민주화 과정에 국가의 공권력으로부터 억울하게 피해를 당한 인사 등을 참여시킬 수 있을 것이다.

다른 한편 소수파 정부로 출범하여 국정을 안정적으로 운영할 수 없을 경우는 연립정부의 구성방법에서 논의한 방법을 상황에 따라서 변용하여 적용시킬 수 있을 것이다.

(3) **권력공유연합** : 선거에 기여한 공로자나 정당과 권력을 공유하거나 또는 종족, 언어, 종교와 같이 사회의 소수 분파나 세력에게 정치권력을 일부 할애하는 대연립과 같은 모형이다.[10)]

권력공유 상황은 협의제민주주의의 형성 조건과 밀접하게 관련이 있을 것으로 보인다.[11)]

① 분열된 사회에서 고정 다수의 집단이 존재한다면 협의제민주주의는 불가능하다.

② 열된 사회의 집단 간 현저한 사회경제적인 차이가 발견되거나 또는 존재하지 않을 때 가능하다.

③ 지나치게 많은 집단이 난립할 경우 협상이 어렵다.

---

10) 분열된 사회에서 소수분파나 세력에게 권력을 공유시키기 위해서 대연립(grand coalition)을 형성하여 그 대표를 정부에 직접 참여시키는 방법 외에 문화적 자율성(cultural autonomy)-고유언어 사용자의 자율성 부여, 종교나 언어의 소수민족에게 자체 학교를 운영토록 하는 방법, 결혼과 이혼 등에 관한 별도의 법률규정을 두는 방법, 비례대표-소수정당의 대표에게 의석 할당, 소수의 거부권(minority veto)-소수자의 자율성을 침해하는 것을 효과적으로 방어 내지 봉쇄할 수 있는 비공식적인 양해 등을 제시하였다. Lijphart(1996), pp.259~262.

11) Arend Lijphart, "The Puzzle of Indian Democracy : A Consociational Interpretation," *American Political Science Review*, 90-2(1996, June), pp.262~263.

④ 지배적인 집단(predominant groups)이 존재하지 않고 대략 비슷한 규모의 집단들이 있을 때 집단 간의 힘의 균형을 유지하기 용이하다.

⑤ 전체인구의 규모가 작을 때 의사결정 과정이 단순하다.

⑥ 외부의 위협이 있을 때 내부의 단결이 증진된다.

⑦ 민족주의와 같은 지배적인 충성심이 존재할 때 다른 분야에 대한 충성심의 강도는 감소한다.

⑧ 지역적으로 인구가 집중되어 있을 때 집단의 자율성은 증진된다.

⑨ 타협과 수용(accommodation)의 전통이 있을 때 연합주의는 촉진된다.

(4) 정책연합 : 정책연합은 정치권력을 안정적으로 유지하기 위한 느슨한 형태의 공동정부 모형이라고 볼 수 있는 데 정당간 유사한 정책노선에 따라서 연합하는 방법이[12] 가장 이상적이다. 정당이 추구하는 정책의 이념이나 성향에 따라서 동질성이 비교적 많은 정당이나 정파와 공조체제를 형성한다면 바람직스러운 일이다. 정책연합의 형성방법과 조건은 내각책임제의 최소범위연립이나 최소연계승리연립과 관계가 있다.

그러나 정책선호나 이념이 다른데도 불구하고 원칙과 기준 없이 정당의 노선이나 정체성을 포기하고 여소야대를 극복하거나 정파적 이익을 위하여 정책연합을 형성하는 방법과 조건은 다양하다. 왜냐하면 정책연합에 참여하는 정당이 추구하는 정치적 이익이 다양하기 때문이다.

III. 경험적 분석

1. 공동정부의 출범

내각책임제에서는 연립정부를 출범시키는 과정이 매우 복잡하다. 다당체제에서 연립정부를 출범시키는 과정에 연립정부를 주도하는 형성자(formateur)를 국가수반인 대통령이나 왕이 지명하거나, 관례나 법에 따라서 총선 결과 제1당에 맡기거나 또는 퇴임하는 국무총리에게 위임하는 경우가 있지만[13] 연립정부 출범과정은 단순하지 않다.[14] 연립형성절차(coalition-building

12) Budge and Laver(1993), p.501.

13) Warwick(1996), p.473.

procedure)에 대한 공식적인 규칙(rule)이 없으면 총선 결과에 따라 정당간 흥정과 협상(bargaining and negotiation)을 통하여 연립정부를 구성해야 한다.

그러나 국민회의-자민련 공동정부의 출범은 내각책임제 개헌과 대통령후보의 단일화를 조건으로 이미 대선 전에 합의했기 때문에 총선 후 연립정부를 구성하는 내각책임제와는 절차나 과정이 달랐다.

국민회의-자민련 공동정부 출범의 연결고리는 내각책임제의 개헌에서 찾아야 할 것이다. 내각책임제 개헌이 정치적 제휴의 연결 고리로 등장한 것은 1990년 2월 민주정의당의 노태우 대통령, 통일민주당 김영삼 총재, 신민주공화당 김종필 총재가 3당 합당의 조건으로 밀약하면서 시작되었다. 그러나 1992년 12월, 14대 대통령에 당선된 김영삼 총재는 내각책임제 개헌에 대한 밀실 합의를 일방적으로 파기하였고, 1995년 2월 김종필 대표를 집권여당인 민자당에서 밀어냈다. 김종필은 1995년 3월 자민련을 창당하여 1996년 4. 11 총선에서 제3당의 위치를 차지하면서 재기하였으며 내각책임제 개헌을 또 다시 정치적 흥정과 자신의 정치적 입지를 확립하는 협상카드로 효율적으로 활용하기 시작하였다.[15)]

김종필 총재가 주장하는 내각책임제에 대하여 1992년 12월 대선패배 후 정계를 은퇴했다가 1995년 9월 국민회의를 창당하면서 정계에 복귀한 김대중 총재는 1996년 6·27지방자치 선거를 앞두고 내각제에 관심을 보이기 시작하였으며, 1996년 10월 중국방문 중 대선후보단일화와 연계하여 내각책임제 대선 공약의 검토를 시사 하는 발언을 하였다.[16)] 내각책임제 개헌을 고리로 국민회의-자민련의 공조 가능성이 태동하기 시작한 것이다.

자민련은 15대 대선을 앞두고 대권후보 단일화 및 내각책임제 개헌 추진과 관련된 협상카드를

---

14) 다당체제에서 연립정부를 출범시킨 과정에 대한 사례 연구는 1947년 일본 사회당의 카타야마 정부를 참고할 것. Masaru Kohno, "The Politics of Coalition Building in Japan : The Case of the Katayama Government Formation in 1947," *British Journal of Political Science*, Vol. 24, (1994), pp.148~158.

15) 1990년대의 한국정당의 이합집산은 다음과 같이 이루어졌다. 민주정의당·통일민주당·신민주공화당이 합당하여 1990년 2월 민주자유당을 창당하였고, 1995년 12월 신한국당으로, 1997년 11월 한나라당으로 당명을 바꾸었다. 통일민주당으로부터 분당하여 1987년 11월 평화민주당을 창당한 후 1995년 9월 국민회의로, 2000년 1월 새천년민주당으로 바뀌었다.

16) 동아닷 컴, "내각제 대선공약 검토 시사…방중 김대중 총재," 1996. 10. 17, 기사분야 : 정치//newsroom@donga.com(검색일, 1999. 12. 10).

국민회의에 제시하면서 본격적으로 양당 간의 협상이 진행되었다. 1년여 동안 대권공조에 관한 양당 간의 협상결과 1997년 11월 3일 '여·야간의 정권교체를 위한 새정치국민회의·자유민주연합의 대통령후보 단일화 등에 관한 합의문'에 국민회의 김대중 총재와 자민련 김종필 총재의 승인으로 공동정부 출범의 기초가 마련되었다.

합의문은 선언문과 공동정부의 운영 및 구성, 내각책임제 개헌의 협약 등으로 구성되어 있었다. 대통령후보는 김대중 총재로 하고, 대선에서 당선되면 김종필 총재가 국무총리를 맡기로 했으며, 국무총리의 지위와 권한행사에 대한 법률제정과, 국무위원의 양당 동동 비율 배분, 내각책임제는 대통령이 개헌안을 직접 주도·발의하여 늦어도 1999년 12월말까지 개헌을 완료한다는 것이었다.[17]

합의문의 골자는 21세기를 눈앞에 두고 세계 모든 나라는 자유롭고 부강한 나라로 도약하기 위한 무한경쟁에 돌입 하였는데 신한국당 정권 5년 동안 집권당의 방만과 독선으로 정치는 실종되고 무능과 정치적 목적에서 비롯된 '경제 죽이기'로 경제가 무너지고 사회는 병들어 폭력과 이기주의가 만연하는 총체적 위기상황을 맞이하고 있다. 이러한 시점에서 여야 간의 평화적인 정권교체, 자유민주주의체제의 수호와 시장경제원리 그리고 남북한 간 무력충돌 없는 평화적 통일 달성, 공동정부의 구성과 경제의 회생, 지역갈등 해소와 국민통합, 내각책임제의 실현 등에 합의하였다.

2. 공동정부 출범과정의 분석

대통령중심제에서 공동정부의 출범에 합의가 가능했던 제도적인 변수는 정치체제가 내각책임제적 요소가 가미된 대통령 중심제였기 때문이다. 대통령 중심제에서 국무총리 제도를 채택하여 대통령과 국무총리간의 권력공유가 외형적으로 가능했던 것이다. 만일의 경우 순수한 대통령 중심제였다면 자민련의 김종필 총재를 러닝메이트인 부통령후보로 영입하여 대통령중심제의 기본원칙에 부합되는 단독정부를 구성했을 가능성이 높았다.

양당 간의 합의가 성사된 또 다른 이유는 한국정치는 권력 지향적인 정치를 특징으로 하기 때

17) 합의문과 그에 대한 해설 등은 자유민주연합에서 당원교육용으로 발간한 "여·야간 정권교체를 위한 새정치국민회의·자유민주연합의 대통령후보 단일화 등에 관한 합의문"과 "1999년 내각제 개헌 : 21세기 희망의 역사를 시작하자"를 참고할 것.

문에 권력 앞에는 이념도 없이 정당이나 정파 간 합종연횡을 일삼고, 입당·탈당·합당·해산·통합 등이 일상적인 현상으로 나타나는 정치문화이기 때문이었다. 정치인은 정치생명과 같은 정치적 이해 앞에는 변절, 말 바꾸기, 거짓말을 서슴지 않는 행태에 익숙하기 때문이다.

김대중 총재는 대통령 중심제의 신봉자이면서 대통령직선제를 쟁취하기 위해서 6·29선언 직전까지 투쟁하였고, 총선에서 여당의 내각책임제 개헌음모를 저지하기 위해서 야당을 지지해 달라고 호소했는데 내각책임제를 매개변수로 후보 단일화를 실현한 것은 종래의 태도를 오로지 정치권력 획득만을 위해서 바꾼 것이라고 볼 수 있다.

공동정부의 출범에는 또한 김대중–김종필 총재가 공동정부의 형성자(formateur)로서 주도적인 역할을 수행했으며, 철저한 정치적 손익 계산을 했다는 것이다. 서유럽 16개국의 의원내각책임제에 있어서 연립정부를 구성하는 데 형성자가 중요한 영향력을 행사했다는 연구 결과와[18] 마찬가지로 공동정부의 출범에는 김대중–김종필 두 정치지도자가 형성자로서 주도적인 역할을 수행하였다.

김대중 후보는 대통령 3수(修) 결과 항상 근소한 표차로 패배를 경험하였고, 호남이라는 고정지지표도 있지만 영남과 충청지역의 고정다수(solid majority)의 반대표가 있었기 때문에 이를 극복하기 어려운 상황에서 한계득표율을[19] 돌파해야 할 필요성에 의하여 국무총리와 국무위원의 50%를 자민련에 넘겨주는 파격적인 조건과 내각책임제 개헌으로 2년 3개월짜리 한시적 대통령이 되더라도 무방하다는 계산을 했을 것이다. 무슨 양보를 하더라도 대통령에 당선되는 것이 가장 절박한 목표라고 인식했을 것이다.

김종필 총재는 대통령에 당선될 가능성이 희박하다는 현실 상황에 대한 정확한 인식과 다른 선택의 대안이 없는 가운데 차선책을 택할 수밖에 없었다. 자민련 독자 세력으로 대통령이 될 수 없는 상황에서 차선책으로 권력을 공유할 수 있는 방법을 모색하지 않을 수 없었기 때문에 캐스팅보트를 행사하여 정치적 입지를 강화해야 할 입장에 있었다. 또한 1995년 민자당 대표시절 팽(烹)당한 경험 때문에 이회창 후보와 연립할 수도 없는 막다른 상황에서 국민회의 김대중 후보를

18) Warwick(1996), p.499.

19) 김대중은 7대 대선에서 45.3%, 13대 27.1%, 14대 33.8%, 15대 40.3% 등의 지지를 획득하였다. 김대중의 고정표로는 당선권인 40%를 득표하기 어렵다는 것이 일반적인 시각이었다. 따라서 충청지역과 보수세력에 기반을 둔 김종필의 +α가 필요했던 것이다.

협력파트너로 선택할 수밖에 없었다.

결국 공동정부의 출범에 대한 협상 과정에 두 정치지도자의 정치적 이해가 평형(equilibrium)을 이루었기 때문에 성사되었다고 평가할 수 있을 것이다.[20)]

그러나 공동정부의 합의과정에 문제점으로 지적해야 할 것은 국가의 권력구조 변화와 같은 문제는 국민적 논의를 거쳐야 하는 중대 사안임에도 불구하고 대선 승리를 위해서 정파 간 밀실 흥정거리로 삼았다는 점이다. 내각책임제 개헌이나 후보 단일화와 같은 문제를 국민의 의사를 타진하는 민주적 의사결정 과정을 거치지 않았고, 정당의 최고의사결정기구인 전당대회의 사전 의결도 생략한 채 밀실에서 이루어졌기 때문에 야합의 성격이 짙다는 것이다.

두 정치지도자의 정략적 계산에 따른 밀실합의는 당연하게 호남과 충청표가 자기들을 지지할 것이라는 기대와 국민회의와 자민련의 당론도 무조건 따를 것이라는 판단을 가지고 성사시켰던 것이다. 결과적으로 호남표와 충청표는 응집력을 발휘하였으며, 두 지도자간의 합의는 곧 당론이 되었다. 이는 권위주의적인 리더십, 당에 대한 뛰어난 장악력, 지역주의 투표행태, 공동여당이 될 수 있을 것이라는 양당의 기대 등이 상호 복합적으로 작용하여 성공할 수 있었다.

3. 공동정부의 운영

1997년 12월, 15대 대선에서 국민회의와 자민련의 대선승리연합이 성공하였다. 대선에서 승리한 김대중 대통령은 양당의 합의에 따라서 초기에 권력공유연합을 형성하였지만 시간이 지나면서 정책연합모형으로 바뀌었다.

대선승리를 위한 조건으로 내 세운 단일후보가 대선에서 당선되면 국무총리는 자민련에서 맡는다는 내용은 초대 국무총리로 자민련 김종필 총재, 2대 박태준 총재가 임명되어 제대로 지켜졌다.[21)] 그러나 현행 헌법의 내각책임제적 요소를 준수하여 국무위원의 실질적인 제청권을 국무총리에게 주고 국무총리의 해임건의안을 존중한다는 합의문은 조각 시 김종필 국무총리의 제청권

---

20) 다당제를 채택하고 있는 13개국의 서유럽에서 연립정부 형성과정의 기간에 대한 304개 정부에 대한 분석에서 협상이 성사되는 것은 당사자간의 평형(equilibrium)을 이룰 때 가능하다는 연구결과를 참고하였음. Daniel Diermeier and Peter Van Roozendaal, "The Duration of Cabinet Formation Processes in Western Multi-Party Democracies," *British Journal of Political Science*, Vol. 28 (1998), pp.609~626.

21) 3대는 자민련 이한동 총재가 총리로 임명되었다.

이 상당부분 인정되었으나 박태준 총리는 스스로 포기하여 실질적으로 이루어지지 않았다. '국무총리의 지위와 권한행사 등에 관한 법률' (가칭)을 제정한다는 합의도 지켜지지 않았다.

국무위원의 비율은 양당이 동등한 비율로 한다는 합의문은 조각 때 국민회의와 자민련 출신을 50%씩 정확하게 나누지는 않았지만 양당 간에 커다란 불만 없이 이루어져 행정권의 공유가 이루어졌다. 그러나 1999년 5·24개각에서는 전문성과 정치인 배제원칙 때문에 해양수산부장관만을 제외하고 자민련 몫이 소멸되더니 김종필 총리의 자민련 복귀로 단행된 2000년 1. 13개각에서는 완전 사라졌다.

양당은 정책의 조정, 기타 공조에 필요한 사항을 협의하기 위하여 국무총리를 의장으로 하는 '공동정부운영위원회'(가칭)를 설치·운영한다는 합의문대로 양당은 '공동정부운영위원회' 를 구성하였으나 형식에 그쳤을 뿐 별 다른 기능을 수행하지 못하였다.

또한 지자제 공천에서 양당의 공조정신에 입각하여 협의·처리한다는 합의문은 1998년 제2차 지자제 광역단체장 선거에서 연합공천이 이루어져 국민회의와 자민련은 각각 연고지에서 승리할 수 있었으며, 그 후 여러 차례 치러진 지방자치단체장의 재·보선에서 연합공천 갈등은 있었지만 심각한 사태로 발전하지는 않았다.

무엇보다도 공동정부 형성의 가장 핵심적인 연결고리는 내각책임제 개헌과 국무총리와 국무위원의 배분을 통한 양당 간의 권력공유라고 볼 수 있다. 나머지 합의내용은 사실상 지엽적인 문제라고 볼 수 있다. 그러나 가장 중요한 합의가 일방적으로 파기되어 공동정권의 기반을 상실하였다.

공동정부 출범의 기초인 내각책임제 개헌에 대하여 공식적인 대국민 사과도 없이 김대중-김종필 두 정치지도자의 밀실 합의에 의하여 무산시켰다. 그럼에도 불구하고 공동정부가 유지되었다. 내각책임제의 연립정부였다면 당연히 붕괴되었을 것이다.

내각책임제의 정치체제에서 연립정부가 붕괴(termination)되는 경우는 연립정당간의 협상의 실패, 정부에 의한 국회의 해산권과 국회에 의한 내각의 불신임권 행사, 전쟁, 스캔들, 경제쇼크 등과 같은 우연한 사건(random events)이 발생하는 경우라고 볼 수 있다.[22]

한국의 정치체제는 대통령 중심제로써 국회는 내각총사퇴권고안을 제출할 수 있으나 그렇다고 정부가 붕괴되는 것도 아니며, 행정부의 국회해산권은 인정하지 않고 있다. 이러한 상황에서 공동정부가 붕괴될 수 있는 조건은 공동정부 출범의 기초가 된 합의내용의 파기에 있을 수 있다.

공동정부 존립의 근거가 소멸 되었는데도 불구하고 공동정권이 유지된 이유는 어디에 있을까?

첫째, 정치체제가 대통령 중심제이기 때문이다. 대통령 중심제에서 정부의 구성권은 대통령의 고유권한이며, 대통령은 내각보다는 국민에 대한 책임을 지기 때문이다. 공동정권에 참여한 자민련이 철수한다고 김대중 정부가 붕괴되어 대선이나 총선을 다시 치르는 것이 아니라 근본적으로 양당 간의 공조체제가 깨진다는 의미밖에 없다. 공동정부의 약속을 깨는 데서 오는 대국민 신뢰문제가 제기되겠지만 제도적인 측면에서 새로운 정부를 탄생시킬 필요가 없다는 점이다. 이것이 공동정부의 약점이자 또한 장점이라고 볼 수 있다.

또한 공동정부의 형성기초가 제도적인 차원, 즉 법에 명시되어 구속력을 가진 것이 아니라 양당 간의 합의에 의한 것이기 때문에 합의가 깨어져도 김대중 정부가 불신임을 당하여 내각이 총사퇴하는 근본적인 문제가 발생하지 않는다는 점이다. 내각책임제라면 자민련이 내각에서 철수하면 연립정부가 붕괴되어 총선을 다시 치러 국민의 재신임을 받아야 한다. 자민련이 공동정부에서 철수하더라도 김대중 정부가 붕괴되는 것이 아니라 양당 간의 결별과 정치적 파장이 있을 뿐 법적으로 문제가 없다.

둘째, 정치인들의 행태는 항상 비용과 이익(cost-benefits)을 철저하게 계산하여 행동한다는 점이다. 공동정부에 참여할 명분이 사라졌으면 당연하게 공동정부에서 철수했어야 하는데 그들의 행태는 명분보다는 실리를 추구하는 모습을 보였다. 공동정부에서 철수하는 것 보다 잔류하면서 공동여당이라는 지위를 유지하는 것이 정치인들의 이익에 보다 도움이 된다고 판단했기 때문에 공동정부가 유지될 수 있었다. 이러한 모습을 정치인들의 비용감소행태(cost-reduction behavior)[23] 때문이라고 평가할 수 있을 것이다.

김종필 총리는 철저하게 손익을 계산하면서 행동하였다. 공동정부에서 철수하지 못한 것은 공

---

22) 연립정부의 붕괴나 새로운 총선의 요구는 외부의 충격이나 자당에 유리한 총선 전망보다는 정당지도자에 대한 유권자들의 예상되는 감정(anticipated feelings of the electorate)이나 의회나 선거제도의 제약(constraints of legislative and electoral institution)에 대한 합리적 반응에 기초한 결정에 달렸다는 경험적 연구결과도 있다. Arthur Lupia and Kaare Strøm, "Coalition Termination and The Strategic Timing of Parliamentary Elections, American Political Science Review, 89-3 (1995, September), pp.648~665.

23) Carol Mershon, "The Costs of Coalition : Coalition Theories and Italian Government," *American Political Science Review*, 90-3(1996, September), pp.534~554.

동정권의 붕괴로 정국이 불안해지는 것을 우려하여 국가를 생각해서 결정했을 가능성도 있다. 또한 김영삼 정부에서 밀려난 쓰라린 경험을 두 번 다시 반복할 수 없다는 생각과 시기적으로 공동정부에서 철수할 수 있는 상황이 아니었으며 철수 후의 정치적 입지가 불확실했기 때문이다. 내각책임제 개헌약속 파기의 시점과 총선 시기가 비슷했다면 공동정부에서 철수하여 독자노선을 걸었을 것이다. 이는 새천년민주당과 자민련이 합당한 통합여당의 총재가 되는 것이 불확실해지자 2000년 4·13 총선을 앞두고 신보수연합의 깃발을 내세우면서 당으로 복귀하여 독자적인 길을 걷는 상황을 역설적으로 해석하면 이해가 가는 부분이다.[24)]

김대중 대통령 입장에서도 공동정부를 유지할 수밖에 없었던 것도 철저한 정치적 계산에 의한 것이다. 대통령 중심제에서 공동정부라는 권력의 공유형태보다는 권력의 극대화(power maximization)를 선호하는 것이 일반적인 현상이고,[25)] 국민회의가 국회의석의 과반수를 차지하고 있었다면 상황은 달라질 수 있었을 것이다.[26)] 그러나 자민련과 공조하지 않으면 정국을 운영할 수 없었으며, 잦은 약속파기, 말 바꾸기 등으로 신뢰에 대한 위기를 자초할 것을 염려하고 국민여론을 의식하여 공동정부를 유지할 수밖에 없었을 것이다.

셋째, 내각책임제의 유보에 대한 김대중 대통령의 입장에 대하여 김종필 총리는 우연적인 사건(random events)이나 예기치 못한 충격(random shock)으로 받아들이지 않은 것 같다. 이유는 현실적으로 국회에서 양당은 개헌안 통과에 필요한 2/3이상의 정족수에 미달되고, 야당의 지지를 유도하는 것도 쉬운 일이 아니며, 김대중 대통령이 4수(修)만에 5년 임기의 대통령에 당선되었는데 2년여 만에 물러나리라는 것은 현실적으로 기대할 수 없고, 내각책임제 개헌에 대한 대국민 지지획득 등의 문제 때문에 내각책임제 개헌의 합의 파기를 충격적인 사건으로 받아들이기보다는 예상했던 일이 일어나고 있을 뿐이라는 시각을 가졌다고 볼 수 있다.

내각책임제 개헌을 합의할 당시에 결국은 실현될 수 없을 것이라는 것을 예측한 상태에서 대국

---

24) 합당과 연합공천에 대한 김대중-김종필의 담판이 깨진 뒤 변함없는 공조를 다짐했지만 이상기류가 형성되어 'DJ의 오기, JP의 몽니(거친 심술)' 라는 논평이 나온 점을 유의할 필요가 있다. 중앙일보, 1999. 12. 23, p.3.

25) 권력분산을 원하지 않는 구체적인 사례로 양당간의 합의내용인 '국무총리의 지위와 권한행사 등에 관한 법률'(가칭)을 제정하여 책임총리제를 확립하지 않았으며, 국무위원의 자민련 지분 소멸 등을 들 수 있을 것이다.

26) 16대 총선에서 여당인 민주당이 과반수 의석확보에 실패하자 자민련과 공조복원을 추진하는 것을 같은 맥락에서 이해할 수 있을 것이다.

민 약속을 했을지도 모른다는 가설을 설정해 볼 수 있다. 만일 이 가설이 사실이라면 김대중-김종필 두 정치지도자는 의도적으로 국민을 기만한 결과가 되는 것이다.[27]

넷째, 김종필 총리의 개인적인 성격과도 관련이 있을 것이다. 공동정부에서 철수 할 것인지에 대한 결정의 주도권은 김대중 대통령이 아닌 김종필 총리에게 있었다. 김종필 총리는 원하는 기간만큼 총리직에 머물 수 있었지만 16대 총선을 앞두고 스스로 당으로 복귀하여 총리직을 사임한 것을 보면 알 수 있다. 김종필 총리는 합의가 지켜지지 않았는 데도 공동정부로부터 근본적으로 이탈하지 않았으며, 재임 중 '2인자 3수(修)' 로서 대통령의 그림자도 밟지 않는 태도를 보였다.[28]

국민회의와 자민련 공동정부는 협력적-침묵게임(cooperative-silent game)이란 시각에서 평가할 수 있을 것이다. 정치권력을 획득하는 과정, 초기의 정부구성, 국회에서 공통이익과 관련된 쟁점에 대하여 협력적인 공조 자세를 보였으며, 정책결정 과정에 침묵과 상황 적응적 태도를 보였다. 이는 양당 간의 정치적 위상이 대등하다기 보다는 국민회의와 자민련의 관계는 대통령 당과 국무총리 당, 집권여당과 공동여당, 의석 수에서 제2당과 제3당이라는 태생적 한계 때문에 협력과 경쟁의 게임이 아닌 협력과 침묵의 개임이라는 시각에서 평가할 수 있을 것이다. 그러면서 형식적으로 공동정권의 한 축을 담당하고 있었기 때문에 실정(失政)에 대하여 공동책임(collective responsibility)을 면할 수 없는 묘한 처지가 되었다.

4. 공동정부의 평가

(1) 긍정적 측면

첫째, 한국정치 발전사에서 대선승리연합을 통하여 여야 간 평화적 정권교체를 이룩한 것은 민주화의 제도화 수준을 한 단계 높이는데 기여하였다. 군부지배, 민간정부의 출범, 군의 탈정치화, 여야 간 평화적인 정권교체라는 정치발전의 단계를 단선적으로 거치는 계기를 마련하였다.

---

27) 사전에 짐작하고 있었을 것이라는 가설은 몇 가지 징후에서 유추할 수 있다. 내각제 약속파기 이후 김종필 총리나 자민련의 일각에서 심각한 반발 없이 수용하는 태도를 보인 점, 내각제 합의 파기에 대한 수용여부를 사전 공식적인 당론을 통하여 정리하지 않은 점, 대국민 사과나 공식적인 해명 없이 적당하게 얼버무린 점등은 '올 것이 왔다' 는 식의 평가를 하고 있었던 것이 아닌가 하는 해석을 가능하게 한다.

28) 이와 관련하여 다음을 참조할 것. 송진혁, "대통령과 총리사이." 「중앙일보」, 1999. 12. 14, p.6.

이는 민주발전의 다음 단계인 여야 간 평화적인 정권교체의 반복을 통하여 제도화 수준을 높일 수 있는 터전을 제공한 셈이다.

둘째, 지역주의가 극심한 한국의 정치현실에서 단독으로 정권획득이 불가능한 호남과 충청세력이 연립하여 정권을 획득함으로서 권력을 공유하는 협의제민주주의의 첫 사례를 제공하였다. 협의제민주주의는 다민족, 다인종, 다언어, 다문화 등 분열되고 이질적인 사회(heterogeneous society)에서 엘리트 카르텔(elite cartel)을 통하여 권력을 공유하고 분열과 갈등을 포용하는 수용정치(politics of accommodation)의 한 형태라고 볼 수 있다.[29]

국민회의와 자민련간의 연합은 지역갈등이 심하고 단독으로 정권획득이 불가능했던 호남과 충청이라는 소수지역이 권력을 공유하였기 때문에 소수의 이익(minority interest)을 실현하는 기회를 갖게 되었다. 특히 호남지역은 김대중 대통령의 당선으로 정치적 승리자가 되었으며, 역대 정부에서 받았던 인사상의 불이익을 상당부분 보상받는 계기를 마련하게 되었다.[29]

셋째, 정국의 안정에 어느 정도 기여하였다. 정국의 안정에 기여한 것은 두 가지 측면에서 이해할 수 있다. 하나는 공동여당이 국회의 과반수 세력을 형성함으로써 국회의 안정적 운영에 기여하였다. 국회에서 다수의석을 확보하여 집권여당이 원하는 정책을 유리하게 결정하여 정부의 의지를 관철시킬 수 있는 정책연합이 이루어졌다.

다른 하나는 김종필 총리가 내각책임제개헌 연기 등과 관련하여 공동정부에서 이탈하는 등 극단적인 선택을 했을 경우 정국은 걷잡을 수 없는 파국으로 발전될 가능성이 높았던 것이 사실이다. 그러나 김종필 총리는 자민련내의 일부 내각제 지지파의 반발이 있었음에도 불구하고 김대중 대통령의 입장을 수용하는 태도를 취함으로써 정국의 안정에 기여하였다.

넷째, 김대중 정부의 정책노선이나 색깔에 대한 시비를 신보수주의를 자임하는 자민련 때문에 안정희구 세력인 보수층의 심리적인 불안감을 해소시켰다. 신보수주의 이념을 내세우는 자민련이 공동정부의 한 축을 담당하고 있었기 때문에 김대중 정부의 개혁정책이나 친북 정책 등에 대한 의구심을 어느 정도 상쇄시켜 주는 효과를 가져와 국민의 불안을 덜어주는 데 기여하였다.

---

29) 리파르트는 협의제민주주의는 이질적인 사회에서 권력공유를 통하여 소수자를 보호하는 '하위문화간 복합적인 세력균형'(multiple balance of power among the subcultures)이라고 보았다. Lijphart(1996), pp.259~263.

(2) 부정적인 측면

공동정부에 대한 평가는 긍정적인 측면보다는 부정적인 요소가 더 많다고 볼 수 있다.

첫째, 통합정치의 구현에 실패하였다. 갈등과 이질적인 요인이 많은 사회에는 협의제민주주의에 의한 권력공유가 정치통합을 이루는 데 기여한다. 국민회의와 자민련의 공동정권은 지역 간 연합을 통한 권력공유로 정치통합을 이룰 수 있는 하나의 대안이 된 것은 사실이다.[30] 그러나 지역연합을 통하여 분열과 갈등을 해소시키기는 커녕 오히려 특정지역 편중인사와 국정운영의 형평성 상실로 호남·충청지역을 제외한 타 지역의 소외와 영남지역의 감정을 악화시키는 결과를 가져왔다. 지역갈등을 해소하여 정치통합을 이룩했다기 보다는 지역감정을 심화시켰다.[31]

둘째, 공동여당이 다수의석을 확보하여 힘에 의한 정치, 다수에 의한 밀어붙이기식 정치를 실현하려고 하였다. 경험적으로 평가할 때 여소야대의 국회는 합의에 의한 민주적 국정운영이 가능했다. 여소야대 국회가 여야 간 대치상태를 지속시키는 부작용과 소모적인 정쟁을 유발시킨다는 부정적인 측면도 있지만 13대 국회의 예를 보면 전반기에는 대통령이 지명한 대법원장 내정자의 임명동의안을 부결시키기도 했고, 국정감사권의 행사와 청문회를 통하여 국회가 실질적으로 정치의 중심무대임을 실증하기도 하였다.[32] 국민회의와 자민련은 야당과 무소속 의원을 영입하여 과반수 의석을 제조하여 힘에 의존하려는 국회운영 모습을 보였다.

셋째, 정책공조가 잘못 이루어져 정책선호 간 조화를 이루는 데 한계가 있었다. 개혁적인 국민회의와 보수적인 자민련은 이념적으로 동질성이 없었음에도 불구하고 공동정부를 형성한 것이기 때문이며 정책결정 과정에 합의점을 도출하기 어려웠다. 정책노선이 서로 다른 정당간의 정책공조에는 한쪽이 다른 쪽의 입장을 일방적으로 수용(accommodation)하거나 아니면 사전 조율을 거쳐야 갈등이 없다. 자민련은 대통령이나 국민회의 정책에 대하여 대부분 수용하는 태도를 보였다. 예를 들면 재벌개혁, 대북포용정책, 국가보안법 개정, 북한의 북방한계선(NLL) 침투

---

30) 분열된 사회에서 민주주의의 생존을 위하여 협의제민주주의에 의한 권력분점은 필요한 조건이라는 주장이다. Lijphart(1996), p.265.

31) 16대 총선결과는 영호남간의 지역감정이 여전하다는 것을 확인시켜 주었다. 김대중 정부 출범이후 지역감정이 악화된 원인으로 청와대, 행정부, 검찰, 경찰, 국정원, 국세청, 군 등의 요직에 호남출신 인사가 대거 진출한 것을 지적할 수 있을 것이다. 한국 공직의 100대 요직 중 출신지역별 분포는 다음을 참고할 것. 「월간조선」, 2000. 2, 권말부록.

32) 김호진, 『한국정치체제론』(서울 : 박영사, 1997), p.453.

와 연평해전, 역사 바로잡기 등 진보적 성향의 정책에 신보수를 자임하는 자민련의 목소리가 사실상 없었다.

문제는 정책선호가 다른 두 정당이 정책의 조화를 이루지 못했다는 것이다. 국민들이 기대했던 만큼 자민련이 좌와 우 그리고 개혁과 보수의 조화를 이루는 역할을 담당하지 못했다. 특히 김종필 총리는 국무위원 제청권을 처음에는 행사하여 실세총리의 모습을 보여주기도 하였으나 전반적으로 정책결정 과정에 역할이 애매하였으며, 민감한 정국현안이 대두될 때마다 자기 목소리를 낮춘 채 특유의 2인자 처세로 돌아가곤 했다.[33] 그러다가 16대 총선을 앞두고 당으로 복귀하여 보수적 색채의 자기 목소리를 낸 것은 아이러니가 아닐 수 없다.

정책공조가 양당의 각자 이익과 관계없는 정책에 대하여 원만한 동반자적인 관계를 유지하여 국회에서 과반수 의석을 가진 공동여당으로서 다수결 원리에 따라서 정책을 결정하였다. 국민회의와 자민련의 연립은 정책노선이 다른 가운데 순수하게 정책에 기초한 연립(policy based coalition)이나 그렇다고 맹목적적 정책연립(policy blind coalition)도 아닌 정치적 이해관계에 따라서 선별적으로 공조체제가 이루어졌다고 평가할 수 있다.

넷째, 공동정부의 한 축인 자민련이 주요 정치행위자가 아닌 정치의 주변부적인 존재로 전락하였다. 공동정부라고 하여 자민련도 형식적인 예우차원에서 공동여당이라고 부를 수 있을지 몰라도 실질적인 여당은 아니다. 대통령 중심제에서 총리의 위상은 대통령과 수직관계이지 내각책임제에서와 같이 수평적인 관계가 아니기 때문에 자민련의 위상은 한계가 있다. 그리고 자민련 몫으로 입각하더라도 장관은 행정부의 수장인 대통령과 상하관계에 있기 때문에 국무총리의 의지를 반영하기보다는 대통령의 의중에 더 많은 신경을 써야 하는 것이 현실이다. 또한 집권당은 국민회의로서 자민련은 단지 공동정부의 한 축을 형성하고 있을 뿐 정책결정에 미치는 영향력이 제한적일 수밖에 없었다.

다섯째, 공동정부 운영에 갈등이 많았다. 공동여당 간에 이해의 충돌로 밀고 당기는 식의 경쟁 때문에 불협화음을 초래하여 국민을 불안하게 만든 경우가 있었다. 예를 들면 내각제 개헌 유보,

---

33) 자민련 김종필 총리가 2년 가깝게 현정부의 국정을 책임진 지도자로서 총리 재직 중 군말 한번 없다가 갑자기 방향을 선회한 데 대한 비판의 글은 다음을 참고할 것. 권영빈, "JP의 우향우 선언." 「중앙일보」, 2000. 1. 7, p.6. 그리고 김종필 총리 22개월에 대한 평가는 다음을 참고할 것. 「중앙일보」, 2000. 1. 11, p.5 ; 「조선일보」, 2000. 1. 12, p.3.

각료 지분, 정책노선, 야당과 무소속 의원의 영입, 새천년민주당의 창당과 자민련과 합당, 선거구 협상, 새천년민주당의 정강에 내각제 개헌 삭제, 각종 재·보선과 16대 총선의 연합공천, 총선시민연대의 공천부적격자 명단발표에 김종필 명예총재의 포함과 음모론 제기 등으로 공동정권은 위기를 맞이하였다.

또한 공동정부의 갈등을 개혁의 걸림돌이라고 평가하는 시각도 있었다. 한 여론조사에 의하면 김대중 정부의 개혁에 기득권 세력의 반발 34.5%, 정부여당의 의지 부족 29.8%, 공동정부의 갈등 20.5% 등으로 나타나 공동정부의 갈등도 중요한 요인으로 작용한 것으로 보았다.[34)]

여섯째, 대통령 중심제에서 대통령의 정부 구성권에 제약을 받았다. 순수한 대통령중심제에서 대통령은 독자적으로 내각의 임면권을 행사할 수 있으나 한국의 경우는 국무총리와 협의를 거치도록 되어 있다. 조각을 하는 데 어려운 제약(hard constraints)과 부드러운 제약(soft constraints), 그리고 조각규정, 국무회의 운영규정, 법규, 당헌, 외부의 거부행위자 등이 작용하기도 한다.

그러나 김대중 대통령이 조각 시 당면했던 제약은 자민련 측에 국무총리를 할당하고 동등한 비율로 국무위원을 임명하기로 합의한 사전약속(prior commitment)[35)] 때문에 국무총리와 국무위원 인선에 자율성을 행사하지 못하였다. 대통령이 70대 후반의 노령이면 젊고 활동적인 총리를 임명하는 것이 타당하다고 보이지만 나이가 비슷한 김종필, 박태준을 총리를 선택할 수밖에 없어 정부구성에 참신성을 살리지 못했다고 평가할 수 있다.

일곱째, 양당 간 공동정부를 출범하기 전에 합의한 내용을 파기하여 다시 한번 한국정치에 대한 불신을 조장하는 계기가 되었다. 합의문을 공개적으로 국민에게 발표하면서 무슨 일이 있어도 꼭 지키겠다고 여러 차례 공언하였으나 핵심 골자인 내각책임제 개헌 약속이 파기되고, 시간이 갈수록 권력공유가 약화되었다. 내각책임제 개헌을 하고 안하는 것도 중요하지만 정치인들

---

34) 주간동아는 재창간에 즈음하여 1999년 8월 27일~9월 8일 여론조사 전문기관인 리서치&리서치(R&R)와 공동으로 정치현안에 대한 설문조사를 실시하였다. 「주간동아」, 1999. 9. 29.

35) 연립정부를 구성하는 데 작용하는 각종 제한요인과 그 영향, 그리고 10개국의 경험적 분석을 통하여 사전약속(prior commitment)이 중요한 제약요인으로 작용한다는 연구 결과는 다음을 참조할 것. Kaare StrØm, Ian Budge and Michael J. Laver, "Constrains on the Cabinet Formation in Parliamentary Democracies," *American Journal of Political Science*, 38-2 (1994, May), pp.303~335.

간의 합의나 약속은 언제 어느 형태로 파기 될지 모른다는 우려를 낳게 하였으며 정치권에 대한 불신을 조장하는 결과를 가져왔다.

공동정부는 전반적으로 게임이론적인 시각에서 평가할 때 정치적 이해관계에 따라서 공조체제가 순항하기도 하였으며 또한 이상 기류가 감지되기도 하였다. 대선승리연합으로 공동정권을 성공적으로 출범시켰지만 시간이 갈수록 권력공유연합에 의한 협의제민주주의는 발전하지 못하고 여소야대를 극복하기 위한 정책연합만이 발견되었다.

Ⅳ. 맺는 말

공동정부는 대통령 중심제에서는 유례가 없는 모형으로 한국에서 실험하였다. 국민회의-자민련 공동정권은 대선을 앞두고 어느 당도 집권이 불가능한 상황에서 공직획득(office seeking)을 위한 대선승리연합으로 출발하여, 집권 후 권력공유연합으로 그리고 정책연합 모형으로 변화되었다.

국민회의-자민련 공동정부의 특성은 정치적 견해가 다른 정파가 선거 혹은 정치조합에서 명분을 살리고 이익을 얻기 위해서 만든 '무지개연합(rainbow coalition)'이라고 볼 수 있다.[36] 왜냐하면 평화적인 정권교체, 경제회생, 지역갈등 해소, 국민통합이라는 공적인 명분을 내세웠지만 대선 승리가 실질적인 목표였으며, 양당은 정책이나 이념보다는 정파적인 이익과 김대중-김종필 두 정치지도자가 정치적 손익을 철저하게 계산하여 밀실에서 합의한 정치적 뒷거래의 산물로 공동정부를 출범시켰기 때문이다.

김대중 국민회의 총재는 자민련과 연합하지 않으면 선거에서 승리할 수 없는 상황이었으며, 김종필 자민련 총재는 그 가능성이 더욱 더 희박하였기 때문에 이념과 노선이 완전히 다른 두 지도자 중 하나는 대통령이 되고 다른 하나는 국무총리가 되어 권력을 공유하기 위한 정치적 연합을 성사시켰다. 공동정부의 형성은 국민을 위한 연합이라기보다는 정치인, 정파, 정당의 이해에 따

36) 무지개연합이란 말은 다음에서 따온 개념임. 백영철 역, 이마뉴엘 월러스타인,『유토피스틱스』(서울 : 창작과 비평사, 1999), p.126.

라서 형성·유지된 엘리트 카르텔(elite cartel) 또는 정치권력 획득과 유지를 위한 야합의 성격이 강한 것으로 평가할 수 있을 것이다.

2년여 동안의 헌정 초유의 공동정부 실험은 지역 간 연대에 의한 협의제민주주의의 발전 가능성을 보여주긴 했으나 이질적·분파적 요인을 포용하여 정치통합이나 정치안정을 기하는 데 한계를 나타냈다. 공동정부는 오히려 지역갈등을 심화시켰으며, 정파 간 제휴나 나눠먹기 식으로 정치권력 획득과 유지가 주목적이었다는 평가를 면하기 어렵게 되었다.

대통령 중심제에서 공동정부는 깨지기 쉬운(fragile) 모형이라고 볼 수 있다. 그 이유는 첫째, 대통령 중심제에서는 행정권의 분할이 사실상 불가능하기 때문이다. 다당제의 내각책임제에서는 권력을 공유하지 않으면 연립정부 형성 자체가 불가능하기 때문에 연정에 참여하는 정당이나 정파 간에 제도적으로 권력공유가 보장되어 있다. 그렇지만 대통령 중심제에서는 대통령에게 집중된 권력이나 행정권의 분할을 제도적으로 보장하지 않고 그것을 제한·분산·변경시키는 것은 전연 불가능한 일이다.

대통령과 국무총리가 권력을 공유하여 총리가 공동정부의 한 축을 형성하는 것도 국무총리의 지위와 권한의 한계 때문에 불가능하다. 내각제적 요소가 가미된 한국의 정치체제에서 대통령과 국무총리의 관계와 역할 분담을 외형적으로는 프랑스의 이원집정부제와 비슷하다고 볼 수도 있으나 실질적인 면에서 국무총리는 대통령과 대등한 지위가 아닌 위계질서상 상하관계에 있기 때문에 이원집정부제의 총리나 연립정부 총리의 위상과는 거리가 멀다.

또한 자민련 몫으로 입각했던 국무위원도 내각에 파견된 자민련의 대표로서 자당의 정강정책을 정책결정 과정에 반영시키는데 한계가 있었다. 장관은 소관부처 업무에 관하여 대통령을 보좌하는 참모기능을 수행해야 하기 때문이다.

둘째, 선거승리연합의 형성 기초가 법과 제도가 아닌 양당 간의 합의에 있었기 때문이다. 양당 간의 합의와 정치적 신뢰를 바탕으로 구성된 공동정부는 양당 간 정치적 이해득실에 따라서 좌우될 수밖에 없다. 한국과 같이 정치적 합의나 대국민 약속이 경시되는 풍토에서는 더욱 그렇다.

공동정부 출범의 기초가 되었던 내각책임제 개헌의 일방적 파기와 국무위원의 양당 동등비율 배분 약속의 소멸 등 공동정부가 붕괴될 수밖에 없는 중대한 약속위반이 있었다. 그럼에도 불구하고 공동정부가 유지된 것은 명분보다는 정치적 손익을 철저하게 계산하는 정치인의 비용감소 행태 때문이다. 또한 국민회의는 자민련과 공조하지 않으면 정권을 안정적으로 유지할 수 없었

으며, 자민련도 공동정부에서 철수하더라도 뾰족한 대안이 없는 상황 때문이라고 평가할 수 있다.[37]

셋째, 이념과 정책선호가 상이한 정당 간에 형성된 정책연합은 한계가 있기 때문이다. 김대중-김종필 두 지도자의 이념과 양당 간의 정책노선상의 현저한 차이 때문에 공조는 항상 불안한 상태를 유지하였다. 정책범위(policy scale)가 가장 가까운 이웃(immediate neighbor)간의 공조가 아니기 때문에 정책공조가 어려웠다. 그러나 공동정권이 붕괴되지 않은 것은 김종필 총리와 자민련의 상황적응적 태도와 침묵, 그리고 자기 목소리를 낮추었기 때문이다. 이런 맥락에서 김종필 총리는 어떤 형태든 공동정부의 유지에 기여한 것은 사실이지만 상이한 이념을 조화시켜 정책에 반영하는 데는 한계를 보였다.

넷째, 공동여당 간에는 정치적 이해득실에 따라서 항상 경쟁과 갈등 분위기가 조성되어 공조파기의 소지가 있기 때문이다. 공동정부는 시간이 갈수록 양당 간에 공조보다는 경쟁과 갈등 분위기가 형성되었다. 예를 들면 내각제 개헌 유보, 각료 지분, 야당과 무소속 의원의 영입, 선거구 협상, 정책노선, 새천년민주당의 창당과 자민련과 합당, 새천년민주당의 정강에 내각제 개헌 삭제, 각종 재·보선과 16대 총선의 연합공천, 총선시민연대의 공천부적격자 명단발표에 김종필 명예총재의 포함과 음모론 제기 등 공동여당 간에는 경쟁과 갈등적인 분위기가 조성되곤 하였다.[38]

공동정부의 실험에서 발견한 또 다른 결론은 한국정치에서 공동정부 출범 가능성이 높다는 것이다. 다당제에서는 소수파 대통령이 탄생할 수밖에 없는 상황이며, 지역주의 성향의 투표행태가 사라지지 않는 한 특정지역을 기반으로 하는 지역당끼리 의 대선승리연합을 형성할 가능성은 대단히 높다. 대선 전에 대선승리를 위한 정파간 합종연횡이나 후보 단일화 시도는 지속적으로 발견될 수 있는 현상이 될 것이다. 또한 여소야대인 분점정부를 해소하고 통합정부 출범을 위한 대연정의 제안 유혹은 사라지지 않을 것이다. 하지만 실패한 국민회의와 자민련 간의 공동정부 경험 때문에 야당에서 선뜩 여당의 대연정 제안을 수용하는데 한계가 있을 것이다. 이는 결국 국

---

37) 자민련이 16대 총선을 앞두고 공동정부 파기를 선언한 것은 총선이라는 돌파구가 있었기 때문이며, 총선에서 참패하자 다시 공조를 복원하려는 것이 좋은 예가 될 수 있을 것이다.

38) 16대 총선을 앞두고 자민련은 야당이 될 것과 공동정부 파기를 일방적으로 선언하고 김대중 정부를 맹렬하게 비난하였다. 비록 자민련이 박태준 총리를 철수시키지는 않았지만 정치적으로 김대중-김종필 공동정부는 붕괴된 것이나 다름없다고 평가할 수 있을 것이다.

민통합이나 정치안정보다는 야당내분을 부채질하거나 야당을 무력화시키려는 정치공작적 차원의 제안이라는 인식을 벗어나기 어려울 것이기 때문이다.

공동정부의 형성 절차와 규범, 경험, 정치윤리 등이 확립되지 않는 상황과 합의와 약속을 경시하는 정치풍토에서 선거를 앞두고 정파 간 필요에 의한 밀실연합은 정치권력 획득만을 위한 야합의 성격이 짙어 정파나 지역 간 연대에 의한 협의제민주주의의 발전에 기여하지 못할 것이다.

공동정부 모형에 대한 연구결과가 하나도 없는 상황에서 이루어진 본 연구는 시론적인 의미를 갖는다. 이를 계기로 공동정부의 다양한 모형을 개발하고, 공동정부의 형성과정, 구성, 권력의 공유, 공동정부의 운영 등에 관하여 협상과 흥정이론, 게임이론, 권력이론, 협력이론 등을 활용하여 심층적인 분석이 이루어진다면 공동정부에 대한 이해를 한층 더 높이는 계기가 마련될 수 있을 것이다.

* 참 고 문 헌 *

김호진. 1997. 『한국정치체제론』 서울 : 박영사.

백영철 역. 1999. 이매뉴얼 월러스타인, 『유토피스틱스』(Utopistics), 서울 : 창작과 비평사.

동아닷 컴. 1999. "내각제 대선공약 검토" 1996. 10. 17//newsroom@donga.com(검색일 12월10일).

「월간조선」. 2000년 2월호 권말부록.

자유민주연합. 1999. 「1999년 내각제 개헌 : 21세기 희망의 역사를 열자」 당원교육용 책자.

자유민주연합. 1999. 여·야간의 정권교체를 위한 새정치국민회의·자유민주연합의 대통령후보 단일화를 등에 관한 합의문」 당원교육론 책자.

「조선일보」. 수일 자

「주간동아」. 1999. 203호, (9월 29일).

「중앙일보」. 수일 자

Baron, David P., 1993."Government Formation and Endogenous Parties," *American Political Science Review*, 87-1 (March), pp.34~47.

Berg-Schlosser. 1990. "Typologies of Third World Political Systems," in Anton Bebler and

Jim Seroka(eds.), *Contemporary Political Systems* (Boulder & London, Lynne Rienner Publishers), pp.173~201.

Bill, James A. and Robert L. Hardgrave, Jr., 1981. *Comparative Politics : The Quest for Theory* (Lanham MD. : University Press of America, Inc.).

Budge, Ian and Michael Laver. 1993. "The Policy Basis of Government Coalitions : A Comparative Investigation," *British Journal of Political Science*, Vol. 23, pp. 499~519.

Diermeier, Daniel and Peter Van Roozendaal. 1998."The Duration of Cabinet Formation Processes in Western Multi-Party Democracies," *British Journal of Political Science*, Vol. 28, pp.609~626.

Kohno, Masaru. 1994. "The Politics of Coalition Building in Japan : The Case of the Katayama Government Formation in 1947," *British Journal of Political Science*, Vol. 24, pp.148~158.

Lane, Jan-Erik and Svante Ersson. 1994. *Comparative Politics : An Introduction and New Approach* (Cambridge, UK, Polity Press).

Lijphart, Arend. 1984. *Democracies : Patterns of Majoritarian and Consensus Government in Twenty-One Countries* (Westford, Mass. : Murray Printing Company).

Lijphart, Arend. 1990. "Democratic Political System," in Anton Bebler and Jim Seroka(eds.), *Contemporary Political Systems* (Boulder & London, Lynne Rienner Publishers), pp.71~87.

Lijphart, Arend. 1994. "Democracies : Forms, Performance, and Constitutional Engineering," *European Journal of Political Science*, Vol. 25, pp.1~17.

Lijphart, Arend. 1996. "The Puzzle of Indian Democracy : A Consociational Interpretation," *American Political Science Review*, 90-2 (June), pp.258~268.

Lupia, Arthur and Kaare StrØm. 1995. "Coalition Termination and The Strategic Timing of Parliamentary Elections, *American Political Science Review*, 89-3 (September), pp. 648~665.

Lustick, Ian., 1997. "Lijphart, Lakatos, and Consociationalism," *World Politics*, Vol. 50 (October), pp.88~117.

Mair, Peter. 1994. "The Correlates of Consensus Democracy and the Puzzle of Dutch Politics," *West European Politics*, 17-4 , (October), pp.97~123.

Maphai, Vincent T., 1996. "A Season for Power-Sharing," *Journal of Democracy*, 7-1(January), pp.67~81.

Mershon, Carol. 1996. "The Costs of Coalition : Coalition Theories and Italian Government," *American Political Science Review*, 90-3 (September), pp.534~554.

Riker, William H., 1962. *The Theory of Political Coalition* (New Haven, Conn. : Yale University Press).

Shinoda, Toohito. 1998. "Japan's Decision Making Under the Coalition Governments," *Asian Survey*, 38-7 (July), pp.703~723.

StrØm, Kaare, Ian Budge and Michael J. Laver. 1994. "Constrains on the Cabinet Formation in Parliamentary Democracies," *American Journal of Political Science*, 38-2 (May), pp.303~335.

Ward, Hugh. 1998. "A Game Theoretic Analysis of the Politics of Taking It in Turns," *British Journal of Political Science*, Vol. 28, pp.355~387.

Warwick, Paul V., 1996. "Coalition Government Membership in West European Parliamentary Democracies," *British Journal of Political Science*, Vol. 26, pp. 471~499.

Wiarda, Howard J. (eds.). 1991. *New Directions in Comparative Politics*, (Boulder : Westview Press).

제4장

대통령과 정치변동

제왕적 대통령의 특징과 해소방안

제왕적 대통령의 특징과 해소방안*

I. 머리말

정부형태를 기능적인 권력배분에 따라서 대통령중심제, 내각책임제, 이원집정부제 (dual executive system)등으로 분류한다. 그 중에서 대통령중심제는 미국이 1789년 헌법을 제정한 이래 200년이 넘도록 채택하고 있는 제도로서 엄격한 3권분립 원리에 기초하여 입법·사법·행정부간의 상호 균형과 견제를 이루는 정부형태라고 볼 수 있다.

한국도 제2공화국 장면정부의 채 1년도 안 되는 동안 내각책임제를 도입했던 것을 제외하고 오늘에 이르기까지 대통령중심제를 채택하고 있다. 한국의 대통령중심제는 직선제와 간선제, 중임제와 단임제, 정·부통령제와 국무총리제, 4, 5, 6, 7년의 대통령 임기제 등 다양하게 변형된 유형을 채택한 경험이 있다. 한국정치는 제3세계 '정치발전의 실험실'과 같이 정치학에서 논의되고 있는 권력구조를 골고루 경험하면서 변증법적으로 발전해 오고 있다.

한국 대통령중심제의 권력구조와 그 운영과 관련하여 가장 많은 논란의 대상이 되고 있는 것은 대통령 1인에게 집중된 정치권력과 대통령의 제왕적 행태일 것이다. 반세기에 걸쳐 뿌리가 깊어진 한국정치의 특징은 권력의 집중화는 위험수위를 훨씬 넘었고, 한국의 대통령에게, 즉 청와대에 권력과 권한이 집중돼 있다는 데는 이론의 여지가 없다(이홍구 2001). 역대 대통령은 권력의 사용화에 따른 권력남용이 심했던 제왕적 대통령으로서의 성향이 높았다고 평가한다.[1] 대통령의 통치행태를 제왕적이라고 평가한 것은 1972년 유신체제라는 참주정치체제(tyranny system)를 도입하여 집사적대통령제(stewardship presidency)에서 제왕적 대통령제(imperial presidency)

---

* 「국민윤리연구」 제50호(pp.145~171)에 게재한 "제왕적 대통령론 : 그 특징과 원인을 중심으로"와 모 정당의 "21세기 정치발전을 위한 토론회"(2001. 11. 21)에서 발표한 "제왕적 대통령 해소방안"의 발제문을 통합하고 보완한 것임.

1) 대통령의 리더십 행태에 대하여 제왕적이라는 개념만을 단순하게 사용한 연구는 다음을 참고할 것(한국정치학회·고려대학교 2000, 12~14; 함성득 1999, 309, 318; 한국논단 1999, 60~70; Lim Seong Ho 1998).

로 바뀌었다고 분석한 데서 찾을 수 있을 것이다.

제왕적 대통령에 대한 논의는 민주화의 공고화 단계에 진입한 상황이지만 아직도 한국정치에서 뜨거운 쟁점으로 부각되어 학계, 언론계, 정치권 등에서 커다란 관심을 보이고 있다. 대권과 당권이 분리되었지만 대통령의 말 한마디에 집권여당이 당론을 바꾸는 일은 예사가 되고 있다. 여당과 야당이 극력 반대해도 대통령은 막무가내로 당의 특정 인사를 장관에 임명한다. 아직도 제왕적 대통령에 대한 개념의 사용 빈도가 늘어나고 문제의 심각성을 인식하고 있으나 학술적·체계적인 연구가 이루어지지 않고 있다. 그동안 역대 대통령의 리더십 유형을 권위주의적이란 개념으로 이해하는 것이 일반적인 경향이었지만 제왕적 대통령과 관련지은 연구는 없었다. 본 논문은 관심의 대상이 되고 있는 제왕적 대통령에 대한 개념을 정의하고 그 특징을 살펴본 후 원인을 밝히고자 한다. 그리고 대통령의 제왕적 행태를 해소할 수 있는 방안을 제시하고자 한다.

II. 제왕적 대통령의 개념

순수한 대통령중심제는 엄격한 권력분립주의에 입각하여 행정부의 수장인 대통령이 의회로부터 완전히 독립적인 지위를 가지는 정부형태로서 상호간 권력의 독립을 특징으로 한다. 입법부와 행정부간의 권력의 공화관계를 의미하는 내각책임제와 달리 3권분립의 원칙에 기초한 정치체제라고 볼 수 있다.

순수한 대통령중심제는 미국식을 일반적으로 일컫는 데 현실적으로 신대통령제(neo-presidentialism),[2] 권위주의(authoritarianism),[3] 관료적 권위주의(bureaucratic-authoritarianism),[4] 위임민주주의(delegative democracy),[5] 위임대통령제(delegative presidentialism), 초월적 대통령제(hyperpresidentialism),[6] 선출된 황제, 제왕적 대통령제

2) 신대통령제는 헌법상 국가원수가 다른 국가기관보다 월등한 지위를 차지하며, 대통령의 권력독점에 대항할 수도 또한 견제할 수도 없는 제도를 의미한다.

3) 권위주의란 전체주의와 구별되는 개념으로 ① 행정의 우위 ② 정당이나 의회 등의 동의(同意) 기제의 퇴화 ③ 국가관료제의 정치적 중립성의 상실 ④ 국가의 높은 상대적 자율성(relative autonomy) ⑤ 사상과 이념의 일원화 등을 특징으로 한다(김호진 1996 103~104).

(imperial presidency) 등 다양한 형태로 변형되어 나타나고 있다.

선출된 황제나 제왕적 대통령은 유사개념이라고 볼 수 있으며, 제왕적 대통령이란 개념이 정치학에 최초로 등장한 것은 1973년 슐레진저(Arther Schlesinger)가 「The Imperial Presidency」란 책을 출간하면서부터라고 볼 수 있다. 제왕적 대통령은 외국과의 전쟁을 수행(war making)하는 데 대통령이 필요한 권한을 대담하게 요구(bold bid) 하는 것과 관련하여 이해하였다(1973, 377). 제왕적 대통령을 국가의 가장 중요한 대외정책의 하나인 전쟁 선포를 결정하는 과정에 대통령이 일방적인 권위(unilateral authority)를 행사하는 것으로 정의하였다. 전쟁수행과 같은 정책결정 과정에 의회가 위임한 권한을 근거로 헌법에 명시된 대통령의 권한을 최대한 자율적으로 행사하는 데서 나타난 결과라고 해석할 수 있을 것이다. 예를 들면 미국은 9·11 테러 참사 이후 부시 대통령이 태러와의 전쟁을 준비·선포·수행하는 과정에 전권을 행사하는 모습과 관련하여 이해할 수 있을 것이다. 미국 의회는 테러 참사가 발생하자마자 대통령의 보복 선언에 대하여 전폭적인 지지를 보냈으며, 전쟁수행권을 위임하였고, 아울러 전비(戰費)를 만장일치로 통과시켰다. 그 이후 부시 대통령은 의회의 사전 동의를 받지 않고 독자적으로 전쟁 시기, 규모, 방법 등을 결정하는 등 막강한 권한을 행사하고 있는 것이 좋은 예가 될 수 있을 것이다. 물론 진행 상황을 의회에 통보하고 의회와 긴밀한 협조체제를 유지하고 있지만 전쟁수행과 관련하여 대통령이 상당한 자율성을 행사하고 있다.

제왕적 대통령에 대한 개념을 전쟁을 수행해야 하는 국가적 위기상황에서 전쟁을 승리로 이끌어 국가의 안전과 국민의 재산을 보호하기 위해서 대통령에게 합법적으로 위임된 국군통수권

---

4) 관료적 권위주의는 ① 민중배제 정책의 강화 ② 관료지배 ③ 군부, 기술관료, 민간자본가 등 3자 동맹에 의한 지배 ④ 대의기제의 형해화와 조합주의 기제의 강화 ⑤ 국가독점자본주의 체제의 지향 ⑥ 종속자본주의의 심화 ⑦ 사회문제의 탈 정치화 등을 특징으로 한다(김호진 1996, 168~169).

5) 위임민주주의는 민주적으로 선출된 대통령이 선거에서 승리한 것은 국민으로부터 모든 권한을 위임받은 것으로 간주하여 의회, 정당, 조직화된 사회조직에 대한 수평적 책임성을 부인하며, 그들의 제약을 받지 않고 통치하려는 현상이 나타나는 것이다(O' Donnell 1994).

6) 위임대통령제 또는 초월적 대통령제는 과거 권위주의 정권으로부터 민주주의 정권으로 바뀌었으나 시민사회가 활성화되지 않아 정치참여가 활발하지 못한 가운데, 도덕적·민주적 가치를 실현하기보다는 정치적 안정과 경제적 효율성을 극대화시키는 국가운영을 위해 대통령에게 과도하게 권한이 집중되는 현상을 의미한다(Calos Santiago Nino, 1996).

(commander-in-chief power)을 대통령이 최대한 자율적으로 행사하는 것과 관련하여 이해하고 있는 것이다. 그런 과정에 대통령의 지배현상(presidential domination)이 나타나거나, 의회가 대통령에게 권한을 위임하는 현상이 증가하기 때문에 대통령과 의회간의 정치적 균형(political balance)에 변화가 생긴다는 것이다. 정책결정 과정에 의회와 행정부간의 균형과 견제는 무너지고 행정부 우위적인 현상이 나타난다.

슐레진저는 미국은 강력한 대통령(strong president)을 원하지만 헌법과 함께 하는(with in the constitution) 대통령을 원하며, 전쟁과 평화문제에 있어서 대통령의 권한을 약화시키지 않고 국민이 어떻게 대통령을 통제할 수 있는가가 미국 민주주의를 지키는 관건이라고 강조하였다(Schlesinger 1973, vii-x).

한국에서 논의되고 있는 제왕적 대통령의 개념은 슐레진저가 전쟁수행과 같은 국가의 위기 시에 나타나는 대통령 주도의 행정부 우위 현상 이상의 의미를 부여하고 있다고 볼 수 있다. 이런 맥락에서 제왕적 대통령의 개념을 "국민에 의하여 민주적으로 선출된 대통령이 왕정시대의 국왕처럼 국가와 법 위에 군림하면서 권력을 남용하고(abuse of power) 정치과정을 독점하여 대통령 우위의 지배체제를 형성함으로서 대통령이 국정 운영을 주도하는 현상"이라고 조작적 정의를 내리고자 한다. 즉 대통령이 정치권력을 왕권과 같이 비제도적으로 행사하고, 제왕과 같이 국가와 법 위에 군림하는 현상이라고 이해하고자 한다.

III. 제왕적 대통령의 특징

제왕적 대통령은 정치권력을 비제도적으로 행사하여 권력을 남용하는 것을 특징으로 한다. 제왕적 대통령이 비제도적으로 권력을 남용하는 것은 두 가지 특징을 갖는다고 볼 수 있다.[7]

7) 제왕적 대통령의 행태로서 인사의 지역편중, 국회의 무력화, 법치주의의 훼손, 국민적 합의 도외시 등을 지적하기도 한다. 이주영 의원(경남 창원시 을)이 한나라당 국가혁신위원회가 주최한 "21세기 정치발전을 위한 토론회"(2001. 11. 21, 국회소회의실)의 지명토론에서 밝힌 내용임.

1. 일방적 의사결정

제왕적 대통령은 국가의 중요한 정책을 일방적으로 결정한다. 참모들의 의견수렴은 형식에 지나지 않으며 대통령이 독선·독주·독단적으로 의사를 결정한다. 국민적 합의나 여론 그리고 국민의 대표기관인 국회를 무시하고 대통령이 정책결정 과정을 독점한다. 제왕적 대통령의 리더십 행태는 국민이 정치의 주인으로서 국민에 의하여 정치과정이 통제되고 국민을 위한 정치가 행해지기보다는 대통령이 국가의 주인노릇을 하는 대통령에 의한 대통령과 그 권력실세를 위한 정치가 성행하게 된다.

때문에 정책결정 과정에 대통령의 눈치를 살피거나 대통령의 지시나 말 한마디가 절대적인 영향력을 발휘하게 된다. 언제부턴가 한국사회에서는 '대통령의 말씀이 최고의 율법' 이 되었다(박효종 2001). 어느 누구도 대통령의 권위에 도전하는 것이 용납되지 않으며, 대통령의 뜻과 거슬리는 의견을 자유롭게 개진할 수 없다.[8] 이런 분위기에서는 비공식적 의사결정자인 친인척이나 측근의 활동공간이 넓어지고 그들에 의한 횡포가 나타난다. 모든 의사결정권이 대통령에게 집중되어 있기 때문에 하위체계의 자율성은 위축되며, 장관들이 소신과 신념을 가지고 소관부처의 정책을 추진하기보다는 대통령의 의중을 헤아리게 된다. 정치, 경제, 사회개혁의 방향과 내용도 결국 대통령의 의지에 따라서 결정된다. 특정 개혁정책을 결정하는 과정에 부작용이 클 것이라는 관련 부처와 전문가 집단의 판단과 예측이 있더라도 대통령의 추진 의지가 확고하다는 것이 확인되면 그 장단에 맞추다 많은 시행착오를 범하는 경우라고 볼 수 있다.

대통령에 의한 일방적인 의사결정은 입법·사법·행정부간의 균형과 견제가 상실되어 행정부 지배적인 현상을 낳게 한다. 행정부와 국회는 지배-종속관계를 형성하여 국회가 국민의 대표기관으로서 그 기능과 권한을 다하지 못하고 행정부의 시녀, 통법부, 고무도장이라는 무기력한 제도로 전락하게 된다.또한 사법부의 독립성도 침해되어 자율적으로 법을 심판하는 기능이 위축되고 사법권에 대한 간섭 시비가 일어난다.

---

8) 경제장관회의에 참석한 어떤 장관은 "대통령은 구름 위에서 신하들을 내려다보는 임금과 같다"는 인상을 받았다고 하며, 타부처 소관업무에 대해 발언했는 데 대통령은 아무런 반응을 보이지 않았고 오히려 분위기가 썰렁해졌다고 한다. 청와대를 나서며 다른 장관이 "참 용기있으시네요"했다는 예를 참고할 것(「중앙일보」 2002, 1.1, p.3).

2. 정치권력의 사용화(私用化)

정치권력을 국민과 국가에게 봉사하는 수단이 아니라 대통령 자신, 가족, 친인척, 가신, 측근, 동창, 동향, 정파, 계보 등의 목적달성을 위한 수단으로 삼는다. 대통령이 진정으로 국가와 국민을 위하기보다는 개인의 영달과 명예 등을 위해서 정치권력을 활용한다. 국가의 정치권력을 개인의 탐욕(personal greed)을 충족시키기 위한 수단으로 이용하는 것이다. 김대중 정부의 대북 포용정책은 상호주의를 무시하고 일방적으로 북한을 지원하기 때문에 대통령의 개인적인 목적달성과 연관이 있지 않나 의구심을 제기하는 사람들이 있었다. 이는 대통령의 권력 사용화의 하나의 사례에 불과하다. 권력의 사용화는 권력추구자가 사적동기를 공공의 이익(집합적인 선)이란 명분으로 포장하여 합리화시키는 것(Lasswell 1948, 38)으로 구체적으로 다음과 같은 현상이 발견된다.

첫째, 대통령이 1차적 사회관계를 중시하는 전근대적인 방법으로 인사권을 행사한다. 정부의 주요 자리에 동창이나 동향사람을 우대하는 연고주의 인사로 지역주의를 부추기고 공직사회의 사기를 저하시키며 편파성과 불공정성의 시비를 불러온다. 정실·편중인사는 일종의 인사권 남용이라고 볼 수 있다. 노무현 대통령은 공직에 코드중심의 인사를 하고 있다. 많은 사람들이 노대통령의 인사에 문제가 있다고 지적해도 대통령의 고유한 권한이라고 반박하면서 아랑 곳 하지 않는다.

둘째, 부정부패를 낳는다. 공적인 국가권력을 남용하여 부정한 방법으로 사적 이익을 추구한다. 미국 대통령이 백악관을 이용하여 정치자금을 모금하거나 대통령 보좌관이나 참모, 장관 등이 뇌물 사건이나 각종 금융비리 사건 등에 연루되는 것은 권력의 사용화가 빚은 결과라고 볼 수 있다. 대통령의 측근들이 비리에 연루되는 것이 대표적인 예가 될 수 있다.

셋째, 대통령의 지시에 의하여 국가공권력이 자의적으로 과잉 동원된다. 제왕적 대통령은 홉스의 '리바이어던' 처럼 모든 헌법기관 위에 우뚝 서있다. 검찰·경찰·국세청의 총수들이라고 해서 공정한 수사나 공평과세가 무엇인지 모를 턱이 없다(박효종 2001). 그러나 국가의 공권력이 대통령의 뜻에 따라서 법을 확대 해석하거나 선별적으로 적용하는 경우가 발생한다. 대통령의 친인척이나 측근 실세의 연루 의혹이 있는 권력형 비리사건에 대한 검찰 수사가 제대로 이루어지지 않는 것이나 짜 맞추기 수사, 해명성 수사, 면죄부를 주는 수사도 국가공권력의 사용화가 낳은 결과라고 볼 수 있다. 또한 검찰권, 경찰권, 과세권을 정치적 반대자에 대한 비리조사나 사정

(司正), 그리고 정치보복의 수단으로 동원하여 공권력 운영의 편파성 시비를 불러온다. 정보기관이 정치적 반대자에 대하여 불법으로 도청한다. 국가공권력이 정치적 반대자나 비판자에 대한 탄압에 동원되는 것이다. 경찰, 검찰, 정보기관이 권력의 시녀로 전락하여 다양한 명분과 구실을 내세워 정치적 반대자에게 제재를 가하고, 비판적인 언론에게 불이익을 준다. 이런 상황에서 여야는 대립관계를 유지할 수밖에 없으며, 언론도 정치권력을 비판하는 데 부담을 느끼게 된다.

미국에서도 국세청(IRS)을 동원하여 정치적 반대자가 제출한 연말세금보고서에 대하여 정밀내사를 시키거나, 연방수사국(FBI)이나 중앙정부국(CIA)이 뒷조사((undermining)를 하는 경우가 발생하고 있다. 대표적으로 대통령의 지위와 권한을 사용화 한 닉슨 대통령의 워터게이트(Watergate) 사건을 예로 들 수 있다.

넷째, 인치(人治)가 이루어진다. 법이나 제도 대신 사람이 지배하는 현상이 나타난다. 대통령이 법이나 제도 위에 군림하여 대통령에 의한 자의적인 권력행사가 이루어지기 때문에 대통령의 비위를 맞추고 눈치보고 성은(聖恩)이 망극하다는 충성경쟁과 주군(主君)과 가신관계가 형성된다. 인치에 의존하면 법치주의가 실종되고 제도에 의한 지배가 이루어지지 않는다. 또 하나의 예로 대통령의 사면권을 남용하여 사법권의 권위를 일시에 훼손시키고 법 질서를 어지럽힌다. 자신의 대통령 당선에 1등 공신들이 정치자금 모금 혐의로 사법부에서 유죄판결을 받아도 즉각 사면복권하여 공직에 복귀시킨다. 국무위원을 임명하면서 보상성, 보은성 인사를 하는 것이다.

다섯째, 대통령의 책임회피나 책임전가가 나타난다. 제왕적 대통령 행태는 실정이나 시행착오 등 국정의 과오에 대하여 자신이 책임을 지지 않고 국무총리나 장관에게 떠넘긴다. 대통령이 분명하게 잘못한 경우라도 대통령이 책임을 지기보다는 잘못 보좌한 책임을 물어 국무총리, 장관, 비서관을 소모품처럼 교체해 버린다.[9] 제왕적 대통령은 국정의 과오에 대한 책임을 회피하고 국회, 야당, 언론, 그리고 아래로 전가하는 모습을 보인다. 모든 것이 남의 탓이요, 자신은 전연 문제가 없다는 식이다.

9) 이것을 '휘핑보이(whipping boy),' 즉 매 맞는 소년에 비유하기도 한다(박효종 2001).

Ⅳ. 제왕적 대통령의 원인

제왕적 대통령의 원인을 분석하기 위해서 대통령의 리더십 행태에 초점을 맞춘다면 리더십 이론을 적용할 수 있을 것이다. 일반적으로 리더십 연구의 접근법으로 제시하고 있는 특성론(자질론), 상황론, 상호작용론, 기능주의론 등의 관점에서 제왕적 대통령의 원인을 찾을 수 있을 것이다. 특성론적 시각에서는 제왕적 대통령의 원인을 대통령 개인의 특성, 자질, 성격, 태도, 신념 등 개인적·심리적 차원에서 찾는 것이다. 상황론은 대통령의 외적인 특수성이나 요인, 즉 제왕적 행태에 영향을 미치는 상황과 결부시켜 그 원인을 규명하는 것이다. 상호작용론은 대통령의 제왕적 행태를 개인적·심리적 내부요인과 특수한 상황이라는 외부 요인간의 승수작용의 결과라는 시각에서 이해하는 것이다. 기능주의론은 정치체제 내에서 중요한 역할과 구조를 차지하고 있으며, 권위적으로 가치를 배분하는 기능 등과 관련하여 제왕적인 행태의 원인을 밝히는 것이다. 위의 네 가지 접근법 중 어느 하나만으로 대통령의 제왕적 행태의 원인을 규명하는 것은 한계가 있을 수밖에 없기 때문에 리더십을 연구하는 다양한 접근법을 종합적으로 적용하는 것이 타당할 것으로 보인다.

다른 한편 대통령을 연구하는 법적(legal)·제도적(institutional)·정치권력적(political power)·심리적(psychological) 접근법(Edwards 1988, 29~34)이나, 개인적·심리적 접근법, 조직적·제도적 접근법, 양자를 함께 적용한 종합적 접근법(함성득 1999, 77), 또는 인물론적 차원, 조직론적 차원, 국민선택론적 차원(진영재 2001)에서 제왕적 대통령의 원인을 규명할 수 있을 것이다.

모든 접근법은 장단점이 있으며, 제왕적 대통령의 인과구조를 단일요인으로 설명하는 데는 한계가 있을 것이다. 본 연구에서는 제왕적 대통령의 원인을 개인적·심리적 접근법, 조직적·제도적 접근법, 정치문화적 접근법을 활용하고자 한다.

1. 개인적·심리적 접근법

정치의 기본요인과 주체는 인간이다. 대통령도 인간이기 때문에 대통령의 개인적·심리적 분석을 통하여 제왕적 대통령의 원인을 찾는 것이다. 주로 인간성(human nature)을 통하여 대통령의 행태와 수행(performance)을 이해하는 것으로 대통령의 개성(personality), 성격

(character), 세계관(world view), 행위양식(style) 등의 심리적 요인의 중요성을 강조한다(Barber 1985, 4). 대통령의 공식적인 권위나 구조도 중요하지만 대통령 리더십의 기초는 비공식적(informal)·개인적(personal)이라는 시각에서 접근하는 것이다(Neustadt, 1980). 즉, 대통령을 이해하는 데 제도적 측면에서 접근하는 것도 중요하지만 개인대통령제(personal presidency)를 강조한 것으로(Moe 1993, 338) 제왕적 대통령의 원인을 대통령 개인의 개성이나 성격 등과 관련지어 이해하는 것이다. 대통령의 행태는 역사적 상황, 가용한 기회, 여야관계, 국민의 요구나 기대, 국내외 정세의 변화 등 많은 요인에 영향을 받지만 개인성(individuality)이 중요하게 작용하는 것은 부인할 수 없다.

권력지향형 인간의 일반적인 성향은 남에게 지배당하기보다는 남을 정복하려는 욕망이 강한 성격, 모든 가치보다 권력가치를 가장 중시하는 성격, 자존심이 강한 성격, 자아 방어적(ego-defensive)인 성격, 애정추구형(affection seeker)의 성격, 자기 자신의 저평가(low estimate)에 대한 무의식적인 심리적 보상욕이 강한 성격 등이라고 이해하고 있다. 그 중에서도 제왕적 대통령은 자기 의지를 관철하는데 있어서 반대하는 사람이 있으면 제거·탄압하고, 자기명령에 따르지 않으면 관용을 베풀지 못하고, 자기의 권위를 따르지 않으면 보복하여 꼼짝 못하게 하는 권위주의적 성격(백상창 2000, 116)과 관련이 있다고 볼 수 있다. 권위주의적 성향과 행태는 권위주의적 성격에 기인하며, 권위주의적 인간형은 약자에게는 군림적인 태도를 취하고, 강자에게는 맹목적적으로 복종하는 태도를 취한다(Adorno 1950). 그 외에도 한이 많은 사람, 피해의식이 있는 사람, 어려서 많은 학대를 받고 소외를 당한 사람,자기 자신에 대한 갖가지 콤플렉스나 열등의식이 있는 사람은 무의식적으로 정치권력을 추구하는 성향이 강하며 권력자가 되면 권력을 사용화 내지 남용할 가능성이 높다고 볼 수 있다.

동일한 권력구조 하에서 우유부단하고 소극적·상황적응적 인간중심의 민원해결형으로서 탈권위주의적이었다는 평가를 받는 대통령이 있는가 하면 반대로 권위주의적이거나 제왕적이라는 평가를 받는 대통령도 있다. 이는 개인적·심리적 요인과 관련이 있다고 볼 수 있다. 6공화국의 정치체제에서 4명의 대통령이 있었는데 노태우 대통령은 지도력 행사에 결단성을 발휘하지 못하고 국가공동체가 무정부상태를 방불케 할 정도로 혼돈의 도가니에 빠져 있었지만 방관자적인 자세를 취하여 소극적 상황적응형이라는 평가를 받고 있다. 반면에 김영삼 대통령은 권력동기와 성취욕이 강하고 투지와 집념 또한 강한 외유내강형의 정치인(김호진, 1996 730~731)으로 문민

권위주의, 신권위주의적이라고 평가한다. 김대중 대통령의 국정운영 스타일에 대해 국회와 야당을 정책파트너로 인정하지 않고 대통령의 의지와 결단에 의존하며, 그에 따라 청와대에 권력이 집중되는 카리스마적 리더십(주간조선 2000, 18)이라는 평가를 받고 있으며, 제왕적 대통령이라는 소리를 듣고 있다.[10] 노무현 대통령은 탈권위주의적인 모습을 보이고 있는 것은 사실이지만 대통령으로서 품위와 권위가 없는 반면에 오기정치를 하고 있다. 국민여론, 야당의 반대, 언론의 비판에 대하여 전연 개의치 않는 모습을 보이고 있으며, 비판에 대하여 반격하고, 오히려 그 반대로 정책을 결정하고 밀어붙이는 모습을 보이고 있다. 더 나아가 국정 실패의 원인을 모두 이들의 발목 잡기 탓으로 돌리는 모습을 보이고 있다. 성장과정의 열등감을 보상 받으려는 듯 마이웨이를 끝까지 고집하는 오기정치를 하고 있다. 이와 같은 예에서 볼 수 있듯이 똑 같은 법과 제도에서 대통령직을 수행한 대통령 4명의 리더십 행태가 달랐다. 이는 제왕적 행태가 법과 제도보다는 개인의 심리요인과 밀접하게 관련되었기 때문이라고 평가할 수 있다.

대통령이 무소불위(無所不爲)의 권력을 행사하고, 비민주적인 권위주의적인 리더십을 발휘하며, 법치를 무시하고, 비제도적 대통령(uninstitutional president)으로 군림하는 데 문제가 있는 것이다. 대통령이 입법적 리더십(legislative leadership)을 발휘하지 않고, 정당에 대한 통제권 행사, 국회장악 의지, 국회의 자율성 침해, 국회와 수평적 책임 공유회피 등의 자세와도 관련이 있다. 인간은 누구나 권력자가 되면 자신의 권력을 극대화시키려는 욕구가 강한 것은 사실이지만 법위에 군림하려는 태도가 문제다.

2. 조직적·제도적 접근법

(1) 권력분립의 한계

대통령중심제는 권력분립을 핵심으로 한다. 존 로크나 몽테스키외로부터 연유한 행정부와 의회의 권력분립론은 대통령중심제의 특징이다. 권력분립의 목적은 입법·사법·행정부가 상호 균형과 견제(checks and balance)를 이루어 권력의 전제(專制)와 횡포를 막아 인간의 자유와 권리를 보호하는 데 있다. 따라서 제왕적 대통령의 원인을 권력분립 원칙의 문제점과 관련하여 찾는

---

10) "김대중 대통령은 위대한 대통령이 되고 싶은 강렬한 열망과 그에 따른 압박감은 대통령 혼자서 치밀하게 챙기려 하는 독선적인 국정운영 또는 신권위주의, 나아가 제왕적 대통령으로 이어져 결국은 또 다른 좌절의 대통령이 될 수도 있다"고 주장한 견해는 다음을 참고할 것(함성득, 1999, 318).

것이다.

첫째, 대통령중심제의 특징인 3권간의 균형과 견제가 본질적으로 취약한 원리이기 때문이다. 균형과 견제의 원칙은 본질적으로 훼손될 취약성이 있다는 것이다. 대통령중심제는 상반되는 원칙인 이원적인 민주적 정통성(dual democratic legitimacy)을 허용하고 있다. 대통령중심제는 행정부를 통제하는 대통령을 국민이 직·간접으로 선출하고 또한 의회도 국민에 의하여 선출된 대표성을 갖기 때문에 이중정통성 제도라는 것이다(Linz 1994, 4~5). 국민으로부터 기능적으로 상이한 행정권을 위임받은 대통령과 입법권을 위임받은 의회는 각각 민주적 정통성을 주장하기 때문에 균형을 유지하는 측면도 있지만 갈등과 대립 관계로 발전하기 쉽다.

둘째, 대통령중심제의 경직성(rigidity of the presidential system) 때문이다. 대통령과 의원의 임기가 고정되어 있어 각각 서로의 임기를 마치는 데 독립성을 유지할 수 있기 때문에 상호간 영향력 행사에 한계가 있다는 것이다. 대통령의 임기가 보장되기 때문에 내각책임제와 달리 보장된 임기동안 정부를 책임지고 안정적으로 국정을 운영할 수 있다는 장점도 있지만 임기의 고정성에서 발생하는 갈등을 해소할 수 있는 민주적인 원칙이 존재하지 않는다. 한 마디로 내각책임제는 의회의 내각불신임권이나 내각의 의회해산권이 있으나 대통령중심제는 고정된 기간 동안 대통령과 의원의 임기가 보장되기 때문에 실질적인 견제에 한계가 있다는 것이다.

셋째, 정치권력의 기능적 측면에서 균형과 견제는 이론적으로 가능할지 모르지만 실질적으로 현실정치에서 실현시키기 어렵기 때문이다. 인간은 누구나 정치권력을 획득하면 자신의 권력을 확장·집중·지속시키고, 남의 권력에 대하여 제한·분산·변경시키려는 성향을 갖는 역설적 존재라는 점 때문이다(김영국 1992, 85).

정부는 권위의 통일(unification of authority)이 요구되지만 대통령중심제는 이를 한 곳에 집중시키기보다는 입법·사법·행정 등 상이하고 독립적인 제도에 분산시켰기 때문에 본질적으로 제도화된 갈등(institutionalized conflict) 요인을 안고 있다(Schlesinger 1973, vii). 따라서 대통령중심제는 대통령의 지배(presidential predominance)나 의회의 우월(congressional supremacy) 중에 하나를 허용하는 것을 가정하고 있다. 권력의 분립은 제도 간에 권력을 공유하려는 과정에 투쟁을 불러오고(invitation to struggle), 불균형적인 권력을 시정하고 재분배하는 문제 때문에 헌법적인 긴장(constitutional tension)을 초래하게 된다(Boolean 1999, 235~237). 그 결과 대통령중심제를 채택하고 있는 나라에서 발견되는 현상은 제왕적 대통령제(imperial presidency), 행정권의 폭거(tyranny of executive power), 대통령제정부(presidential government), 주변부 의회(peripheral legislatures), 통법부나 고무도장 의회 등과 의회제정부(congressional government), 의회의 폭정(tyranny of legislature), 속박된 대통령(tethered or fettered president), 허수아비나 물대통령, 분점정부(divided government) 등의 다양한 형태가 나타난다(Schlesinger 1974, 377; Lim 1998). 대통령중심제를 채택한 나라에서 실질적으로 3권간에 균형과 견제를 이루기보다는 그렇지 않은 경우가 더 많다는 데서 제왕적 대통령의 원인을 찾는 것이다.

(2) 대통령과 국회

제왕적 대통령의 원인을 입법부가 대통령을 적절하게 견제하지 못하는 데서 찾는 것이다. 대통령의 지위는 헌법상의 지위, 권한상의 지위, 정치과정상의 지위, 정치적 지위, 상징적 지위 등으로 나누어 이해하고 있다. 대통령은 헌법상 국가의 원수, 국정의 최고 책임자, 행정수반, 대의기관, 기본권 보호기관으로서의 지위를 가지고 있다(허영 1995, 907~909). 대통령은 헌법개정과 국민투표에 관한 권한, 헌법기관의 구성에 관한 권한, 국회에 관한 권한, 입법에 관한 권한, 사법에 관한 권한, 행정에 관한 권한,[11] 그리고 긴급명령권, 긴급재정·경제명령 처분권과 계엄선포권 등의 권한을 가지고 있다. 대통령은 정책과정상 정책의제설정, 정책결정, 정책집행, 정책평가 등 모든 과정에서 많은 역할을 수행한다. 대통령의 정치적 지위는 대통령 개인의 리더십, 국정수행능력, 국민의 지지도, 대국민 설득력, 국민의 대통령에 대한 평가와 인식과 관련하여 상당한 영향력을 행사할 수 있다. 대통령의 상징적 지위는 외국에 대하여 국가의 상징, 국내적으로 최고 정치권력의 상징, 각종 행사에 의전적·의식적인 상징, 국민통합의 상징이자 구심점이며, 그 시대 역사의 대표적인 인물이라는 상징적 지위를 가지고 있다(김충남 1992, 19~20).

대통령의 지위와 역할 그리고 권한을 구체적으로 열거하지 않더라도 대통령은 정말 높고 힘 있는 자리라는 것을 쉽게 알 수 있다. 대통령은 국가공권력(경찰, 검찰, 세무기관, 정보기관, 군 등)을 언제나 동원하고 사용할 수 있기 때문에 마음만 먹으면 못할 것이 하나도 없다. 대통령은 수사권과 국가의 중요한 정보를 독점하고 있기 때문에 정치적 반대자에 대한 탄압과 보복의 수단으로 얼마든지 활용할 수 있다. 대통령은 국가의 정체성까지도 변경할 수 있을 정도로 지나치게 막

11) 대통령은 공무원 총 24,208명에 대한 임명권을 가지고 있다고 한다(권석천 1997, 2).

강한 권한을 갖고 있다. 대통령의 결심 하나로 장관이나 중요 당직이 바뀌지고 재벌의 판도가 바뀔 수 있으며, 심지어 대통령의 표정에 따라 주식 값이 등락하는 경우도 있다. 대통령의 일거수일투족이 정치, 경제, 사회의 방향은 물론 나라의 운명까지 좌우할 수 있는 것이다(이종률 1991, 10~11). 제도적으로 대통령은 권한이 막강하여 제왕적 대통령으로 군림할 가능성이 높은 것은 사실이다.

하지만 헌법에 규정된 대통령의 권한은 대통령중심제를 채택한 다른 나라와 비교할 때 그리 막강하지 않다는 것이다. 한국의 대통령중심제는 내각책임제적인 요소를 가미하여 대통령의 권한을 제한하고 있기 때문이다. 그뿐만 아니라 국회는 국무총리 등 임명동의권과 국무총리와 장관의 해임을 건의할 수 있고, 입법권, 예산·결산심의권, 탄핵소추권, 국정질문권, 국정감사와 조사권 등 입법부에 의한 대통령의 견제 장치가 보장되어 있다(함성득 1999, 24). 한국의 권력구조는 기본적으로 대통령중심제이지만 국회는 헌법상으로 국정감사권을 갖는 등 미국 의회보다 더 많은 권한을 부여받고 있다. 문제는 권력의 개념을 이해하는 데 소유적·기능적 측면도 있지만 관계적 시각도 중요하기 때문에 대통령과 국회와의 관계를 살펴보아야 할 것이다.

국민에 의하여 민주적으로 선출된 대통령이 역으로 국민에게 군림하고 국민과의 약속을 일방적으로 파기하더라도 임기 중 국민이 제재를 가하거나 처벌할 수 있는 뾰족한 제도적 장치가 없기 때문에 국민의 대표기관이며 합법적 대의기구인 의회가 대통령의 제왕적 행태를 견제해야 할 것이다. 근대의회의 최초 출발은 절대권력에 대한 견제로부터 시작되었다(최요한 1990). 권력분립 사상은 국왕의 통치권으로부터 입법권을 인민과 그 대표자인 의회에 주어야 한다는 것을 기초로 한 것이다. 따라서 의회는 권력자의 자의를 제어하는 민주주의의 균형추(balancer)(백영철 1999, 18) 역할을 수행해야 한다. 노무현 대통령에 대한 헌정사상 최초로 국회에서 탄핵소추가 발의되었으나 헌법재판소에서 기각되었다. 국회의 대통령 견제에 제동이 걸린 것이다. 또한 대통령직 수행과 자질에 문제가 있더라도 임기를 보장해 주어야 한다는 국민여론 때문에 탄핵을 주도했던 야당이 17대 총선에서 고전하는 현상이 나타나기도 했다.

그러나 실상 국회는 헌법상 보장된 권한을 행사하여 행정부를 견제하는 기능을 수행하지 못하고 있을 뿐만 아니라 국민의 대표로서 국가의 살림살이를 챙기지 못하고 있다(임혁백 1998, 24). 한국의 국회는 자율성과 독립성의 약화로 제왕적 대통령에 대한 견제 기능과 역할을 수행하지 못하고 있는 것이다. 대통령의 비제도적인 권력행사나 위임받지 않은 권력행사에 대한 국회의 비판과 견제기능이 부족한 것이다. 한국정치는 실질적으로 제왕적 대통령과 주변부 국회간의 권력의 불균형(imbalance of power) 때문에 균형과 견제의 격차를 가져왔다(Lim 1998, 523). 국민은 대통령에게 행정권을 위임하였으나 대통령은 위임권을 과잉 행사하고 국회에는 입법권을 위임하였으나 그것을 축소 행사 내지 포기를 통하여 제왕적 대통령의 전횡을 수수방관하고 있기 때문이다.

한국의 국회는 종속적 위치에서 대통령과 행정부의 부속물처럼 행동하곤 하였다.[12] 국회는 이론적으로 시민의 의사에 따라서 움직여야 한다는 점에서 시민사회에 종속되어야 하나 거꾸로 대통령과 행정부의 시녀로 전락하여 통법부(rubber stamp)라는 비난을 받아 왔다(백영철 1999, 19).

제왕적 대통령의 원인은 대통령에게 권력이 과도하게 집중되었다는 법적·제도적 차원의 문제라기보다는 국회가 견제 기능을 제대로 수행하지 못하는 데서 찾아야 할 것이다. 미국의 의회가 한국의 국회보다 법적·제도적으로 부여된 권한이 약한데도 불구하고 정치의 중심무대가 돼 대통령과 권력의 균형을 유지하고 있다는 사실을 유념해야 할 것이다.

(3) 대통령과 국무총리

제왕적 대통령의 원인을 국무총리가 대통령을 견제하지 못하는 데서 찾는 것이다. 국무총리가 법적으로 보장된 권한을 행사하지 못하는 데 원인이 있다. 순수한 대통령중심제는 정·부통령제와 정부의 구성권을 대통령이 전적으로 행사하는 것으로 이해하고 있다. 하지만 한국의 권력구조는 내각책임제적 요소가 가미된 이원집정부제적인 변형된 대통령중심제(president-parliamentary system)를 채택하고 있다. 대표적으로 부통령제 대신 국무총리제를 채택하고 있으며, 대통령의 행정권 일부를 국무총리에게 위임 내지 분산시키고 있다. 국무총리제는 집행구조의 이원성을 띄고 있어 대통령의 권한을 어느 정도 분산시켜 제왕적 대통령의 리더십 행태를 견제할 수 있는 제도라고 볼 수 있다. 그러나 국무총리제는 집행구조의 이원성의 징표로서 대통령직을 성역화해서 대통령직을 격상시키기 위한 권위주의적 대통령관의 그릇된 역사적 유물이라는 지적과 또한 헌법 이론적으로 옳지 않다(허영 1995, 936~942)는 주장도 있다.

---

12) 의회의 제도적 자율성을 제약할 수 있는 정치적 행위자로서는 대통령 및 행정부, 원외정당, 관료, 군부 등을 들고 있다(박찬욱, 1999, 62).

하지만 국무총리가 헌법상 보장된 지위와 권한을 제대로 행사할 수 있다면 제왕적 대통령의 출현을 어느 정도 막을 수 있는 제도라고 볼 수 있다. 국무총리는 헌법상 대통령의 포괄적 보좌기관으로서의 지위, 집행부의 제2인자로서의 지위, 차상급 중앙행정관청으로서의 지위를 가지고 있다. 또한 국무총리는 제도적으로 대통령의 권한대행권, 행정부구성 관여권, 국정심의권, 부서권(副署權), 행정통할권, 총리령제정권, 의정관여권 등의 권한을 가지고 있다.

구체적으로 국무총리가 헌법 87조 1항과 2항에 명시된 국무위원의 임명제청권과 해임건의권을 제대로 행사한다면 명실 공히 내각을 통제할 수 있어 대통령에 의한 일방통행식 행정권의 남용을 어느 정도 견제할 수 있을 것이다. 또한 국무총리는 대통령이 임명하되 국회의 동의를 받게 함으로써(헌법 86조 1항) 내각이 국회에 대하여 책임을 지는 내각책임제적 요소를 명시하고 있다(이홍구 2001). 국무총리제를 도입한 취지는 대통령과 국무총리간 집행구조를 이분화 하여 대통령중심제와 내각책임제의 장점을 살려 대통령에 집중된 권한을 분산시키고 대통령의 보좌 기능을 높이는 데 있다. 물론 행정권을 대통령과 국무총리에게 이분화 시키는 것은 통치능력의 분산으로 국정 운영의 혼선과 비능률성을 초래할 가능성도 있지만 그런 예 보다는 그렇지 않은 경우가 훨씬 더 많이 나타났다.[13] 대통령중심제에서 대통령의 고유한 권한으로 인식되고 있는 정부구성권을 침해하는 결과가 되어 대통령의 권한이 약화될 것이라는 우려가 있을 수 있다. 하지만 국무총리는 대통령과 상하관계에 있는 행정부의 2인자이기 때문에 의사결정체계의 이원화로 행정의 능률성을 저하시키지 않을 것으로 예상된다. 또한 국무총리의 지명권이 대통령에게 있기 때문에 자신을 임명한 대통령의 뜻에 정면 배치되는 노선을 고집한다는 것도 현실적으로 쉽지는 않을 것이다. 만일의 경우 대통령과 정책노선에 다른 입장을 보이는 경우가 생긴다면 그 자체만으로 대통령에 의한 국정의 전횡과 독단을 완화하는 효과가 나타나는 것이라고 볼 수 있을 것이다.

그 동안 국무총리가 실질적으로 법적·제도적으로 보장된 권한을 행사하려고 노력하기보다는 대통령의 통치권에 누가 될 것을 우려하여 대통령의 심기를 살피면서 충성하는 모습을 보여 온 것이 사실이다. 그 동안의 헌정사를 돌이켜보면 국무총리는 대통령의 장식품에 불과했다고 해도 과언이 아니다. 국무총리는 실질적인 권한은 없이 책임만 지는 자리로서 정권의 방패용이나 얼

13) 김영삼 정부의 이회창 국무총리가 통일외교 정책 결정과 관련하여 대통령과 갈등을 빚어 총리직에서 물러난 것을 제외하고 국무총리와 대통령간의 권한행사 범위가 갈등요인으로 작용한 구체적인 사례를 찾기 어렵다.

굴마당으로 사용된 측면이 있었다(함성득 1999, 170, 176). 대통령은 국정실패나 민심 이반의 책임을 내각에게 전가하고 그 책임을 물어 국무총리를 해임시키는 정치적 희생양으로 삼아 온 것이 사실이다.

국무위원 임명의 제청과 해임건의 그리고 국회출석 답변 등은 대통령과 내각에 책임을 지는 책임총리제를 제도적으로 보장하고 있지만 대부분의 국무총리가 대통령의 눈치를 살피는 상황에서 대통령의 전횡을 견제하지 못하는 실정이다. 이에 대한 근본적인 원인은 국무총리제가 안고 있는 제도상의 문제점, 예를 들면 대통령과 국무총리의 상하 및 종속관계, 권력공유나 행정권 이분화의 비현실성, 통치권의 분산으로 인한 국정의 혼란과 비능률성 등을 들 수 있지만 보다 큰 문제는 대통령과 국무총리의 행태에 있다고 보아야 할 것이다. 대통령은 헌법상 보장된 국무총리의 권한을 침해하고 국무총리는 이를 당연한 것으로 수용한 데서 비롯된 것이다. 또한 견제와 균형을 통한 책임정치 구현을 위해 헌법이 명시한 '책임총리제'를 송두리째 무시하는 관행이 반세기에 걸쳐 정착해 버리고, 국무총리의 헌법적 위치와 권한을 가볍게 무시할 수 있었던 것은 역대 대통령뿐만 아니라 한국 사회에 팽배한 정치적 편의주의의 탓으로 돌릴 수밖에 없다(이홍구 2001). 문제는 노무현 정부에서 실세라고 불리는 이해찬 국무총리의 경우 대통령으로부터 상당한 자율성과 권한을 위임 받았는데 오히려 국민의 대의기관인 의회를 경시하고, 국민 위에 군림하고, 야당과 언론을 정면 공격하는 독선적인 모습을 보여 대통령의 악역을 대신 수행하는 것이 아닌가 의구심을 사기도 했다. 권한을 부여하면 국민의사를 존중하고 국민을 위해서 행사하기 보다는 독선적인 권력자가 되는 것이 아쉬운 점이 아닐 수 없다.

(4) 대통령과 정당

제왕적 대통령의 원인을 대통령에 의한 여당의 지배에서 찾는 것이다. 정당에 대한 대통령의 힘(strength)은 의회의 입법과정과 정당의 통제권에서 찾을 수 있을 것이다. 대통령이 입법과정에서 의회에 영향력을 행사할 수 있는 힘의 근거는 헌법상 주어진 권한과 정당에 대한 권한(partisan power)으로부터 연유한다(Mainwaring and Shugart 1997, 13). 대통령은 합법적으로 보장된 대의회 견제권은 말 할 것도 없이 정당에 대한 강력한 통제권을 행사한다. 정당에 대한 절대적인 지배권을 행사할 수 있었던 것은 과거에 대통령이 여당 총재를 겸하고 있었기 때문이다. 대통령이 국정현안에 대하여 국회를 압도하고 거의 모든 정책결정 과정을 독점할 수 있었던 것은 여당의 총재로 정당을 장악할 수 있었기 때문이다(함성득 1999, 193). 여대야소인 통합정부

(unified government)에서 대통령은 행정권과 입법권까지 장악할 수 있기 때문에 대통령의 제왕적 행태가 나타날 수밖에 없다. 그렇기 때문에 분점정부(divided government)인 여소야대를 인위적인 정계개편을 통하여 통합정부(unified government)인 여대야소로 바꾸기 위해서 무리를 하는 것이다. 대통령은 정당이 강해지는 것을 원하지 않지만 자신이 소속한 정당이 의회에서 다수당이 되는 것을 원한다(Linz 1994, 35).

그동안 대통령은 여당의원의 정치생명을 좌우하는 공천권, 당직임명권, 국회직 내정권 등 인사권을 가지고 있었기 때문에 여당에 대하여 막강한 영향력을 행사할 수 있었다. 대통령이 당총재를 겸하고 있는 집권 여당의 경우 대통령이 임명직 공직 부여와 사정(司正) 등 풍부한 사탕과 채찍을 행사할 수 있다는 점에서 더욱 그러하다(정영국 1999, 481). 입법부의 수장인 국회의장은 국회에서 선출하지만 대통령이 내정하는 것이 관례화 되어있어 사실상 국회의장까지 대통령이 지명하는 결과를 가져오게 된 것이다. 이런 상황에서 국회의장은 대통령의 뜻에 반하는 국회 운영을 할 수 없었다.

하지만 이제는 대권과 당권이 분리되고 국회의장도 자유경선을 통하여 선출하기 때문에 이론적으로 대통령의 여당지배나 국회의장 통제권이 사라진 것으로 볼 수 있을 것이다. 하지만 대통령은 여당의원을 통제하고 여당을 원격 조정하여 국회를 장악하고 있는 것이 현실이다. 여당의원은 국회에서 국회의원의 신분을 망각하고 행정부의 국회파견관과 같은 역할을 수행하기 때문에 국민보다는 정부의 입장을 옹호하는 경우가 생긴다. 여당은 대통령의 의지를 국회에서 충실하게 반영시키려고 과잉 충성하는 모습을 보이고 있다. 아직도 여당의원은 대통령에게 지나치게 종속되어 대통령의 눈치를 살피고 비위를 맞추고 대통령의 뜻이라면 무조건 날치기 등 편법을 동원하여 관철시키는 데 앞장서고 있다.

여당의원이 국회에서 정부 편을 드는 것을 당정이 국정운영의 책임을 공유한다는 입장에서 이해할 수 있지만 야당 의원이 대정부 질문에 대하여 여당의원이 공박하고, 행정부에 대한 질문을 입법부에 속한 동료 국회의원이 답변하고 해명하는 것은 국회의원의 올바른 태도가 아니다. 이는 한국 국회가 미국 의회와 같이 행정부를 견제하는 제도로서 국민의 대표성을 확립하기보다는 정당간 경쟁의 장으로서 정당대표성이 지나치게 강하기 때문이라고 볼 수 있다. 국회가 정당에 지나치게 종속되어 있기 때문이다(정영국 1999, 468). 정치인이 국회직보다 고위 당직을 선호하는 경향도 이와 무관치 않다고 볼 수 있다.

이의 근본원인은 정당의 민주화가 이루어지지 않았기 때문이다. 정당 민주화의 핵심은 당내 민주화에 있으며, 당내 민주화는 공직후보의 결정방식에 달려 있다. 여야는 국회의원 후보를 민주적으로 추천하도록 당헌·당규에 규정하고 있으나 실질적으로 여야 총재가 공천권을 독점한 가운 데 하향식으로 이루어지고 있다(홍득표, 2000b). 당내 민주화가 이루어져서 국회의원 후보의 추천방식이 실질적인 상향식으로 바뀐다면 국회의원은 소속 정당의 총재로부터 자율성을 유지하면서 국회의 권능을 확립하고 당 총재의 눈치를 살피는 대신 국민 편에서 국민을 위한 의정활동을 하게 될 것이다. 당내민주화는 아직도 진행중이다.

대통령이 집권당 총재로서 여당 국회의원 공천권을 행사하기 때문에 대통령에 의한 국회통제가 가능한 요인으로 작용하고 있었으나 그렇지 않은 현재 상황에서도 대통령의 말 한마디가 국회 운영에 막강한 영향을 미치게 된다. 국회의원의 정당지도부에 대한 종속성이 지속되는 한 정당 공천을 획득하기 위해서는 소속정당의 총재에게 헌신적인 충성을 받치는 것이 결코 이상한 일이 아니다(정영국 1999, 481). 여야가 국회 내에서 싸우더라도 행정부를 상대로 할 때는 한편이 되어야 정치의 본산인 국회의 위상과 권능을 높이는 결과가 되어 국회의 행정부 예속을 탈피할 수 있을 것이다. 여당의원의 행정부 편들기는 국회가 국민의 대표기관으로서 스스로의 위상을 추락시키는 결과를 가져오기 때문에 행정부를 효율적으로 견제할 수 없게 된다.

(5) 대통령과 청와대

제왕적 대통령의 원인을 청와대 비서실과 경호실의 과잉보좌와 경호에서 찾는 것이다.[14] 청와대는 대통령의 참모기구인 비서실과 대통령과 그 가족의 호위와 대통령 관저를 경비를 맡은 경호실로 구성되어 있다. 대통령의 보좌 기능을 강화하기 위해서 미국의 경우에서 보듯이 비서실의 인원과 조직자원이 증대되고, 권력이 집중되며, 통제의 중심이 되고 있다. 하지만 비서실의 영향력이 막강하여 계선상(line)에 있는 각 부처의 능력(talents)을 위축시켜서는 안 된다(Pfiffner 2000, 205).

한국도 예외가 아니라 비서실의 인원, 기구, 예산 등이 증가되는 추세에 있다. 이승만 대통령

14) 제왕적 대통령의 원인을 청와대의 운영적 측면보다는 건물의 구조에서 이해한 색다른 주장도 있다. 청와대 건물이 궁궐형으로 설계부터 '임금위용'을 강조했다는 것이다(「중앙일보」 "청와대 군신관계 청산을" 2002. 1. 1, p.3).

시절 대통령 비서실은 비서관장 밑에 정무, 공보, 서무, 문서 경무대 등으로 구성되어 있었다.

노무현 정부는 3년동안 청와대 비서실의 조직을 11차례나 개편하였다. 취임초기 2실장 5수석 비서관 6보좌관 체제를 2006년 1월 현재 3실장 8수석 2보좌관 체제로 개편하였다.[15]

대통령 비서실장은 대통령 비서실에 근무하는 직원의 관리, 대통령이 읽어야 하는 서류나 만나야 할 사람, 민의의 전달 등에 있어서 문지기 역할(gate keeper), 정책자문, 중요한 정부인사의 임명에 대한 자문, 공은 대통령에게 돌리고 비판받을 일을 대신하는 방패역(한승수 2001, 112~113) 등을 수행한다. 경호실장은 국가보위의 책임자인 대통령에 대한 위험요인을 정보·보안·안전 활동을 통해 제거·제압하고 근접경호를 통해 직접적 또는 우발적으로 발생하는 위해로부터 대통령을 보호하는 역할을 수행하고 있다.[16]

그러나 대통령 비서실에서 대통령을 보좌하는 과정이 지나치게 세밀하고 까다롭고 완벽한 의전 절차와 경호실의 과잉경호가 제왕적 대통령을 부추기는 요인으로 작용한다고 볼 수 있다. 대통령 비서실에는 "의전(protocol)은 편리함이 아니라 권력" 이라는 시각을 갖고 의전과 경호를 통하여 대통령의 위상을 제왕적으로 격상시키는 경향이 있다.[17] 대통령이 참가하는 공식회의나 기자회견은 형식적이고 쇼와 같다고 혹평하는 사람도 있다. 회의 때 모든 보고서는 다 준비된 상태에서 누가 무슨 이야길 할 것이고, 무슨 질문은 누가 할 것이고, 그런 질문에 대한 대답은 이렇게 할 것이란 시나리오에 따라서 진행되는 경우가 많다. 누가 시나리오에 없는 이야기를 한다는 것은 기대할 수 없고,[18] 그런 사람이 있다면 배짱이 두둑하거나 뭔가 물정을 모르는 경우라고 볼 수 있다(서진영 2001, 307~308). 대통령과 관련된 행사는 사전에 몇 분 몇 초까지 준비해야 하는 의전 절차 때문에 대통령의 지위를 격상시키는 결과가 된다고 볼 수 있다.

그 뿐만 아니라 대통령을 경호하는 과정에 대통령의 신변안전 때문에 일반인의 자유로운 접근

15) 노무현정부 3년동안 장관급 5명, 차관급 22명이 증가했다는 보도내용은 다음을 참고할것. (「동아일보」, 2006. 2. 16, p.3)

16) 대통령 경호실의 역할과 임무에 대하여 다음 홈페이지를 참조할 것(www.pss.go.kr).

17) 대통령 공보, 의전, 정무비서관, 공보수석, 환경부장관 등을 역임했던 윤여준 의원의 의견임(2001. 7. 23).

18) 김대중 대통령이 경남도에 대한 순시행사의 하나로 열린 '도민초청오찬간담회' 에서 농민대표로 초청된 인사가 발언하려다 경호원들에게 끌려나가면서 입이 틀어 막히는 등의 소동이 있었다. 이에 대하여 경호실에서는 "대통령이 참석하는 행사에서 예정에 없는 행동이 벌어질 경우 경호원들이 제지하는 것은 통상적인 관례"라고 해명했다고 한다(「중앙일보」, 2001. 11. 2).

이 허용되지 않는다. 국가원수인 대통령을 외부에 무방비 상태로 노출시킬 수 없다는 이유 때문에 대통령을 일반인과 격리시키는 경호가 대통령의 제왕적 행태를 부추기는 측면이 있다. 대통령의 경호와 관련된 내용은 비밀을 요하는 사항이기 때문에 정확한 자료를 획득할 수 없지만 대통령이 참석하는 공식행사 때 대통령을 경호하는 모습은 너무 권위적이고 경직되어 대통령을 제왕처럼 대하고 있다는 것을 쉽게 알 수 있다.

대통령 비서실의 기구나 조직이 확대되고, 인원과 예산 등이 증가하는 것도 그렇지만 청와대 중심의 국정운영 강화로 내각의 기능이 약화되는 것이 더 큰 문제라고 볼 수 있다. 대통령 비서실이 비대해지고 정책결정 과정에 비서실의 영향력이 증대되면 될수록 내각의 역할, 기능, 자율성은 축소되고 행정부는 소외당하게 된다. 노무현 정부는 위원회공화국이라고 할 정도로 대통령 자문기구가 너무 많다. 대통령의 자문기구가 확대되고 대통령을 지근거리에서 보좌하는 비서실의 역할이 강화되면 측근정치와 밀실정치의 폐해가 우려된다. 대통령과 독대 횟수가 많은 사람이 실세라는 말은 결국 대통령을 가장 가까운 거리에서 보좌하는 참모가 대통령의 정책결정에 가장 많은 영향력을 행사한다는 것을 의미한다. 자칫 대통령이 소수의 측근실세의 장막에 싸이거나 그들에게 지나치게 의존하여 국정을 운영한다면 정확한 정보의 전달통로가 차단되어 대통령이 상황을 올바르게 판단할 수 없게 된다.

대통령 비서실 중심으로 국정이 운영되고 대통령의 의전과 경호절차가 권위적인 것은 결국 대통령을 외부와 격리시키고 대통령을 성역화 하는 역기능을 초래한다고 볼 수 있다. 대통령이 국민과 함께 하지 못하고 멀리 떨어져 있도록 만드는 것은 대통령의 제왕적 행태를 부추기는 요인으로 작용한다.

2. 정치문화적 접근법

제왕적 대통령의 원인이 개인적·심리적 측면과 조직적·제도적 차원과 관계가 있는 것은 사실이지만 또 다른 요인이 있다고 볼 수 있다. 대통령중심제를 채택하고 있는 다른 나라와 비교하면 상대적으로 한국 대통령에게 막강한 권력이 집중된 것도 아니며, 국회의 권한이 그리 약한 것도 아니기 때문에 법과 제도의 운영상에 문제가 있다고 볼 수 있다. 예를 들면 대통령이 독선·독주·독단적으로 국정을 운영하면서 법과 제도 위에 군림하는 모습을 보이는 것, 국회가 법적·제도적으로 보장된 균형과 견제 기능을 수행하지 못하는 것, 국무총리가 헌법상 보장된 국무위원제청권이나 해임 건의권을 행사하지 못하는 것, 정당의 공직후보 공천권을 당헌·당규와 달리 운영하는 것, 대통령 비서실이 내각 위에 있고 측근정치가 성행하며 경호실의 과잉경호로 대통령을 제왕처럼 떠받드는 것 등은 법과 제도의 문제가 아니다.

그 원인을 조직과 제도가 제대로 운영되지 못하는 데서 찾아야 할 것이다. 법과 제도의 탓도 있지만 이들이 운영되는 환경변수인 권위주의적인 정치문화와 관계가 있다고 보아야 할 것이다. 법과 제도가 지켜지지 않는 정치문화, 권력남용이나 사용화가 용인되는 정치문화, 대통령의 초법적·탈법적 행태가 수용되는 정치문화에 문제가 있다고 볼 수 있다.

아무리 좋은 수종(제도)을 수입하여 심더라도 기후나 풍토(정치문화)가 맞지 않거나 거목으로 자랄 수 있도록 보살피고 가꾸는 사람들의 태도(정치의식)가 변하지 않으면 무럭무럭 자라서 맛있는 열매를 맺을 수 없는 이치와 똑 같다. 강남에 있는 귤나무를 강북에 옮겨 심으면 탱자가 열린다고 풍토의 중요성을 강조한 바와 같이(김구용 1990, 251~252) 정치문화에 문제가 있다고 볼 수 있다. 제왕적 대통령은 헌팅톤이 주장한 반민주문화(anti-democratic culture)와 관련이 있다고 볼 수 있다(Huntington 1991, 298~311). 상하 위계질서를 강조하는 유교문화의 전통은 대통령직을 군주화 하는 문화적 토대가 되고 있다(양건 2001, 5). 입법·사법·행정부간 법적·제도적으로 보장된 균형과 견제기능이 제대로 작동되지 않는 것은 권위주의적·신민적 정치문화와 연관성이 높은 것이다.

V. 제왕적 대통령의 해소방안

제왕적 대통령을 해소할 수 있는 구체적인 방안 한 두 가지를 중점적으로 논의하기보다는 다양한 방법을 포괄적으로 제시하고자 한다. 그 이유는 제왕적 대통령을 단일 방법으로 해소하는 것은 불가능하다고 판단했기 때문이다. 따라서 다양한 방법을 제시함으로서 어느 것이 타당성과 적실성이 있는 지에 대한 보다 심층적인 논의를 촉발시키는 계기가 되었으면 한다. 제왕적 대통령의 해소방안을 개인적·심리적 차원, 조직적·제도적 차원, 국민선택론적 차원, 시민사회론적 차원, 정치문화론적 차원에서 제시하고자 한다.

1. 개인적·심리적 접근법

제왕적 대통령의 원인으로 대통령의 개인적·심리적 요인을 들었다. 대통령의 행태는 역사적 상황, 가용한 기회, 여야관계, 국민의 요구나 기대, 국내외 정세의 변화 등 많은 요인에 영향을 받지만 성격이나 권력관 등 개인성(idividuality)이 중요하게 작용하는 것은 부인할 수 없다. 따라서 대통령 본인이 스스로 무소불위(無所不爲)의 권력행사를 절제하는 것이 제왕적 행태를 줄일 수 있는 방법이 될 수 있다. 대통령이 민주적·합리적·탈권위주의적인 리더십을 발휘하여 제왕적 대통령이 되지 않는 것이다. 비제도적인 정치권력 행사를 타부시하고, 법치주의를 강조하며, 원칙을 존중하는 자세로 제도적 대통령(institutional president)이 되는 것이다. 예를 들면 국무총리의 권한을 존중해 준다거나, 당헌·당규에 따라서 공직후보의 민주적 추천을 보장하거나, 청와대 중심의 측근정치나 밀실정치를 타파하는 것 등이다.

또한 대통령이 입법적 리더십(legislative leadership)을 발휘하여 ① 정당에 대한 통제권 포기 ② 국회장악 의지 포기 ③ 국회의 자율성 최대한 보장 ④ 국회와 수평적 책임 공유 등의 자세를 유지해야 할 것이다.

그러나 이는 그리 단순한 문제가 아니다. 제왕적 대통령의 행태를 개인의 선택에 의존하는 것은 위험이 크다. 왜냐하면 인간은 누구나 권력자가 되면 자신의 권력을 극대화시키려는 욕구가 강하기 때문이다.

2. 조직적·제도적 접근법

대통령이 제왕과 같이 군림한다면 대통령의 제왕적 행태를 견제하여 균형을 이룰 수 있도록 조직적·제도적 장치를 마련하는 것이다. 조직과 제도의 보완 내지 변화를 꾀하여 제왕적 대통령을 해소 할 수 있는 방안을 찾는 것이다.

(1) 권력구조의 변화

제왕적 대통령의 원인을 대통령 1인에게 정치권력이 과도하게 집중되고 또한 태생적으로 균형과 견제가 불가능하다는 입장에서 대통령중심제 탓으로 돌리는 경우가 많다. 바꿔 말하면 권력구조를 내각책임제나 이원집정부제로 전환하면 제왕적 대통령이 해소될 수 있다는 주장이다. 과연 내각책임제나 절충형인 이원집정부제가 그 대안이 될 수 있을 것인가?

내각책임제는 영국, 일본 등 현대 민주국가의 절대다수인 70여개국에서 채택하고 있는 정부형태이긴 하지만 그 대안이 된다는 보장이 없다. 왜냐하면 내각책임제는 외형상 입법부와 행정부가 분리·독립되어 있으나 한편으로는 밀접한 공화(collaboration)관계를 유지하기 때문에 3권분립이 아니라 입법·행정과 사법 등 2권 분립의 권력구조라고 볼 수 있다. 따라서 의회와 내각을 한 정당이 독점하면 다수당의 횡포가 우려된다. 총리가 입법부와 행정부를 장악하게 되면 제왕적총리 혹은 총리정부제(prime ministerial government)로 변질되어 오히려 더 많은 권력남용이 우려된다. 한국과 같이 정당정치의 미발달, 직업공무원 제도의 미정착, 여야간 갈등과 대립의 심화, 대화와 타협문화의 미숙 등의 상황에서 정치불안만 가중될 것으로 예상된다.

절충형은 행정권이 대통령과 총리에게 양분되어 있는 이원적 정부형태라고 볼 수 있다. 절충형 정부형태의 유형인 대통령제적 이원집정부제는 프랑스와 핀란드에서, 내각책임제적 이원집정부제는 오스트리아와 터키에서, 내각책임제가 가미된 대통령중심제(president-parliamentary system)는 한국, 아르헨티나, 엘살바도르, 칠레, 코스타리카, 이집트, 인도네시아, 포르투갈에서, 대통령중심제가 가미된 내각책임제(premier-presidential system)는 이탈리아, 독일, 이스라엘 등이 채택하고 있다.

이론적으로는 행정권을 대통령과 총리가 분할·공유하기 때문에 제왕적 대통령을 해소할 수 있는 대안이라고 볼 수 있다. 하지만 현행 권력구조도 절충형의 형태를 띄고 있으나 제대로 운용되지 못하고 있는 것이 현실이다. 더구나 대통령과 총리의 소속 정당이 달라도 균형과 견제를 이루기 어렵다는 것을 경험하였다. 예를 들면 국민회의와 자민련의 공동정부가 출범하면서 자민련 김종필 총재가 총리로 임명되었지만 대통령과 권력을 공유하고 행정권을 이분화 했다고 볼 수 없다. 노무현 정부의 이해찬 총리가 책임총리로서 국무위원 제청권을 행사하는 등 실세라고 하지만 대통령을 견제하는 것이 아니라 대통령의 의지를 앞장서서 추진하고 있는데 불과하다. 대통령과 국무총리의 소속 정당이 달랐던 국민회의-자민련 공동정부에서 총리가 대통령을 견제하였다고 평가할 수 없다. 더구나 대통령과 총리가 동일정당에 소속되어 있다면 이원집정부제의 기본 원칙인 행정권의 분할이 지켜질리 없어 제왕적 대통령을 막기 어려울 것이다. 또한 이원집정부제는 대통령의 개성과 능력에 좌우되기(Linz 1994, 52) 때문에 제왕적 대통령의 출현을 막을 수 있는 제도라고 보기 어렵다.

대통령 중심제의 기본 원리인 균형과 견제 원칙은 갈등요인이 존재함에도 불구하고 미국에서는 3권간에 균형과 견제를 이루고 있다. 제왕적 대통령은 권력구조에 문제가 있는 것이 아니라 또 다른 변수가 작용하고 있다고 보아야 할 것이다. 완벽한 제도란 존재할 수 없다.

(2) 국회의 균형과 견제기능 강화

국민의 대표기관이며 합법적 대의기구인 국회의 위상 강화로 제왕적 대통령을 견제해야 할 것이다. 의회의 권능과 위상을 제고시켜 제왕적 대통령을 견제하여 행정권과 입법권의 균형을 이루는 것이다. 대통령 · 청와대주도의 정치를 여의도중심 정치로 전환시키는 것이다. 국회는 사회를 위하여 희소한 가치를 권위적으로 배분하는 정치시장(political market)으로서 본래의 기능과 역할을 효율적으로 수행한다면 제왕적 대통령은 어느 정도 견제할 수 있을 것이다. 입법부의 위상 강화와 권력분립 원칙을 존중하는 것이다.

입법부와 행정부의 위상을 스위스의 의회정부와 같이 행정부가 입법부에 종속되는 입법부 우위형이나 신대통령제와 같이 국가원수가 입법부를 장악하여 단순한 협찬기관의 지위를 갖는 집행부우위형을 의미하는 것이 아니라 미국과 같이 입법부와 행정부가 별개의 기관으로 일정한 한도 내에서 상호 협조하고 공화관계를 유지하는 분립형 내지 균형형을 의미한다.[19] 한국의 헌법은 대의민주주의의 원칙으로 대통령과 국회를 양축(dual pillars)으로 하는 국민주권과 대통령과 국회의 제도화된 힘의 균형(institutionalized balance of power)을 요구하고 있다(Lim 1998, 537~538). 그러기 위해서는 다음과 같은 문제를 고려할 수 있을 것이다.

① 국회의 전문성 향상

국회가 행정부를 견제하는 데 가장 커다란 장애요인으로 인식되고 있는 것은 국회의 전문성이 행정부에 뒤지기 때문에 한계가 있다는 것이다. 국회의 전문성은 국회의원의 자질과 능력 그리고 보좌기능과 관계가 있다. 국회의원 중에는 전직 장관이나 공무원 그리고 특정 분야의 전문가로서 풍부한 지식과 경험을 갖춘 인사가 많지만 정책문제에 대하여 전문적인 보좌를 받을 수 있는 제도가 없다고 하소연한다. 자질이 뛰어난 국회의원을 뽑는 것은 국민의 선택과 국회의원의 자세와 관련된 문제이며, 보좌기능은 국회의원의 개인보좌진이나 국회 사무처의 기구와 연관이 있다.

국회의원 개인의 보좌진을 개인 비서 차원이 아닌 정책보좌 기능을 강화시키는 방향으로 운영

---

19) 미국형 대통령제에 있어서는 해밀톤형(Hamiltonian model), 메디슨형(Madisonian model), 제퍼슨형(Jeffersonian model) 중에서 제퍼슨형이라고 볼 수 있다. 다음을 참조할 것(권영성 1998, 53~57).

해야 할 것이며, 사무처의 기능도 의원들에 대한 행정지원이나 보조기능을 극소화시키고 정책보좌기능을 대폭 보강하는 방향으로 구조를 조정해야 할 것이다. 국회의원의 보좌진을 정책보좌기능을 강화하는 방향으로 운영하고, 그리고 사무처 직원 중 실질적으로 국회의원의 입법활동을 돕는 상임위 소속 인원의 비율이 25%밖에 되지 않기 때문에 이의 구성비를 대폭 늘려야 할 것이며, 도서관의 기능도 의원들의 입법활동을 지원하는 체제로 전환시켜야 할 것이다.

② 국회의 권한 강화

국회는 예산안과 결산안에 대한 심의권와 의결권을 가지고 있다. 하지만 실질적으로 예산편성권이 행정부에 있기 때문에 예산의 통제에 대한 한계가 있다. 따라서 예산편성권을 국회에 부여하여 행정부를 실질적으로 통제할 수 있도록 해야 한다. 또한 국회 내에 회계감사원을[20] 설치하여 나라 살림살이에 대한 전반적인 직무 및 회계감사 기능을 강화해야 할 것이다. 국회의 행정부에 대한 재정통제권을 강화시켜[21] 실질적으로 국가의 살림살이를 감독할 수 있도록 해야 한다.

그리고 인사청문회 대상을 국무위원과 검찰총장, 경찰청장 등으로 확대했으나 형식에 지나지 않는다. 국무위원의 청문회는 임명 여부애 대한 표결권이 없기 때문에 형식적으로 이루어지고 있다. 대통령의 인사권을 침해하지 않는 범위내에서 국무위원 청문회 결과의 의견서가 아닌 표결권을 부여해야 할 것이다. 국무위원 후보자도 국회 청문회 대상이 되었지만 청문회 때문에 다른 일을 못할 것이라는 우려는 불식되었다. 이 제도는 잘 운영한다면 대통령이 전문성이 부족한 코드인사를 장관으로 임명하거나 불필요하게 개각을 자주 하는 것을 예방할 수 있을 것이다. 또한 국무위원 내정자에 대한 단순한 개인의 자질이나 도덕성 등을 검증하는 효과도 있지만 소관부처 업무에 대한 철학과 신념, 정책방향, 부처의 운영방안, 인사정책 등을 사전에 공식적으로 파악할 수 있는 기회가 마련되기 때문에 필요하다. [22]

20) 미국의 회계감사원의 설치에 대한 것은 다음을 참고할 것(김민전 1999, 183~216).

21) 한국의 예산과정은 행정형으로 그 과정의 폐쇄성, 획일성, 신속성, 도식성, 협상문화의 부재 등을 특징으로 하는 반면에 미국의 예산과정은 정치형으로 폭 넓게 개방되어 사회의 모든 이해가 용이하게 진입하여 영향력을 행사할 수 있다(김종림 1998, 69).

22) 대통령정무비서관, 체육청소년부 차관, 대구직할시장 등을 역임했던 이해봉 의원(대구 달서구 을)이 밝힌 내용임(2001. 10. 29).

③ 국회의장의 리더십 확립[23)]

국회의장은 입법부 수장으로서 그리고 국가 공식 서열 2위로서의 권위를 회복하고, 입법부의 독립성과 독자성 확보를 위한 확고한 의지와 리더십을 발휘해야 할 것이다. 국회의장은 영국, 일본, 캐나다 등과 같이 당적을 이탈했으나 초정파적으로 국회를 운영한다고 보기 어렵다. 국회의장의 선출도 완전 자유경선을 보장하고 국회의원의 자유투표에 의하여 독자적으로 선출하기 때문에 행정부를 견제하고 입법부의 권위를 세우고 의회가 정치의 중심이 될 수 있도록 강력한 리더십을 발휘해야 할 것이다.

④ 국회의원의 자율성 신장

모든 의안의 표결에 있어서 국회의원의 교차투표(cross-voting)를 허용하는 것이다. 현재 국회의 표결은 교차투표제를 채택하고 있지만 여야간 당파적 이익이 첨예하게 대립되어 있을 경우 당론이라는 형식을 빌어 거수기와 같이 한 줄로 세우고 있는 것이 현실이다. 당에 소속한 조직원으로서의 의무와 책임을 내세워 당론과 배치되는 표결에 대하여 해당행위 운운하면서 각종 제재를 가하고 있는 것이 현실이다. 당론에 의한 투표를 극소화시켜 모든 의안 표결에 교차투표를 허용해야 할 것이다.

그러기 위해서는 무엇보다도 당론 타파 정치가 이루어져야 할 것이다. 당론(黨論)은 정책결정과정에 당의 입장을 한 방향으로 정하여 당원 모두가 일사불란하게 따르도록 하는 것이다. 물론 당론을 결정하는 과정에 당원 모두가 참여하여 민주성·개방성·경쟁성이 보장되는 경우도 있고, 정책결정권을 위임받은 소수의 정당 엘리트가 독단적으로 결정하는 경우도 있다. 밀실에서 권위주의적·비민주적방식으로 당론을 결정하지 않고 정당한 절차(due process)를 밟았을 때 조직 구성원의 하나인 당원이 따라야 하는 것은 하나의 의무라고 볼 수 있다. 특정 정책대안에 대하여 개인적인 철학, 소신, 이념, 입장차가 있어도 민주적이고 정상적인 의견수렴 절차나 토론과정을 거쳐 결정된 당론에 순응해야 하는 것은 조직인의 도리라고 볼 수 있다. 당론 결정과정에 찬성과 반대의견을 충분하게 개진할 수 있는 기회가 보장되었으나 만일 합의에 도달하지 못했을 경우 다수결로 결정되면 그 결과에 승복해야 하는 것은 민주적인 조직원의 태도라고 볼 수 있다.

하지만 국회 입법과정에서 여야 간 이해관계가 첨예하게 대립되어 있을 경우 당리당략적 차원

---

23) 국회의장의 리더십에 대하여 다음을 참고할 것(이현우 1999, 351~378).

에서 당론을 관철하기 위해서 집단행동을 하는 데 문제가 있다. 여야는 국민을 위해서 국민이 원하는 정책을 결정하려고 경쟁하는 것이 아니라 당리당략적 차원의 쟁점을 갖고 집단 대 집단으로서 국회에서 격돌하는 것이 문제가 되는 것이다. 의원 개개인의 자율성이나 자존심을 무시하고 오직 당론에 절대 복종토록 강요하는 정책결정과정에 문제가 있는 것이다. 국민의 대표이자 독립적 입법기관인 의원 개인의 정책적 선호(individual policy preference)와 당론 간에 현저한 입장 차가 있어도 배반자, 당론이탈자, 해당행위자 등으로 낙인찍히는 것이 두려워 당론을 거역하지 못하고 거수기 역할을 하게 만드는 데 문제가 있다. 국회에서 의원들의 자율성을 보장하기 위해서 자유투표제(cross-voting)가 도입되어 있지만 당론에 따라 꼭두각시처럼 표결에 임하는 경우가 아직도 일반적인 현상이다.

당론에 무조건 복종해야 한다는 분위기는 17대 국회에 들어와 많이 변했다. 역대 어느 때보다도 2/3정도의 초선의원이 국회에 진출하여 물갈이 폭이 가장 큰 것도 이유가 될 수 있지만 국정운영 경험이 없는 소위 386출신들이 대통령 탄핵역풍 등으로 우연하게 국회의원에 많이 당선될 수 있었다. 역대 어느 국회보다도 정책능력은 낮지만 당내 분위기가 급변한 것은 사실이다. 선수(選數)가 파괴되고 당내 위계질서가 무시되는 등 수평적인 당내 분위기가 조성되고 있다. 속된 표현으로 맞장 뜨자는 분위기가 형성되어 튀는 초선의원의 행태를 말릴 수 없는 경우가 많아졌다. 이러한 분위기는 여기에서 머물지 않고 당론이 타파되고 의원 각자의 자율성이 신장되는 방향으로 바뀌어야 할 것이다. 말로만 의원 각자가 독립된 입법기관이 아닌 명실상부한 자율적 의사결정자로 위상을 정립해야 할 것이다. 당론에 반하면 조직인으로서 윤리문제나 항명 운운하면서 국회의원의 자율성을 송두리째 무시하는 구태가 아직도 반복되고 있다. 물론 정당원은 조직인으로서 조직의 정책방향에 순응해야 하는 의무가 있지만 정당의 이익보다는 국가와 국민의 입장에서 정책이 결정될 수 있도록 당론정치를 타파해야 할 것이다. 여야 간에 첨예한 이해관계가 얽힌 문제가 제기되면 당내에서 공개적으로 토론할 수 있지만 당론을 내부적으로 결정하고 일사불란하게 밀어붙이는 일은 사라져야 할 것이다. 당론타파의 근본적인 목적은 국가의 정책결정을 당리당략적 차원에서 접근하여 당파적 이익을 우선하는 폐해를 줄이기 위한 데 있다. 정략적으로 국가의 중요한 정책을 결정하는 불합리성을 줄이고 또한 정당 간의 관계도 극단적 세력대결보다는 합리적 정책대결로 분위기를 전환시키는 데 기여할 수 있을 것이란 기대 때문이다. 당론타파는 정당 지도부의 의지도 중요하지만 의원 각자의 소신과 정책철학 그리고 스스로 자율성을 지키겠다는 결연한 태도가 중요한 관건이라고 볼 수 있다. 의원의 자율성을 신장시키는 가장 확실한 방안은 당론정치로부터 해방되어 소신에 따른 입법활동을 보장하는 데 있다.

⑤ 행정부와 국회의 분리 및 독립

행정부와 국회의 분리 독립이 이루어지기 위해서는 당정인사교류 금지와 당정협회의가 폐지되어야 할 것이다. 이 두 가지가 대표적으로 행정부와 국회의 분리와 독립을 저해하는 요인으로 작용한다고 볼 수 있기 때문이다.

민주정치를 정당정치라고 이해할 때 집권여당의 정책을 구체화하고 효율적으로 집행하기 위해서 당정 간 긴밀한 협력관계를 유지하는 것은 필요하다. 3권이 분립되었더라도 대의기관과 집행부가 상호 유기적인 협력관계를 유지하는 것이 요구된다. 문제는 아무리 내각제적 요소가 가미된 대통령 중심제라고 하지만 총리를 포함하여 내각에 현역의원이나 당 인사를 임명하는 것은 재고되어야 한다. 왜냐하면 총리와 부총리 등 정부 요직에 현역 국회의원이 의원직을 유지한 채 임명되는 것은 당권과 대권이 분리되었지만 대통령으로부터 정당의 자율성을 확보하는데 문제가 있기 때문이다. 더구나 부처 업무의 전문성이 부족한 인사를 유력한 대권후보라고 입각시켜 대권수업을 받도록 하는 것은 국무위원직을 정치실험의 대상으로 삼는 결과가 될 것이다.

집권당 소속 인사를 정부의 고위직에 임명하는 것을 반대하는 근본적인 이유는 입법부와 행정부를 분리시키고 상호 균형과 견제를 유지하기 위한 데 있다. 내각제하에서 입법부와 행정부가 일원적인 관계를 유지할 경우 민주정치가 발전된 경우에는 정책의 일관성과 효율성을 유지할 수 있으나 그렇지 못한 경우, 특히 통합정부(unified government)가 출현하면 소수 야당의 의사가 무시되고 다수인 정부여당에 의한 일방적·독단적인 정책결정이 우려되기 때문이다. 제왕적 대통령의 폐해를 줄이기 위해서 대권과 당권이 분리된 상황에서 당의 주요 인사를 정부 고위직에 임명할 경우 대통령이 직접적으로 정당에 영향력을 행사하는 결과가 될 것이다. 이는 결국 행정부 수장이 정당의 입법활동에 간섭하는 결과를 가져오게 된다. 입법부와 행정부간 '분리된 탄생과 생존' (separate origin and survival)이 보다 대통령제의 원칙에 충실할 것이기 때문이다. 국회의원과 행정부 수장을 별도의 선거를 통하여 선출하고 서로 다른 기능과 대표성을 부여하기 때문에 탄생과정이 다르다. 따라서 국민이 각기 다르게 대표성을 부여한 입법부와 행정부의 일원적 관계가 형성되는 것은 3권 분립의 균형과 견제원리에 어긋나기 때문이다. 입법부는 입법부대로, 행정부는 행정부대로 각각 고유의 전문기능을 자율적으로 충실하게 수행하는 것이 구조의 분화와 기능의 효율성에 기여할 것이기 때문이다.

다음은 당정협의회를 폐지하는 것이다. 집권여당과 행정부는 국정을 효율적으로 운영하기 위해서 고위 당정협의회를 갖는다. 여당은 당의 입장에서 정부에 정치적 요구를 공식적으로 제기하여 정책으로 반영토록 권고하고, 정부 입장에서는 정책을 결정하고 집행하는 과정에 사전에 당과 조율 및 협의를 거쳐 당으로부터 정치적 지원과 협력을 얻도록 하기 위한 데 목적이 있다. 당정협의는 여당이나 정부나 상호 필요에 의하여 개최하는 것이다. 참석 범위는 집권여당의 대표나 총리에서 정책위의장이나 부총리, 국무위원 등 다양하다. 사안에 따라서 회의 주재와 참석 범위가 결정되는 등 다양한 형태의 회의를 갖는다. 정부가 국회의 동의를 요하는 정책이나 국회의 입법이 필요한 경우 정부여당 내부에서 사전 조율하거나 추진 전략을 숙의하는 것은 효율적이고 원활한 국정운영을 위하여 필요한 부분이 있다.

당정협의가 여당과 정부 간 정책조정과 협의를 목적으로 상호 존중하는 차원에서 이루어진다면 정책결정과정에 순기능으로 작용할 수 있을 것이다. 3권이 분립되었지만 정책결정과정에 여당과 정부가 완전 분리된다면 정당의 이념이나 정강정책을 집행하는 데 효율성이 저하될 수 있을 것이다. 민주정치를 정당정치라고 한다면 여당이 정부와 협의를 거쳐 정책을 결정하는 것은 너무나 당연한 사실로 간주될 수 있을 것이다. 정당이 입법부와 행정부간 가교역할을 수행한다면 양부 간 대립, 갈등, 긴장관계를 조정·중재하고 완충시켜는 데 기여할 수 있을 것이다. 따라서 입법부와 행정부 차원에서 상호작용을 통한 균형과 견제를 유지하는 것이 정책결정과 집행과정에 필요하다고 볼 수 있다. 이런 역할을 정당이 담당할 수 있을 것이다.

하지만 문제는 야당이 배제되는 데 있다. 집권여당과 행정부간 정기적으로 당정협의를 통하여 정책을 조율하지만 야당과는 그러지 않는다. 입법관련 사항까지도 야당과는 사전 협의가 이루어지지 않고 여당과 정부가 비공개로 결정하는 경우가 많다. 야당에게는 정책관련 구체적인 정보를 하나도 제공하지 않고 여당이 독점하는 현상이 일어나는 경우가 있으며, 정부의지를 야당의 의사와 관계없이 입법화를 강행하려는 것이 문제다. 야당도 정부와 정책협의를 하는 것은 선명성에 결정적인 흠이 된다고 인식하여 회피할 것이다. 하지만 정부 고위인사가 야당을 방문하여 특정 정책에 대하여 설명하고 야당의 협조를 요청하는 모습은 국민 눈에는 긍정적으로 비쳐지고 있다.

당정협의 폐지를 주장하는 두 번째 이유는 입법부와 행정부의 일원적 관계가 형성되어 입법기능이 약화되고 행정부 주도적인 현상이 발견되기 때문이다. 여당은 정책결정 과정에 행정부에 비하여 전문성도 떨어지고 정책관련 정보도 부족한 가운데 행정부 수장인 대통령의 영향력을 벗어날 수 없기 때문이다. 대통령의 의지가 여당을 통하여 입법부에 강요되는 현상이 나타난다면 문제가 심각해진다. 의원 각자의 자율성이 훼손되고 대통령의 의중을 헤아려 입법이 이루어지는 결과를 초래하게 될 것이다. 여당의원이 입법부 소속임을 망각하고 정부쪽에 가담하는 현상이 나타난다면 입법부와 행정부간의 대립이나 갈등 양상은 정부여당 대 야당 간의 대결구도로 재편되는 꼴이 될 것이다. 이는 여당 스스로 입법부의 위상을 약화시키고 행정부 예속적인 지위로 전락하게 만들어 대의기관인 입법부의 권위를 손상시키는 결과를 가져오게 될 가능성이 크다.

따라서 여당과 정부 간 당정협의 형식으로 끼리끼리 만나 야당을 배제한 채 국정을 협의하는 공식적인 회의는 폐지되는 것이 마땅하다. 아무래도 여당은 정책결정 과정에 정치논리를 주장하고 정부는 정당에 비하여 많은 정보를 가지고 있을 뿐만 아니라 전문성이 뛰어나기 때문에 정부의 일방적인 요구를 여당이 수용하는 경우가 더 많을 것이다. 여당은 입법부의 기능이나 위상을 고려하기 이전에 정부의 고무도장 역할을 수행하는 경우가 발생한다면 입법부와 행정부 관계는 바람직한 모습이라고 볼 수 없을 것이다.

당정협의 대신 국회에 협조를 구할 사항이 있으면 대통령이 직접 나서서 국회 상임위원장단이나 의회 지도자들과 공식적으로 만나 정부의 입장을 설명하고 국회의 협력을 요청하는 형식으로 발전하는 것이 입법부와 행정부간 상호 균형과 견제를 이루어 나가는데 도움이 될 수 있을 것이다. 그러면 국정의 파트너로서 중요한 역할을 수행하는 야당을 소외시키는 일도 없어질 것이며, 여야 간의 정책갈등도 상당부분 완화될 것으로 기대된다. 또한 여당은 행정부 시녀나 고무도장이라고 비판을 받는 일도 없을 것이다.

의회의 권능과 위상을 제고시켜 제왕적 대통령을 견제하여 행정권과 입법권의 균형을 이루어 대통령과 청와대 주도의 정치를 여의도중심 정치로 전환시킬 때 제왕적 대통령의 리더십 행태를 막을 수 있을 것이다.

(3) 책임총리제의 도입

헌법상 보장되어 있는 국무총리의 권한을 최대한으로 행사할 경우 행정부 내에서 대통령의 전횡을 견제할 수 있을 것이다. 국무총리의 권한 중 국무위원의 임명제청권과 해임건의권만 제대로 행사하더라도 국무총리가 국무위원을 어느 정도 통제할 수 있기 때문에 집행권의 이원화가 이루어져 제왕적 대통령을 견제할 수 있을 것이다.

그러나 국무총리가 법적으로 보장된 권한을 행사하지 못하는 것이 현실이다. 물론 국무총리가 자신에게 주워진 권한을 최대한 행사할 경우 대통령중심제에서 대통령의 고유한 권한으로 인식되고 있는 정부 구성권을 침해하는 결과가 되어 대통령의 권한이 약화될 것이라는 우려도 있다. 하지만 국무총리는 대통령과 상하관계에 있는 행정부의 2인자이기 때문에 의사결정체계의 이원화로 행정의 능률성을 저해하지는 않을 것으로 예상된다. 또한 국무총리의 지명권이 대통령에게 있기 때문에 자신을 임명한 대통령의 뜻에 정면 배치되는 노선을 고집한다는 것이 현실적으로 쉽지는 않을 것이다. 대통령과 국무총리가 정책 노선상 상당한 이견이 있다면 대통령이 유리한 입장에서 자신의 의지를 관철시킬 수 있는 가능성이 더 크기 때문에 문제가 되지 않을 것이다. 만일 국무총리가 대통령의 정책노선에 대하여 다른 입장을 보이는 경우가 생긴다면 그 자체만으로도 대통령에 의한 전횡과 독단을 차단하는 효과가 나타나는 것이라고 볼 수 있을 것이다.

헌법에 규정된 국무총리의 권한을 보다 명확하게 정의하고 운영상 그것을 실질적으로 보장시켜 줄 수 있도록 「국무총리의 지위와 권한에 관한 법률」(가칭)을 제정하여 국무위원의 임명제청 및 해임 건의권 행사 등을 확실하게 보장하는 방안도 고려할 수 있을 것이다.

(4) 정당의 민주화

정당의 민주적 운영은 민주정치를 구현하는 첫 단추라고 해도 과언이 아니다. 정당이 민주적으로 운영되지 않을 때 민주정치를 기대하기 곤란하다. 정당민주화의 핵심은 공직후보의 공천권을 누가 행사하느냐 하는 것이다. 당내 민주화의 핵심은 정당의 최고지도자 선출권과 공직후보를 추천권을 누가 행사하느냐 하는 것이다. 정당의 주요 기능의 하나인 정치충원과정에 민주적인 참여가 보장되어 있느냐가 당내 민주화의 핵심이다.

한국정당의 공직후보 공천은 이제 하향식에서 상향식으로 이루어지고 있다. 종래에는 권위주의적인 총재(당수)나 소수의 정당 지도자에 의하여 일방적으로 공천권이 행사되었다. 전형적인 폐쇄형 공천방식이었다. 유권자들은 정당에서 공천한 후보 중에서 최선이 아닌 차선의 선택을 강요 당 할 수밖에 없었다. 하지만 밀실에서 정당의 보스에 의하여 이루어지는 공천의 비민주성이 지적되면서 임명된 비선출직의 소수 공천심사위원회의 심사를 거쳐 당무회의 의결과 총재의 결재를 받아 공직후보가 결정되었다. 하지만 이 또한 문제가 한두 가지가 아니었다. 무엇보다도 공천심사위원장이나 심사위원을 총재의 의중을 최대한 반영할 수 있는 측근 인사를 임명하여 형식상의 공천심사위원회 일뿐 사실상 총재의 의지를 대행하는 기구에 불과하였다. 공천헌금 등 공천비리가 불거지고 계파 간 공천 지분 싸움 등으로 선거를 앞두고 모든 정당이 공천후유증에 시달리고 탈당 사태가 줄을 잇고 공천을 받기 위해서 이당 저당 기웃거리는 행태가 반복되었다.

그래서 등장한 것이 당원에 의한 상향식 공천방식이다. 하지만 당원의 저조한 참여율, 당비를 내는 극소수의 진성당원, 모든 정당이 전국에서 동시에 경선을 치를 경우 조기 선거과열 분위기 조성, 정당내분, 불공정 경쟁, 경선불복과 탈당, 각 정당에서 동시다발적으로 실시하는 수백 회에 이르는 경선관리의 어려움, 경선비용 등등 한 두 가지 문제가 있는 것이 아니다. 당원에 의한 상향식 공천에 대한 문제점이 지적되면서 일부에서 상향식과 하향식의 절충형 공직후보공천 모형을 부분적으로 도입하기도 하였다. 완전 상향식으로 공직후보를 선출할 경우 중앙당은 전연 영향력을 행사할 수 없기 때문에 중앙당에서 복수의 후보를 추천하여 지구당에서 1명을 선택할 수 있게 하거나, 반대로 지구당 수준에서 복수후보를 추천하여 중앙당에서 최종 결정토록 하는 방식이다. 절충형은 정당이 하향식으로 공천권을 행사하는 방식의 보완 안에 해당된다고 볼 수 있다. 절충형은 경선의 공정관리, 당에 대한 기여도와 충성심, 당선 가능성, 전략공천, 물갈이 공천 등을 고려할 수 있기 때문에 제대로 운영된다면 장점이 있는 방식이라고 볼 수 있다.

민주화 이행기를 거쳐 공고화 단계에 접어들면서 공직후보 선출에 대한 국민참여 경선제가 도입되기에 이르렀다. 하지만 아직도 완전한 상향식이라기보다는 상징적·부분적으로 진행되고 있다. 2005년 4월 국회의원 재보선에서 특정지역에서 상향식으로 추천된 후보를 중앙당에서 교체하는 정략공천이 이루어진 경우도 있다. 하지만 문제는 공직후보 선출과정의 참여자를 어느 선까지 개방하느냐 하는 것이다. 공직후보 결정의 참여자는 정당의 대표(당수), 공천심사위원회, 당무회의(상임위원회), 대의원(선거인단), 당원, 일반국민(유권자) 등으로 분류할 수 있을 것이다. 미국식 예비선거제도는 선거비용, 선거과열, 사실상의 이중적 선거 등 때문에 채택하는 데 신중을 기해야 할 것이다. 따라서 앞으로 정당의 공직후보는 당원과 유권자가 함께 참여하는 상향식으로 결정되어야 할 것이다. 그 이유는 당원뿐만 아니라 유권자가 선거에서 선택할 수 있는 후보까지 결정하는 의제설정 기능을 수행하는 것이 보다 민주적 방식이라고 볼 수 있기 때문이다. 또한 민심이 지지하는 후보가 공천될 수 있으며, 국민의 정치참여 기회를 확대하여 정치동원에 기여할 뿐만 아니라 정치 참여욕을 충족시킬 수 있고, 당에 대한 지지도의 확산이나 당원의 정체성 확립에도 도움이 될 수 있을 것이기 때문이다. 그리고 공천된 후보에 대한 정당성을 부여할 수 있기 때문이다.

공직후보 결정과정에 참여자 수를 확대하는 것은 일반적인 추세일 뿐만 아니라 민주정당을 지향하는 기준이 될 수 있기 때문이다. 공직후보의 조직 결정형(party dominance model)에서 직접 선출형(plebiscitary model)으로 바뀌고 있는 것이다. 정당의 주요 의사결정 과정에 일반국민의 참여가 개방되고 확대되면 당원의 입지나 정당의 역할과 기능의 축소, 정당의 통제력 약화, 대표성 문제, 이념적 정체성의 약화, 현직의원이 유리한 현직효과(incumbency effect) 등을 초래할 우려가 있다. 또한 정당의 약화와 현직의원의 교체율을 저하시키기 때문에 진성당원을 다수 확보할 수 있는 제도적 환경을 만들고 정당의 자생력을 높여 주자는 주장도 있다(심지연 편저, 2003, 266). 하지만 지구당이 폐지되고 중앙당의 축소나 해체를 요구하는 상황, 정당의 정치과정 주변화, 당원감소로 인한 정당의 쇠퇴라는 세계적인 추세, 그리고 선거정당화를 지향하려는 입장에서는 더 많은 국민의 경선참여 개방(inclusiveness)을 주장하고자 한다.

국회 정치개혁협의회는 정당 후보선출의 공정성 제고 및 민주성 강화를 위하여 경선관련 선거운동, 투표 및 기타 개표사무 외에 경선 선거인단 구성도 선관위에 위탁할 수 있도록 했으며, 정당비례대표자 선출과정의 민주성 보장, 당내 경선 불복자의 입후보를 금지하되 여론조사에 의한 후보자 선출은 경선이 아니기 때문에 제한을 두지 않는 것을 제안하였다.

정당의 민주화가 완벽하게 이루어지면 국회의원이나 정당의 간부가 대통령의 눈치를 살피고 충성 경쟁을 하는 것은 점차 사라질 것이다. 특히 국회에서 국회의원이 행정부를 견제하기보다는 정부를 두둔하고 정부 편을 드는 것을 당연시하는 풍토도 개선될 수 있을 것이다. 여야가 국회 내에서 싸우더라도 행정부를 상대로 할 때는 한편이 되어야 정치의 본산인 국회의 위상과 권능을 높이는 결과가 되어 국회의 행정부 예속을 탈피할 수 있을 것이다. 여당의원의 행정부 편들기는 국회가 국민의 대표기관으로서 스스로의 위상을 추락시키는 결과를 가져오기 때문에 행정부를 효율적으로 견제할 수 없게 된다. 야당도 예외가 아니라 당 대표의 지시나 당론에 반하는 행동을 할 수 있을 것이다. 정당의 민주화가 이루어져서 국회의원 후보의 추천방식이 완전 상향식으로 바뀐다면 국회의원은 소속 정당의 총재로부터 자율성을 유지하면서 국회의 권능을 확립하고 당 총재의 눈치를 살피는 대신 국민 편에서 국민을 위한 의정활동을 하게 될 것이다.

(5) 청와대 기능의 조정

대통령 비서실의 기구나 조직이 확대되고, 인원과 예산 등이 증가하는 것도 그렇지만 청와대

중심의 국정운영 강화로 내각의 기능이 약화되는 것이 더 큰 문제라고 볼 수 있다. 대통령 비서실 중심으로 국정이 운영되고 대통령의 의전과 경호절차가 권위적인 것은 결국 대통령을 외부와 격리시키고 대통령을 성역화 하는 역기능을 초래한다고 볼 수 있다. 대통령이 국민과 함께 하지 못하고 멀리 떨어져 있도록 만드는 것은 대통령의 제왕적 행태를 부추기는 요인으로 작용하기 때문에 대통령 비서실의 기능을 최소한의 정책조정 및 기획기능만 유지한다는 측면에서 접근하고(함성득 1999, 159) 말 그대로 비서로서 대통령을 단순하게 행정적인 지원에 충실하도록 제한하는 것이 좋을 것이다. 비서실에 정치현안에 나서는 것은 문제가 된다. 수석보좌관들이 야당이나 언론을 원색적으로 비난하는 모습은 바람직스럽지 못하다. 대통령보좌관이나 비서관들은 입은 있으나 말을 하지 않고 오직 대통령을 보좌하는 일에 전념하는 자세도 요구된다. 또한 국가원수의 절대 안전을 보장하는 충성스러운 경호는 절대 필요하고 경호에 한 치의 오차가 없어야 하는 것은 너무 당연한 요구 사항이다. 하지만 대통령을 과잉 경호하여 국민과 거리감을 느끼게 하거나 성역화 하여 제왕적인 모습으로 비춰지게 하는 것은 지양되어야 한다. 부드러우면서 완벽한 경호로 경직된 분위기를 일소해야 할 것이다.

3. 국민선택론적 접근법

국민선택론적 접근법이란 제왕적 대통령의 해소 방안을 국민이 대통령 선거와 국회의원 선거를 통하여 대통령을 견제할 수 있는 투표결과를 낳게 하는 방법이다. 내각책임제에서는 누가 차기 총리가 될 것인지 불확실한 가운 데 유권자들은 총선에 임하지만 대통령중심제에서는 누굴 위해 투표하는지, 누가 대통령이 되었으면 하는지 분명하게 알 수 있다. 이것을 인지성(identifiability)이라고 하며 누가 대통령이 될 것인지 이성적 선택(reasonable choice)이 가능하다고 한다(Linz 1994, 10~14).

이런 맥락에서 제왕적 자질이 적은 후보를 대통령으로 뽑는 것이 우선적으로 중요하다. 그 다음으로 대통령을 견제할 수 있는 분점정부 혹은 동거정부(cohabitation government)를 출범시키는 것이다. 국민이 행정권과 입법권을 위임하는 방법은 두 가지가 있는데 하나는 대통령과 국회를 동일정당에 위임하는 통합정부와 상이한 정당에 위임하여 여소야대 국회가 되는 분점정부를 탄생케 하는 이원화된 민주적 정통성(dual democratic legitimacy)을 부여하는 것이 있다(Shugart and Carey 1992, 32 : Linz 1994, 7). 분점정부는 국민이 행정권과 입법권을 각각 다른 정당에 위임하여 합법적으로 민주적인 정당성을 주장할 수 있게 된다. 정부의 기능이 상이한 의회와 행정부에 수평적 책임성을 위임하는 분점정부는 제왕적 대통령을 견제할 수 있을 것이다. 지난 13대(1988), 14대(1992), 15대(1996), 16대(2000) 총선에서 분점정부가 출범하였다. 13대 총선 후 1990년 민정·민주·공화 등 3당 통합 전의 여소야대 국회가 정부여당과 야당간 합의와 타협에 의하여 가장 민주적으로 국정이 운영되었다는 평가를 받고 있다(박통희 1993). 왜냐하면 분점정부가 안정적·효율적으로 운영되기 위해서는 입법과정에 여야간 정책연합이나 제휴 또는 공조체제를 형성해야 하기 때문이다.

17대 총선에서 통합정부가 출범했으나 분점정부 현상은 당분간 계속 나타날 것으로 예상된다. 왜냐하면 다당제, 대통령 소속 당에 대한 견제심리, 지역주의 투표 행태, 국민의 이익이나 정치적 요구의 다양화, 다원주의 사회의 출현, 대선과 총선 주기의 차이, 유권자의 대통령과 의회에 대한 상이한 요구사항 등 때문이다. 분점정부의 효율성에 대한 논의는 다양하다(함성득 1999, 198~199).

분점정부의 장점은

① 대통령의 독선·독주·독단이나 여당에 의한 일방적인 국정운영을 견제할 수 있다.

② 국회를 경쟁·대화·토론·타협·협상·제휴·합의를 존중하면서 가장 민주적으로 운영할 수 있다.

③ 초정파적으로 국가적 차원의 대중의 지지를 받는 합리적인 정책 결정의 가능성이 높다.

④ 야당의 협력 없이 여당에 의한 일방적인 국회운영이 불가능하다.

반면에 분점정부의 단점은

① 여야가 대화나 타협에 실패하고 첨예하게 대립하면 정책결정의 비효율성과 실기(失期) 현상이 나타나거나 국정의 표류 그리고 입법부와 행정부의 긴장관계 조성 등 정국이 경색되고 불안해 질 수 있다.

② 대통령이 대국민·대국회 설득력과 리더십이 부족하면 정책의지를 효율적으로 관철시키는데 장애가 될 수 있다.

③ 정부여당이 인위적인 정계개편을 시도하여 제조된 과반수 의석을 차지하려는 유혹에 빠지게 된다.[24)]

④ 다수당인 야당에 의한 횡포와 전횡이 우려된다.

⑤ 행정권과 입법권에 대한 분리로 국정운영에 대한 책임소재가 불분명하다.

그러나 분점정부를 효율적으로 운영하면 제왕적 대통령을 견제할 수 있을 것이다. 그 방법은

① 대통령의 대국민 설득력과 입법적 리더십을 발휘한다.[25)]

② 정당간 정책연합, 정당연합, 공동정부의 출범 등으로 합의제 민주주의를 실현한다.[26)]

③ 국회의원의 교차투표를 허용한다.

④ 여야 간 적과 동지의 편가르기식 대립이나 경쟁의식에서 벗어나 공존과 상생의식을 갖는다.

⑤ 대통령은 국회의 다수당과 권력을 공유한다.

⑥ 다수당의 횡포나 날치기로 통과된 법률안에 대하여 대통령은 거부권을 행사한다.

⑦ 국회의원들의 입·탈당, 의원 꿔주기, 약점 잡아 빼오기, 합당·분당 등의 인위적인 정계개편을 금기시 하며 민의를 존중한다.

4. 시민사회론적 접근법

민주주의가 정착되려면 자유와 활력이 넘치는 시민사회(civil society)가 건설되어야 한다(Linz 1995, 7~15). 일반적으로 민주화의 조건으로 시민사회의 성장과 발전을 지적하는 경우가 많다. 시민사회가 건설되면 국가의 막강한 권력과 패권적 지위를 시민사회가 견제하여 국가와 시민사회의 역학관계를 시민사회 쪽으로 기울게 할 수 있다. 한국 시민사회의 성장은 자본주의의 발전에 힘입은 바 크며, 시민사회는 국가의 사회통제력에 대한 견제역할을 수행하였다. 시민사회가 성장하면 국가로부터 더 많은 자율성과 정치적 자유를 획득할 수 있으며, 국가와 시민사회간의

---

24) 여소야대를 인위적인 정계개편으로 여대야소로 바꾸었으나 다음 총선에서는 여지없이 여소야대로 복귀하는 현상을 가져왔다. 13대 국회의 여소야대는 1990년 3당 통합의 여대야소로 바뀌었으나 1992년의 14대 총선에서, 15대 총선의 여소야대는 총선 직후 무소속을 영입하여 여대야소를 제조하였으나 1966년 15대 총선에서, 15대 총선의 여소야대는 국민회의 자민련 공동여당의 출범으로 여대야소가 되었으나 2000년 16대 총선에서 각각 여소야대로 바뀌었다. 16대 총선 결과 여소야대는 민주 · 자민 · 민국당의 정책연합으로 여대야소로 바뀌었다.

25) 대통령이 국민과 의회를 설득하여 자신의 의지를 관철하는 것은 정치권력의 정당성을 보장하는 진정한 민주주의적 권위라고 볼 수 있다.

26) 대통령중심제 하에서 최초로 등장한 국민회의(민주당)와 자민련의 공동정부의 출범배경, 이론, 권력공유의 문제점, 전망 등에 대한 최초의 연구는 다음을 참고할 것(홍득표 2000, 295~317).

헤게모니를 시민사회 쪽으로 기울게 할 수 있다. 국가를 견제할 수 있는 시민사회가 건설되어 분화된 압력(diffuse pressures)을 행사하면 대통령의 제왕적 행태를 어느 정도 감소하는 효과가 나타날 것이다.

정치, 경제, 사회, 문화 등 각 분야의 시민사회가 기능의 분화 내지 전문화되어 다원적 시민사회를 건설하게 되면 사회를 통제하는 권력중심의 다원성이 유지되어 대통령의 사회통제력이 약화될 수 있을 것이다. 다원적 시민사회가 건설되면 국가가 독점하고 있는 사회통제를 위한 권력자원이 시민사회 영역으로 다양하게 분산되기 때문에 대통령의 제왕적 행태도 약화될 것이다. 특히 언론이나 비정부기구(NGO)가 대통령의 권력 남용을 감시하고 비판한다면 그 효과는 더욱 더 커질 수 있을 것이다. 반대로 비정부기구가 관변단체화 된다면 제왕적대통령을 부추기는 요인으로 작용할 수 있을 것이다.

5. 정치문화론적 접근방법

제왕적 대통령의 원인이 조직적·제도적 차원만의 문제가 아닌 것이 분명하다. 대통령중심제를 채택하고 있는 다른 나라와 비교하면 상대적으로 한국 대통령에게 막강한 권력이 집중된 것도 아니며, 국회의 권한이 그리 약한 것도 아니다. 제왕적 대통령의 원인을 조직적·제도적으로 대통령 1인에게 정치권력이 집중된 데서 찾을 수 있지만 꼭 그렇다고만 주장할 수 없다. 법과 제도의 운영상 더 큰 문제가 있기 때문이다. 법과 제도가 지켜지는 정치문화, 권력남용이나 사용화를 용납하지 않는 정치문화, 대통령의 초법적·탈법적 행태가 수용되지 않는 정치문화의 정착이 요구된다.

제왕적 대통령은 국회나 국무총리가 법적·제도적으로 보장된 균형과 견제 기능을 다하지 못하는 운영상의 문제 때문이며, 이는 환경 변수인 정치문화와 밀접한 관련이 있다. 따라서 복종적·권위주의 정치문화 대신 참여적 정치문화 그리고 법과 제도가 제대로 지켜지는 법치주의 문화가 확립된다면 대통령의 제왕적 행태가 해소될 수 있을 것이다. 정치문화적인 접근법은 제왕적 대통령을 해소할 수 있는 장기적이면서 근원적인 해결방안이라고 볼 수 있다.

VI. 맺는 말

한국정치가 당면한 많은 문제점 중에서 가장 심각한 것은 대통령의 제왕적 행태일 것이다. 한국정치 발전의 최우선 과제는 제왕적 대통령의 해소방안을 찾는 것이다. 그러기 위해서 제왕적 대통령의 특징과 원인을 살펴보았다.

제왕적 대통령의 원인은 단일 변수보다는 내재적 요인과 외재적 요인이 상호 복합적으로 작용한 결과라고 볼 수 있다. 개인적·심리적 차원에서 대통령 개인의 개성, 성격, 세계관, 행위양식 등 비공식적·개인적 요인과 관련이 있으며, 특히 권위주의적 성격과 깊은 연관이 있다. 조직적·제도적 차원에서는 제왕적 대통령의 원인을 권력분립의 한계, 대통령과 국회, 대통령과 국무총리, 대통령과 정당, 대통령과 청와대 등과의 관계에서 살펴보았다.

정치문화적 접근법에서는 제왕적 대통령의 원인으로 법과 제도상의 문제점도 인정하지만 보다 본질적인 것은 이를 운영하는 환경변수인 정치문화에 있다는 것이다. 대통령 1인에게 정치권력이 집중된 면도 있지만 다른 나라와 비교할 때 법과 제도만을 탓할 수 없다. 제도와 조직의 운영에 더 큰 문제가 있기 때문이다. 왜냐하면 한국의 국회는 다른 나라 의회보다 법적·제도적으로 대통령과 행정부를 견제할 수 있는 충분한 권한을 보장받고 있으며, 국무총리에게 행정권의 일부를 위임하여 대통령을 견제할 수 있는 지위와 역할을 부여하고 있으나 제대로 지켜지지 않고 있기 때문이다. 정당도 당헌·당규에는 민주정당을 표방하고 있지만 실질적으로는 그렇지 않다는 데 문제가 있다. 또한 청와대가 대통령의 힘을 믿고 국회, 정당, 내각에 군림하는 과도한 역할과 권한을 행사하거나 과잉 경호도 문제가 된다. 조직과 제도도 문제지만 그것을 움직이고 운영하는 인간과 환경변수가 중요하다. 사회 전반의 인간관계 구조가 수직적 형태를 벗어나지 못하는 한 제왕적 대통령의 극복은 어려운 과제로 남게 될 것이다(양건 2001, 5).

제왕적 대통령의 원인에 대한 정량분석을 시도하지 않는 한 어느 요인이 가장 강력한 동인으로 작용하고 있는 지를 밝히는 것은 쉬운 일이 아니다. 하지만 한국 대통령의 제왕적 행태를 유발하는 것은 조직적·제도적 요인보다는 개인적·심리적 변인과 정치문화의 비중이 더 크다고 볼 수 있을 것이다. 제왕적 대통령의 원인은 무엇보다도 그 동안의 경험에 비추어 볼 때 대통령 개인의 성격이나 리더십 유형과 관련이 있으며, 또한 조직적·제도적 차원에서 제기한 많은 문제점의 본질에는 정치문화적 요인이 내재하고 있기 때문이다.

제왕적 대통령의 원인에서 살펴 본 바와 같이 다양한 요인이 상호 복합적으로 작용하고 있음을 알 수 있다. 따라서 제왕적 대통령을 해소하는 방법도 다양할 수밖에 없을 것이다.

개인적·심리적 차원에서 대통령 자신이 민주적·합리적·탈권위주의적 리더십을 발휘하고, 제도적 대통령이 되는 것이 요구된다. 그러나 대통령이 막무가내로 제왕적 행태를 보인다면 난감한 일이 아닐 수 없다. 그런 위험성 때문에 법적·제도적 견제장치를 강화시킬 필요성이 제기되는 것이다.

조직적·제도적 차원에서는 모든 제도는 장단점이 있기 때문에 대통령중심제의 권력구조를 변경하는 것은 대안이 될 수 없다는 입장이며, 국회의 균형과 견제 기능의 강화, 책임총리제 도입, 정당의 민주화, 청와대 기능의 조정 등 법적·제도적 견제 장치의 강화 방안을 제시하였다. 교통신호를 지키지 않는다고 신호등을 없앨 수 없듯이 제왕적 대통령을 견제할 수 있는 법적·제도적인 장치를 강화해야 할 것이다.

국민선택론적 입장에서는 국민이 대통령 선거에서 제왕적 자질이 적은 후보를 대통령으로 뽑는 것이 무엇보다 중요하다. 위대한 지도자는 위대한 국민이 만든다는 명제의 중요성 뿐만 아니라 국민도 제왕적 대통령에 대한 일단의 책임이 있기 때문이다. 그리고 입법부와 행정부를 다른 당에 위임하는 여소야대인 분점정부를 출범시켜 제왕적 대통령을 견제할 수 있도록 해야 할 것이다. 이것은 법과 제도를 손질하지 않고 민의에 의한 제왕적 대통령을 견제할 수 있는 가장 현실적인 대안이라고 볼 수 있다.

시민사회론적 접근법에서는 자유와 활력이 넘치는 시민사회가 건설되어 국가권력을 견제하고, 특히 언론과 비정부기구(NGO)가 제왕적 대통령의 행태를 비판하고 감시해야 할 것이다.

정치문화론적 시각에서는 제왕적 대통령의 원인으로 법과 제도상의 문제점도 인정하지만 보다 본질적인 것은 이를 운영하는 환경변수인 정치문화가 발전해야 할 것이다. 대통령의 권력남용이나 사용화가 용납되지 않는 정치문화가 뿌리내리는 것이 가장 확실하고 본질적인 해결방안이라고 볼 수 있다.

제왕적 대통령의 원인이 다양하듯이 해소방법도 다양할 수밖에 없다. 국민은 제왕적 대통령도 원하지 않지만 그렇다고 대통령이 국정을 효율적으로 수행할 수 없을 정도로 무장해제가 되는 것도 원하지 않는다. 다시 말하면 제왕적 대통령과 주변부 국회도 안되지만, 물 대통령과 제왕적 의회도 안 된다는 점이다.

두 마리 토끼를 동시에 쫓는 것은 쉬운 일이 아니지만 어떤 형태든 제왕적 대통령을 견제할 수 있는 법적·제도적인 장치를 강화해야 할 것이다. 그 장치가 지나쳐 대통령을 허수아비로 전락시키는 것이 아닌가 우려하는 시각도 있을 수 있다. 그러나 일반적으로 대통령중심제를 채택한 나라에서 허약한 대통령과 제왕적 의회보다는 그 반대의 현상이 나타나고 있는 것이 현실이다. 미국을 제외한 거의 모든 나라에서는 제왕적 대통령의 행태가 발견된다. 그런 맥락에서 국회 권한의 강화, 책임총리제의 확립, 정당의 민주화, 청와대의 조직과 기능의 조정, 시민사회의 비판과 감시 기능을 강화하더라도 허수아비 대통령으로 전락할 가능성은 적다고 본다. 왜냐하면 대통령은 헌법상, 권한상, 정치과정상 그리고 정치적·상징적으로 막강한 지위와 권한을 보장받고 있기 때문이다. 특히 대통령은 법, 세입, 공직자 등을 주요자원(principal resources)으로 활용하여 정부를 운영할 수 있다(Rose 1988, 77~92). 또한 대통령의 힘은 설득력(power to persuade)에 있다는 주장(Neustadt 1990, 29~49)과 같이 대통령이 국민, 국회, 여야, 시민사회 등을 설득하는 민주적 리더십과 정치력을 발휘한다면 제왕적 대통령에 대한 시비는 사라질 것이다.

* 참 고 문 헌 *

권석천. 1997. "열린 대통령이 미래를 연다," 「경향신문」(10월 6일).

권영성. 1998. "새정부하의 국회와 행정부간의 관계 모색-권력분립원리의 구현을 위한 제언," 「국회보」 376호(2월), pp.53~57.

김구용. 1990. 『동주 열국지』 제6권, 서울 : 민음사.

김영국 외. 1992., 『정치학개론』 서울 : 박영사.

김충남. 1992. 『성공한 대통령, 실패한 대통령』 서울 : 도서출판 진원.

김호진. 1996. 『한국정치체제론』 서울 : 박영사.

박관용. 2001. "혁명보다 어려운 개혁과 비서실장," 함성득(2001), pp.83~110.

박찬욱. 1999. "한국 의회정치의 특성," 백영철 외(1999), pp.61~87.

박통희. 1993. "제13대 여소야대 국회의 효율성 논란," 「한국정치학회보」 제27집 1호, 한국정치학회.

박효종. 2001. "제왕적 대통령과 헌법정신," 「문화일보」(12월 3일), p.6.

백상창. 2000.『정신분석 정치학』 서울 : 사회병리연구소.

백창재. 1998. "여소야대와 정부의 통치능력 : 미국 경험의 교훈," 「국가전략」 4-2, pp.119~148.

서진영. 2001. "정책기획위원장이 본 문민정부 5년," 함성득(2001), pp.297~328.

신명순. 1999. 『비교정치』 서울 : 박영사.

심지연 편저. 2003. 『현대정당정치의 이해』 서울 : 백산서당.

양건. 2001. "제왕적 대통령직, 어떻게 극복할 것인가," 21세기 정치발전을 위한 토론회 발표자료, 한나라당 국가혁신위원회(11월 21일)

이강혁. 1986. "대통령제," 「민족지성」 (10월), pp.22~32.

이종률. 1991. 『대권의 주변』上, 서울 : 도서출판 내일.

이종찬. 2001. "권력구조, 위임대통령제, 한국사례," 미발표 논문(7월).

이현우. 1999. "국회의장의 리더십," 백영철 외, pp.351~378.

이홍구. 2001. "대통령 짐 덜어 총리에게 맡겨라," 「중앙일보」 (8월 8일), p.9.

임종훈. 1998. "의회의 대정부 견제 및 감독기능," 「의정연구」 제4권 제1호 통권 제6호, pp.27~53.

임혁백. 1998. "민주화와 의회의 위상," 「의정연구」 제4권 제1호 (통권6호), pp.6~26.

임혁백. 2000. "민주주의의 새로운 패러다임," 「의정연구」 제6권 제2호 (통권 제10호), pp.72~91.

장달중. 2001. "제왕적 통치, 불감증 공화국," 「중앙일보」 (9월 30일), p.5.

「주간조선」. 2000. "이제 개혁 완성하고 마무리 할 때," 1618호 (8월 31일), pp.16~18.

「중앙일보」. 2001. "농민 입 틀어막아 대통령 귀 막다니," (11월 2일), p.27.

「중앙일보」. 2002. "청와대 군신관계부터 청산을" (1월 1일), p.3.

진영재. 2001. "성공한 대통령과 실패한 대통령 : 인물론, 조직론, 그리고 국민선택론," 「한국정치학회보」 제35집 2호(여름), pp.481~497.

최한수. 1995. "지방자치 선거에 따른 정당개혁의 과제," 나라정책연구회 제19차 심포지엄(1월 22일).

한국논단. 1999. "대통령이 제왕인가?" (8월), pp.60~70.

한국정치학회·고려대학교 평화연구소 공편. 2000. 『박정희 시대의 정당정치와 연합형성』 한국정치학회.

한승수. 2001. "대통령 비서실장의 역할," 함성득(2001), pp.111~126.

함성득. 1999. 『대통령학』 서울 : 나남출판.

함성득. 2001. 『김영삼정부의 성공과 실패), 서울 : 나남출판.

허 영. 1995. 『한국헌법론』 서울 : 박영사.

홍득표. 2000a. "공동정부 모형의 실험 : 국민회의 자민련 공동정부의 경험적 분석," 「국제정치논총」 제40집 2호, 한국국제정치학회 (7월), pp.295~317.

홍득표. 2000b. "정당의 공직후보 결정모형에 관한 연구," 「한국정치학회보」 제34집3호, 한국정치학회 (12월), pp.174~191.

Adorno, T, W. 1950. *The Authoritarian Personality*, New York : Harper & Row.

Barber, James David. 1985. *The Presidential Character : Predicting Performance in the White House*, Englewood Cliffs : Prentice-Hall Inc.

Boylan, Timothy S. 1999. "War Power, Constitutional Balance, and The Imperial Presidency : Idea at Century's End," *Presidential Studies Quarterly*, Vol. XXIX, No. 2 (June), pp.232~249.

Carlos Santiago Nino, 1996. "Hyperpresitentialism and Constitutional Reform in Argentina," in Arend Lijphart and Calos H. Waisman, (eds.). *Institutional Design in New Democracies : Eastern Europe and Latin America*, Boulder : Westview Press.

Diclerico, Robert E. (ed,). 1985. *Analyzing the Presidency*, Guilford, Ct : The Dushkin Publishing Group, Inc.

Fisher, Louis. 1997. *Constitutional Conflicts Between Congress and the President*, 4th ed, and Revised, Lawrence, Kansas : University Press of Kansas.

Huntington, Samuel P. 1968. *Political Order in Changing Societies*, New Haven : Yale University Press.

Huntington, Samuel P. The *Third Wave : Democratization in the Late Twentieth Century*, Norman and London : University of Oklahoma Press.

Lasswell, Harold D. 1948. *Power and Personality*, New York : W.W. Norton & Co.

Lim, Seong Ho. 1998. "A Paradox of Korean Democracy : 50 Years' of Experience of the Imperial Presidency and the Peripheral Legislature," *Korea and World Affairs*, 22-4 (Winter), pp.522~538.

Linz, Juan J. and Alfred Stepan. 1995. *Problems of Democratic Transition and Consolidation : Southern Europe, South America and Post-Communist Europe*, Baltimore : Johns Hopkins University Press.

Linz, Juan J. and Arturo Valenzuela(ed.). 1994. *The Failure of Presidential Democracy : Comparative perspectives*, Vol. 1, Baltimore : The Johns Hopkins University Press.

Mainwaring, Scott and Matthew Soberg Shugart(ed.), 1997. *Presidentialism and Democracy in Latin America*, Cambridge : Cambridge University Press.

Moe, Terry M. 1993. "Presidents, institutions, and Theory," in Edwards III, George C, John H. Kessel and Bert A. Rockman(ed.). Researching the Presidency : Vital Questions, New Approaches, Pittsburgh : University of Pittsburg Press.

Nelson, Michael(ed.,). 1988. *The Presidency and the Political System*, 2nd ed., Washington D. C. : A Division of Congressional Quarterly Inc.

Nelson, Nichael(ed.). 1989. *Congressional Quarterly's Guide to the Presidency*, Washington D. C : CQ.

Neustadt, Richard E. 1980. *Presidential Power : The Politics of Leadership from FDR to Carter*, New York : John Wiley & Sons.

Neustadt, Richard E. 1990. *Presidential Power and the Modern Presidents : The Politics of Leadership from Roosevelt to Reagan*, New York : The Free Press.

O'Donnell, G. 1994. "Delegative Democracy," *Journal of Democracy*, 5-1 (January).

O'Donnell, G. 1999. "Delegative Democracy." in *Counterpoints*, University of Nortre Dame Press, pp.159~163.

Pfiffner, James P. and Roger H. Davidson, (ed.). 2000. *Understanding the Presidency*, 2nd ed., New York : Longman.

Pfiffner, James P. 2000. *Modern Presidency*, 3rd ed., Boston : Bedfordist Martin's.

Rose, Richard. 1988. *The Postmodern President : The White House Meets The World*, Chatham NJ : Chatham House Publishers, Inc.

Schlesinger, Arthur, Jr. 1973. *The Imperial Presidency*, Boston : Houghton Mifflin.

Shugart, Matthew Soberg and John M. Carey. 1992. *Presidents and Assemblies : Constitutional Design and Electoral Dynamics*, Cambridge : Cambridge University Press.

제5장

정당과 정치변동

정당의 민주화

정당의 민주화*

I. 머리말

정당(political party)은 "정부권력의 통제에 관심을 가진 사람과 다른 집단 또는 다양한 견해를 가진 집단과 국민의 지지를 획득하기 위해서 경쟁하는 사람들로 구성된 사회의 활동적인 정치매체의 집합적인 조직"이라고 정의할 수 있다(Neumann 1969, 26).

정당은 정치조직으로서 중앙과 지방조직을 유지하고 있으며, 단독 혹은 연립이나 제휴를 통하여 정치권력을 획득하고 유지하는 데 목적을 두고 선거 직을 차지하기 위해서 적극적 · 효율적으로 경쟁에 나선다. 정당은 국민의 부분적인 단체로서 자주적 · 계속적인 조직이며, 정당이 내세운 공약을 실천에 옮겨 국민을 위해서 일하는 정치단체라고 볼 수 있다.

정당의 주요 기능으로 정치사회화, 정치참여 촉진, 정치 엘리트의 충원, 정치 커뮤니케이션, 이익의 표출과 집약, 정책결정과 집행, 그리고 재정(adjudication) 기능 등을 수행한다.

그러나 오늘날 정당의 능력과 역할에 대한 회의론이 대두되고 있으며 이를 정당의 쇠퇴(decay), 탈 정당화, 정당의 주변화(peripheralization) 현상이라고 일컫기도 한다. 정당의 위상이 추락하는 구체적인 증거로 정당이념의 불분명성, 당원 수의 감소와 당원의 의사결정권의 축소로 인한 정당조직의 쇠퇴, 정당조직이나 운영의 관료화 · 과두화, 정책결정 과정에서 정당의 종속변수화, 사회경제변동에 대한 대응력 결여, 대안제시 능력의 저하, 당내 갈등과 경쟁의 심화, 정보화 사회의 출현와 정보통신기술(ICT)의 발달로 인터넷을 활용한 국민과 정치지도자간 직접교류, 사이버 정당의 출현, 매체정치(media politics)의 등장, 단일쟁점집단(single-issue group)과 대체정치조직(alternative political organization)의 출현으로 하위정치(sub-politics)의 활성화 등을 들 수 있다.

---

* 「한국정치학회보」 제34집 3호(pp.173~191)에 게재된 것을 기초로 사실상 새롭게 작성한 것임.

한국의 정당도 예외가 아니라서 다양한 문제점이 지적되어 왔다. 그 동안 한국정당의 문제점으로 ① 과두제 및 사당적 요소 ② 고비용저효율 정당구조 ③ 강한 지역 의존성과 지역정당 ④ 정당의사결정과정의 비민주성 ⑤ 이념정당의 부재와 정당 간 이념적 유사성 ⑥ 세력정치, 패거리 정치, 대결정치, 분열정치의 원인제공 ⑦ 정당의 정책전문성 결여 ⑧ 정당의 낮은 제도화 수준 ⑨ 정책정당이 아닌 권력투쟁형 정당 ⑩ 정당내부의 분화, 분열, 갈등 ⑪ 당원의 정체성 부재 ⑫ 민주적 대표성 결여 등등이 지적되어 왔다.

한국정당의 많은 문제점 중에 간과할 수 없는 것이 정당의 주요한 의사결정 구조의 중앙집권화로 당내 민주화가 이루어지지 않고 있다는 점이다. 정당의 주요정책 결정에 당원의 참여가 상징적 · 의식적인 수준에 머물고 있어 정당의 과두화 현상이 심화되고 있다. 본 연구의 주된 관심은 정당 내부의 민주화에 있다.[1] 당내 민주화를 공직선거후보자의 결정과 관련하여 연구하고자 한다. 한국의 정당은 공직선거후보자를 민주적 방식으로 결정하고 있지만 아직도 정착단계에 이르지 못하고 있다. 2002년 12월 대통령선거의 후보선출에서 국민경선제를 도입하는 등 개혁적인 방안이 도입되었으나 국회의원 및 다른 공직선거후보자의 추천은 아직도 완전한 민주적인 방식이 정착되지 못하고 있다.

따라서 본 연구는 정당의 공직선거후보자 결정모형에 대하여 연구하고자 한다. 이를 위해서 당내 민주화에 대한 조작적 정의를 내리고 공직선거후보자의 결정 모형을 분석의 틀로서 제시하고자 한다. 그리고 한국정당의 공직선거후보자 결정 방식의 현황과 문제점을 분석한 후 가장 바람직한 공직선거후보자의 결정모형을 제시하고자 한다.

II. 당내 민주화론

1. 당내 민주화의 개념

민주화에 대한 개념은 시대나 상황에 따라서 다양하게 정의되고 있다. 당내 민주화에 대한 개

1) 정당의 민주화가 아닌 정당 내부의 민주화(당내 민주화)란 개념을 사용한 것은 정당의 민주화란 다른 당과의 경쟁관계, 특히 선거경쟁과 관련하여 이해할 가능성이 있기 때문이다.

념도 예외가 아니다. 당내 민주화를 이해하려면 정당을 연구하는 구조적 접근법(structural approach)과 행태적 접근법(behavioral approach)의 두 가지 측면에서 접근해야 할 것이다.[2]

구조적 접근법은 정당의 조직과 당원간의 역할관계(role relationship)에 대하여 연구하는 것이다. 구체적으로 정당의 기구와 편성, 당직자의 역할, 의사결정구조, 권한의 배분, 당 지도자 및 주요 당직자의 선출과 임명 방법, 중앙당과 지역구의 조직과 임무, 중앙당과 지역구의 권력관계, 당원과 당 지도자의 관계, 정당의 성격, 계층구조, 중앙집중도, 당의 기강 등에 대하여 연구하는 것이다.

행태적 접근법은 정당의 운영은 조직에 의하여 이루어지지만 인간요인도 정당의 기능을 수행하는 과정에 중요하게 작용한다는 시각에서 정당을 운영하는 데 영향력을 행사하는 당원과 당의 지도자의 행동을 연구하는 것이다. 주로 정당 지도자의 리더십, 열성당원의 행동주의, 투표행태, 정당이 획득한 지지표의 내용 등에 관심을 갖는다.

구조적 접근법의 시각에서 정당의 조직유형을 다양하게 분류하고 있다. 당원과 지도자와의 관계에서 교환모형(exchange model)(Storm 1990, 565~598)과 발전모형(developmental model)으로 분류하고 있으며(Maor 1997, 92~113), 발전모형을 다시 대중정당(mass party), 선거정당(electoral party), 포괄정당(catch-all party), 연합정당(cartel party) 등으로 분류한다(Mair 1994). 당원의 구성요소에 따라서 엘리트 · 간부정당(cadre parties), 대중정당(mass parties), 중간정당(intermediate parties) 등으로(Duverger 1967, 6~16; 1972 6~18), 조직기반에 따라서 내부정당(interior parties)과 외부정당(exterior parties)으로(Duverger 1967, xxiv~xxxvii), 의사결정권의 소재에 따라서 다층정당(strarchy), 엘리트 · 간부정당(cadre parties), 전위정당(vanguard parties), 대중정당(mass parties) 등으로(Lawson 1976, 77~81) 분류한다.

위의 논의를 당내 민주화라는 측면에서 고찰하면 교환모형은 당원을 당의 의사결정에 참여시켜 주인의식을 갖게 하는 보상책의 하나로 당내 민주화를 추진하며, 발전모형은 정당내의 의사결정 구조가 하향식 조직의 엘리트 · 간부정당에서 상향식 조직의 대중정당으로 발전하는 것을 민주정당이라고 본 것이다. 당원의 구성요소 측면에서는 대중정당을 민주정당으로 보고 있는데

2) 정당을 연구하는 접근법으로 역사적 접근법, 구조적 접근법, 행태적 접근법, 기능주의적·체계적 접근법, 이념적 접근법 등을 제시하고 있다. 구체적인 내용은 다음을 참고 할 것(Lawson 1976, 4~19).

당원은 당의 실체(substance)이기 때문에 그들의 위상이나 역할 그리고 활동이 중요하게 인식된다. 조직기반에 따른 분류는 당내의 권력구조가 분권적인 내부정당을 민주정당으로 간주하고 있다. 정당의 의사결정권 소재에 따른 분류는 당의 정책내용에 따라서 다르겠지만 당권이 집중적·획일적·단일적인 엘리트·간부정당이나 정책의 결정과 집행에 당원의 참여수준이 보통인 전위전당보다는 당원의 참여수준이 가장 높고 자율성이 최대한 보장되는 대중정당을 가장 민주적인 정당이라고 보고 있다.

정당의 조직유형을 통하여 발견할 수 있는 것은 당내 민주화의 핵심은 당원과 당 지도자간의 역학관계(power relationship)에 있음을 알 수 있다. 정당을 구성하는 핵심적인 요인인 당원과 당의 지도자 중 누가 정당의 주요 의사결정과정을 통제하느냐에 달려 있는 것이다.

당내 민주화는 당의 중요한 정책을 다수인 당원의 참여에 의하여 결정하는 당권중심의 다원성(plurality of party power center)을 보장하는 데 있다. 정당의 의사결정이 소수의 당 간부에 의하여 독점되고 다수의 당원이 배제되는 일원적인 권력중심(monistic center of power)인 권위주의 정당의 반대 개념이라고 볼 수 있다(Linz 1975, 191). 당원과 당 지도자간의 역학관계가 당원중심이 되어야 한다는 것이다. 즉 정당의 중요정책이 당 지도자에 의하여 하향식으로 결정되는 권위주의 방식 대신 상향식으로 이루어지는 것이 당내 민주화의 핵심이다. 의사의 상향식 결정에는 당원의 참여가 절대 보장되고 그들의 의사가 전적으로 존중되어야 한다. 더 나아가 당원 이외의 민심도 어느 정도 수렴 할 수 있는 제도적 장치가 마련될 때 진정한 의미의 당내민주화가 이루어졌다고 볼 수 있을 것이다.

공직선거후보자 추천과 같은 주요 정책을 당원(rank and file)과 일반국민의 참여에 의하여 결정하고 그 결과를 유권자의 선택에 맡기는 것을 당원 및 국민에 의한 의제설정(agenda-setting) 기능을 수행하는 것이라고 볼 수 있다. 당내 민주화는 정당의 의사결정 구조가 당원의 의사는 물론 민심이 어느 정도 반영되어 상향식으로 이루어지고 당원이 실질적으로 정당의 주인으로서 의제설정 기능을 수행하는 것을 의미한다. 당내 민주화란 당원과 민심이 정당의 주요 의사 결정에 결정적인 영향력을 행사하고 당 지도자가 통제되는 상향식 정당운영이라고 조작적 정의를 내리고자 한다.

2. 정당의 공직선거후보자 결정 모형

정당의 민주적 운영은 민주정치를 구현하는 첫 단추라고 해도 과언이 아니다. 정당이 민주적으로 운영되지 않을 때 민주정치를 기대하기 곤란하다. 당내 민주화와 관련하여 그동안 논의되었던 주장들을 종합하면 다음과 같다(곽진영, 2001).

첫째, 중앙당과 지구당의[3] 조직개편과 권력배분에 관한 것이다. 중앙당 축소에는 모두가 동의하고 있으나 지역구 활성화와 폐쇄에 대한 주장이 맞서 있다.

둘째, 당원의 정비에 관한 것이다. 당원의 자격확충, 당비납부의 의무화, 공직선거후보자 공천참여 등 당원에 의한 정당 운영론과 당원을 기반으로 하지 않는 지지자 중심의 정당 운영론이 제기되고 있다.

셋째, 정당 조직의 효율화와 전문화에 관한 것이다. 정책 개발 중심의 정당을 위하여 전문가의 충원과 정책 연구소의 활성화 등을 주장한다.

넷째, 공직 선거 후보자 공천에 관한 것이다. 정당이 행사하는 공천권의 보완, 당원에 의한 공천권 행사, 유권자에 의한 공천권 행사 등의 방안이 제기 되었다.

위의 네 가지 시각 중 본 연구에서 관심을 갖는 것은 정당의 민주화는 네 번째 공직선거후보자의 공천권을 누가 행사하느냐 하는 것이다. 당내 민주화의 핵심은 정당의 최고지도자 선출권과 공직선거후보자의 추천권을 누가 행사하느냐 하는 것이다. 정당의 주요 기능의 하나인 정치충원과정에 민주적인 참여가 보장되어 있느냐가 당내 민주화의 핵심이다. 〈그림-1〉에서 보여주고 있는 바와 같이 공천권의 소재에 따라서 크게 개방형과 폐쇄형으로 구분 짓는다.

〈그림-1〉 개방성에 의하여 구분한 공직선거 후보자 선출 방식

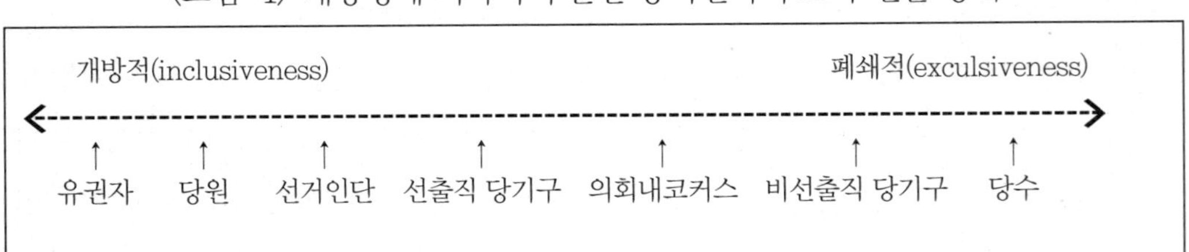

출처) 강원택(2003, 241)

3) 지구당 개념이 없어지고 국회의원선거구로 바뀌었으나 본 연구에서는 종래의 지구당을 의미하는 개념으로 지역구란 개념을 사용하고자 한다.

하지만 본 연구에서는 공직선거후보자 결정 모형을 제시하기 위해서 ① 당원의 참여 ② 국민의 참여수준 ③ 정당 지도자의 영향력 수준 등 세 변수를 고려하여 그 유형을 분류하고자 한다. 삼자 간의 역학관계를 중심으로 〈그림-2〉와 같이 다섯 가지 모형으로 분류하였다.

〈그림-2〉 정당의 공직선거후보자 결정 모형

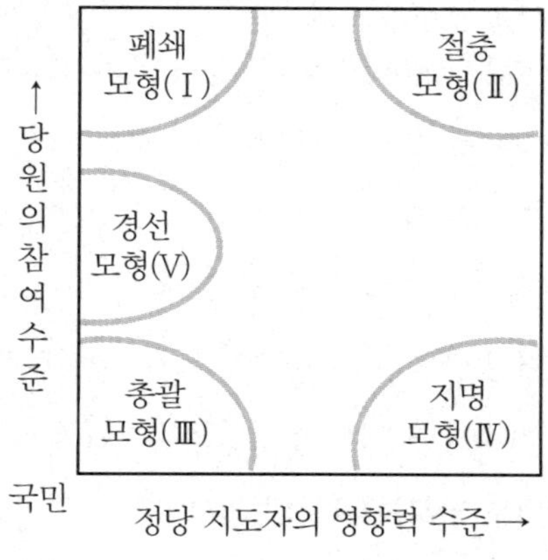

(1) 폐쇄모형(Ⅰ)

폐쇄모형은 공직선거후보자를 결정함에 있어서 정당지도자의 영향력이 완전 배제된 가운데 당원만에 의하여 상향식(bottoms up)으로 결정되는 것이라고 볼 수 있다. 정당에서 공직에 출마시킬 후보를 당원의 손으로 결정하는 방식이다. 완전 자유경선에 의하여 특정 정당의 공천을 받으려는 희망자 중에서 당원이 선출하고 그 결과를 정당의 공식적인 후보로 내세우는 방식이기 때문에 정당의 지도자나 소수 실력자가 영향력을 전연 행사할 수 없게 된다.

공직선거후보자의 결정에 모든 당원이 직접 참여하는 직선과 선거인단 혹은 대의원이 선출하는 간선 등 두 가지 방법이 있을 수 있다. 지역구 수준에서 모든 당원이 직접 투표에 참가하여 국회의원 후보자를 선출하거나, 전당대회에서 대의원이나 선거인단이 대통령 후보를 선출하는 방식을 의미한다.

폐쇄모형을 이해하기 위해서는 독일의 후보공천과 미국의 예비선거제도를 살펴보아야 할 것이다. 미국은 공직선거후보자 선출에 예비선거제도를 도입하고 있으나 투표의 대상과 참여자의 범위에 따라 각 주별로 다양한 유형을 채택하고 있다. 예를 들면 모든 유권자들(voters)에게 예비선거의 참여를 개방하고 정당소속에 관계없이 모든 공직에 출마하려는 후보를 대상으로 투표할 수 있는 총괄형(Blanket), 당에 등록한 후보를 대상으로 소속 당원만이 투표하는 폐쇄형(Closed), 모든 정당에 등록한 후보를 대상으로 전 유권자에게 투표를 허용하되 한 정당에게만 참여가 허용되는 폐쇄독립형(Closed Independent), 예비선거 날 자신의 정당선호(party affiliation)를 밝히고 그 정당에만 투표할 수 있는 공개형(Public Declaration), 모든 유권자가 당에 대한 선호를 밝히지 않고 특정 정당후보를 대상으로 기표소(voting booth)에서 은밀하게 투표에 참가할 수 있는 사적선택형(Private Choice) 등 다섯 가지 유형이 있다.[4] 〈그림-2〉의 폐쇄모형은 당에 등록한 후보를 대상으로 소속 당원만이 투표하는 미국식 폐쇄형을 의미한다.

폐쇄모형을 제도화하기 위한 조건은 무엇보다도 당원의 정체성이 확립되어야 한다. 왜냐하면 정당의 1차적인 조직기반은 당원에게 있으며 당원에 의하여 공직선거후보자가 선출되기 때문에 당에 대한 정체성을 가진 진성(眞性) 당원이 존재해야 한다. '정당의 후보선출권을 갖고 있는 자가 정당의 주인' (정진민 1998)이기 때문에 당원이 정당의 주인노릇을 하기 위해서는 소속정당의 정강이나 이념에 공감하면서 당비도 납부하고 당의 의사결정에 적극적으로 참여할 자세를 가져야 한다. 이중당적을 갖거나 선거 때마다 이당저당 기웃거리는 철새정당원이 있는 상황에서 폐쇄모형은 의미가 없다. 또한 당원은 공직선거후보자를 선출함에 있어서 당파적인 이익이나 사적인 연고관계보다는 유권자들의 여론을 공직선거후보자 선출에 반영시킬 때 폐쇄모형은 그 의의가 더욱 더 커질 수 있을 것이다.

(2) 절충모형(II)

절충모형은 당원과 정당지도자의 의사가 동시에 반영되는 합의형이라고 볼 수 있다. 중앙당과 시 · 도당 및 지역구 당원의 의견이 상호 존중되는 가운데 공직선거후보자를 결정하는 방식이다. 절충형은 당원과 정당의 간부, 지역구와 중앙당의 참여 방식에 따라서 다양한 방법으로 분류할 수 있지만 대표적으로 네 가지 유형으로 나누었다.[5]

첫째, 중앙당 공천심사위원회에서 추천한 복수의 후보를 놓고 지역구 당원이 참여하여 제한적

4) 다섯가지 유형의 주별 구체적인 내용은 다음을 참고할 것. Federal Election Commission, "Party Affiliation and Primary Voting 2000", http://www.fec.gov/ votings/primaryvoting.htm, (00-06-05).

으로 경선을 치르는 방식.

둘째, 지역구의 당원이나 시·도당에서 심사 추천한 복수의 후보를 놓고 중앙당 공천심사위원회에서 확정하는 방식.

셋째, 예외적으로 중앙당 공천심사위원회가 지역구 당원협의회[6] 간부들의 의견을 참작해 후보자를 내정한 후 지역구 대의원들의 추인을 받는 방식.

넷째, 지역구나 시·도당에서 간선에 의하여 선출한 후보자를 중앙당 간부회의나 공식적인 당 기구에서 심의하고 최종적으로 당 대표가 결정하는 방식 등이다.[7]

절충모형의 조건은 당원과 정당 간부 간, 또는 지역구와 중앙당간의 영향력의 범위, 권한 배분, 합의방식, 양 주체 간 현저한 입장 차 때문에 합의도출이 어려울 경우에 이를 해소할 수 있는 방법 등에 대한 확실한 제도적인 장치가 마련되어야 할 것이다. 그리고 그 게임 규칙에 따라서 공정하게 치러진 결과에 대하여 양 주체는 상호 존중하는 태도를 보여야 할 것이다.

(3)총괄모형(Ⅲ)

총괄모형은 정당의 공직선거후보자를 선출함에 있어서 당원의 참여나 정당 지도자의 영향력 또는 지역구나 중앙당의 개입 없이 정당외적 요인인 일반국민에 의하여 전적으로 좌우되는 모형이다. 위에서 살펴 본 미국의 예에서와 같이 당원만이 공직선거후보자 선출에 참여하는 폐쇄형(Closed)과 달리 유권자가 공직선거후보자 선출에 전적으로 영향력을 행사하는 총괄형과 같은 모형이다. 총괄모형은 크게 세 가지로 분류할 수 있을 것이다.

첫째, 정당이 발전되지 않은 나라에서 당원의 의미도 유명무실하고 정당의 영향력이 적은 경우에 공직선거후보자가 되려는 개인의 능력에 따라서 지지세력을 결집하여 후보로 옹립되는 경우

5) 앞의 세 가지 방식에 네 번째를 추가하였다. 세 가지 방식은 다음을 참고한 것임. 성병욱, "보스 바라기가 문제다."「중앙일보」2000. 2. 1, p.6.

6) 지구당이 폐쇄되면서 지구당이나 지구당 간부 개념이 사라졌다. 그 대신 국회의원선거구별로 지역당원들의 자발적인 지역 활동을 활성화하기 위해서 당원협의회를 두고 있다. 종래의 지구당위원장이 당원협의회장을 맡고 있는 것이 일반적인 현상이다.

7) 지역구나 시·도당에서 간선에 의하여 선출하였으나 중앙당의 심의과정이나 당 대표의 결재과정에 번복이 가능한 경우 경선모형이 아닌 절충모형으로 간주하고자 한다. 왜냐하면 경선모형은 지역구나 시·도당에서 선출하는 순간 최종 후보로 확정되지만 최종적인 결정권이 중앙당에 있는 경우는 다르기 때문이다.

라고 볼 수 있다. 이는 공직에 출마하려는 개인이 후원회를 결성하거나 유권자를 대상으로 지지 서명을 받는 등 제도적 차원이 아닌 독자적인 노력에 따라서 후보가 되는 경우다. 공직선거후보자가 되기 위해 정당에 소속하는 것을 형식요건으로 요구할 때 있을 수 있다.

둘째, 특정 정당을 지지하는 유권자만의 참여를 허용하여 공직선거후보자를 선출하는 방식이다. 모든 유권자에게 참여를 개방하는 것은 선거의 축소판과 같기 때문에 그 범위를 제한하여 정당의 지지자에게만 공직선거후보자 선출에 참여시키는 방식이다. 미국의 공개형과 비슷한 모형이다. 당원보다도 정당에 대한 정체성이 약한 지지자들이 공직선거후보자 선출에 얼마나 적극적으로 참여 하느냐 하는 문제가 있다. 자발적·능동적 정당원을 찾아보기 어려운 상황에서 일반지지자가 정당의 공직선거후보자 결정에 참여할 가능성은 낮다고 볼 수 있다.

셋째, 전 유권자에게 정당의 공직선거후보자 선출에 참여할 수 있는 기회를 개방하는 방법이다. 이는 저조한 투표율과 당성도 없는 일반유권자가 정당 행사에 얼마나 적극적으로 참여하여 자신의 이익을 표출하느냐 하는 문제가 있다.

(4)지명모형(Ⅳ)

공직선거후보자 결정에 당원의 참여가 완전 배제된 가운데 정당의 지도자에 의하여 하향식(top down)으로 결정되는 권위주의 방식이다. 낙하산 식의 공천은 당원의 의사를 무시하고 유권자에게 선택을 강요하는 비민주적인 결정방식이라고 볼 수 있다. 당 지도자에 의한 공천권 행사를 정당화시키기 위해서 민의를 반영시킨다는 명분으로 조작적 차원의 여론조사를 실시하거나, 공천심사위원회를 구성하여 투명성을 보장하려고 하지만 이는 어디까지나 보이지 않는 손에 의하여 막후에서 통제되는 형식적인 제도에 불과하다.

결국 최종적인 공천자는 당 최고 지도자가 결정하기 때문에 그의 의중에 따라서 좌우될 수밖에 없다. 공천권을 전적으로 행사하는 당의 지도자가 실질적인 당의 오너(owner)라고 볼 수 있다. 공직선거후보자가 정당의 지도자에 의하여 낙점되는 모형의 가장 커다란 문제점은 정당의 사당화, 권위주의화, 공천이 아닌 사천화(私薦化), 정당의 과두화 등 비민주적인 엘리트 · 간부정당의 전형이라고 볼 수 있다. 따라서 공천권을 장악한 당 대표의 의중에 따라 국회의원 목숨은 살았다 죽었다하는 파리 목숨이 되는 경우다(김낭기 1999).

(5)경선모형(V)

경선모형은 총괄모형과 폐쇄모형의 중간형태라고 볼 수 있다. 총괄모형은 모든 유권자에게 참여기회를 확대하지만 경선모형은 일반국민 중 공모자로 한정하고, 당원중심의 폐쇄형과 달리 일반유권자에게도 어느 정도 문호를 개방하기 때문이다. 이는 정당의 공직선거후보자를 결정하는 과정에 참여자를 당원과 일반국민으로 하되, 그 비율을 각각 정하여 일정 범위 내에서 참여를 개방하는 것이다. 당내 사정에 따라서 당원과 일반국민의 참여비율은 다르며, 일반국민 중 희망자를 공개적으로 모집하여 공정한 추첨절차를 거쳐 참여 기회를 부여하는 것이다. 이는 사실상 예비선거와 같은 총괄모형과 당원만의 참여로 제한되어 민심의 소재를 정확하게 반영하기 어려운 폐쇄모형의 단점을 각각 보완하여 당심(黨心)과 민심(民心) 또는 일반국민의 표심(票心)을 동시에 어느 정도 반영할 수 있는 제도라는 특징이 있다. 하지만 경선에 응모한 국민이 자기가 지지하는 타당의 후보가 본선에서 유리한 조건이 되게 하기 위해서 경쟁력이 전연 없는 후보를 역선택 하는 등 경선을 방해하는 경우도 있을 수 있다.

Ⅲ. 한국정당의 공직선거후보자 결정 모형

1. 공직선거후보자 결정 모형

(1) 공직선거후보자 추천과 법적규정

헌법 제 8조 2항에서 정당의 목적, 조직 및 활동이 민주적이어야 한다고 규정하고 있다. 당연히 공직선거후보자의 결정도 민주적 방식에 따라야 한다는 것을 대명제로 제시하고 있다. 그러나 이를 강제하거나 하위법에 구체적으로 명시된 내용이 없기 때문에 정당내부의 당규나 당헌에 의존하는 자치입법권에 위임하고 있는 실정이다(정광석 2000, 3).

「정당법」 제 2조에도 정당은 책임 있는 주장이나 정책을 추진하고, 공직선거의 후보자를 추천 또는 지지하는 방법을 통하여 국민의 정치적 의사형성에 참여토록 함을 목적으로 하는 국민의 자발적 조직이라는 내용을 명시하고 있다. 특히 공직선거후보자의 추천과 같은 정치적 의사형성에 국민이 참여토록 함을 목적으로 내세우고 있다. 헌법 제8조 2항과 마찬가지로 공직선거후보자의 결정에 민주적 방식을 거듭 주장하고 있는 것이다.

헌법이나 정당법에 명시된 공천제도의 성격은 공직선거를 효율화하기 위한 본질적인 중요성을 갖는 사전준비적 절차라고 볼 수 있다(전광석 2000, 4). 법에 제도적으로 명시한 국민의 참여와 민주적이라는 의미는 구체적인 해석은 없어도 적어도 공직선거후보자의 결정에 있어서 상향식을 채택하는 것이 바람직하다는 선언적 의미를 내포하고 있다고 해석할 수 있다. 헌법과 정당법은 선언적으로 상향식 모형을 규정하고 있는 것이다.

「정당법」 제28조는 정당의 당헌에 공직선거후보자 선출에 관한 사항을 규정하도록 하였으며, 이에 근거하여 모든 정당들이 당헌이나 당규에 이를 명시하고 있다. 정당의 공직선거후보자 선출이 정당내부적인 사안인 것은 사실이지만 이는 정당의 자치적인 내부문제로서의 성격과 국민의 법적 지위에 영향을 미치는 공적인 성격이 혼재돼 있는 것으로 보아야 한다(정광석 2000, 4). 공직선거후보자 추천에 대한 정당의 당헌이나 당규는 정당의 사정에 따라 자율적으로 다르게 명시할 수 있기 때문에 정당 내부의 문제라고 볼 수도 있다. 하지만 유권자는 정당이 추천한 후보 중에서 공직에 취임할 적격자를 선택할 수밖에 없기 때문에 정당의 공직선거후보자 추천에 대한 당헌이나 당규는 공적인 성격을 함께 지니고 있다고 볼 수 있다. 그래서 정당법에 공직선거후보자 선출규정을 당헌에 명시토록 한 것이며, 당헌을 공개토록 하는 것이다.

(2) 각 정당의 공직선거후보자 추천 제도

열린우리당의 경우 당헌 제11장(선거)에 공직선거후보자추천에 관한 사항을 규정하고 있다. 110조~111조에 의하면 중앙당과 시·도당에 16인 이상 30인 이하의 '공천심사위'를 두도록 명시하고 있으며, 113조(국민참여경선 선거인단의 구성)에는 대통령후보 선거인단은 총유권자의 0.1%이상, 지역구국회의원후보 선거인단은 해당 선거구 유권자의 0.5%이상, 시·도지사 선거인단은 시 · 도 유권자 수의 0.2%이상으로 구성하도록 하였다. 114조(상향식 경선제 실시) ① 항에는 모든 공직선거후보자추천선거는 기간당원경선 또는 국민참여경선방식으로 한다고 규정하고 있다. 공직선거후보자추천선거는 기간당원만의 경선과 국민참여경선 등 두 가지가 있는 데 동조 ② 항에 기간당원경선방식의 선거인단은 기간당원만으로 참여하고, ③ 항에는 국민참여경선방식의 경우 기간당원은 30%이상 50%이하로 하고, 대통령후보선출을 위한 국민참여경선의 경우 기간당원 30%, 일반당원 20%, 일반국민 50%으로 구성토록 하였다. 모든 공직선거후보자의 추천은 기간당원이든 국민경선이든 상향식을 원칙으로 하고 있으나 추천절차가 분명하지 않다. 후보등록은 두 가지가 있다. 하나는 공직출마를 희망하는 인사로부터 신청서를 받는 방법(109조)과 유능한 인재를 발굴하기 위한 국민추천제도(112조)로 나뉜다.

한나라당의 당헌 제5장(대통령후보자의 선출) 82조 ① 항에 의하면 대통령후보자는 대통령후보자 선출을 위한 국민참여선거인단대회의 투표결과와 여론조사결과를 종합하여 선출한다고 규정하고 있으며, ② 항에는 대통령후보자의 결정은 국민참여선거인단 유효투표 결과 80%와 여론조사 결과 20%를 반영하도록 하고 있다. 제83조 ① 항에는 국민참여선거인단은 유권자 수의 0.1% 이상으로 하되, 전당대회대의원 2/8, 정당대회 대의원이 아닌 당원선거인 3/8, 일반국민을 대상으로 공모한 선거인 3/8으로 구성하도록 규정하고 있다.

제88조 ① 항에는 국회의원 후보자의 추천방법에 대하여 규정하고 있는데 국회의원후보자는 중앙당 공천심사위원회의 심사와 최고위원회의 의결로 확정되며, 대표최고위원이 추천하도록 하였다. ② 항에는 중앙당 공천심사위원회는 서류심사 및 여론조사를 거쳐 국민참여선거인단대회를 통하여 공직선거후보자를 심사하되, 국민참여선거인단대회는 중앙당 공천심사위원회의 결정에 따라 여론조사, 면접, 후보간 토론회 등으로 갈음 할 수 있도록 규정하고 있다. 또한 공직후보자추천규정 제81조에 국민참여선거인단 구성은 당해 선거구 당원과 일반국민으로 하되 그 방식은 중앙당 공천심사위원회에서 결정한다고 규정하고 있다.

당헌 90조에는 시·도지사의 경우 대통령선출규정을 준용하되, 선거인단은 시·도 선거인단으로 한다고 되어 있다.

2. 공직선거후보자 추천제도의 특징

헌법이나 정당법은 공직선거후보자의 추천은 민주적인 방식으로 이루어져야 한다는 선언적 의미를 명시하고 있다. 원론적인 입장에서 공직선거후보자의 추천에 상향식이 바람직하다는 것을 제시하고 있는 것이다. 주요정당의 공직선거후보자의 추천방식은 당헌·당규에 명시되어 있는데 참여범위나 개방의 정도는 차이가 있지만 상향식 방식을 채택하고 있다. 대통령후보자의 선출에 있어서는 특히 상향식 추천방식을 채택하고 있다. 열린우리당과 한나라당 공히 선거인단 수는 유권자의 0.1%이상으로 하기 때문에 17대 총선의 총유권자 35,596,357명을 기준으로 할 때 약 36,000명이 된다. 열린우리당의 경우 일반국민은 50%이상인 18,000명, 한나라당의 경우는 3/8인 14,000여명이 된다. 한나라당은 열린우리당에 비하여 일반국민의 참여인원이 적은 반면에 국민참여선거인단대회 결과는 80%만 반영하고, 나머지 20%는 여론조사 결과를 반영하도록 하고 있어 보다 민심의 향배에 관심을 기울이는 제도라고 볼 수 있다. 여론조사 방법의 과학성과 결과의 신뢰성 등에 대한 시비가 예상되는 것은 부인할 수 없을 것이다.

양당은 공히 대통령 선거는 전국 규모로 동시에 치러지기 때문에 당심과 표심을 고려하여 당원이 아닌 일반국민에게도 후보추천에 참여할 수 있는 기회를 부여한 데서 커다란 의미를 찾을 수 있을 것이다. 대통령후보자 추천방식은 〈그림-2〉에서 제시한 경선모형(V)을 선택한 것으로 볼 수 있다.

국회의원후보자의 경우는 대통령후보자 추천방식에 비하여 민주적 방식이 덜 가미된 제도라고 볼 수 있다. 열린우리당의 경우는 기간당원경선 또는 국민참여경선방식 등 두 가지 제도를 채택하고 있다. 두 방식 중 어느 것을 누가 언제 어떻게 선택하는 지가 애매할 뿐만 아니라 그 절차도 분명하지 않다. 110조 ⑥항에는 선거구별 경선참여 인원을 3인 이하로 제한하고 있다. 이는 결국 국회의원후보자의 추천방식은 중앙당 공천심사위에서 1차로 선발한 후보자를 기간당원만이 참여하는 경선일 경우는 절충모형(II)이라고 볼 수 있으며, 국민참여경선방식으로 최종 결정할 경우는 경선모형(V)이라고 평가된다.

한나라당의 국회의원후보자 추천은 중앙당 공천심사위원회에서 서류심사 및 여론조사를 거쳐 국민참여선거인단대회를 통하여 심사하도록 하고 있다. 중앙당 공천심사위원회의 결정에 따라 국민참여선거인단대회 대신 여론조사 등으로 갈음 할 수 있도록 하고 있다. 또한 공직후보자추천규정 제8조에는 공천심사위원회는 자격 및 서류, 여론조사를 거쳐 3인 이내의 국민참여선거인단후보자를 선정할 수 있도록 하고 있다. 한나라당의 경우도 국회의원후보자의 추천방식은 절충모형(II), 경선모형(V), 지명모형(IV) 등을 모두 채택하고 있으나 지명모형에 가깝다고 보아야 할 것이다. 국회의원후보자 추천방식은 대통령후보에 비하여 민주성이 덜한 이유는 총선은 전국 243개 선거구에서 동시에 치러지기 때문에 선거구마다 정당별로 국민경선을 치르는 것이 쉽지 않기 때문일 것이다. 그 뿐만 아니라 선거관리나 경비 등도 고려해야 하기 때문일 것이다. 제한된 선거구에서 실시되는 재·보궐선거의 경우는 기술적으로 상향식 공천이 가능하겠지만 전국적으로 동시 치러지는 총선은 물리적으로 경선이 쉬운 일은 아닐 것이다. 하지만 열린우리당의 경우 당헌 제118조에서 재 · 보궐선거는 중앙위원회 의결로서 상향식 경선방식을 달리할 수 있다고 규정하고 있어 오히려 전략공천의 길을 터놓고 있다. 당헌 117조는 국회의원과 지방선거에서도 선거구 총수의 30%이내에서 단수 추천하는 전략공천을 방식을 도입하고 있다.

시·도지사의 경우는 열린우리당은 국회의원후보자와 동일한 방식으로 추천하도록 했으며, 한나라당은 대통령후보 추천과 동일한 방식을 채택하고 있다.

양당의 당헌·당규에 명시되어 있는 공직선거후보자 추천제도의 특징은 공직의 정치적 영향력의 비중과 중요도 그리고 선거구의 광역성 등 규모에 따라서 당원과 일반국민의 참여 허용 범위가 다르게 명시되어 있다. 전국을 단위로 치러지는 대통령선거나 16개 시·도를 단위로 하는 광역자치단체장의 경우가 경선모형(V)이다. 하지만 243개의 많은 선거구가 있고 전국적으로 동시 치러지는 총선의 경우 절차상의 문제점, 경선관리의 어려움, 경비 등을 고려하여 당원이나 일반국민의 참여가 100% 보장되고 있지 않다는 사실을 발견할 수 있다. 아직도 당의 최고 지도자나 공천심사위원회의 영향력이 크게 작용하고 있는 것으로 평가할 수 있다. 대통령이나 시·도지사 후보자의 경우는 경선지향적이고 국회의원후보자의 추천은 절충모형(II) 내지 지명모형(IV)을 채택하고 있음을 알 수 있다.

3. 제도운영의 문제점

경선제도는 2002년 12월, 17대 대통령후보 선출을 앞두고 이미 민주당과 한나라당에서 도입한 바 있다. 민주당은 2002년 3월~4월 49일동안 권역별 16회의 국민경선을 통하여 노무현 후보를 선출한 경험이 있다. 대의원 20%, 당원 30%, 일반국민 50% 비율로 선거인단 7만명을 구성했다. 일반국민은 190만명이 경선 참여를 신청하여 컴퓨터로 35,000명을 추첨하여 선거인단을 구성하였으며, 7명의 후보가 출마한 가운데 국민경선으로 대통령후보를 선출한 바 있다. 한나라당도 2002년 4~5월 12개 권역별로 4명이 출사표를 던진 가운데 이회창후보를 선출하는 국민경선을 치렀다. 선거인단 총 48,000여명 중 국민선거인단은 24,959명으로 절반을 차지했다. 각 정당은 이러한 경험을 토대로 당헌·당규에 공직선거후보자 추천제도를 마련하는 등 나름대로 민주성을 유지하려고 노력하였다. 대통령후보 선출을 위한 국민경선제도는 참여민주주의 확산, 당내 민주화, 온라인 정치의 등장과 인터넷 정치의 활성화, 전자 투·개표의 개발로 전자선거화, 선거문화 변화, 대선구도의 극적 반전드라마 연출 등등 긍정적인 측면이 있었다. 다른 한편 몇 가지 문제점도 노출되었다. 아무리 민주적인 제도를 채택하여도 그 운영이 그렇지 못하면 그 제도가 추구하는 가치를 구현하기 어려운 것이다. 법적·제도적 장치 못지않게 중요한 것이 제도 운영자의 행태라고 볼 수 있다. 각 정당의 국민경선모형을 실질적으로 운영하는 과정에 나타났거나 또는 예상되는 문제점을 당원 및 지지자, 후보자 및 정당지도자, 그리고 국민차원으로 나누어 살펴보고자 한다.

(1) 당원 및 지지자 차원

당원차원의 가장 커다란 문제점은 진성당원이 많지 않다는 것이다. 당의 이념에 공감하여 자발적으로 당원이 되어 당비를 납부하면서 당에 대한 확고한 정체성을 갖고 당의 의사결정에 적극적으로 참여하는 당원 수가 적다는 사실이다. 「정당법」 31조에 당원의 당비 납부는 의무로 규정하고 있으나 현실적으로 그렇지 않다.

지역구 수준의 당원에 대한 문제점은 선거 때 선거운동의 한 방법으로 당원배가 운동을 채택하여 당의 이념이나 노선과 관계없이 당원을 늘린 나머지 허수당원, 유령당원, 종이당원, 이중당적자, 철새당원, 선거꾼 등이 많기 때문에 당원으로서의 정체성, 이념, 성향 등에 문제가 있다.[8] 일정기간 당비를 납부한 기간당원 혹은 책임당원(진성당원)에게 당직자나 공직자의 선출권이 주어지기 때문에 이들에 대한 당비 대납사건이 발생하기도 하였다. 그 뿐만 아니라 본인이 정당에 가입된 사실도 모르는 채 계좌에서 당비를 빼내간 사례도 있어 사정당국의 수사를 받기도 했다. 당비 대납이나 불법 당원모집 등으로 유령당원이나 종이당원이 공직선거후보자 추천권을 갖는다면 하향식보다도 더 타락한 부도덕한 일이라고 하지 않을 수 없다.

당원이 되는 동기도 당원의 의무나 책임을 다하기 위해서라기보다는 반대급부를 기대하는 경우가 적지 않다. 지역유지는 언제나 만년 여당원이 되는 경우가 이를 말해 준다. 야당의 당원은 자신의 당성을 공개적으로 밝히기를 꺼리는 경우가 많다. 국회의원도 당에 대한 정체성이 약하여 이당저당 기웃거리는 철새정치인이 많은데 지역구 수준의 당원이야 더 말할 나위가 없을 것이다. 지역구 관리자[9]가 바뀌든, 정권이 바뀌든, 정당의 창당·해산·통폐합과 관계없이 정당 사

---

8) 예를들면 민주당 서울 도봉지구당이 서울시의원 보궐선거 후보를 2000년 5월 15일당원의 직접 투표로 선출하였다. 당원은 12,600명이었으나 참석자는 3,000명, 투표자는 1,900명이었다. 허수당원이 많은 것이 판명 되었는데 이는 총선 직전 당원의 배가운동 때문이며, 당원명부가 제대로 관리되지 않아 1,100명이 투표를 할 수 없었다.

9) 지구당이나 지구당위원장이 없어졌으나 시·도당 정책위원장 등 변칙적인 당직을 갖고 지역구를 관리하고 있는 것이 현실이기 때문에 종래의 '지구당위원장' 개념을 '지역구관리자' 라고 부르고자 한다. 앞서 지적했듯이 종래의 지구당위원장은 당원협의회장으로 대체된 것이 일반적인 현상이다.

무실에 자주 출입하는 인사들은 대부분 그 사람이 그 사람이라는 사실이다.

다음으로 지적할 수 있는 당원 차원의 문제점은 정당의 활동에 참여의식이 낮다는 것이다. 국회의원 재·보선이나 지방자치단체장과 지방의원 선거에 나타난 바와 같이 일반유권자의 투표율이 낮아지고 있는 상황에서 정당 행사에 적극적으로 참여할 것이라는 기대를 갖는 것은 무리라고 볼 수 있다.[10]

또한 특정후보의 지지자들도 각성해야 할 점이 있다. 국민경선 과정에 예를 들면 노사모(노무현을 사랑하는 사람들의 모임)나 창사랑(이회창을 사랑하는 사람들의 모임) 같은 후원조직이 경선에 조직적으로 영향력을 행사하였다. 이들은 온라인과 오프라인을 동원하는가 하면 경선장에서 일사불란한 응원전을 펼쳐 특정 후보의 바람을 일으켜 후보로 당선시키는데 주역을 담당했다. 특정 정치인을 지지하는 자발적인 후원조직이 적법하게 활동하는 것은 문제 될 것이 없지만 이들 조직의 활동범위나 방법 등에 대하여 불법시비가 발생하는 등 부작용이 있었다. 이러한 지지모임이나 팬클럽 등의 활동은 실정법의 범위내에서 합법적으로 이루어져야 할 것이다.

(2) 후보자 및 정당지도자 차원

무엇보다 경선에 출마하는 후보자의 행태가 중요하다. 후보경선은 공직에 도전하기 위한 첫 관문이기 때문에 그 중요성은 대단히 크다. 따라서 과열될 수밖에 없다. 2002년 12월 대통령 선거를 앞두고 치러진 민주당과 한나라당의 국민경선과정에서 몇 가지 문제가 드러났다. 무엇보다도 정정당당하게 경선에 임해야 할 것이다. 경쟁후보에 대한 흑색선전, 인신공격, 음모론의 제기 등등 네거티브 캠페인보다는 정책대결을 통한 정정당당한 경선이 될 수 있도록 해야 할 것이다.

둘째, 선거인단의 동원에 나서는 일을 자제해야 한다. 선거인단 추첨에 자기 지지자가 다수 포함되는 것이 경선승리의 지름길이란 판단으로 후보진영마다 조직이나 연줄을 가동하여 선거인단 동원에 나서는 것은 경선의 공정성을 훼손하는 결과가 될 수 있기 때문이다. 국민의 자발적인 참여가 무시되고 선거인단을 동원했다면 경선의 공정성과 객관성을 유지하기 어렵다. 동원된 선거인단은 민심을 대표한다고 볼 수 없으며, 불공정한 게임으로 경선 불복의 빌미가 될 수 있고, 동원과정에 엄청난 비용 등이 소요되어 '국민경선은 사기' '무늬만 국민경선' 이라는 평가를 받는다면 경선의 본래 의미를 퇴색시키는 결과를 가져오게 된다.

---

10) 앞서 밝힌 민주당 서울 도봉지구당의 후보자 선거에 투표율은 15%로 낮게 나타났다.

셋째, 경선 불복은 금물이며, 도중 후보 사퇴도 신중해야 할 것이다. 민주당 대통령 후보 경선에는 처음에 7명의 후보가 출사표를 던졌으나 완주한 후보는 2명뿐이었다. 자기의 패배를 솔직히 인정하지 않고 경선에 불복하는 도덕불감증이 나타나기도 했고, 초반에 지지세가 약하고 패배가 확실한 것으로 판단되자 도중에 경선을 포기하여 경선분위기를 해치는 자세는 적어도 국민이 원하는 정치지도자들의 모습은 아니다. 끝까지 최선을 다해 완주하고, 그 결과를 겸허하게 수용하는 자세가 정착되는 것도 민주주의 발전을 위해서 꼭 필요하다.

정당지도자의 문제점은 지역구 관리자와 중앙당 간부로 나누어 살펴보아야 할 것이다. 먼저 지역구 차원의 문제점은 의사결정 구조가 지역구 관리자 중심으로 짜여져 있으며, 지역구는 관리자의 사조직 성격이 강하다. 따라서 공직선거후보자 추천 과정에 지역구 관리자의 영향력이 절대적이다.

지역구는 공당의 성격보다는 관리자의 사당성이 강한 것이 현실이기 때문에 지역구 관리자의 영향력이 대단히 크다. 지역구관리자는 무엇보다도 선거인단이나 대의원 구성에 전적으로 영향력을 행사한다. 지역구의 현역의원 입장에서는 국회의원 후보를 경선으로 선출할 가능성에 항상 대비하고 있으며, 자신과 친분이 두터운 인사가 자치단체장이나 지방의원, 당 대표, 대통령 후보가 되도록 하기 위해서, 그리고 지역구의 효율적인 관리나 선거과정에 있었던 부정선거에 대한 양심선언 등을 사전에 막기 위해서 자기 사람으로 당원협의회 간부를 선임하고 있는 것이 현실이다. 자신의 의중을 따를 수 있는 인사를 선거인단이나 대의원에 선임해야 자신의 정치적 영향력을 행사할 수 있는 기회가 커지기 때문에 개인적 연고를 중시하여 당원협의회 간부를 선임한다. 당원협의회 회장은 총선에 대비하여 평소에 지역구를 관리하고 있다. 지역구는 개인의 정치적 지지기반의 기초가 되기 때문에 당원협의회 간부나 각종 분과위원 등을 자기 사람으로 선임한다. 실제로 후보경선 때 지역구 관리자가 대의원들에게 돈 봉투를 돌리거나, 대의원들의 줄 세우기 등 불법적 사례가 적발되기도 하였다. 지역구 관리자가 지역구를 통제하고 있는 상황에서 지역구 관리자의 지지 없이 지방의원 등 공직선거후보자로 추천받기 어렵다. 더구나 지역구 관리자와 친분이 없거나 물밑거래가 없는 참신한 인사가 경선에 참여하는 것은 쉬운 일이 아니다. 당에 기반이 없는 참신한 당외 인사의 경선참여 통로는 폐쇄적일 수밖에 없다.

다른 한편 중앙당 대표는 공직후보자의 추천에 많은 영향력을 행사하고 있다. 정당의 의사결정에 당 대표의 영향력이 절대적이다.

첫째, 지역구 관리자를 임명하는 데 당 대표의 영향력이 크다. 중앙당 대표는 자신을 지지하는 지역구 관리자의 수가 당권이나 대통령 후보 결정에 주요한 변수가 되기 때문에 지역구관리자를 자파 사람으로 임명하여 당내 지지세를 확대하려고 한다.

둘째, 공직선거후보자의 중앙당공천심사위원회 위원을 당 대표가 최종적으로 임명한다. 공천심사위원장을 포함하여 위원을 외부에서 영입하는 등 공정성과 객관성을 유지하려고 노력하지만 당 대표의 입김이 크게 작용한다. 국회의원 후보자의 경우 공천신청서를 접수하면 공천심사위원회를 구성하여 공천자를 심사한다. 당헌이나 당규에 의하여 구성된 공천심사위원회는 공천심사 기능을 수행하는 공식위원회로서 그 역할이 대단히 중요하다. 따라서 공천심사위원회에 당 대표의 측근을 임명하여 자신의 의중을 반영시키는 대리인 역할을 부여하기 때문에 형식적이고 실무형의 기구에 불과하다는 지적을 받는다.[11]

셋째, 공천심사가 민주적이고 투명하게 이루어지지 않기 때문에 불공정 시비가 끊이지 않는다. 정당별 공천신청자의 자격에 대하여 일정한 기준을 제시하고 있으며 공천심사도 여론과 경쟁력 등 당선가능성을 최우선적으로 고려하고 있다. 최근에는 인지도, 적합도, 모의투표 등을 동원하여 당선 가능성을 공천의 잣대로 활용하는 경향을 보이고 있다.[12] 그러나 낙하산 공천, 낙점 공천, 밀실공천, 돈 공천, 충성도 공천, 계파간 나눠먹기식 공천, 계파간 파워 게임 등 불공정 시비가 끊이지 않고 있으며 공천 탈락자들의 반발과 탈당 등의 심한 휴유증에 시달리는 것이 사실이다.[13]

물론 공천신청자끼리 흑색선전, 줄 서기, 물밑거래, 충성경쟁 등 불공정 경쟁을 하는 것도 문제가 되지만 정당이 공당성을 외면한 사당성과 당 대표의 자의적인 낙점 때문에 공천이 아니라 사천이란 비난을 받는 경우가 많다.

중앙당 대표가 정당의 중요한 의사결정권을 독점하고 당헌·당규보다는 당 대표의 지시나 명령이 우선시 된다면 민주정당이라고 볼 수 없다. 헌법이나 국회법도 경시하는 정치인들이 당

11) 공천심사위의 위상이나 역할에 대한 실질적인 내용은 다음을 참고할 것(조용준, 2000).

12) 15대 총선을 앞두고 신한국당의 경우 최고 17회의 여론조사를 실시하였다고 한다.「조선일보」1996. 2. 4. p.6.

13) 16대 총선을 앞두고 한나라당 등 공천에서 탈락한 인사들이 탈당하여 새로운 정당(민국당)을 창당하는 후유증이 있었다. 한나라당은 외부인사를 공천심사위원으로 임명하여 공정한 공천심사를 약속하였으나 공천물갈이를 통하여 한나라당을 이회창당화 했다는 지적을 받기도 하였다.

헌·당규에 얽매이지 않는다. 또한 많은 당직과 국회직의 추천이나 임명권을 행사하는 당 대표의 영향력이 지나치게 크다.

한국정당의 공직선거후보자 추천은 대통령후보의 선출을 제외하고 아직도 지방선거는 지역구 관리자, 중앙당은 당 대표가 전권을 행사하는 1인 보스정당, 사당성, 권위주의 정당 등의 모습을 벗어나지 못하고 있다. 제도보다는 운영에 문제가 있다. 각 정당에서 실시하고 있는 대통령후보, 당 대표, 일부고위 당직에 대한 경선 과정에 나타나는 부작용을 보면 더욱 그렇다. 정당의 민주화는 정당의 지도자들의 행태가 중요한 몫을 차지한다고 볼 수 있다.

(3) 국민차원

일반국민에게도 여론조사 응답이나 직접 공직선거후보자 추천에 참여할 수 있는 기회가 부여되고 있다. 특정 정당의 당원이 아닌 일반국민 중에서 공개적으로 모집하여 추첨된 인사에게 참여 기회를 부여한다. 일반국민이 특정 정당의 공직선거후보자 추천에 참여한다는 것은 종래 정당이 공천한 후보 중에서 어느 후보든 하나를 선택 할 수밖에 없었던 상황과 비교하면 의미 있는 발전이라고 볼 수 있다. 왜냐하면 국민이 직접 의제설정 기능을 수행하기 때문이다.

국민차원에서 무엇보다 경선과정에 많은 참여가 요구된다. 정치의제 설정에 국민이 직접 참여하는 것은 국민의 정치적 효능감을 높일 수 있으며, 정치과정을 주도하는 기본이 되기 때문이다. 국민 각자가 국가의 정치행로 및 어젠다를 직접 결정하기 위해서는 무엇보다 경선과정에 적극적으로 참여하는 데서 출발해야 할 것이다. 2002년 민주당 대통령후보 국민경선과정에 경기지역에서 20%대의 낮은 참여율을 보인 것은 문제가 아닐 수 없다. 2002년 민주당 국민경선의 경우 울산에서 유권자의 7.3%인 48,000명이 신청하여 경쟁률이 100 대 1을 넘었으나 참여율이 저조하여 결국 허수나 동원된 인원이라는 비판도 있었다.[14] 자신이 자발적으로 참여를 신청했고, 추첨되었는데도 투표에 불참한 것은 시민의 기본적인 책임을 다하지 못한 것으로 볼 수 있다.

다음은 특정 정당의 국민경선에 참여하는 사람들은 그 동기나 목적이 뚜렷해야 할 것이다. 단순하게 정치적 흥행에 참여한다는 형식적 태도보다는 진정으로 이 나라의 차기 정치지도자를 선출하는 데 자신의 정치적 의사를 분명하게 표출한다는 목적과 후보 선택에 대한 기준이 분명하게 정리되어야 할 것이다. 차기 대통령에게 요구되는 자질이나 리더십 그리고 국가적·시대적 당

14) "국민경선제에 국민은 들러리인가"「동아일보」 사설, 2002. 3. 12

면 과제에 대한 분명하고 명확한 견해를 갖고 있어야 할 것이다. 또한 주위 사람들과 사전 충분한 토론을 거쳐 국민이 원하는 지도자가 누구인지 여론을 살펴보는 노력이 요구된다.

4. 개선방안

(1) 경선모형(V)의 도입

그동안 정당의 공직선거후보자 추천방식을 민주적으로 바꿔야 한다는 주장이 끊임없이 제기되었다. 왜냐하면 공직선거후보자 추천방식은 정당 민주화의 가장 핵심적인 내용이기 때문이다. 정당간부의 영향력이 극소화된 가운데 당원이나 일반유권자의 참여에 의한 공직선거후보자의 결정이 가장 바람직하다는데 누구나 공감하고 있으며, 거의 모든 정당에서 이를 수용하게 되었다. 상향식 공직선거후보자의 결정은 '당 조직의 민주적 통제'(정용대 1996, 398) 체제를 확립하는 것이다. 그러나 '어떻게'라는 문제가 제기되면 구체적인 방법을 찾기 어려운 것이 현실적인 고민이다.

공직선거후보자의 폐쇄모형(I)을 지역구 수준에서 도입한 결과 경험적으로 다음과 같은 장단점이 발견되었다. 정당의 민주화, 당원에 의한 후보자의 자질 사전 검증과 본선에서 경쟁력 제고, 당원의 소속감과 권리의식 함양, 당원관리의 내실화, 참여민주주의의 실험 등의 장점이 있다. 반면에 외부인사 영입의 어려움, 지역구 조직의 분열, 선거운동의 제약, 경선관리 비용의 과다, 사전·사후 후보자 자질 검증장치 미흡, 투표율 저조 및 투표층의 편향성, 치열한 경선으로 인한 후보자의 경제적·정신적·육체적 부담, 선거인 명부의 작성과 관리의 문제점, 선거관리의 취약, 지역구 선관위의 완전한 중립성 확보 미흡 등의 단점이 발견되었다.[15]

당원뿐만 아니라 일반유권자의 참여를 허용하는 미국 예비선거제와 같은 총괄모형(III)을 도입하는 것은 용이한 일이 아니다. 예비선거를 치르게 되면 사실상 본 선거와 이중으로 선거를 치르게 되는 절차의 번거로움, 소요되는 경비, 정당 내부의 분열, 선거휴유증, 경선불복, 과당경쟁, 혼탁·과열, 후보난립, 금품살포 및 불법매수, 유권자 동원, 유권자의 낮은 참여율과 무관심, 유권자의 특정후보 선출방해, 예비선거의 관리 등의 문제가 예상된다. 또한 모든 공직선거후보자의 예비선거를 전국의 유권자를 대상으로 실시한다는 것은 어려운 일이다.

---

15) 새천년민주당도봉을지구당, 「5. 15 예비선거 보고서」 2000. 5, pp.22~32.

공직선거후보자 추천 모형은 각각 장단점이 있기 때문에 완벽한 제도는 없다. 여러 가지 문제점이 예상됨에도 불구하고 보스중심의 사당이나 1인지배 정당구조를 개혁하기 위해서는 국회의원 후보는 적어도 폐쇄모형(I)을 대통령후보나 광역자치단체장의 경우는 경선모형(V)을 도입하는 것이 현실적인 대안이라고 볼 수 있다. 총괄모형(Ⅲ)은 경선모형(Ⅴ)에 비하여 유권자가 두 번 선거를 치러야 하는 등 절차가 너무 번거롭기 때문이며, 국회의원후보자 추천에 전국적으로 경선모형(Ⅴ)을 도입하는 것은 절차상 현실적 어려움 때문이다. 물론 앞으로 지향해야 할 공직선거후보자 추천방식은 경선모형(V)이다.

한국 정당의 가장 커다란 문제점인 1인지배 보스정당, 명사중심정당, 권위주의 정당을 민주적인 대중정당으로 개혁할 수 있는 현실적인 대안은 당원과 일반유권자가 동시에 참여할 수 있는 경선모형(Ⅴ)이다. 경선모형(Ⅴ)은 당원에게 정체성을 부여하고, 공모한 일반국민 중 추첨에 의하여 일정비율을 참여시킴으로서 유권자가 의제설정 기능을 어느 정도 수행하는 효과도 있어 풀뿌리 민주주의를 정착시킬 수 있는 방법이다.

(2) 경선모형의 보완

공직선거후보자의 추천은 당헌·당규 상의 제도와 운영상의 문제점만 개선한다고 해결될 수 있는 사안이 아니다. 공직선거후보자의 추천은 여러 가지 의미가 있다. 유권자 입장에서는 정당이 추천한 후보 중에서 공직에 적합한 인물을 골라야 하는 선택지를 제공받는 결과가 된다. 당원 입장에서는 어느 후보를 내세우느냐에 따라서 자기 당이 지방정부를 책임지고 국회의 다수당이 되며 집권당이 될 수 있는 가능성을 제시하는 것이다. 후보자 개인에게는 공직에 취임할 수 있는 1차 관문을 통과하는 공직입문의 기회가 제공된다. 당 지도자에게는 자신들의 정치적 입지나 영향력의 범위가 결정된다. 공직선거후보자의 추천은 유권자, 당원, 당의 지도자, 정당 모두에게 중요한 의미를 갖고 있다. 그렇기 때문에 경쟁이 과열될 수밖에 없다. 따라서 공직선거후보자 추천의 개선방안은 정당의 지도자, 후보가 되려는 사람, 당원, 그리고 일반 유권자에 이르기까지 모두의 행태가 변해야 한다.

우선 제도적으로 헌법 제8조 2항에서 강조한 정당의 목적·조직 및 활동이 민주적이어야 한다는 선언적인 의미를 「정당법」이나 「공직선거법」등에 구체적으로 명시해야 할 것이다. 공직선거후보자의 추천은 상향식에 의하도록 강제규정을 두고 이를 위반할 경우 후보자로 등록할 수 없도록 제도화하여야 할 것이다. 당내 민주주의를 각 당의 당헌·당규에 위임하는 것으로 문제가 해결될 수 없기 때문이다(이현출 1997, 200). 그리고 현재 당헌·당규에 규정된 경선절차와 방법, 경선 관리 등을 보다 구체화시키면 될 것이다.[16] 그리고 국민경선에 참여하고 있는 일반국민의 구성비율을 현행 50%수준에서 점차 확대시켜 나가야 할 것이다.

다음 행태적인 측면에서 당원은 자기가 입당한 정당에 당원명부에 정식으로 등록하고 당에 대한 분명한 정체성을 확립해야 할 것이다. 당의 정강정책이나 이념에 투철한 당원으로서 자발적이고 적극적인 열성 당원이 되어야 한다. 특정 정당에 입당한 이상 정당원으로서 역할을 다 해야 한다. '정당의 후보 선출권을 갖고 있는 자가 사실상 정당의 주인이다' 라고 할 정도로 정당의 후보선출은 정당운영에 있어서 중요하다(정진민 2000, 2). 따라서 당원은 당의 주인으로서 책임과 의무를 다해야 할 것이다. 당비도 납부하고 정당의 행사에 자발적으로 참여하며 자신의 의사를 정당의 정책결정에 적극적으로 반영시키도록 노력해야 할 것이다. 이 문제는 특정정당의 당원임을 당당하게 밝힐 수 있는 분위기 조성과도 관계가 있다.[17] 작은 이익에 연연하거나 연고주의에 집착하여 합리적 의사결정 능력을 상실해서는 곤란하다. 자기가 소속한 정당의 발전이 민주정치 발전의 초석이 된다는 인식을 갖고 합리성과 활동성(rationality and activist)을 지닌 진성당원이 되어야 할 것이다.

일반국민 입장에서도 정치가 잘못된다고 불만만 표출하지 말고 아무리 생업에 바쁘더라도 정당의 공직선거후보자 추천행사에 적극적으로 응모하고 또한 추첨 된다면 사명감을 갖고 투표에 꼭 임해야 할 것이다. 정치의 주체는 사람이다. 그렇기 때문에 어떤 사람이 국민의 지도자가 되느냐에 따라서 정치의 내용과 질이 좌우된다. 민주국가에서 정치의 주인은 국민이다. 결국 국민이 어떤 정치지도자를 선택하느냐에 따라서 정치의 질과 내용이 결정되기 때문에 사명감을 갖고 의제설정 기능 수행에 적극성을 보여야 할 것이다.

공직선거후보자 경선에 참여하는 사람들의 행태도 변해야 한다. 무엇보다 공정하고 정정당당한 자세로 경선에 임해야 할 것이다. 정당의 추천을 받고 못 받는 것은 개인의 정치생명과 직결되

---

16) 민주적 공천의 법적 제도화 방안에 대하여 다음을 참고할 것. 전광석(2000).

17) 지역구 수준에서는 아직도 야당 당원임을 당당하게 밝히지 못하는 경우가 많다. 예를 들면 16대 총선의 모든 출구조사에서 여당인 민주당이 과반수 의석을 차지하는 것으로 조사되었으나 결과는 달랐다. 이는 야당후보를 지지한 유권자가 아직도 과거 야당 당원에 대하여 취해졌던 불이익과 피해의식 때문에 솔직하게 자신의 입장을 밝히기를 꺼려하는 분위기와 관련이 있다고 볼 수 있다.

는 문제이기 때문에 사생결단의 각오로 경선에 임할 가능성이 높다. 경선 패배는 곧 정치생명의 끝장이라는 절박한 인식 때문에 수단과 방법을 가리지 않고 공천경쟁에 사활을 걸 수도 있다. 그렇다고 경선이라는 1차 관문을 통과하기 위해서 불법적·타락적 방법을 동원해서는 안 된다. 경선에 승리하기 위해서 금전을 살포하거나 경쟁자를 헐뜯고 부정한 방법을 동원하는 자세가 근본적으로 시정되지 않는 한 상향식 공천의 참 뜻을 살리기 어렵게 된다. 또한 경선결과에 대하여 깨끗하게 승복하고 승리자에게 축하를 보낼 수 있는 자세가 요구된다. 경선에 탈락했다고 탈당하여 무소속이나 타당의 후보로 나서지 않는 정치윤리를 지켜야 한다.[18] 중앙당의 당 대표는 당원의 손으로 공직후보자가 공정하고 깨끗한 경선을 통하여 선출될 수 있도록 중립적으로 경선을 관리해야 한다. 훌륭한 후보가 선출되어 본선에서 경쟁력을 높일 수 있도록 해야 한다. 당에서 추천한 공직선거후보자가 많이 당선되면 국회에서 다수당이 될 수 있으며, 지방정부를 장악하여 정권획득에도 유리하다. 정당의 지도자에게 공천권 행사를 포기하라고 요구하는 것은 쉬운 일이 아니다. 왜냐하면 자기가 추천한 후보가 많이 당선되면 당내 세력을 증대시켜 당권경쟁에서 유리하고 더 나아가 당 대표와 당의장 또는 대통령후보로 선출될 가능성이 높기 때문이다. 공직선거후보자의 추천은 국회와 지방정부의 지배와 차기 대권구도에 직접적으로 연계되어 있기 때문에 정치권력 획득을 목표로 하는 정당의 지도자에게 공천권 행사를 포기하라는 것은 현실적으로 무리한 요구가 될 수도 있다.

그러나 대통령후보, 국회의원후보, 지방자치단체장 후보 등을 경선방식으로 공정하게 선출한다면 본선에서 경쟁력을 높일 수 있으며 정당의 지지세를 확산시킬수 있다는 인식을 가지고 상향식 제도를 공정하게 관리해야 할 것이다.

18) 탈락자의 무소속 출마를 방지시키기 위해서 경선 6개월을 전후하여 당적을 옮긴 사람은 공직선거의 후보자가 될 수 없도록 규정하는 것이 바람직하다는 의견도 있다(최한수1996, 10).

V. 맺는 말

정치 엘리트를 충원하는 것은 정당의 주요한 기능이다. 정당의 정치충원이 어떤 방식으로 이루어지느냐 하는 것은 정당의 의사결정구조, 정당내 권한의 배분관계, 당원과 당 지도자간의 역학관계 등을 이해하고 더 나아가 당내 민주화를 평가하는 잣대가 되며 정당의 주인이 누구인가를 판단하는 기준이 된다. 민주정당은 정당의 주요 의사가 당원에 의하여 결정되지만 권위주의 정당은 당원의 참여가 배제된 채 소수의 정당지도자에 의하여 통제된다.

한국의 정당은 국회의원 후보자는 일반적으로 절충모형에 가깝다. 광역자치단체장이니 대통령후보는 경선모형으로 분류할 수 있다. 국회의원 후보자의 전국적인 경선은 물리적으로 어려움이 예상되기 때문에 현실성을 고려한 것으로 이해할 수 있으나 경선모형이면 더할 나위 없이 바람직하지만 최소한 폐쇄모형이 정착되도록 해야 할 것이다. 지명모형과 폐쇄모형 등을 일정한 기준 없이 상황에 따라서 변칙 적용하는 것은 지양되어야 할 것이다.

정당의 공직선거후보자 결정모형을 국민과 당원의 참여와 정당지도자의 영향력 수준에 따라서 다섯 가지로 분류하였다. 가장 바람직한 모형은 풀뿌리 민주주의 정신을 살릴 수 있는 총괄모형임에 틀림없다. 하지만 사실상 선거를 두 번 치러야 하는 부담 등 때문에 현실적으로 경선모형이 적합하다고 볼 수 있다. 이는 당원과 일반국민의 부분적인 참여가 허용되어 당심과 민심을 어느 정도 반영할 수 있으며, 보스 중심의 1인지배 정당체제를 혁파하는 데 기여할 수 있기 때문이다. 제도적으로 국민경선에 참여하는 일반국민의 구성 비율을 점차 확대해야 할 것이다.

정당의 공직선거후보자 결정방식이 보스에 대한 충성심이나 연고주의 그리고 뒷거래가 아닌 폐쇄모형이나 경선모형이 도입되어 정당의 민주적 운영에 일대 전기가 마련되고 있으며, 한국정당의 전반적인 발전에 기여하고 있다. 당원과 제한된 국민이지만 정당의 공직선거후보자 결정에 유권자가 참여하는 것은 국민에 의한 의제설정기능의 부분적 회복이 이루어지는 결과가 된다. 공직선거후보자들은 보스 지향의 충성경쟁보다는 국민의 정치적 요구나 기대에 부응하는 국민중심(people-centerd)의 진정한 봉사자의 자세를 갖게 될 것이다. 국회의원들도 당론에 무조건 따르는 단순 거수기로부터 해방될 수 있을 것이다. 이는 정당의 공당성과 투명성을 높여 정당의 대국민 신뢰도 회복에도 기여할 것이다. 또한 인터넷 정치, 사이버 정치, 매체정치 등 신정치의 출현으로 탈정당화, 정당의 주변부화 등 정당의 쇠퇴가 가속화되고 있는 현실에서 정당이 민주정치과정에 이익집약의 기능을 보다 효율적으로 수행할 수 있을 것으로 기대된다.

한국정당의 당내 민주화를 위해서는 구조적 접근법에 의한 당내 역학관계를 당원중심으로 개혁하는 것이 1차적인 과제라고 볼 수 있지만 행태적 접근법도 동시에 고려되어야 할 것이다. 당의 의사결정 구조를 당원중심으로 제도화하더라도 그것을 운영하고 실천하려는 당원의 합리성·활동성·능동성이 제고되고 당 지도자의 권위주의적 행태가 변하지 않는다면 효과를 기대하기 어렵다. 한국정당의 문제점으로 지적되고 있는 1인 보스 중심의 명사정당, 정당의 과두화, 잦은 입탈당, 진성당원의 부재, 경선불복, 밀실공천, 공천헌금, 당원과 당 지도자의 당에 대한 정체성 결여, 수단과 방법을 가리지 않고 공천을 받으려는 후보자의 무한경쟁, 충성경쟁, 공천권을 행사하여 사당화를 꾀하려는 정당 지도자의 과욕, 당리당략 차원의 정국운영 등 당원과 당 지도자의 행태가 바뀌지 않고 당내 민주화가 이루어질 수 없을 것이다.

한국정당의 민주화를 위해서는 무엇보다도 공직선거후보자의 상향식 추천제도가 정착되어야 한다. 당의 공직선거후보자를 당원과 국민의 손으로 뽑는 경선모형이 뿌리 내려야 할 것이다. 민주정당의 주인은 당원이어야 하고 당의 정책은 당원의 의사에 의하여 결정되는 당원중심으로 운영되어야 한다. 그리고 그 과정에 민심이 반영되어야 한다. 경선모형의 정착은 한국의 1인지배 구조인 엘리트·간부정당체제와 보스·맹주정치를 타파하고 민주적인 대중정당으로 발전하는 초석이 될 수 있을 것이다.

* 참 고 문 헌 *

강원택. 2003. "정당의 공직후보 선출과 당내 민주화" 심지연 편저, pp.239~266.

강원택. 2002.「정당의 민주적 제도화를 위한 개선방안에 관한 연구」 2002년 국회 연구용역과제 (연구기간 2002. 8. 12~11.11)

곽진영. 2001. "한국 정당체계의 민주화 : 정당-국가간 관계를 중심으로", 『의정연구』 9권 2호 (한국의회발전연구회).

김낭기. 1999. "정당 오너 체제, 너희가 권력을 아느냐..."「주간조선」 제1571호, 9 월 23일.

박병석. 1993. "민주적 정당운영의 조건 : 공직선거 후보자 선정과정을 중심으로,"「지방자치」

12월호, 현대사회연구소.
박상병. 2000. "공천권한 당원들에 넘겨야," 「주간동아」 제218호, 1월 20일.
성병욱. 2000. "보스 바라기가 문제다" 「중앙일보」 2월 1일, p.6.
새천년민주당 도봉을 지구당. 2000. 「5.15 예비선거 보고서 : 도봉을 지구당 상향식 공천 평가 및 개선방향」 5월.
열린우리당. 2006. 『당헌 · 당규』
이현출. 1997. 『정당과 민주주의』 서울 : 오름.
전광석. 2000. 현행 공직후보 선출에 대한 헌법적 해석 및 외국 입법례 「각 정당의 공천절차 무엇이 문제인가?」 후보자 공천절차 개혁을 위한 경실련 토론 회, 2. 8, 경실련.
정용대. 1996. "한국정당정치의 문제점과 제도개선" 한흥수 편. 『한국정치동태론』 서울 : 오름, pp.391~410.
정진민. 1998. "정당제도의 개혁방향 : 공천권 개방으로 정당민주화 이뤄야," 「신동아」 11월호.
정진민. 2000. "시민단체의 선거활동과 공천제도의 민주화" 「각 정당의 공천절차 무엇이 문제인가?」 후보자 공천절차 개혁을 위한 경실련 토론회, 2. 8. 경실련.
조용준. 2000. "공천심사위 : 막강파워냐 둘러리냐," 「주간동아」 제218호(1월 20일).
최한수. 1995. "지방자치선거에 따른 정당개혁의 과제," 나라정책연구회 제9차 심포지엄 (1월 12일) 발표 논문
한나라당. 2006. 『당헌』 및 「공직후보자추천규정」
홍득표. 2005. 『현대정치과정의 이해』 서울 : 학문사.
Duverger, Maurice. 1967. *Political Parties : Their Organization and Activities in the Modern State*, Trans. by Barbara and Robert North, London : Metheun & Co. Ltd.
Duverger, Maurice. 1972. *Party Politics and Pressure Groups : A Comparative Introductions*. Trans. by David Wagoner, New York : Thomas Y. Crowell Company.
Federal Election Commissions. 2000. "Party Affiliation and Primary Voting 2000" http://www.fec.gov/votregis/primaryvoting.htm. (00-06-05).
Lawson, Kay. 1976. *The Comparative Study of Political Parties*, New York : St. Martin's

Press.

Linz, Juan J. 1975. "Totalitarian and Authoritarian Regimes," in Fred I. Greenstein and Nelson W. Polsby, (ed.), *Macropolitical Theory : Handbook of Political Science*, Vol. 3, Reading, Mass. : Addison-Wesley Publishing Company.

Mair, Peter(eds.). 1990. *The West European Party System*, Oxford : Oxford University Press.

Mair, Peter. 1994. "Party Organization From Civil Society to the State," in Katz and Mair(eds.). *How Party Organize : Change and Adaptation in Party Organization in Western Democracies*, London : Sage Publications Ltd.

Maor, Moshe. 1997. *Political Parties and Party Systems : Comparative Approaches and British Experience*, London : Routledge.

Neumann, Sigmund. 1969. "Toward a Comparative Study of Political Parties" in Andrew J. Milnor, (eds.). *Comparative Political Parties : Selected Readings*, New York : Thomas Y. Crowell, Company.

Storm, Kaare. 1990. "A Behavioral Theory of Competitive Political Parties," *American Journal of Political Science*, 34-2, pp.565~598.

Wolinetz, Steven B.(eds.). 1998. *Political Parties, Brookfield*. VT. : Ashgate Publishing Company.

제6장

민주화와 정치변동

제1절 아르헨티나의 민주화 과정과 한국

제2절 군의 탈정치화와 민주화

제1절 아르헨티나의 민주화 과정과 한국*

I. 머리말

21세기를 목전에 두고 세계정치에서 민주화는 거스를 수 없는 지배적인 현상이 되었다. 제3세계 민주발전의 가장 커다란 걸림돌로 간주되었던 군부권위주의 체제가 붕괴되고 민주화의 대장정이 시작되었다. 헌팅톤(S. P. Huntington)의 표현대로 '민주화의 제3의 물결'이 거세게 휘몰아치고 있다. 군부지배체제의 붕괴, 소연방의 해체, 분단독일의 통일, 동구의 민주화 등 세계사적인 정치변동은 일단 민주주의와 자본주의 체제가 승리하고 있음을 보여주는 좋은 예라고 할 수 있다.

민주화의 제3의 물결이 확산되면서 민간정부의 출현, 다당적 경쟁체제의 도입, 언론자유의 허용, 시장경제체제의 도입, 평화적인 정부이양 등 '세계민주주의 혁명'(global democratic revolution)이 일어나게 되었다.(Huntington, 1991, 21~26). 1974~1990년 사이에 30여개국이 민주화를 이룩하였는데 한국과 아르헨티나도 예외가 아니라 세계민주주의 혁명 대열에 동참하고 있다.

아르헨티나는 장기간 지속된 군부지배체제, 민간정부의 출범과 군정청산, 여야간의 평화적인 정권교체 등 한국과 너무 흡사한 민주화 과정을 밟고 있다. 아르헨티나는 한국보다 훨씬 앞선 1816년에 독립을 선포하였으며, 1930년부터 1983년까지 군부가 정치에 개입하여 합의에 의한 지배보다는 강제력에 의한 지배와 정부의 정통성이 결여된 집정관(Prartorian)체제의 사회였다. 그러나 1983년 10월, 40여년 만의 급진시민연합(UCR ; Union Civica Radical)의 대통령 선거 승리로 민간정부가 출범하여 군정청산을 추진하였으며, 1989년 5월에는 폐론주의[1] 노선을 채택하고 있고 정의당(PJ ; Partido Justicialista)에게 정권이 넘어가 최초로 여야간 정권교체가 이루어졌고, 1995년 평화적으로 대통령 선거를 치러 정의당이 재집권하였다. 1997년 10월, 의회의

* 「국제정치논총」 제 38집 2호(pp.309~326)에 게재했던 논문을 보완하였음.

중간선거에서 야당인 급진시민연합(UCR)과 자유노조국가전선(Frepaso ; Frente del Pais Solidario)의 중도-좌파연합이 승리하여 여당의 독주를 견제하고 새로운 변화를 선택하는 투표 결과를 보여주었다. 1999년 12월 대통령 선거에서는 중도좌파의 급진시민연합(UCR)의 델라루아(Fernado de la Rua)가 대통령에 당선되어 여야간 정권교체를 이룩하였으나, 경제 위기로 2003년 12월 물러났다. 그 후 잔여임기를 채우는 임시대통령으로 두알데(Eduardo Duhlade) 상원의원을 선출하였으며, 2003년 4월 대통령 선거에서 정의당(PJ)의 키르체네르(Nesror Kinchner)가 대통령으로 당선되어 또 다시 여야간 평화적 정권교체를 경험하였다.

아르헨티나의 민주화 과정이 한국과 유사한 것은 물론 외채위기를 맞이한 점도 외환위기로 어려움을 겪었던 한국의 상황과 같다. 아르헨티나는 민간정부가 출범한 1980년 중반에 약 400%의 인플레이션, 15%나 감소된 1인당 국민소득(GNP), 400억불의 외채, 50%의 실질임금 삭감, 두배로 증가한 실업과 불완전고용 등으로 경제위기를 맞이하였다.(McGuire, 1997, 185~186).

본 논문은 한국이 밟고 있는 민주화 과정을 몇 년 앞서 경험한 아르헨티나의 민주화 과정을 분석하는 데 목적이 있다. 아르헨티나의 민주화 과정을 분석하기 위해서 민주화에 대한 개념을 살펴보고 민주화 과정과 추진모형을 제시한 후 민간정부의 출범과 군정청산, 여야간 정권 교체와 민주화, 민주화의 성과와 한계 등을 분석하고자 한다. 아르헨티나의 경험이 한국의 민주화와 외환위기 극복에 어떤 시사점을 주는 지 발견하고자 한다.

II. 민주화 개념과 과정론

1. 민주화개념

민주주의는 시각에 따라서 다양하게 정의되고 있기 때문에 개념의 다의성에 대한 재론의 필요성을 느끼지 않는다. 민주주의개념은 “빈곤한 사람에 의한 정부”(government of the

---

1) 페론주의(Peronism)는 1943~1955년 아르헨티나에서 형성된 집단정체성(collective identity)을 지닌 국민운동으로 사회정의, 경제의 독립, 국민주권 등의 정책을 추구하면서 실질적인 민주주의를 구현하려는 데 목적이 있다. 그 추진 세력으로 노조와 군부가 중요한 역할을 하였다.

poor)(Aristotle), "자격 있는 다수의 시민의지에 의한 지배"(Bryce, 1921), "다원주의(pluralism)와 다두정치"(polyarchy)(Dahl, 1982), "피 흘리지 않고 선거로 제거할 수 있는 정부"(Popper, 1977), "주기적인 선거를 통하여 정권교체가 가능한 헌법절차"(Lipset, 1960), "비독재정치"(nonautocracy)(Sartori, 1987), "정책결정자들의 국민에 대한 책임"(Plamenatz, 1978), "국민주권과 정치적 자유"(Bollen, 1980), "정치적 권리와 시민의 자유"(Gastil, 1988), "비권위주의 정치"(O' Donnell, 1973), "대표성의 평등, 정보의 평등, 경쟁"(Neubauer, 1967), "선거를 통한 권력승계, 정치적 경쟁, 국민의 선거참여, 탄압의 부재"(Flanigan and Fogelman, 1971) 등 다양하게 이해되고 있다.

민주주의에 대한 개념을 자유·평등과 같은 민주주의 이념, 국민에 의한 정부의 선택권과 절차, 정부의 형태와 제도 등과 관련하여 접근하고 있다. 본 논문에서는 민주주의에 대한 개념을 "정치적 권위주의"(political authoritarianism)의 반대 개념으로 이해하고자 한다. 정치적 권위주의란 국가의 의사결정 과정이 소수에 의해 독점되고 다수의 국민이 배제되는 권력중심의 다원성(plurality of power center)을[2] 상실한 것을 의미한다. 한마디로 일원적인 권력중심(monistic center of power)이라고 볼 수 있다.(Linz, 1975, 67)

민주화(democratization)란 정치적 권위주의가 소멸되고 시민사회의 정치적 영향력이 확대되어 가는 과정이라고 조작적 정의를 내리고자 한다. 민주화의 개념을 국가와 시민사회의 관계에서 구체적으로 '제한된 국가(limited state)와 자율적인 시민사회' (autonomous civil society) 또는 '최소의 국가(minimal state)와 최대의 시민사회' (maximal civil society)라는 시각에서 이해려고 한다. 한마디로 민주화는 정치과정을 통제하는 시민사회의 영향력이 국가보다 큰 경우라 볼 수 있다.

2. 민주화 과정과 추진모형

민주화를 정치적 권위주의의 소멸과 시민사회의 영향력 증대라고 정의했을 때 어떤 과정을 밟게 되는가? 민주화 과정을 형식면에서 '제도의 공고화' (consolidation)와 내용면에서 '민주주의 질(quality of democracy) 향상' 이라는 시각에서 이해하고자 한다.

2) 권력중심의 다원성이란 개념은 다음에서 참고하였음.(Beethan, 1993, 67)

제도의 공고화는 구체적으로 ① 권위주의의 대명사인 군부지배체제의 해체 ② 민간정부의 탄생 ③ 여야간 평화적 정권교체 ④ 여야간 수평적 정권교체의 반복적 시행 등 민주제도와 절차가 안정을 유지하는 것을 의미한다. 민주주의 질 향상은 ① 권위주의의 청산 ② 법치주의의 확립 ③ 시민사회의 자율성 증대 등 민주정치의 내실을 기하는 것을 의미한다.[3]

민주화 과정의 진행에 대하여 다양한 입장이 있다. 다윈주의자(Darwinism)에 의하면 민주화는 시간이 흐르면 저절로 이루어지는 진화적인 과정(evolutionary process)으로 이해하고 있다. 러스토우(Dankwart Rustow)는 단선적인 모형(linear model)으로 민주화가 이루어 진다고 보았다.(1970, 350~361). 그러나 서구의 민주주의 발달사나 제 3세계의 민주화 과정은 진화론적 입장이나 단선적 모형보다는 오히려 헌팅톤(S. P. Huntington, 1968, 72~78)의 변증법적 모형(dialectical model)이 직실성을 갖는 것으로 볼 수 있다. 왜냐하면 민주화 과정은 투쟁, 갈등, 작용과 반작용, 잦은 시행착오, 각종 비리, 부정부패, 정치보복의 악순환 등 순탄한 경로를 밟지 못하기 때문이다.

민주화 과정은 국가 권력을 획득한 자는 권력을 최대한 행사하여 시민사회를 통제하고, 시민사회는 여기서 대항하여 더 많은 자유와 권리를 쟁취하기 위한 투쟁을 통하여 진행되어 왔다. 권력자는 자기의 권력을 확대·지속시키려고 모든 수단과 방법을 동원하였고, 이를 약화시키려는 시민사회는 권력자에게 끈임없이 도전하였다. 권력자 입장에서 민주화는 곧 기득권력의 약화나 박탈을 의미하기 때문에 시민의 민주화 요구나 민주화 운동을 억압하고 탄압하였다. 민주화 과정에 국가와 시민사회의 관계는 우호적이라기 보다는 항상 갈등관계가 지속되어 왔다. 민주화 과정은 국가 또는 집권엘리트(incumbent elite)와 시민사회간에 경쟁·갈등·대립·투쟁·타협을 통하여 진행되어 왔다.

민주화는 개인이나 집단의 노력 없이 이루어질 수 없다. 민주화를 추진하는 주도권자가 필요하다. 민주화를 누가 시작하고 통제하느냐(who starts and who controls)하는 변화주도

3) 민주주의가 공고해지려면 ① 자유와 활력이 넘치는 시민사회(civil society) ② 자유와 경쟁적인 선거가 있는 자율적인 정치사회(political society) ③ 헌법주위(constitutionalism)-법에 의한 지배(rule of law) ④ 합리적-합법적 관료규범이 정착된 국가기구(state apparatus) ⑤ 제도화된 시장이 존재하는 경제사회(economic society) 등의 조건이 상호작용 내지는 보완적인 역할을 해야 한다고 주장하는 견해도 있다.(Linz and Stepan, 1995, 7~15)

(transitions initiation)의 행위자가 있어야 한다.(Linz and Stepan, 1995, 71.). 민주화를 주도하는 행위자나 추진주체는 국가나 시민사회라고 볼 수 있다.[4] 양자간에 민주화에 대한 반대와 수용 등 작용과 반작용을 통하여 이루어진다. 집권엘리트와 시민사회간에 민주화 요구에 대한 반대(대결)와 찬성(수용)이라는 상호작용을 통해서 진행되는 민주화 추진 모형을 〈그림-1〉과 같이 제시하였다.

〈그림-1〉 민주화 추진모형

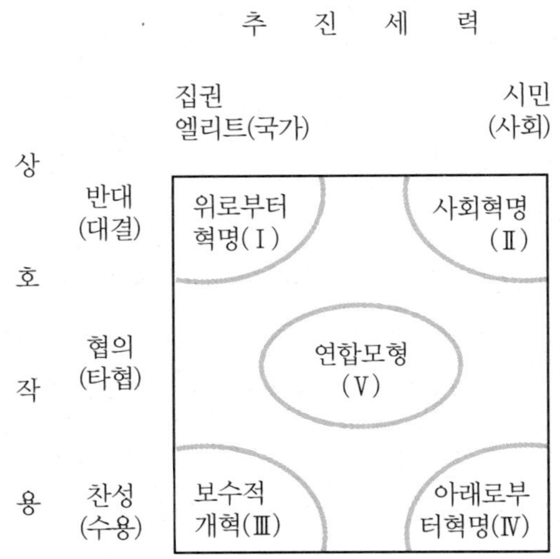

주) 위의 모형은 다음을 변형 · 발전시킨 것임(Munck and Leff, 1997, 346)

모형(Ⅰ)은 집권엘리트가 시민사회의 반대에도 불구하고 자신의 시나리오나 민주개혁 프로그램에 따라서 일방적으로 민주화를 주도하는 경우로 위로부터의 혁명이라고 볼 수 있다. 시민사회가 집권엘리트의 민주화를 반대하는 경우는 사례를 찾기 어려운 것이 사실이다. 그러나 시민의 의사와 관계없이 일방적으로 사회주의를 포기하고 민주화를 선택한 고르바초프의 구 소연방

4) 국가는 혁명의 대상이라는 일반적인 인식과 달리 혁명을 주도하는 행위자라는 시각에 대한 논의는 다음을 참고할 것.(Kimmel, 1990. 145~187)

을 예로 들 수 있다.

모형(Ⅱ)는 시민사회의 민주화 요구를 집권엘리트가 공권력을 동원하여 억압하고 저지하다가 통치불능(ungovernable)의 위기상황을 맞이하여 강제로 퇴진 당하고 결국 사회혁명을 통하여 민주화가 이루어지는 경우라고 볼 수 있다.

모형(Ⅲ)은 집권엘리트의 민주개혁 의지와 노력을 시민사회가 적극적으로 수용하는 것으로 민주화의 주도권을 행사하는 집권자에게 유리한 보수적 개혁이 이루어지는 경우라고 볼 수 있다.

모형(Ⅳ)는 시민사회의 민주화 요구를 집권 엘리트가 전적으로 수용하여 아래로부터 개혁이 이루어지는 경우로 칠레를 들 수 있다.

모형(Ⅴ)는 민주화의 추진과정에 집권엘리트와 시민사회의 타협에 의하여 이루어지는 연합모형이라고 볼 수 있다. 시민사회의 요구에 따라서 민주화가 진행되고, 선거에서 시민의 선택을 받은 집권엘리트가 시민의 지지와 정통성을 배경으로 민주개혁을 적극적으로 추진하는 경우라고 할 수 있다. 연합모형에서는 선거가 중요하다. 선거를 통하여 민주화를 추진할 과도정부(interim government)나 집권엘리트가 선출되지 않으면 구체제를 제거하는 중심적 역할을 수행할 수 없게 된다.(Linz and Stepan, 1995, 71).

Ⅲ. 아르헨티나의 민주화 과정

1. 민간정부의 탄생과 군부권위주의 해체

(1) 알폰신 민간정부의 출현

아르헨티나 군부의 정치개입 역사는 대단히 깊다. 군부는 1930년 쿠데타로 유리고엔(Hipolito Yurigoyen) 정부를 전복시켜 과두지배체제를 구축하였다. 1930년 쿠데타를 시발로 1943, 1955, 1962, 1966, 1976, 1981, 1983년에 이르기까지 헤아릴 수 없이 많은 군의 정치개입을 경험하였다. 군이 무력으로 정치에 개입하여 합헌정부를 붕괴시키는 악순환을 반복하였다. 아르헨티나는 모택동의 "권력은 총구로부터 나온다"는 말이 반복적으로 재현된 대표적인 경우라고 볼 수 있다.

군의 정치개입은 정치적 혼란, 민중투쟁, 경제위기, 정당의 미발달, 부정부패, 부도덕성, 법과 질서의 유지능력 결여, 군 내부의 분열, 군의 조직적 특성 등 유인요인과 추진요인이 상호 복합적으로 작용한 결과라고 볼 수 있다. 군의 정치개입 의지, 능력, 기회가 군부권위주의 등장의 배경이 되었다.

군의 쿠데타로 정권을 장악한 이래 사실상 1983년 민간정부의 탄생전까지 군부권위주의 지배체제가 유지되었다. 그러나 1983년 10월, 알폰신(Raul Alfonsin) 민간정부의 등장으로 장기간의 군부권위주의 지배체제가 해체되는 계기가 되었다. 급진시민연합(UCR)의 알폰신 후보가 총유효투표의 50% 득표로 39%의 지지를 받은 정의당(PJ) 후보를 물리치고 대통령에 당선되었다. 1946년 창당한 페론주의 정당인 정의당(PJ)이 최초로 정권 재창출에 실패한 것이다. 알폰신 정부의 출현은 암울했던 군정시대를 벗어나고 민주화를 향한 거보를 내 딛는 계기가 되었다.(이성형, 1992, 161). 알폰신 정부의 출범은 최초로 선거에 의한 민간 정부의 탄생으로서 민주화의 첫단계라고 볼 수 있다.

군정이 종식되고 알폰신 민간정부가 출범하게 된 배경은 알폰신이 경제의 활성화, 군부 권위주의체제 해체, 법에 의한 지배를 약속한 때문이기도 하지만 군정 실패에 따른 국민의 염증과 불신, 집권엘리트 내부의 분열, 외국의 압력, 전쟁패배로 인한 군부의 위상추락 등이 상호 복합적으로 작용한 결과라고 평가할 수 있을 것이다.

무엇보다도 군부 권위주의 체제에 대한 염증과 군정의 실패로 국가의 경제위기를 더이상 방치할 수 없다는 국민의 의지가 반영된 것이다. 국민들은 오랫동안 지속된 탈법적이고 초법적인 통치보다는 법과 헌법을 존중하고 국가의 정책을 결정하는 정치지도자의 정직성에 대한 갈망이 싹트기 시작한 것이다. 시민은 변화와 개혁 그리고 민주화를 간절하게 원했다.

시민들은 군부가 아르헨티나가 당면하고 있는 국가의 위기를 관리할수 있는 능력이 없다는 사실을 인식하게 되었다. 아르헨티나 사회가 당면한 영양결핍자의 증가, 유아사망률의 증가, 외채의 증가, 경제의 마이너스 성장, 경기침체, 인플레이션의 증가, 농산품의 심각한 부족, 빈민촌의 증가, 사회의 분열 등 사회경제적 위기를 효율적으로 관리 · 극복 할 수 있는 능력이 결여되었다는 사실을 자각하게 된 것이다.(Arienza and Mallmann, 1985,35).

1970년대 석유파동이후 성장의 한계와 치솟는 인플레이션, 1980년대부터 가중되기 시작한 외채증가 등은 군사정부가 감당하기 어려운 과제로 등장하였다. 예를 들면 100~150%였던 인플레이션이 1983년의 경우 343%로 껑충 뛰기도 하였다.(Pion-Berlin, 1991, 550). 외채도 1976년 군정초기에 GDP대비 9.6%에서 1980년에는 27.2%로, 1982년에는 69.1%로 급증하였다.(이성형, 1992, 164). 특히 금융위기는 군의 사회문제 해결능력에 결정적인 회의감을 심어주었다. 1980년 은행의 잇단 도산과 그 여파로 기업자금난이 극도로 악화되었고 정부를 불신하는 계기가 마련된 것이다.

집권 엘리트 내부의 분열이 정권붕괴의 원인으로 작용한다는 것은 잘 알려진 사실이다. 군부엘리트간의 분열이 군부지배체제의 몰락을 자초하였다. 아르헨티나 군정내부의 분열은 심각한 문제로 대두되었다. 1981년 3월로 임기가 끝나는 비델라(Jorge Videla)대통령의 후임으로 군사위원회는 비올라(Robert Viola)장군을 지명하였다. 군이 약속한대로 정치권력의 이양은 제대로 이루어졌으나 비올라 장군은 비델라장군과 달리 실용주의적 타협노선을 택하여 사회경제 정책에 있어서 노동조합과 협의를 강조하였다. 전임자와의 정책 스타일의 차이가 군정 내부의 분열을 가져왔다.

비올라 장군은 9개월만에 갈티에리(Leopoldo Galtieri) 육군참모총장의 쿠데타로 권좌에서 물러났다. 갈티에리 장군 역시 국민통합을 주장하면서 여야간의 대화와 정당과 노조의 협조를 강조하였고 차기 대통령은 정당의 참여와 국민의 지지에 의한 선거를 통하여 선출 될 것이라고 선거일정을 발표하기에 이르렀다. 갈티에리 장군은 또한 페론주의자들과 뒷거래를 하는 등 오른손으로 쓴 것을 왼손으로 지운다는 2중정치노선(two-track political plan)을 택하여 내부분열과 갈등을 재촉하는 결과를 가져왔다. 야당은 다당(multipartidaria)으로 불리는 연합세력을 형성하게 되었고, 갈티에리 장군의 이러한 노선에 대하여 군사위원회는 반대 입장을 보였으며, 군의 분열과 권력내부의 갈등을 초래시키는 결과를 가져왔다.(Pion-Berlin, 1985, 60~69).

외국의 압력도 군부지배체제의 해체에 중요한 요인으로 작용하였다. 아르헨티나 군정의 조직적 · 지속적인 인권탄압은 국제사회의 강력한 항의와 반대를 불러왔다. 물론 아르헨티나의 많은 인권단체들(Jelin, 1994, 38~58)이 인권문제를 조직적으로 제기하기도 하였지만 미국의 강력한 비난과 항의 그리고 압력을 받게된 것이 권위주의 군부지배체제를 해체하는 데 기여하였다.

또 다른 이유는 영국과 말비나스 전쟁(Malvinas War/포크랜트 전쟁 Falklands War)에서 패하게 되자 군의 위상이 급격하게 실추되었고 군의 입지가 약화되어 군의 탈 정치화 요인으로 작용하였다. 군은 특히 영국의 대응을 과소평가 하여 패전의 결과를 가져왔다. 군사정권의 장점으로 내세울 수 있는 것은 민간정부에 비하여 국가안보에 자신이 있다는 점인데 패전은 곧 군사정권의 정통성을 본질적으로 훼손하여 군부지배체제에 대한 불신과 사회의 통제력을 상실하는 결과가 되었다. 국가에 대하여 열세에 있던 시민사회가 말비나스 전쟁을 계기로 부활됨으로써 양자간의 비대칭적인 관계가 역전된 경우를 자초하게 된 것이다.(임현진, 1992, 18). 또한 엄청난 희생자를 낸 '추악한 전쟁'(dirty-war)에서[5] 군은 신뢰를 회복하기 어려운 국면에 처하게 되었다.

군부지배체제의 해체는 군부의 자발적인 병영복귀 계획 때문이 아니고 선거를 통하여 국민의 선택에 의하여 이루어졌다. 군정의 실패가 주요한 요인으로 작용하여(Pion-berlin, 1985, 71) 국민의 지지를 상실한 것이다. 국민은 장기간 지속되었던 군정에 대한 염증, 군정의 경제위기 해결 능력에 대한 불신, 추악한 전쟁과 인권유린, 초법적인 지배, 외국과의 전쟁 패배로 인한 군에 대한 위상 추락 등으로 군정의 실패에 대한 국민의 심판이 내려진 것이다. 국민에 의한 새로운 변화와 개혁의 선택 결과 40여년만에 선거혁명을 가져와 민간정부가 출현하게 되었다 아르헨티나 군의 탈 정치화는 식민통치로 부터 독립되고 노동운동이 시작된 50~70년의 장구한 세월동안 더디게 진행되었다. (Arienza and Mallmann, 1985, 45).

(2)알폰신 정부의 군정청산

아르헨티나의 군정청산은 알폰신 정부가 출범한 1983년부터 본격적으로 추진되었다. 알폰신 정부의 군정청산에 대한 기본 인식은 군의 정치적 역할 약화, 과거 범죄의 처벌, 군을 민주 · 경제 질서에 예속시키는 것이었다. 알폰신은 "현대 민주사회에서 군은 국가가 외부로부터 위협에 직면했을 때 국가의 가치와 법적·정치적 조직을 지켜주기 위해서 무기를 든 시민에 불과하다"고 강조하였다.(Pion-Berlin, 1991, 545).

알폰신의 집권 기간 중(1983~1989) 군은 정부의 선택을 거부할 만큼 강하지 못했으며 또한 민간우위를 유지하기에 너무 연약한 상황이었다. 민-군관계는 "불안한 평형상태"(unstable equilibrium)였다.(Pion-Berlin, 1991, 545).

알폰신의 군정청산은 ① 군정 관련자의 사법처리 ② 군의 정치개입 능력 제거 ③ 군 직업의식

5) 아르헨티나의 '추악한 전쟁' 은 프로세소(Proceso)정부가 좌익테러 분자들을 소탕하기 위하여 전개한 작전으로 9,000여명이 실종되는 사태를 가져와 국민의 분노를 산 사건이다. 원인에 있어서 한국의 광주항쟁과 본질적인 성격은 다르지만 군이 민간인을 대량 살상했다는 사실은 유사한 면이 있다. 아르헨티나의 '추악한 전쟁'이나 한국의 '광주항쟁' 은 군정이 안고 있는 가장 커다란 약점이었다고 볼 수 있다. 추악한 전쟁의 실상에 관하여 다음을 참조할 것. (김용삼, 1996, 352~353)

의 강화 등 세가지 방법으로 진행되었다.[6]

군정관련자, 특히 추악한 전쟁(dirty war)에 가담하여 인권을 침해한 장성들을 사법처리(judicial proceedings)하였다. 알폰신은 1986년 12월, 60일내 군정 관련 장교를 사법처리 한다는 내용의 법을 제정하였고,[7] 실종자국가조사위원회(CONADEP)를 발족시켜 인권탄압 사례를 조사하여 관련자를 의법조치 하였다. 집권 후 2명의 특별검사를 임명하여 군사위원회에 대한 죄상과 폐해를 파헤쳐 비델라 전 대통령 종신형, 비올라 전대통령 17년형, 말비나스 전쟁의 주역 갈티에리 전 대통령에게 12년형 등을 선고하였으며, 40명의 장교들을 재판에 회부하였는 데 이들의 형량은 4년 6개월에서 16년에 이르렀다. 또한 프로세소(Proceso) 정부에 충성하여 진급된 50명의 장성을 숙청하였다. 합법적인 절차를 밟아 군정청산을 추진하였다.

알폰신은 군의 기술적인 전투능력을 향상시키되 군의 정치적 위상을 축소하여 군의 정치개입능력을 감퇴시키는 방법을 택하였다. 알폰신은 국가가 감당할 수 있는 능력범위내에서 시대적인 상황이 요구하는 병력과 전투준비를 해야 한다고 하면서 군의 위상을 규정하였다. 구체적인 정책으로 군의 대외안보에 대한 역할의 재정립, 군의 재량권과 자율성의 축소, 군 조직의 재편, 육군 임무의 재정립, 군교육의 개편, 군수산업의 합리화, 군 용지의 매각, 군부대의 교외이전 등의 조치를 취하였다.(Zagorski, 1994, 424)

과거 군사정권과 밀접하게 관련되었던 장군을 숙청하였고, 과거 독재정부와 관련이 없으며 현정부에 충성하는 군인을 진급시켜 그 자리에 배치하였다. 인사조치를 통한 제도의 구조조정(institutional restructuring)은 고위 군 지휘관에 한정시켜 중견장교들에게 커다란 영향을 주지 않았다. 알폰신은 군의 계급을 하향 조정하고 민간우위의 국방부를 만들었다. 또한 합동작전시 각군은 합참에 대하여 책임을 지도록 하여 각군의 의사결정의 자율성을 축소하였고, 군의 지휘체계를 군사령관-국방부장관-대통령으로 연결되는 위계구조를 확립하여 대통령의 정치적 권위를 가일층 강화하였다.

1988년 4월 국가보안법(National Security Law)을 개정하였다. 1966년 제정된 국가보안법은

---

6) 자골스키(Paul W. Zagorski)는 알폰신의 군정청산은 인권을 심각하게 유린한 범죄자를 처벌하고, 군의 구조를 개혁하는 것으로 보았으나 군 정치개입의 심리를 약화시키는 방법을 추가하였다. (Zagorski, 1994, 424)

7) 사법처리를 60일내 마무리하고자 한 것은 너무 장기간 끌면 군의 동요가 우려되었기 때문이다.

군이 안보정책과 정치에 영향력을 행사할 수 있는 가능성과 안보개념을 확대 해석한 것이었다. 군은 내부의 치안유지에 개입할 수 없도록 하였고, 군의 독자적인 의사결정권을 제한하여 민간 권위에 의존토록 군의 재량권을 축소하였으며, 국방장관의 초청 없이 각군 총장이 안보관련 문제를 대통령에게 보고하거나 자문하는 것을 제한하였다. 구체적으로 군에 의한 치안유지 시나리오의 작성을 금지시켰으며, 국내정치 목적의 군사정보 활동금지. 국가안보회의(National Defense Council)에 군의 참여를 배제하였다. 군 조직 축소, 군 예산의 삭감, 군의 국내 치안담장 역할 축소 등으로 군의 위상을 격하시켰다. 국방부를 민간중심(civilian-dominated)의 민간우위(civilian supremacy) 부처로 만들었다. 군의 정치적 역할을 제도적으로 축소하여 군의 정치개입 가능성을 원천적으로 봉쇄할 수 있는 개혁조치를 취한 것이다.

또한 1983~1986년 군 예산을 40% 감축하여 세계에서 가장 높은 삭감율을 보여주었다. 1983년 12월과 1984년 10월사이에 군 작전경비 42%, 장비비 50%, 급여예산 25%를 각각 삭감하였다. 총예산에서 국방예산이 차지하는 비중이 1982년 32.3%에서 1990년 18.4%로 GNP 대비 1989년 2.6%에서 1993년 1.7%로 삭감되었다.(Hunter, 1997, 465). 갑작스런 예산의 삭감(drastic budget cut)은 군의 전력을 약화시키는 부작용을 낳았다.

군 개혁의 일환으로 각국의 독립적인 교육기관도 통폐합시켰다. 군의 개혁조치로 징집이 15% 줄어들고, 군사학교에 입학희망자도 대폭 줄어들었다. 결과적으로 국방부를 '군축부' (Ministry for Disarmament)라고 부르기에 이르렀다.(Pion-Berlin, 1991, 553~558).

군 본래의 직업의식을 강화하여 군의 정치개입의 심리적 의지를 축소시키는 방법을 택하였다.[8] 군 복무규율(Code of Justice)을 개정하여 정당한 복종(due obedience)은 무죄원칙을 강조하여 상관의 명령에 따라 군정에 가담한 하급 장교들에게 면죄부를 주어 군의 동요나 불안을 방지하였다. 군정에 연루된 개인은 처벌하되 군이라는 제도를 보호하는 데도 목적이 있었다. 군의 정치개입은 군의 조직범죄가 아닌 정치에 개입한 군 장성의 개인 범죄로 규정한 것이다. 국가에 충성하고 정치개입 의지가 없었던 그리고 상관의 명령에 따랐던 대다수의 장교들을 보호하여 군의 안정을 회복하고 군의 직업주의를 강화하자는 의의가 있었다고 평가할 수 았다.

8) 이러한 것을 '교리의 개혁' (doctrinal reform)이라고 표현하기도 한다.(Zagorski, 1994, 424).

(3)군의 반발

알폰신의 군정청산은 반작용이 만만치 않았다 아르헨티나는 30여년의 군부통치 기간 중 형성된 군벌이 군정청산과정에 기득권 상실을 우려한 나머지 수구적인 저항을 하였다. 군은 사법적 책임추궁에 불만이 많았으며 그들은 정치개입은 '영웅적' (heroics)인 것으로 국민들로부터 확인을 받고 싶어했다. 군 고위층은 법에 따른 정당한 재판과 군 구조의 개편에 반대할 수 없었으나 중하위층 장교들은 노골적으로 반발했다. 미래 군의 위상을 걱정하는 젊은 장교들의 반발이 심했던 것으로 볼 수 있다.

군은 새로운 국가보안법을 국가의 취약성을 완전하게 드러낸 '자멸적인 평화주의' (suicidal pacifism)라고 비난하였다.(Pion-Berlin, 1991, 567). 그 결과 군은 1987년 4월과 12월, 1988년 12월 세차례에 걸쳐서 중령·대령 중심의 반란이 일어났다. 이들은 정부타도에 목적이 있는 것이 아니라 군의 재판 종결, 기결수의 사면, 예산 삭감, 군 위신의 실추등에 대한 반작용과 이를 막지 못한 육군사령관의 퇴진을 요청한 것이다.(Zagorski, 1994, 425;McGuire, 1997. 186).

알폰신 대통령은 과감하게 군정 청산을 추진하려고 했으나 희망과 같이 군에 대한 민간우위를 확보하는 것은 쉬운 일이 아니었다. 너무 오랫동안 지속되었던 군정을 하루 아침에 청산하는 작업은 많은 어려움이 따랐다. 알폰신 대통령은 군정청산으로 정치적·사회적 혼란과 대결상황이 조성되었다.

2. 여야간 정권교체와 민주화

(1) 메넴정부의 출범과 여야간 정권교체

알폰신은 대국민 약속인 경제의 활성화, 군정청산, 법에 의한 지배 중에서 군정청산을 제외하고 나머지는 실천하지 못했다. 카리스마적인 지도자로 자평하면서 결국 행정권을 강화하는 관료적 권위주의로 의회권능의 약화, 정당정치의 실종, 사법권의 정치예속, 법에 의한 지배의 실패 등 민주화의 내실을 기하지 못했다. 경제회생도 실패하여 국제통화기금과 미국의 계속적인 압력에 직면하였으며 1987년 외채이자가 수출수지의 31%에 달하는 등 경제정책의 실패를 가져왔다.(Snow and Manzetti, 1993, 39).

결국 최초의 민간정부는 국민의 기대를 충족시켜 주지 못한 채 1989년 5월 선거에서 정의당(PJ) 메넴(Carlos Saul Menem) 후보에게 정권을 넘겨주었다. 메넴후보는 46%의 지지를 받아

36%를 얻은 급진시민연합(UCR) 후보를 누르고 대통령에 당선되었다. 60여년 만에 최초로 여야간 평화적인 정권교체를 이룩하여 민주제도의 공고화에 한발 다가섰다.

페론의 후계자를 자칭한 메넴정부의 최대 과제는 전임자가 군정청산 등 민주화에 역점을 둔 반면에 경제를 회생시키는 데 있었다. 메넴은 군정청산으로 정치사회의 혼란이 가중되고 높은 인플레이션 와중에 대통령에 당선되었다. 경제회생을 위해서 무엇보다도 자유시장경제 원칙을 내세웠다.(McGuire, 1997. 216). 경제회생을 위한 구조조정, 외채의 지불유예, 임금의 대폭 인상, 일자리 창출을 위한 생산적 혁명(productive revolution) 등을 약속하고 '나를 따르라' (Follow me)고 반복적으로 강조하였다.(Snow and Manzetti, 1993, 48~49). 메넴의 첫 임기동안 인플레이션과 실업률의 감소, 성공적인 외자유치, 증시회복 등 경제회생에 대한 업적으로 1995년 선거에서 47.7%의 지지를 받아 28.8%와 16.4%를 득표한 자유노조국가전선(FREPASO)과 급진시민연합(UCR) 후보를 각각 누르고 재선되었다.[9]

(2) 메넴정부의 민주화

메넴 정부는 경제문제가 너무나 절박하여 정치보다는 민생 등 경제문제에 더 많은 관심을 기울였다. 그러면서도 민주화의 질을 향상시켜 민주정치의 내실을 기하기 위해서 헌법개정과 군정청산의 마루리 작업을 추진하였다.

메넴정부는 알폰신 정부에서부터 필요성이 제기되었던 헌법과 선거법을 개정하였다. 1993년 11월 21일, 국민투표를 통하여 대통령의 단임제를 폐지하고 1차에 한하여 중임을 허용했으며, 임기를 6년에서 4년으로 단축하였다. 그 외에 상원의 직선, 상원의원 임기의 단축, 브에노스 아이레스(Buenos Aires) 시장의 직선, 인권보장, 입법부와 사법부의 권한 강화 등을 주요 골자로 한 것이었다. 여야합의에 의하여 민주적인 제도의 확립을 목표로 헌법을 개정하였다.

또 다른 민주개혁은 아직도 군의 재정치화에 대한 우려가 있는 상황이기 때문에 알폰신의 과감한 군정청산 조치에 뒤이어 메넴은 고도로 정치화된 군을 재직업화(reprofessionalization)하고, 군에 의하여 유린된 인권을 회복하는 데 주력하였다. 메넴 대통령은 알폰신 정부에서 사법처리된 군 장교들에 대한 전면적인 사면을 실시하였다. 그 결과 군과의 관계를 개선하는 데 크게 기여

9) 1990년대 아르헨티나의 총선과 대선에 대한 자세한 자료는 다음을 참고할 것.(Tulchin and Garland, 1998, 133~152)

하였다. 군의 치안담당 역할의 회복과 국가정보기관의 예산을 증액시켰다. 또한 군이 보유한 방산업체, 군유지, 부동산 등을 민간에게 불하하였으며, 주요도시 근교에 있던 군사시설을 시골로 이전하였다.

그리고 군 구조의 재조정 및 축소, 핵무기 개발 계획의 철회 등으로 군의 입지를 약화 시키는 개혁을 단행하였다. 예를 들면 군의 구조조정에는 80,000명에 이르는 군의 장교와 하사관을 반으로 축소하였으며, 장성들의 숫자도 20~25%를 줄였다. 이는 바로 군 구조의 개편과 축소로 이어졌다. 군 최고사령부에서 제출된 군장성의 진급예정자 명단도 대통령이 교체하였다. 사관학교 출신장교를 진급에서 우대하였으나 충원방법을 다양화하였고 진급도 선임자 우대원칙을 깨고 시험을 치러 그 결과에 따랐다.

알폰신 대통령은 거시적인 안목에서 군의 정치적 위상을 축소시킨 반면에 메넴 대통령은 미시적 차원에서 군 내부의 실질적인 개혁으로 군의 재정치화 가능성을 원천적으로 소멸시키는 조치를 취한 것으로 볼 수 있다.

(3)민주화의 반작용

헌법개정을 통하여 보다 민주적인 제도를 채택하였으나 그 운영에 문제가 있었다. 메넴은 경제위기 극복을 내세워 오히려 강력한 정부와 안정적인 정권의 필요성을 강조하여 권위주의적 리더십 형태를 보여주었다. 아르헨티나에서는 군정이 청산되고 민간정권이 출범하였는데도 불구하고 잇단 테러, 폭동, 항의 등으로 사회가 안정을 회복하지 못하였다.[10] 민주화 과정에 집단욕구가 폭팔적으로 증대되어 사회불안 요인으로 작용하고 있다.

군은 메넴 정부의 개혁에 반발하였으나 알폰신 정부에 비하면 그리 심각한 것은 아니었다.(Zagorski, 1994, 431). 구체적인 반발의 내용을 살펴보면 칠레와의 국경조약에 반대하여 국경통제군 사령관이 사임하였고 퇴역 공군참모총장으로부터 공개적인 저항을 받았다.[11] 그리고 정책의 견해차이로 1991년에는 육군참모총장이 사임하였다. 가장 심각했던 불안은 1990년 12월 쿠데타 음모가 적발된 것이다. 종전의 음모는 군의 사소한 사적 이익이 동기가 되었지만 구국자

---

10) 1994년 7월 18일 브에노스 아이레스 건물의 폭파로 100여명의 사상자를 낸 사건이 일어났으며, 높은 실업률, 정부의 부패 등에 대한 폭력적인 항의가 뒤따랐다.(State University of New York, 1998, 42)

11) 아르헨티나에서는 예비역장교들에게 정치에 대한 입장표명을 금지시키고 있다. 이는 예비역도 현역과 같은 범주로 취급하고 있기 때문이다.

(saviors of the nation)라는 입장에서 민족주의, 인민주의, 카톨릭 보수주의 등의 이념을 내세웠다. 육군본부와 많은 부대를 장악하였고, 대통령을 체포하려다가 실패하였다. 중견장교들은 추악한 전쟁에 연루되어 사법 처리된 군 장교들에 대한 사면, 군 고위인사의 교체, 정책의 변화 등을 정부에 요구하였다. 문제는 이들의 요구사항이 군 내부에 광범위하게 형성된 여론을 반영한 데 있었다. 메넴 대통령은 이 반군에 대하여 단호한 사법적인 조치를 취했으나 추악한 전쟁 관련자들에게 관용을 베풀어 사면 복권조치를 단행하였다.

아르헨티나에서 민주주의는 군부의 재정치화와 국민에 의하여 선출된 지도자에 의하여 파괴될 가능성이 있다.(McGuire, 1997, 283). 그러나 군의 반작용에도 불구하고 재정치화 가능성은 희박하다고 볼 수 있다. 군정청산으로 군의 능력과 의지가 약화되었고, 군에 의한 인권유린, 경제실패, 군사독재 등에 대한 국민의 불용, 남미의 민주화 추세 등으로 기회요인도 사라진 것으로 평가하기 때문에 가능성은 낮다고 볼 수 있다.

문제는 아르헨티나에서 군의 재정치화 가능성이 줄어든 반면에 민선 정치지도자의 권위주의 통치행태로 민주주의가 파괴될 가능성이 높다는 사실이다. 메넴 정부는 오히려 민주화를 역행하는 모습을 보여주었다. 헌법개정으로 자신의 권력을 연장하는 조치를 취했을 뿐 아니라 권위적인 통치행태를 보이고 있다. 첫 임기동안 민주적인 가치와 관행을 따르려고 노력했으나 재선이후 의회를 해산하였고 사법권의 독립성을 무시하였다.

메넴의 개혁은 입법화를 통하여 추진된 것이 아니라 포고령에 의존하였다. 포고령에 의한 통치(rule by decree)는 비판의 대상이 되었다. 경제개혁, 노동 및 사회복지개혁, 행정개혁 등을 추진하는 데 입법화가 아닌 행정부 포고령(executive decree)에 의하여 해결하려고 했기 때문에 알폰신은 메넴의 포고령에 의한 통치를 노골적인 위헌(blatantly unconstitutional)이라고 비판하였다.(Latin American Weekly Review, 1995, 54).

Ⅳ. 민주화의 성과와 한계

1. 민주화의 성과

1983년 이전의 아르헨티나 정치는 선거의 제한, 정치 폭력 , 군사독재를 특징으로 하였다. 수천 명의 무고한 시민이 실종되는 인권유린이 자행되었다. 그러나 1983년 이후 아르헨티나의 정치는 많은 변화를 가져왔다. 오늘날 아르헨티나는 지속적으로 민주제도의 기능이 회복되고 있으며, 정치 행태의 변화, 국가최고 지도자와 의회의 주기적인 선거을 통한 평화적인 교체, 군부권위주의 해체 등 괄목한 만한 민주화를 이룩하였다.

1983년 민간정부의 출범과 1989년 여야간의 정권교체, 1995년 평화적인 대통령 선거, 1999년 여야간 정권교체, 2003년 또 다시 여야간 정권교체 등 제도적인 측면에서 민주절차와 관행이 자리잡기 시작하였다. 수십년 동안 지속되었던 군부 권위주의 통치가 해체되고, 민간정부가 등장하여 정치경제 개혁을 추진하고 있는 것이 사실이다. 무엇보다 가장 괄목한 만한 민주화의 성과는 군부권위주의 해체를 들 수 있을 것이다. 군의 탈정치화로 장기간의 군정이 청산되었고 문민정부가 출범하는 민주발전의 전기를 마련한 것이다. 군의 탈 정치화로 평화적인 정권교체의 기반을 다지게 되었다. 군의 재정치화 가능성은 사라졌으며 정치폭력도 현저하게 줄어들었다. 군은 그 동안의 과오에 대한 충분한 대가를 치렀고 민간정부의 개혁을 결국 수용할 수 밖에 없었다. 민간정부는 군에 대하여 보상과 처벌이라는 채찍과 사탕을 주는 방식으로 군 내부의 불만을 무마시켰고, 세력균형을 유지함으로서 민간정부의 권위를 확립할 수 있었다. 결국 군정의 붕괴로 민간 리더십의 강화를 가져오게 되었으며 군에 대한 민간통제를 확보하게 되었다.

민-군관계도 민간우위체제로 전환되었고, 군의 정치적 영향력이 축소되었다. 프론디지(Frondizi)정부와 일리아(Illia)정부는 공존, 구이도(Guido)정부는 고객, 페론(Peron)정부는 군의 정치화를 특징으로 하는 전형적인 집정제(Praetorianism)국가 였다.(Zagorki, 1988, 420). 그러나 군사정부의 붕괴 이후 민간 우위 체제를 확립하는 계기가 되었다.

군의 직업화를 가져왔다. 군의 정치개입은 군의 탈 직업화(de-professionalization)를 의미한다. 군이 오랫동안 정치에 개입한 전통으로 군의 직업정체성(professional identity)의 위기를 가져왔다. 그러나 군정청산은 군이 다시 병영으로 복귀하는 직업화의 계기가 마련되어 정치적 영향력은 사라진 반면에 비정치적인 군사문제에 관하여 최대한의 자율성을 유지할 수 있게 되었다.

그 외에도 군의 동요 요인 제거, 군의 정치개입 능력 감소, 과거 군정기간 중 악행(misdeed)의 처벌로 법치주의 중요성을 일깨워주는 계기가 되었다. 아르헨티나 민주화의 주요한 성과는 장기간 지속된 군부권위주의체제가 해체되어 집정관 체제 대신 민간정부가 들어섰다는 사실이다.

2. 민주화의 한계

아르헨티나는 적어도 민주 제도의 공고화라는 측면에서 상당한 정도의 성과를 거둔 것은 사실이다. 그러나 민주화를 시작한 지 20여년이 지났으나 민주정치의 내실화를 기하지 못하고 있다. 알폰신 정부는 군부권위주의 해체에 어느정도 성공 했으나 정치개혁과 경제위기 극복의 실패로 정권을 넘겨주었다.

메넴 대통령은 카리스마가 있고, 민주적 충동(impulse)과 법을 존중할 줄 아는 정치인으로서 1995년 선거에서 재선되었으나 야당은 메넴의 불도저식 리더십을 비판하고 있으며, 대통령의 인기는 떨어졌다. 메넴은 근본적으로 민주주의를 파괴하지는 않았지만 민주주의 내실화에는 소극적이었다고 볼 수 있다. 외채위기는 어느 정도 잘 극복하였으나 지속적인 불경기, 1997년 1월 16.1%에 이르는 실업률, 13.2%의 불완전고용, 브에노스 아이레스지역의 24.8%에 달하는 빈곤층 등으로 국민들은 미래에 대한 확신이 없다.[12] 민간정부 초기에 자유시장 경제의 효율성을 믿고 국가의 경제기능을 극소화하려던 신자유주의(neoliberal)는 사라졌다. 결국 2003년 델라루아 대통령도 경제위기로 하야하는 사태가 발생하였다.

정당의 건전한 발전도 찾아볼 수 없고, 언론의 자유와 다원주의 사회의 위력은 중대한 위기를 맞이하고 있다. 아르헨티나에서 정당은 대의민주주의를 실천하는 정치조직으로서 그 기능을 다하지 못하고 있다. 페론주의 성공적 추진과 민주제도의 공고화에 기여하려면 정당의 발전도 중요한 요인이 된다고 볼 수 있는데 그러지 못했다.(McGuire, 1997, 1). 아르헨티나는 심지어 정당체제의 부재라고 할 정도로 정당이 발달하지 못하였다.[13] 정당은 이념도 없고, 조직도 느슨하며, 당파성과 당리당략에 치중하고, 국민이익의 집약기능도 제대로 수행하지 못하였다. 페론주의를 추진하기 위해서 대통령의 권위주의 통치나 행정권의 강화, 그리고 군부나 노조를 활용하는 것

12) 아르헨티나의 경제상황에 대한 자료는 다음을 참고하였음.(State University of New York, 1998, 39)

13) 아르헨티나 정당의 문제점은 다음을 참조할 것. (이성형, 1992, 167~168)

보다 정당을 참여시키는 것이 오히려 부작용이 적을 것으로 보인다.

언론의 자유도 침해를 받고 있다. 남미의 페루, 멕시코, 과테말라, 콜롬비아, 브라질에 비하면 나은 편이지만 언론의 정부 비판을 받아들이지 않고 있다. 아직도 모든 방송은 통신 담당국무장관의 감독을 받고 있다.

민주주의를 위협하는 정부기구의 허약(frailty)과 부정부패에 의한 오염은 해소되지 않고 있다.(Tulchin and Garland, 1998, 147~148). 또한 인권탄압이나 권력남용, 불법 등이 아직도 비일비재하다. 소멸된 것 같았던 군정의 악몽인 페론니즘(Peronism)이 다시 살아나는 모습을 보이고 있다. 경제위기를 극복하기 위해서 내 세웠던 자유시장경제 원칙이 지켜지지 않고 있으며, 경제회생을 명분으로 민간권위주의가 부활되고 있다.

군부권위주의 대신 권위적선거정권(authoritarian eletoral regime)·신권위주의(neoauthoritarionism) 가 출현한 것이다.(Petras and Vieux, 1994). 군부권위주의가 해체되었으나 민주화의 내실을 기하기보다는 민간권위주의로 변질되어 다시 권위주의 지배체제로 복귀하는 현상을 가져와 민주화의 한계에 직면하게 된 것이다. 1976~1983년 군정의 악몽에 비하면 아르헨티나에서 독재가 사라진 것은 사실이지만 선출된 지도자에 의한 민주화의 역행 가능성이 커지고 있다. 아르헨티나의 정치발전은 작용과 반작용의 악순환 속에서 이루어졌기 때문에 단절적 개혁(reform through rupture)이라고 보고 있다.(Munck and Leff, 1997, 353~356)

V. 결론 및 시사점

아르헨티나의 민주화 과정을 한국과 직접 비교하는 것은 무리가 있을 수 있으나 몇가지 유사한 점을 발견할 수 있다.

첫째, 양국의 민주화 과정이 유사하다. 그 중에서도 민주제도의 공고화에 성공한 점이 같다. 한국과 아르헨티나는 반복적인 군사쿠데타와 군부권위주의 체제→평화적인 선거 등 똑같은 경로를 밟아 민주제도의 공고화를 이룩하고 있다.

둘째, 한국과 아르헨티나는 민주화 추진모형이 유사하다. 한국이나 아르헨티나의 민주화 추진모형은 (Ⅴ)에 가깝다고 볼 수 있다.

한국의 민주화는 초기에는 시민사회의 요구와 집권 엘리트의 반대로 모형(Ⅱ)와 같은 사회혁명 직전의 상황이었으나 집권엘리트의 수용으로 모형(Ⅳ)와 같은 현상을 보였다. 6·29 선언 직전의 상황을 예로 들 수 있다. 그러나 이승만 장기집권에 대한 반독재 투쟁, 박정희 유신체제와 긴급조치에 대한 반체제운동, 신 군부의 등장에 항거한 광주항쟁, 전두환 군사독재를 타도하기 위한 민주화 운동 등 시민사회의 요구가 관철되어 민주개혁이 이루어졌고, 선거과정에서 시민의 선택과 지지에 의하여 김영삼 민간정권이 출범하였으며, 집권엘리트는 민간정부라는 정통성을 내세워 군부권위주의를 해체할 수 있었다. 김대중 정부의 출범으로 여야간 평화적인 정권교체가 이루어진 것도 결국 시민의 선거참여와 국민의 선택에 의하여 이루어진 것이기 때문에 한국의 민주화 추진모형은 (Ⅴ)에 가깝다고 볼 수 있다.

아르헨티나도 군부권위주의에 대한 시민의 염증과 반대로 군정이 종식되고 시민의 선택이 민주화를 추진하는 동력으로 작용하였다. 시민의 지지를 바탕으로 정통성을 획득한 알폰신 민간정부와 여야간 평화적 정권교체로 집권한 메넴 정부가 군부지배체제를 해체하는 민주화를 이룩할 수 있었다.

셋째, 민주화의 내실화에 실패하고 신권위주의 정부가 등장한 점이 유사하다. 군정청산 후 기대되었던 권위주의는 해체되지 않고 민간권위주의 정부가 등장하였다. 한국과 아르헨티나에는 군부권위주의가 해체된 후에도 법치가 아닌 인치, 국가공권력에 의한 시민사회의 자율성 침해, 국가 개입주의 등 신권위주의 정치행태가 나타나고 있다. 아르헨티나에서는 페론주의 정당의 재집권, 페론주의의 부활, 알폰신·메넴정부의 권위주의가 나타났고, 한국에서는 박정희 대통령에 대한 향수가 되살아 났으며, 김영삼 · 김대중 정부의 신권위주의 리더십과 노무현 태통령의 오기정치 등장 등 너무나 유사한 현상이 발견된다.

김영삼 대통령은 아르헨티나의 알폰신 대통령과 군부 퇴진후 출범한 최초의 민간 출신 대통령, 당선후 군정청산의 주도, 경제실정과 정권 재창출의 실패, 신권위주의 정치행태 등에서 비슷하다. 김영삼 대통령은 '신한국 창조' '역사 바로 세우기' '세계화' 등의 국정방향을 내걸고 상당한 부작용이 뒤따른 것은 사실이지만 전광석화와 같이 깜짝 놀란만한 군의 개혁으로 군부권위주의의 지배체제를 해체한 것은 커다란 성과로 인정된다. 그러나 구호만 앞세우고 실천이 없는 무책임한 정치와 외환위기를 사전에 막지 못하는 등 실패한 대통령이 되었다.

평화적인 정권교체 등 제도화 수준의 민주화는 이룩했지만 독선·독주·독단으로 일관한 권위주의 리더십으로 민주화의 내실을 기하는 데 실패하였다. 김영삼 정부는 민주개혁을 앞세웠으나 부정부패 척결, 저효율 고비용 정치구조의 개혁 등을 이룩하지 못했고, 6·25이후 최대의 국난인 외환위기 때문에 정권을 야당에게 넘겨주었다.

김대중 대통령은 아르헨티나 메넴 대통령과 여야간 최초로 정권교체에 의해서 당선된 대통령, 경제위기시에 대통령으로 당선되어 경제문제를 최우선적으로 해결해야 하는 당면과제, 경제위기의 극복원칙으로 시장경제주의 천명, 외환위기 극복을 위한 국가 개입주의, 신권위주의 통치 행태의 모습 등이 비슷하다. 김대중 정부가 국민과 개헌을 약속한 것도 메넴 대통령과 유사한 모습을 보인 것이다.

김대중 정부는 국가부도 직전의 상황에서 여야간 최초로 정권교체로 대통령에 당선되어 외환위기 극복과 민주주의의 내실화를 당면과제로 출범하였다. 국정의 기본철학으로 '민주주의와 시장경제의 병행발전', '제2의 건국' 등을 내걸었다.

김대중 정부의 외환위기 극복 노력은 저항과 반발에 직면하는 등 진통이 따랐지만 상당한 성과를 거두었다. 그러나 정치는 실종된 가운 데 권위주의 행태가 곳곳에서 나타났다. 예를 들면, 국회의 법률안 날치기 통과, 정치보복성 편파사정, 특정지역 편중의 정부인사. 비판에 대한 비관용적 태도, 인위적인 정계개편 추진, 공권력의 편파적 운영, 고문·감청·출국금지·계좌추적 등과 같은 인권유린, 야당 탄압, 경제의 구조 조정과 빅딜과정에 관치경제라는 오해, 목소리가 커지는 청와대 비서실, 정치사찰의 시비를 불러 일으키는 국가정보원의 활동 등 신권위주의적 요소가 발견되었다.

또한 제2의 건국운동을 추진하는 과정에 정부의 개입 우려와 외환위기 극복과 구조조정 등을 내세워 시민사회의 자율성을 제한하고 국가의 개입주의가 등장하여 시장경제원칙을 위반한다는 지적이 있었다. 아르헨티나도 처음에 내 세운 시장경제원칙을 경제위기 극복을 명분으로 지키지 못하였다. 국가의 개입으로 신자유주의가 소멸되는 결과를 보여주었다.

김대중 정부의 국가개입주의가 일시적·과도적으로 끝나기 보다는 아르헨티나의 메넴정부와 같이 지속되었다. 아르헨티나의 경험이 보여주듯 절박한 경제위기 상황에서 '민주화'와 '시장경제'를 병행 추진하는 것은 결코 쉽지 않기 때문이다. 외환위기를 극복한다는 명분으로 국가가 시장에 개입하고 시민사회의 자율성을 침해하는 것은 민주주의와 시장경제 원칙을 위배하는 것이다. 그렇다고 위기를 방치하면 경제의 실패를 가져오고 정권과 국가의 실패로 연결된다. 경제 때문에 민주화를 희생시키는 것을 바라는 시민은 하나도 없다. 위기 시에 두마리 토끼를 동시에 쫓는 것은 사실상 불가능한 일이다.

2002년 대통령선거에서 노무현 후보가 당선되었다. 이는 1999년 여야간 평화적 정권교체를 이룩한 아르헨티나의 경우와 달랐지만 다른 면에서 유사성이 발견된다. 무엇보다도 델라루어 정부와 같이 노무현 정부의 정책노선도 좌파성향으로 분류할 수 있다. 또한 아르헨티나는 경제위기로 2003년 델라루아 대통령이 하야 하였으나 한국에서는 헌정사상 초유의 노무현 대통령에 대한 탄액소추로 대통령이 물러나기 직전 상황까지 발전한 적도 있다. 그리고 노무현 정부가 국민의 지지를 받지 못하는 이유가 바로 경제문제라는 면이 너무 흡사하다고 볼 수 있다.

아르헨티나와 한국은 위에서 살펴본 바와 같이 몇 가지 면에서 유사한 민주화 경로를 밟고 있다. 그 과정이 단선적 · 진화론적으로 이루어지지 않고, 변증법적으로 진행되고 있다. 양국 모두 민주화를 추진하는데 상당한 성과가 있었지만 아직도 만족할만한 수준이 아니다. 양국이 당면한 민주화 과제는 두 가지라고 볼 수 있다.

첫째, 민주제도를 더욱 더 공고화시키는 데 있다. 야야간의 정권교체가 앞으로 수차례 반복적으로 이루어져서 민주질서와 절차를 보다 내실있게 다져야 할 것이다. 1999년 아르헨티나의 대통령 선거에서 연립야당이 집권하여 여야간 평화적 정권교체를 이룩했으나 한국은 2002년 여야 정권교체를 이루지 못했다. 2007년 대통령 선거결과를 지켜봐야 할 것이다.

둘째, 민주정치의 질을 높여야 한다. 구체적으로 신권위주의 리더십 청산, 법치주의 확립, 공정한 법 집행, 국민통합, 부정부패 척결, 정치의 구조조정, 여야의 균형 발전, 시민사회의 자율성 존중, 시민의 정치의식 향상, 시민문화의 정착 등 민주정치의 내실화를 기해야 할 것이다.

아르헨티나의 민주화 과정을 살펴보면서 민주제도의 공고화에는 시민의 선택과 시민사회의 역할이 중요하지만 민주정치의 질을 향상시키는 데는 정치 리더십이 대단히 중요하다는 사실을 알게 되었다. 국가가 어려울때는 국민의 자발적인 동참을 유도하고, 국민에게 비전을 제시하는 정치리더십이 절실하다는 것을 다시 한번 깨닫는계기가 되었다.

* 참 고 문 헌 *

김용삼. 1996. "페론과 에비타가 망친 나라, 중산층이 약한 나라, 애국심이 없는 나라," 『월간조선』 (4월), pp.338~368.

이성형. 1992. "아르헨티나의 외채위기와 민주화," 『국제정치논총』 제32집 1호, pp.161~182.

임현진. 1992. "라틴아메리카의 산업화와 정치변동," 『국제정치논총』 제32집 1호, pp.3~31.

Arienza, Marisa and Mallmann, Carlos A., 1985. "Argentina on the Road to Democracy, Comparisons with Chile and Uruguay," *International Social science Journal*, Vol. 37, No. 1, pp.31~46.

Beetham, David. 1993. "Liberal Democracy and the Limits of Democratization," in D. Held, (ed.), *Prospects for Democracy : North, South, East, West*, Stanford : Stanford University Press.

Bollen, K. A., 1980. "Issues in the Comparative Measurement of Political Democracy, *American Sociological Review*, Vol. 45, No. 3, pp.370~390.

Bryce, James. 1921. Modern Democracies, London : Macmillan.

Catterberg, Edgardo. 1991. *Argentina Confronts Politics : Political Culture and Public Opinion in the Argentine Transition to Democracy*, Boulder : Lynne Rienners.

Dahl, Robert A., 1982. *Dilemmas of Pluralist Democracy : Autonomy vs. Control*, New Haven : Yale University Press.

Di Tella. 1990. "Menem's Argentina," *Government and Opposition*, Vol. 25, No. 1 (Winter), pp.85~97.

Dix, Robert H., 1994. "Military Coups and Military Rule in Latin America," *Armed Forces and Society*, Vol. 20, no. 3 (Spring), pp.439~456.

Flanigan William. and Edwin Fogelman. 1971. "Patterns of Political Development and Democratization : A Quantitative Analysis," in Gillespie, J. V and B. A. Nesvold,(ed.), *Macro-Quantitative Analysis*, Beverly Hills : Sage Foundation.

Gastil, Raymond D., 1988. *Freedom in the World : Political Right and Civil Liberties* 1987~

1988, New York : Freedom House.

Gillespie, Charles G., 1988~9. "Argentines on Authoritarianism," *Journal of Interamerican Studies and World Affairs*, Vol. 30, No. 4(Winter), pp.183~197

Hodge, Donald C., 1988. *Argentina, 1943~1987 : The National Revolution and Resistance*, revised and enlarged ed., Albuquerque : University of New Mexico Press.

Hunter, Wendy. 1997. "Continuity or Change? Civil-Military Relations in Democratic Argentina, Chile, and Peru," *Political Science Quarterly*, Vol. 112, No. 3, pp.453~475.

Huntington, Samuel P., 1968. *Political Order in Changing Societies*, New Haven : Yale University Press.

Huntington, Samuel P., 1991. *Third Wave : Democratization in the Late Twentieth Century*, Norman and London : University of Oklahoma Press.

Jelin, Elizabeth. 1994. "The Politics of Memory, The Human Rights Movement and the Construction of Democracy in Argentina," *Latin American Perspectives*. Vol. 21, No. 2 (Spring), pp.38~58

Kimmel, Michael S., 1990. *Revolution : A Sociological Interpretation*, Philadelphia : Temple University Press.

Latin American Weekly Review. 1995. November 20.

Linz, Juan J., 1975. "Totalitarian and Authoritarian Regimes," in Fred I. Greestein and Nelson W. Polsby, (ed.), *Handbook of Political Science : Macropolitical Theory*, Vol. 3, Reading, Mass. : Addison-Wesley Publishing Company.

Linz, Juan J. and Alfred Stepan. 1995. *Problems of Democratic Transition and Consolidation : Southern Europe, South America, and Post-Communist Europe*, Baltimore : The Johns Hopkins University Press.

Little, Walter. 1984. "Civil-Military Relations in Contemporary Argentina," *Government and Opposition*, Vol. 19, No. 2 (Spring), pp.207~224.

Lipset, S. M., 1960. *Political Man, The Social Bases of Politics*, New York : Doubleday.

Makin, Quillermo. 1984. "The Argentine Process of Democratization, 1980~1983,"

Government and Opposition, Vol. 19, No. 2 (Spring), pp.225~238
Maguire, James W., 1997. *Peronism Without Peron : Unions, Parties, and Democracy in Argentina*, Stanford : Stanford University Press.
Mclynn, F. J., 1984. "The Ideology of Peronism : The Third Way and Law of the Excluded Middle," *Government and Opposition*, Vol. 19, No. 2 (Spring), pp.193~206.
Munck Gerardo L. and Carol Skalnik Leff. 1997. "Modes of Transition and Democratization : South America and Eastern Europe in Comparative Perspective," *Comparative Politics*, Vol. 29, No. 3 (April), pp.343~362.
Neubauer, Dean E. 1967. "Some Conditions of Democracy, The *American Political Science Review*, Vol. 61, No. 4, pp.1002~1009
O' Donnell, Guillermo A. 1973. *Modernization and Bureaucratic-Authoritarianism, Studies in South American Politics*, Berkeley : University of California Press.
Petras, James and Steve Vieux. 1994. "The Transition to Authoritarian Electoral Regimes in Latin America, *Latin American Perspectives*, Vol. 21, No. 4 (Fall), pp.5~20.
Pion-Berlin, David. 1985. "The Fall of Military Rule in Argentina, 1976~1983," Journal of *Interamerican Studies and World Affairs*, Vol. 27, No. 2 (Summer), pp.55~76.
Pion-Berlin. 1991. "Between Confrontation and Accommodation, Military and Government Policy in Democratic Argentina," *Journal Of Latin American Studies*, Vol. 23 (October), pp.543~571,
Plamenatz. John 1978. *Democracy and Illusion*, London : Longman.
Poneman. Daniel 1987. *Argentina, Democracy on Trail*, New York : Pargon House Publishers.
Popper, Karl R., 1977. *The Open Society and its Enemies*, Vol. 1, London : Routledge and Kegan Paul.
Rrustow, Dankwart. 1970. "Transition to Democracy : Toward a Dynamic Model," *Comparative Politics*, Vol. 2 (April), pp.337~363.
Rustow, Dankwart. 1990. "Democracy, A Global Revolution?" *Foreign Affairs*, Vol. 9, No. 4

(Fall), pp.75~91.

Sartori, Giovanni. 1987. *The Theory of Democracy Revised*, Chatham, NJ : Chatham House Publishers.

Snow, Peter G. and Luigi Manzetti. 1993. *Political Force in Argentina*, 3rd ed., Westport, Conn : Praeger.

State University of New York. 1998. *Political Handbook of the World 1998*, Binghamton, NY : CSA Publications.

Tulchin, Joseph S. and Allison M. Garland. 1998. *Argentina : The Challenges of Modernization*, Wilmington, Del : A Scholarly Resources Inc., Imprint.

Welch, Claude E., 1992. "Military Disengagement from Politics : Paradigms, Processes, or Random Events," *Armed Forces and Society*, (Spring), pp.323~342.

Zagorski, Paul W., 1988. "Civil-Military Relatins and Argentine Democracy" *Armed Forces and Society*, Vol. 14, No. 3 (Spring), pp.407~432.

Zagorski, Paul W., 1994. "Civil-Military Relations and Argentine Democracy" : The Armed Forces Under Menem Government, *Armed Forces and Society*, Vol. 20, No. 3 (Spring), pp.423~437.

제6장

민주화와 정치변동

제1절 아르헨티나의 민주화 과정과 한국

제2절 군의 탈정치화와 민주화

제2절 군의 탈정치화와 민주화*

I. 머리말

제3세계 국가는 대부분 식민통치를 경험하고 제2차 세계대전이후 독립을 획득하여 국가형성과 국가발전이라는 두 가지 커다란 과제에 직면하였다. 국가형성 과정에 국가구조의 기본골격으로서 제일 먼저 관료와 군을 조직하게 된다. 특히 국가형성 초기에 식민통치 시절 상실했던 국가해체의 쓰라린 경험을 교훈삼아 군 육성을 정책의 최우선 순위에 두게 된다. 군은 대외적인 국가안보 기능과 대내적인 치안유지 및 신생국의 독립과 자존심을 살리는데 결정적인 요인으로 작용한다. 국가형성 초기에 군의 역할은 중요한 것으로 인식되었다.

그러나 대부분의 제3세계 국가는 국가발전을 추구하는 과정에 군이 쿠데타로 정치권력을 획득하는 현상을 경험하게 된다. 군의 정치개입은 1960~70년대 유행병처럼 확산되어 남미, 아프리카, 동남아 등에서 절정을 이루었으며, 군의 정치개입에 관한 연구가 제3세계 정치학의 주된 대상이 되었다.

그러나 민주화의 제3의 물결이 확산되면서 문민정부의 출범, 다당적 경쟁체제의 도입, 언론자유의 허용, 시장경제체제의 도입, 평화적인 정부이양 등 '세계민주주의 혁명'(the global democratic revolution)이 일어나게 되었다.[1] 권위주의적인 군부 독재체제가 붕괴되고 새로운 민주정치 체제가 출현하는 모습을 보이고 있다. 만일 1960년대와 1970년대를 군사쿠데타의 시기라고 한다면 1980년대는 군부통치에서 문민지배로 전환된 시기라고 볼 수 있다.[2]

---

*「한국정치학회보」 제29집 2호(pp.253~274)의 논문을 수정·보완하였음.

1) S.P.Huntington "Democracy's Third Wave," *Journal of Democracy*,Vol.2,No.2,(Spring 1991), pp.11~34:*Third Wave:Democratization in the Late Twentieth Century*, (Norman : University of Oklahoma Press,1992), P.33.

2) Henri J. Barkey,"Why Military Regimes Fail:The Perils of Transition," *Armed Forces and Society*,Vol.16,No.2,(Winter 1990), p.169.

한국도 예외가 아니었다. 해방이후 타의에 의한 분단국가의 형성으로 다른 제3세계 국가들보다도 더욱 더 군사적 긴장과 대립이 고조되어 군 육성을 강조하지 않을 수 없는 특수한 상황이 전개되었다. 군부가 국가의 어느 조직보다도 가장 방대하고 근대화된 조직으로 발전되어 가는 과정에 5.16과 12.12 군사쿠데타 등 두 차례의 탈법적인 방법에 의한 정치변동을 경험하면서 1993년 민간출신 대통령이 출현할 때까지 무려 30여년간을 쿠데타를 주동한 군 출신이 국가의 최고 권력을 차지하여 왔다. 30여년 만에 민간정부가 출범하게 된 것은 군정종식을 상징적으로 보여준 것이었으며, 김영삼 대통령의 군에 대한 개혁으로 군의 탈정치화가 가속적으로 이루어졌다. 한국정치의 주요 행위자였던 군의 정치개입이 더 이상 불가능한 상황으로 발전되고 있다.

본 논문은 한국의 정치변동을 군의 탈정치화와 관련하여 분석하고자 한다. 보다 구체적으로 군의 정치개입과 탈정치화에 관한 이론을 살펴보고, 한국군의 탈정치화 과정과 탈정치화의 추진세력, 속도 등을 분석하여 탈정치화에 작용한 요인과 제3세계 군부지배체제의 해체과정에 관한 시사점을 제시하고자 한다.

II. 군의 정치화와 탈정치화론

군의 정치개입과 관련하여 다양한 연구가 이루어졌지만 편의상 〈그림-1〉과 같이 몇 단계로 나누어 살펴보고자 한다.

1. 군의 역할과 정치개입 원인

군의 역할은 스테판(Alfred Stepan)이 주장한 바와 같이 직업주의(old professionalism) -정치불개입과 신직업주의(new professionalism)-정치개입으로 나누어 이해하고 있다.[3] 직업주의는 군이 정치적으로 엄정 중립을 유지하면서 민간정부를 지지하고, 헌정질서를 수호하며 군 본

---

3) 군의 직업주의와 신직업주의에 대한 구분은 다음의 표 2.1을 참조. Alfred Stepan, "The New Professionalism of Internal Warfare and Military Role Expansion," in Stepan (ed.), *Authoritarian Brazil*, (New Haven and London:Yale University Press, 1973), p.52.

래의 국가안보기능을 담당하는 역할을 수행하는 것이다. 군은 폭력관리의 전문직(profession), 국가와 국민을 보호하는 소명직(calling job), 직업으로서 안정성, 장래성, 사회적 위상, 직업환경, 복지후생 등이 보장되어 불안감이 없는 생업(occupation)으로서 충실한 경우를 의미한다. 군에 대한 통제권은 민간 정치인에게 있으며 국가가 위기에 직면하게 되면 국가 이익을 수호하기 위해서 정치목적으로 동원되는 역할을 수행한다.[4]

신직업주의는 군이 병영을 떠나 무력으로 군사정권을 수립하여 정치에 직접 개입하는 것을 의미한다. 이는 군이 고유의 직업주의로 부터 이탈하여 정치적 역할을 수행하는 것이다. 직업화 된 군의 역할은 특히 국방정책 결정과정에 압력단체로서 제한적인 기능만을 수행하는데 반하여,[5] 군의 신직업주의는 군의 역할이 정치적으로 확대되어 국가정책 결정과정을 직접 통제하는 것을 의미한다.

그러면 왜 군이 신직업주의화 되는가? 군의 정치개입과 관련하여 그 원인에 관한 연구가 가장 많은 관심의 대상이 되었다. 일반적으로 군의 정치개입 원인을 화이너(S.E.Finer)는 개입의 성향(disposition)인 추진요인(Push factor)과 개입의 기회(opportunity)인 유인요인(pull factor)으로 나누어 설명하고 있으며, 정치문화의 수준과 군의 정치개입과의 관계를 제시하였다.[6] 자노위츠(M.Janowitz)는 군의 정치개입을 군내부의 조직형태(organizational formats)와 관련하여 분석하고 있으며,[7] 캐스퍼(Gretchen Casper)는 군의 정치개입을 군의 ① 의지(willingness) ② 능력(ability) ③ 기회(opportunity)라는 변수로 설명하고 있다.[8] 일반적으로 추진요인인 주관적인

---

4) 군의 직업화에 대하여 다음을 참조. Giuseppe Caforio, The Military Profession:Theories of Change, *Armed Forces and Society*, Vol.15, No.1 (Fall 1988), p.64.

5) Bengt Abrahamsson, *Military Professionalization and Political Power*(Beverly Hills Calif.:Sage Publication, 1972), p.155.

6) S.E.Finer, *The Man on Horseback:The Role of the Military in Politics*(New York : Boulder, Colo.:Westview Press, 1988)

7) Morris Janowitz, *The Military in the Political Development of New Nations*(Phoenix Books:The University of Chicago Press, 1974).

8) Casper는 브라질 군의 정치개입 분석자료를 필리핀에 적용하여 제3세계 국가의 군이 민간정권을 붕괴시키는데 작용하는 변수 세가지를 제시하였다. Gretchen Casper, "Theories of Military Intervention in the Third World:Lessons from the Philippines," *Armed Forces and Society*, Vol.17, No.2, (Winter 1991), p.207.

변수는 군의 정치개입에 대하여 비판적인 민간인 논리의 기초가 되고 있으며, 유인요인인 객관적인 변수는 군이 정치에 개입하는 명분으로 내세우는 논리라고 할 수 있다. 군의 정치개입은 객관적인 요인이 아무리 존재하더라도 군의 개입의지가 없으면 불가능하다. 군의 정치개입은 개입의지와 쿠데타를 주도한 군사지도자의 개인적 · 심리적요인, 폭력이라는 수단을 독점·관리하는 전문집단으로서 자신의 의지를 무력으로 관철시킬 수 있는 능력, 그리고 기회요인으로써 민간 정치인의 정치관리의 실패(mismanagement of politics), 정당의 미발달, 낮은 수준의 정치문화, 국가적 통일의 결여, 부정부패의 만연, 사회불안과 무질서 등 정치, 경제, 사회적인 여건이 군의 정치개입 명분을 제공하는 등 군의 의도, 능력, 기회라는 세 가지 변수가 상호 복합적으로 작용하여 발생한다고 볼 수 있다.

특히 군이 제도로써 정치에 개입하는 경우 보다는 소수의 군인(segment of the military)이 쿠데타를 모의 · 거사하는 사례가 많기 때문에 쿠데타를 주동한 군사 엘리트의 개인적·심리적 동기와 그를 지지하고 추종한 군내의 비공식적인 조직과 사조직에 대한 연구를 강조하는 입장도 있다.[9]

2. 군의 정치개입에 대한 평가

군의 정치개입에 대한 평가는 일반적으로 순기능적인 면과 역기능적인 면이 있으나 결론은 부정적이라고 볼 수 있다. 순기능적인 면은 ① 군이 국가의 대내외적인 안보를 책임지고 ② 산업화 과정에 안정성, 효율성과 능률적인 리더십을 제공하며 ③ 하면 된다는 자신감과 사회발전의 역동성을 부여하고 ④ 고도정밀 무기와 장비의 개발 등 군수산업의 육성으로 기술발전에 기여하며 ⑤ 대민봉사 등 사회적 역할의 수행을 들고 있다. 파이(Lucian Pye)는 발전도상국의 군을 근대화의 추진세력(modernizing agents)으로 긍정적인 입장에서 평가하고 있다.[10]

그러나 군의 정치개입은 ① 정치의 군사화 ② 권위주의적인 정치리더십 ③ 정치탄압과 정치부패 ④ 군사문화의 확산 ⑤ 목적지상주의 ⑥ 정치권력의 정통성 상실 ⑦ 군에 효율적인 것이 반드

9) 한용원, "한국군의 파벌구조와 민군관계," 인하대학교 국제관계연구소 제3회 민군관계 워크샵 발표 논문,(1992.5.1) 참조

10) Lucian W.Pye, *Politics:Aspects of Political Development*,(Boston:Little,Brown and Company),Chapter.IX.

<그림-1> 군 정치개입의 연구 단계

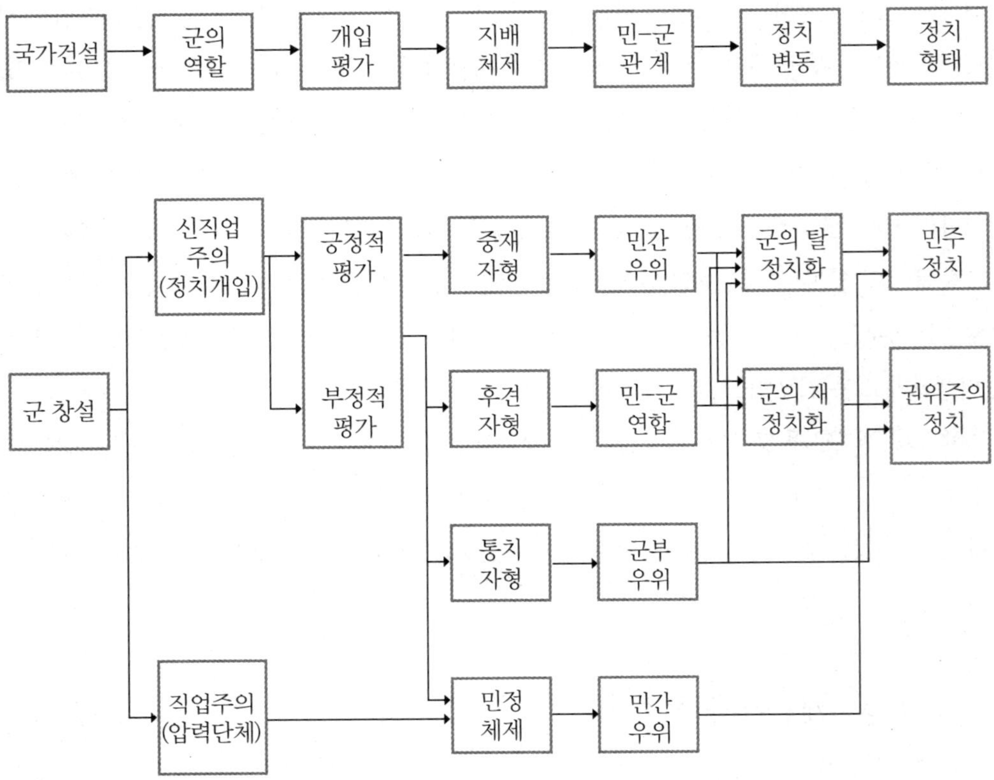

시 민간사회에 효율적이 아니라는 입장에서 부정적으로 평가하고 있다. 특히 군부지배체제가 장기간 지속될 경우 군사문화가 시민사회에 파급되어 민주발전을 저해하는 요인으로 작용한다.[11] 군의 정치개입은 단기적으로 효율적인 면이 있으며 불가피한 경우가 있다고 하더라도 장기적이고 본질적인 시각에서 부정적인 요소가 훨씬 더 많은 것으로 평가하고 있다.

11) 군사문화라고 일컬어지는 군대문화의 악영향에 의해 우리 사회에 권위주의적인 문화현상이 생겨나게 되었다는 데 무리가 있다는 입장을 취하고 있는 경우가 있다. 다음을 참조. 백종천·온만금·김영호 공저, 『한국의 군대와 사회』(서울:나남출판,1994), pp.225~231.

3. 군부지배체제의 유형

군이 정치에 개입하는 지배체제의 유형을 ① 헌법의 보호자 ② 혁명과 개혁의 선봉자 ③ 민간정부의 후견자 등으로 분류하기도 하며,[12] ① 중재자형(moderators) ② 후견자형(guardians) ③ 통치자형(rulers)으로 유형화하기도 한다.[13] 중재자형은 민간정치인 주도하에 현상을 유지하면서 정치권력을 간접 통제하는 체제를 의미하며, 후견자형은 민-군연합체제의 성격을 띠고 대규모 정치변동보다는 현상유지를 선호하며 전정권(前政權)의 과오와 비리를 시정하면서 정부를 통제하는 체제를 말한다. 통치자형은 군부주도하에 정치, 경제, 사회적인 변화를 추구하면서 정치권력을 완전 장악하는 체제를 의미한다.

4. 민-군관계 유형

군의 정치개입과 관련하여 또 다른 관심영역은 민-군관계로서 ① 노드링거(Eric Nordlinger)의 자유주의 모형인 민간 엘리트와 군 엘리트간 고유한 기능과 역할의 분화와 분담체제를 확립하는 유형[14] ② 헌팅턴(S. P. Huntington)의 주관적 민간통제(subjective civilian control)모형-군에 대한 민간권위의 극대화와 객관적 민간통제(objective civilian control)모형-군대의 자율성과 직업주의 성향 고취로 군의 중립적 성향의 극대화 등으로 분류하고 있다. 일반적으로 민-군관계는 정치권력의 통제와 군의 역할과 관련하여 민간우위, 민-군연합, 군부우위 등으로 나눌 수 있는데 가장 바람직한 모형은 노드링거의 자유주의 모형과 헌팅턴의 객관적 모형을 가미하는 것으로 보고 있다.[15]

5. 군의 탈정치화와 재정치화

쿠데타로 집권한 군사정부가 퇴진하고 민간정부로 전환되는 현상에 대하여 군부지배체제의

12) Fred R. von der Meheden, *Politics of the Developing Nations*, (Englewood Cliffs : Prentice-Hall, Inc., 1964), pp.97~106.

13) Eric A. Nordlinger, *Soldiers in Politics: Military Coups and Governments*(Englewood Cliffs: Prentice-Hall, Inc., 1977), p.22~24.

14) Nordlinger(1977)

15) 한용원, 『한국의 군부정치』(서울 : 대왕사, 1993), p.80.

해체, 군사정권의 퇴진, 군부권위주의체제 붕괴, 구직업주의로 복귀, 정치변동, 민주화 등으로 다양하게 표현하고 있으나 본 논문에서는 '군의 탈정치화(depoliticization of the military)'[16)]라고 부르려고 한다. 군의 탈정치화란 '군사정부가 민간정부로 대체되어 민주정치 질서가 발전적으로 정착되는 정치변동의 한 과정'이라고 볼 수 있다. 민-군관계에서는 '민간에 의한 군의 통제(civilian control over the military),' '민간우위(civilian supremacy),' 또는 '군의 직업주의 복귀' 등이 구체적으로 나타나는 현상이라고 볼 수 있을 것이다.

군의 탈정치화는 쿠데타이후 필연적으로 나타나는 현상이다. 딕스(R. Dix)에 의하면 남미의 경우 군사쿠데타를 경험한 18개국의 평균 군사정권 유지기간이 13.8년이었으며, 탈정치화가 이루어져 민간정권이 지속되고 있는 기간이 평균 19.2년이라고 하였다.[17)] 군의 탈정치화는 시간의 문제일 뿐 필연적인 현상이라고 볼 수 있다.

군의 탈정치화에 대하여 많은 연구가 진행되고 있으나 아직까지 세가지의 특징을 발견할 수 있다. 첫째, 군의 탈정치화에 관하여 학자들이 광범위하게 수용하는 패러다임(paradigm)이 아직 출현하지 않았으며, 둘째 특정한 국가의 분석에 기초한 군의 탈정치화 유형(pattern)이 제시되긴 했으나 탈정치화의 원인과 결과에 대하여 하나의 통일된 학파(school)가 형성되지 않았고, 셋째 군의 탈정치화는 지역적 · 세계적인 커다란 변화의 물결로 나타나기보다 '우연한 사건(random events)'의 성격이 짙다는 것이다.[18)]

그러나 군의 탈정치화의 원인에 관한 연구는 두 가지 차원에서 접근이 가능하다고 볼 수 있다. 첫째, 군의 정치개입 이론과 관련지어 설명하는 것이다. 군의 정치개입을 가능하게 하는 의지,

16) 민에 의한 군부의 민주적 통제 목적은 군을 사회전체로 부터 떨어져 있는 존재가 아니라 사회의 한 부분으로서 사회의 조직 안에 견고히 유지하도록 하고, 군으로 하여금 국가에 봉사하게 하며, 지배하는 자리를 차지하지 않도록 그리고 군대가 적절한 헌법상의 장치를 통해서 배치되고 무력이 민주적으로 선출된 지도들의 명시적이고 직접적인 명령에 따르도록 확실을 기하는데 있다. Charlie Rose, "Democratic Control of the Armed Forces : A Parliamentary Role in Partnership for Peace," *NATO Review*, No.5, (October 1994), p.34~40.

17) Robert H. Dix, "Military Coups and Military Rule in Latin America," *Armed Forces and Society*, Vol.20, No.3, (Spring 1994), p.442.

18) Claude E. Welch, Jr., "Military Disengagement From Politics:Paradigm, Processes, or Random Events," *Armed Forces and Society*, (Spring 1992), p.324.

능력, 기회요인의 감소는 역으로 군의 탈정치화를 이룩할 수 있다는 것이다. 즉 병영에서 군을 끌어 들이고,정치의 장에서 군을 밀어내면 탈정치화가 이루어질 수 있다고 보는 것이다.[19] 이에 동조하는 학자는 화이너로 군이 탈정치화 되려면 추진요인인 군의 성향이 탈정치화 되어야 하고, 사회적 조건, 즉 유인요인이 이에 순기능적으로 작용해야 한다고 주장한다. 성향차원을 동기유발(motivations)로 보아 ① 군이 민간정부의 우월성을 인정하고 ② 군 자체의 응집력에 위협을 느끼며 ③ 국가통치능력에 대한 자신감을 상실했을때 성향이 없어진다는 것이다. 사회적 조건(social conditions)은 필요조건(necessary conditions)으로서 ① 군의 탈정치화에 대한 군내부의 합의 ② 퇴진 후 군의 이익이 보장된다는 확신 ③ 민간 정치이념과 군의 이념 간에 유사성 발견 ④ 정권담당 능력을 갖춘 민간주도의 정당조직이 존재해야 한다는 것 등이다.[20]

와이너(Myron Weiner)는 민주정부에 대한 국민의 지지는 군부지배의 종식과 군을 영내에 잡아둘 수 있는 충분조건이 아니라고 하면서 민주적인 지배(democratic rule)에 대한 국민의 지지와 군의 권력 포기의지(willingness of the military to relinquish power)가 결합되어야 한다고 주장하였다.[21] 나이지리아와 파키스탄에 군사정권이후 민간정부가 출범했으나 실패하고 곧 이어 군이 재정치화된 예를 들면서 군의 의지를 강조하고 있다. 군은 민간정권 출범이후 군정 당시의 비리를 이유로 군 지도자의 구속 · 처형과 모욕적인 조치, 국방예산 삭감, 군수산업의 민간통제, 군구조의 축소개편과 고급장교의 감축, 군의 특혜박탈 등에 대하여 불안해하기 때문에 급진정당이나 정권의 출범을 두려워한다고 하면서 그리스, 터키, 콜롬비아, 아르헨티나, 포루투칼, 스페인, 필리핀의 중도적이거나 보수정권의 출범이 민주지배의 가능성을 높였다고 하였다. 군의 탈정치화 원인을 군이 정치에 개입하는데 작용하는 군의 ① 의지 ② 능력 ③ 기회요인의 소멸과 관련하여 이해하는 것이다.

둘째, 군의 탈정치화를 민주발전의 연장선상에서 분석하는 것이다. 군사 쿠데타에 의한 정권

---

19) 한용원(1993),P.73.

20) S.E.Finer, "The Relation to the Barracks:Notes On the Practice and the Theory of Military Withdrawal From the Seats of Power," *Third World Quarterly*,Vol.7, No.1, (January 1985), p.23.

21) Myron Weiner, "From Authoritarianism to Democracy," in Roy C. Macridis and Bernard E. Brown,*Comparative Politics*:Notes and Readings,7th ed.(Belmont:Wadsworth Publishing Company,1990), pp.140~141.

획득은 민주발전을 저해하는 가장 커다란 장애요인으로 간주하고 군의 탈정치화는 민주화 과정에서 필연적으로 나타나는 하나의 단계라고 보는 것이다. 즉 군의 탈정치화는 군부권위주의 해체를 의미하며 이를 민주화의 한 부분으로 간주하는 것이다. 따라서 민주발전에 작용한 변수와 똑같은 조건 때문에 군의 탈정치화가 이루어진다고 볼 수 있다.

민주화의 원인을 분석하는 데는 순기능적으로 작용한 요인(factors)이나 전제조건(precondition)을 살펴보는 것이 일반적인 경향이다. 민주화나 군의 탈정치화에 작용한 원인(causes)이나 조건으로 ① 권위주의 정권의 정통성 쇠퇴 ② 시민사회의 성장 ③ 분화된 사회구조 ④ 교육기회의 확대 ⑤ 매스 미디어의 발달 ⑥ 외부의 영향 ⑦ 경제발전과 국민소득 증대 ⑧ 문화와 종교의 영향 ⑨ 민주화의 파급효과(demonstration effects or snowballing phenomenon) ⑩ 정치 엘리트의 역할 ⑪ 올림픽과 같은 국제규모의 스포츠 유치 등을 제시하고 있다.[22] 그러나 단일 요인만으로 민주화가 이룩되는 것이 아니라 국가마다 특수한 환경적인 변수가 작용하기 때문에 군의 탈정치화도 여러 요인들이 상호 복합적으로 결합하여 발생한다. 따라서 개별국가별로 요인간의 결합이나 민주화의 내용 등이 다르게 나타난다는 것이다.[23]

한편 군의 탈정치화가 한 번에 완성되어 민주정부가 수립되면 문제가 없으나 군이 재정치화 되는 경우가 있다. 군의 탈정치화 과정에 민간논리를 적용하여 군을 탈군사화(demilitarization)·민간화시킨다든가, 사기를 저하시킨다든가, 군기강을 문란케 한다든가, 반군감정을 부추긴다면 결국 군의 전투력은 약화되고 군 자체의 존립기반을 위태롭게 할 수 있다. 이러한 상황에서 군은 상실해 가는 기득권을 회복하고자 반작용을 일으켜 무력으로 민간정권에 대항하는 경우가 발생

---

22) S.P.Huntington,"Challenges Facing Democracy : What Cost Freedom" *Harvard International Review*,(Winter 1992/93), pp.22~23;Huntington,"Will More Countries Become Democratic?" *Political Science Quarterly*,Vol.99,NO.2,(Summer 1984), pp.198~209;Doh Chull Shin,"On the Third Wave of Democatization" *World Politics*,Vol.47,(October 1994), pp.151~154;Dankwart A.Rustow,"Democracy : A Global Revolution?" *Foreign Affairs*,Vol.9, No.4,(Fall 1990), p.79.

23) Huntington(1992).
한편 서경교박사는 군의 탈정치화에 작용하는 요인으로 ① 강력한 민간인 반대세력의 성장 ② 군부정권의 중요한 정치실패 ③ 군내부의 갈등과 분열 ④ 군부의 퇴진결정 ⑤ 외국의 압력이나 영향력 등의 다섯 가지 중 한 가지 혹은 그 이상의 조건들이 직접적 혹은 간접적 요인으로 작용한다고 보았다. "군부의 정치퇴진에 관한 비교 연구:태국, 필리핀, 한국의 경우," 「한국정치학회보」,제27집 2호(상),(winter 1993), pp.294~296.

한다. 나이지리아, 파키스탄, 아르헨티나, 볼리비아, 에콰도르, 혼드라스, 페루등과 같이 군사쿠데타의 악순환을 경험한 사례도 있다. 또한 군부 권위주의 정치체제에서 민간정부로 변화되는 과정에 사회의 혼란, 무질서, 방종 등으로 사회가 총체적인 위기에 직면하게 되면 군은 이를 기회요인으로 간주하여 재정치화의 명분으로 삼을 수 있다.

Ⅲ. 한국군의 탈정치화 과정

한국군의 탈정치화는 앞에서 살펴 본 두 번째 접근법인 민주화 과정의 산물이라고 볼 수 있다. 군사정권의 퇴진은 거시적인 민주화운동 과정에 나타난 부산물의 성격이 짙다. 따라서 한국군의 탈정치화 과정을 살펴보려면 한국의 민주발전 과정을 분석해야 할 것이다.

민주발전 과정에 대하여 두 가지 입장이 있는데 첫째, 러스토우(Dankwart Rustow)가 제시한 단선적인 모형이다. 민주화 과정을 ① 기본조건(background condition)으로서 국민의 일체감(national unity) ② 준비단계(preparatory phase)로서 장기간의 결론없는 정치투쟁(prolonged and inconclusive political struggle) ③ 결정단계(decision phase)로서 민주적 규칙의 의식적인 채택 ④ 체질화 단계(habituation phase)로서 민주적 규칙의 실행 등으로 분류하고 있다[24]. 민주주의는 단계적인 수순을 밟아 단선적으로 발전된다는 입장이다.

둘째, 헌팅턴의 주장과 같이 민주화 과정은 쿠데타, 폭동, 시위와 같은 피할 수 없는 정치불안을 경험하면서 변증법적으로 정치참여 기회의 확대와 권위주의 정부가 퇴진하는 과정을 밟는다는 것이다.[25]

한국의 민주화는 단선적인 과정(linear process)보다는 변증법적인 과정(dialectical process)을 밟아 진행되어 왔다고 볼 수 있다. 한국의 민주화는 군의 정치개입→사회문제의 효율적인 해결과 근대화의 실행→민주적 게임규칙의 채택→자발적인 민정이양→문민정부 출현→민주적 게

---

24) Dankwart A.Rustow, "Transitions to Democracy:Toward a Dynamic Model" *Comparative Politics*, Vol.2,(April 1970), pp.350~361.

25) S.P.Huntington, *Political Order in Changing Societies* (New Haven:Yale University Press,1968), pp.72~78.

임규칙의 반복적인 실행→민주정치질서의 정착 등 일련의 단선적인 과정을 거치지 않았다. 오히려 정치불안과 위기의 악순환, 빈번한 정치과정의 단절과 비합법적이고 초법적인 정치체제의 붕괴 등 제3세계 정치학의 실험실과 같은 변칙적인 과정을 거쳐 발전되어 왔다.

이승만 가부장적 민간권위주의 등장과 4·19 학생혁명에 의한 붕괴, 장면 과도정부의 등장과 5·16 군사 쿠데타에 의한 붕괴, 박정희의 교조적 개발독재와 그의 시해로 인한 붕괴, 최규하 과도정부의 12·12 군사쿠데타와 5·17전국계엄확대로 인한 붕괴, 5·18 광주항쟁, 전두환 군사권위주의 체제의 6·29 민주화 선언으로 붕괴, 노태우 유사문민정부의 등장과[26] 김영삼 문민권위주의 정부출범으로 이어지는 불규칙적인 과정을 거듭해 오면서 민주화가 이루어지고 있다.[27]

한국의 민주화, 특히 탈정치화에 많은 요인들이 상호 복합적으로 작용한 것이 사실이지만 시민사회의 성장을 가장 으뜸적인 요인으로 간주하고자 한다.[28] 한국 시민사회의 성장은 자본주의 발전에 힘입은 바 크며,시민사회는 국가의 힘에 대한 견제역할을 수행하였다.[29] 한국의 산업화, 도시화, 정보화는 시민사회의 급격한 성장과 발전을 가져왔으며 발생적 단계의 허약한 시민사회를 침식한 것도 군부 권위주의지배였지만 그러한 시민사회를 보다 '성숙'하게 만든 것도 또한 군부 권위주의 정권이었다는 것은 매우 아이러니칼한 사실이다.[30]

---

26) 노태우 정부를 군사정부로 보느냐 문민정부로 보느냐에 대한 입장은 논란의 소지가 있는 것은 분명하지만 군사정부의 성격에 가까운 유사문민정부라고 규정짓고자 한다. 제6공화국의 헌정체와 게임규칙이 여야 합의에 의하여 국민의 합법적인 절차를 밟아 확정되었고 그 규칙에 따라서 민주적인 자유경쟁선거를 통하여 당선되었기 때문에 절차상의 정통성을 획득하였다. 또한 리더십 행태도 오히려 민간출신인 김영삼 대통령보다도 더욱더 문민적인 성향을 보인 것이 사실이다. 그러나 노태우 대통령은 12.12쿠데타 주역의 한사람으로 정계에 입문하여 권력의 핵심에 진입하였으며, 5공 군사정권의 출범에 결정적인 역할을 하였다. 또한 전두환 대통령의 후계자로 지명되어 민정당의 대통령 후보로 출마하여 당선되었기 때문에 군사정권에 가깝다고 할 수 있다.

27) 김영삼 대통령도 군부지배연합인 민정당과 통합을 통하여 대통령이 될 수 있었기 때문에 순수한 의미에서 문민정부라고 평가할 수 없으나 민간인 출신으로 합법적인 절차를 밟아 대통령에 당선되었기 때문에 김영삼 정부를 군사정부에 대비되는 민간정부 또는 문민정부라고 할 수 있다.

28) 남미에서 민주화가 이룩되고 군의 정치적 역할이 축소된 것은 경제발전과 사회유동성의 결과 나타난 다원주의 정착과 시민사회의 성장 때문이라고 한다. 다음을 참조. Dix (1994), p.446;Peter H. Smith,"Crisis and Democracy in Latin America," *World Politics*, Vol.43,No.4,(July 1991), p.632.

29) David Potter," Democratization in Asia," in David Held,(ed.),*Prospects for Democracy:North,South,East,West,*(Stanford:Stanford University Press,1993), pp.358~366.

한국의 민주화는 국가와 시민사회 간에 상호배타적이고 갈등과 긴장관계를 유지하면서 변증법적으로 발전하여 왔다. 한마디로 국가와 시민사회간의 헤게모니를 차지하기 위한 경쟁과 대립관계를 오랫동안 지속하면서 발전되어 왔다. 한국의 민주화 과정은 국가는 시민사회를 부당하게 침투적인 통제를 가할 수 있는 우월적인 힘을 계속해서 유지하려고 안간힘을 다했고, 시민사회는 역으로 국가로 부터 더 많은 자율성과 정치적 자유를 획득하기 위해서 국가권력에 도전하는 양상을 보여 왔다. 이런 과정에 수 없이 많은 정치적 갈등과 불안을 경험하였고 또한 정치위기를 맞이하기도 하였다

한국군의 탈정치화는 〈그림-2〉에서 보여주고 있는 바와 같이 국가와 시민사회간의 역학관계가 변화되는 민주화 과정에 자연스럽게 일어난 현상이라고 볼 수 있다.[31]

〈그림-2〉는 국가와 시민사회간의 힘의 균형관계를 나타낸 것으로 국가의 힘이 A에 있고 시민사회의 힘이 B에 있을 경우 권위주의/군사정부라고 할 수 있다. 국가가 시민사회에 직접 침투하여 통제함으로써 막강한 영향력을 행사하기 때문에 정치과정은 소수의 군사엘리트가 지배하게 된다. 따라서 시민사회의 자율성은 극도로 제한된다.

역으로 국가의 힘이 D에 있고 시민사회의 힘이 C에 있을 때 민간정부에 의한 민주정치라고 할

〈그림-2〉 국가와 시민사회의 역학관계

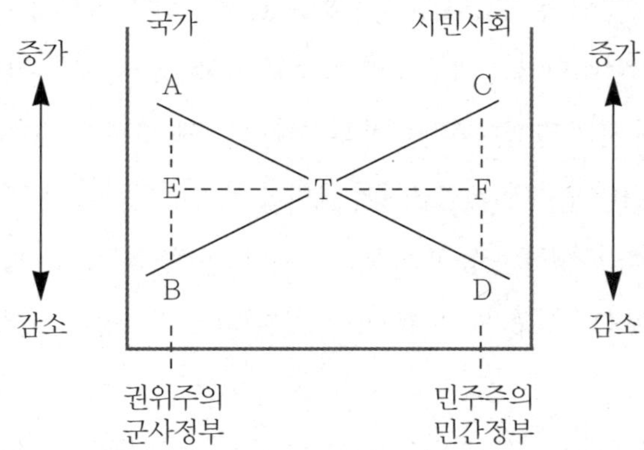

30) 한배호, "정치변동과 국가-시민사회의 긴장관계," 한국사회학회 · 한국정치학회 편,『한국의 국가와 시민사회』(서울 : 한울,1992), p.75.

31) 홍득표,『한국정치분석론:제5공화정의 위기와 변동』(인천 : 인하대학교 출판부, 1993), pp.292~294.

수 있다. 시민사회가 자율성을 최대한 행사할 수 있는 다원주의사회로 국가는 중립적이고 공정한 입장에서 사회세력들이 희소한 가치를 보다 유리하게 배분받기 위해서 경쟁하는 과정에 심판자(referee)와 같은 제한적인 역할을 수행하게 된다.

군의 탈정치화는 국가와 시민사회의 역학관계가 E를 출발하여 T를 거처 F로 이동되는 과정에 이루어진다. T는 국가와 시민사회와의 역학관계가 평형을 이루는 상태이며 전두환 군사정부가 위세를 떨치던 1985년 12대 총선에서 관제 야당인 민한당을 앞질러 창당한지 한달여밖에 안된 신민당을 제일야당으로 부상시킨 시점이라고 볼 수 있다. 12대 총선에서 선명·자생야당이 출현하여 막강한 군사독재체제를 견제하기 시작하였으며, 5공붕괴의 계기가 마련되었다. 그후 국가와 시민사회간의 역학관계가 시민사회 쪽으로 이동하여 균형이 깨지기 시작하였으며 현재 국가와 시민사회와의 역학관계는 T와 F의 사이에 위치하고 있다.

국가와 시민사회간의 세력균형이 역전되는 과정에 필연적으로 기득권을 보호·유지하려는 국가와 시민사회 간에는 긴장이 조성된다. 1987년 6월 항쟁을 전후하여 국가와 시민사회 간에 전개된 긴박한 대립양상을 예로 들 수 있다. 힘의 중심이 어느 한쪽으로 완전하게 기울어질 때까지 긴장과 갈등상황은 지속되며 힘의 우열현상이 확실해질 때 비로소 정치적인 안정을 유지하게 된다.

한국의 민주화는 국가와 시민사회간의 역학관계가 E에서 F로 이동되는 변증법적인 과정을 거치면서 이룩되었다. 이승만 장기집권과 반독재 투쟁, 박정희 유신체제와 긴급조치에 대한 반체제 운동, 신군부의 등장에 항거한 광주항쟁, 전두환 군사정권에 대한 민주화 운동 등이 지속적으로 전개되는 과정에 군의 탈정치화가 이룩되었다. 반독재 투쟁및 민주화 운동의 결실로 6·29 민주화 선언을 이끌어내 민주적 게임규칙이 국민적 합의에 의하여 채택되었고, 그 규칙에 따라 노태우·김영삼 정부가 탄생하는 등 평화적인 정부이양이 반복적으로 이루어졌다. 적어도 제도화라는 측면에서 민주적 게임규칙이 반복적으로 실행되어 민주정치 질서가 자리 잡기 시작한 것이다.

시민사회의 민주화 운동과 다양한 시민세력의 국가에 대한 분화된 압력(diffuse pressures)은 군 탈정치화의 촉진요인이 되었다. 시민사회가 국가권력의 정통성을 추인해 주는 동원적인 존재에서 국가권력을 견제·통제하는 정치의 주요 행위자로 등장하면서 시민의 지지를 획득하지 못하면 어느 정권도 정치권력을 유지할 수 없는 상황으로 발전된 것이 군의 탈정치화를 가져오게

된 것이다. 시민사회의 조직된 힘이 강하면 강할수록 군의 재정치화에 장애요인이 된다.[32)]

IV. 군의 탈정치화 주동세력과 속도

군의 탈정치화와 관련하여 살펴 볼 문제는 탈정치화를 누가 주동했느냐 하는 것이다. 탈정치화를 주도한 주체세력과 속도를 논하는 것은 중요한 문제라고 할 수 있다. 왜냐하면 군의 탈정치화가 계획적으로 군사정부의 의도에 따라 자발적으로 이루어졌느냐 아니면 어쩔 수 없는 상황에서 군사정부가 본의 아니게 퇴진 당한 것이냐를 평가하는 중요한 잣대가 되기 때문이다.

군의 탈정치화를 계획된(planned)것과 계획되지 않은(unplanned)변화 등 두 가지로 분류하여 분석하기도 한다. 계획된 변화는 군사정권이 자발적으로 정치로 부터 퇴진하여 민간에게 정권을 이양하는 것이다. 계획되지 않은 변화는 환경과 조건의 변화가 압력요인으로 작용하여 더 이상 군사정권을 유지할 수 없는 상황이 오거나 또한 엄청난 노력과 희생이 예상될 때 본의 아니게 정치권력을 이양하는 경우를 의미한다.[33)]

한국군의 탈정치화는 계획되지 않은 가운데 진행되었다고 볼 수 있다. 이는 다른 말로 한국군의 탈정치화는 군사정부에 의하여 주도적 · 자발적으로 이루어진 것이 아니라는 사실이다. 군이 구직업주의로 복귀하여 군의 탈정치화가 이루어진 것이 아니라 마지못해 수용할 수밖에 없는 상황이 조성되어 이루어진 것이다. 군사정부가 탈정치화의 주체세력이 아니라고 할 때 한국군의 탈정치화를 주도한 세력은 누구인가? 군의 탈정치화를 주도하는 세력과 속도를 〈그림-3〉에서와 같이 세 가지 유형으로 나누어 분석할 수 있을 것이다.

민간 정치엘리트에 의한 위로부터 추진되는 군의 탈정치화는 국가의 최고 권력을 획득한 정치지도자가 일방적으로 주도하는(elite-directed transition) 유형이라고 할 수 있다. 군부의 의사를 무시하고 국민여론이나 시대적인 당위성을 내세워 군이 원하지 않는 탈정치화를 추진하는 것이다. 정치지도자의 의도적인 선택을 통하여 위로부터 군의 탈정치화가 추진되는 경우를 의미한

32) Alfred Stepan,"Paths Toward Redemocratization," in Macridis and Brown(1990), p.151.

33) Barkey(1990), p.171.

다. 그러나 탈정치화의 명분으로 여론을 내세우거나, 군사정권의 부정적인 요소를 지나치게 부각시켜 군의 반발이나 반작용이 우려되는 상황이 올 수 있다.

민간-군 엘리트의 합의에 의한(consensual transition) 탈정치화는 군의 반작용 가능성을 극소화하고 군을 매도하거나 반군감정을 불러오지 않는 범위 내에서 탈정치화의 필요성을 민간 정치엘리트와 군 엘리트가 동감하거나 민간 정치엘리트가 탈정치화 계획을 군에게 설득시켜 평화적으로 군의 탈정치화를 유도하는 방법이다. 그러나 군이 그동안 누리고 있던 기득권을 포기해야 한다는 점에서 탈정치화 범위에 한계가 있으며, 민간 정치엘리트와 군 엘리트 간에 불화와 반목이 예상된다.

〈그림-3〉 군의 탈정치화의 추진세력과 변화유형[34]

탈정치화 속도 \ 군의 탈정치화 추진세력	민간 정치엘리트	민간-군 엘리트 합의	시민(사회)
점진	Ⅰ 단계적 개혁을 통한 탈정치화	Ⅱ 과도적 공존상태의 탈정치화	Ⅲ 평화적인 민주화 운동을 통한 탈정치화
급진	Ⅳ 혁명적 개혁을 통한 탈정치화	Ⅴ 단기적 과도체제의 탈정치화	Ⅵ 폭력적인 민주화 운동을 통한 탈정치화

시민(사회)주도에 의한 아래로 부터의 군의 탈정치화는 군부권위주의 지배를 종식시키기 위하여 시민이 직접 군정종식이나 반독재 투쟁에 나서는 경우라고 할 수 있다. 시민에 의한 주도는 점진적 · 평화적 민주화운동을 통하거나 항의, 시위, 혁명이나 폭력을 동원하여 추진할 수 있다. 급

34) 그림에 대한 아이디어는 권위주의 체제로 부터 민주화되는 유형을 집권자-합의에 의한 변화(Consensual transitions), 집권자에 대항-비합의적 변화(nonconsensual transitions)로 분류하고 민주화의 속도를 점진적 · 급진적인 입장에서 유형을 만든 다음 논문을 참고 하였음.

Donald Share, "Transitions to Democracy and Transition Through Transaction" *Comparative Political Studies*, Vol.19, No.4, (January 1987), pp.525~548.

진적인 시민운동에 대하여 군사정부가 공권력으로 대응하게 되면 정치불안이 가중되고 최악의 경우 정치체제의 붕괴로까지 발전될 가능성이 존재한다.

탈정치화의 속도는 점진적인 경우와 급진적인 경우가 있는데 점진적인 경우는 오랜 시일 동안 많은 시행착오를 겪으면서 변증법적인 과정을 거쳐서 이루어지는 것이며, 급진적인 추진은 혁명적인 차원이나 우연한 기회에 군의 탈정치화가 이루어지는 경우를 의미한다.

한국군의 탈정치화는 〈III〉-평화적인 민주화운동을 통한 탈정치화와 〈IV〉-혁명적 개혁을 통한 탈정치화의 결합유형이라고 볼 수 있다. 한국군의 탈정치화의 원인 제공자는 최초로 시민이었고, 그 후 시민의 지지를 획득한 민간 정치엘리트가 국민여론을 배경으로 군의 탈정치화를 가속적으로 추진할 수 있었다. 민간-군 엘리트에 의한 합의가 아니라는 이유는 첫째, 역대 군사정권이 민주화 운동을 탄압한 것은 사회질서 유지와 국가안보를 위한 측면보다 군부지배체제를 안정적·지속적으로 유지하기 위한 기득권의 보호차원이라고 볼 수 있기 때문이다. 6·29 선언도 자발적인 선택이 아니라 국민의 힘에 굴복한 것이라고 평가하기 때문이다.[35]

둘째, 3당합당 이후 노태우 대통령의 후계자를 선정하는 과정에 김영삼 당시 민자당 대표최고위원간에 보여준 갈등과 충돌은 노대통령이 어쩔 수 없는 상황에서 대세론에 밀려 민간출신인 김영삼 후보를 선택했다고 볼 수 있다.[36] 쿠데타의 주역 중에 마땅한 대안이 부재한 상황에서 마지못해 김영삼 카드를 수용했다고 평가할 수 있다. 민자당은 당시 친김영삼계와 반김영삼계로 이분화되어 있었으며, 박태준·이종찬 등이 경합했으나 결국 김영삼을 대통령후보로 지명하였다. 집권당에서 김영삼 대표최고위원을 후보로 결정한 것은 14대 대통령선거에서 민간출신끼리 경쟁할 수 있는 기회가 마련된 셈이다. 또한 노대통령이 민자당을 탈당하고 중립내각을 구성하여 선거를 공정하게 관리한 것은 민간정부 출범에 기여하였다. 그러나 노대통령이 군의 탈정치화를 추진하기 위해서 민자당 후보를 의도적으로 민간출신을 결정했다는 증거가 불확실하기 때

35) 노태우 대통령은 6·29선언은 국민들의 힘에 굴복한 것이라고 솔직히 시인하였다. 「월간조선」,(1987.12), pp.486~511.

한편 김영명교수와 서경교박사는 6·29선언은 군사정부가 시민사회의 요구를 수용한 측면도 있으나 군사정권을 연장하기 위하여 전략적으로 택한 하나의 승부수가 아니냐는 의견을 제시하였다. 충분히 공감할 수 있는 지적이긴 하나 결과론적인 시각에서 5공화국이 붕괴되고 민주정치체제를 출범하는 정치변동의 전기가 마련되었다는 점에서 시민사회의 역할을 강조하고자 한다.

문에 결과적으로 나타난 군의 탈정치화는 민간-군 엘리트간의 합의에 의하여 이루어진 것이라고 볼 수 없다. 군의 탈정치화는 시민과 민간 정치엘리트의 합작품이라고 볼 수 있는데 특히 시민의 역할이 돋보인 것은 첫째, 1980년 5월 광주에서 발생한 민주항쟁을 들 수 있다. 광주항쟁의 발생원인과 폭력을 어느 쪽이 먼저 사용했느냐 하는 데는 다양한 설명이 가능하겠지만 군이 시민에게 무력을 무차별 사용한 것은 그 정당성을 찾을 수 없을 것이다. 광주항쟁의 무력진압은 민-군관계를 악화시키는 결과를 초래하였고, 군의 정치개입에 반대하는 국민들의 감정을 더욱 공고하게 만들었으며, 동시에 한국에서 군부의 정치개입은 더 이상 불가능할 것이라는 역사적인 교훈을 알려주는 계기가 되었다. 즉 군부가 다시 정치에 개입하게 되면 시민들의 강렬한 반대투쟁에 직면하게 될 것이라는 가능성을 높여 주었다.[37] 광주항쟁을 무력으로 진압한 군사정권의 폭력성은 더 이상 묵과되어서 안 된다는 사실이 이심전심으로 많은 국민의 마음속으로 확산되었다고 평가할 수 있다.

둘째, 제5공화국의 정체를 붕괴시킨 1987년 6월 항쟁에 시민의 적극적인 참여였다. 6월 항쟁은 군의 탈정치화의 기초를 마련한 결정적인 전환점이 되었다. 야당과 재야가 1987년 5월 27일 「민주헌법쟁취 국민운동본부」를 결성하여 잠재적이고 개별적인 국민들의 정치의식을 일깨워 정치의 방관자나 국외자가 아닌 직접 참여자로 바꾸는데 결정적인 역할을 하였다. 오랫동안 침묵하던 중산층을 정치화(politicization)하여 조직적인 국민저항과 국민운동을 전개하여 민주화 운동을 범국가적인 차원으로 승화시켜 6·29 선언을 끌어냈으며, 군의 탈정치화에 기여하였다.

셋째, 12대 총선에서 자생야당인 신민당을 제일야당으로 부상시킨 것과, 1988년 2월 실시된

---

36) 노대통령은 후계자와 관련하여 1991년 1월 8일 취임 4년째를 맞아 청와대 출입기자들과 기자회견에서 "대권후보는 민자당내의 당헌에 따라 민주적 절차로 결정되며 후보는 국민의 여망에 따라 선출될 것"이라며 "후보결정 시기는 임기만료 1년 전후가 적합하다"고 하였다. 또한 1992년 1월 10일 연두기자회견에서 "민자당의 차기 대통령후보를 뽑는 전당대회는 14대 국회의원 선거가 끝난 뒤에 개최할 것이며, 대통령 후보는 당헌에 정해진 대로 민주적 절차에 따라 경선에 의해 선출할 것"이라고 하였고, "어느 특정인을 지명하거나 내정하는 것은 권위주의 발상이며 당에 대한 모독"이라고 자유경선과 중립의지를 확인했다. 노심(盧心)을 둘러싼 공방, 노대통령과 김영삼 대표최고위원간의 갈등, 91년 7월 말 제주파동, 이종찬 후보의 경선거부와 민자당 전당대회의 반쪽대회 등으로 미루어 볼 때 노대통령은 자신의 의지에 따라서 김영삼 대표최고위원을 민자당 대통령 후보를 내세웠다기 보다 '대세론'에 밀려 마지못해 수용한 것으로 평가할 수 있다.

37) 홍득표(1993), p.96.

13대 총선의 여소야대 결과는 군의 탈정치화를 가져오는데 원인(遠因)으로 작용한 '결정적인 선거(critical election)' 였다.[38] 앞에서 살펴본 바와 같이 12대 총선결과는 5공화국의 붕괴를 가져오는 계기가 되었으며, 13대 총선의 여소야대 정치질서는 노태우대통령으로 하여금 통치력을 약화시켜 야당의 협력 없이 정국을 주도할 수 없는 상황을 만들어 3당합당의 기회를 제공하였다. 1990년 3당의 합당은 이념적인 명분도 없었고, 대권장악을 노리는 이질정파간의 '정략결혼' 이었다는 사실이 민자당 내 당권과 대권을 둘러싸고 끊임없이 계속된 계파갈등과 내분에서 그 본질이 고스란히 나타났으며, 14대 총선과 6·27 지자제 선거결과를 통하여 합당이전의 정당질서로 복귀하는 모습을 보여주어 그 의미가 상실되었지만 결과적으로 여당이 30여년 만에 민간출신을 대통령후보로 내세우는 기회가 되었다.

또한 여소야대의 정국구도는 노태우 대통령이 정치주역의 한사람이었고, 자신의 대통령 당선에 결정적인 계기를 마련해준 전두환 대통령과 5공화국의 비리청산에 대한 압력으로 작용하였다. 국회가 5공비리 특별위원회를 설치하고 청문회를 개최하여 5공의 부정적인 유산을 평가함으로써 군사독재체제에 대한 국민의 반감을 불러 일으켜 군정체제로는 국민의 정치적욕구를 정치과정에 반영할 수 없다는 한계인식을 확산시키는 전기가 되었다. 군정은 물론 정치경험이 없는 군출신 대통령은 더 이상 안 되겠다는 공감대가 형성된 것이 군의 탈정치화를 가져온 하나의 요인으로 작용하였다. 5공화국의 부정부패, 비리, 부도덕성, 비능률성, 폭력성의 노출은 국민들로 하여금 다시 태어나서는 안될 정권으로 인식시키는 기회가 되었다. 군사정권의 무능력은 오히려 국민의 정치적 불만을 가중시켜 민주화 열기를 부채질하는 결과를 가져왔다.

넷째, 1987년 8월 31일 6공화국의 헌법안에 대한 여야합의는 군의 정치개입 기회를 감소시키는 역할을 하였다. 1975년 스페인의 권위주의적 정치지도자인 프랑코(Franco)장군의 사망이후 여야 간 선거법의 합의와 협력이 군의 반작용 기회를 감소시킨 것과 같이[39] 한국에서도 여야 합의에 의한 제6공화국 헌법의 채택은 정치권의 단결을 보여준 것으로 군의 정치개입 가능성을 감소시키는 기회가 되었다고 볼 수 있다.

---

38) Critical Election 이란 말은 V.O. Key가 사용한 것이나 이 논문에서는 정권교체,여소야대,의석비율의 급격한 변동 등으로 정치행로와 정치풍경(political landscape)을 획기적으로 전환시키는 계기가 마련된 선거를 의미한다. "The Theory of Critical Elections," *Journal of Politics*,Vol.17(February 1955), pp.3~18.

39) Alfred Stepan,"Paths Toward Redemocratization,"(1990), p.147.

다섯째, 김영삼 대통령이 군의 개혁을 추진하는데 시민사회의 지지와 성원은 원동력이 되었다. 국민의 직접선거에 의하여 선출된 민간출신 대통령이라는 정통성의 획득은 군의 탈정치화를 과감하게 추진하는 힘이 되었다. 국민의 성원과 지지가 군의 개혁을 저돌적으로 추진한 배경이 된 것이다. 김영삼 대통령이 개혁추진 과정에 보여준 오만과 독선적인 리더십 행태는 개성에도 문제가 있지만 국민의 지지를 받고 출범한 문민정부라는 지나친 우월의식이 작용했다고 볼 수 있다.

〈그림-3〉의 〈Ⅳ〉형에서는 군의 탈정치화에 기여한 노태우·김영삼 대통령의 역할을 들 수 있다. 노태우 대통령의 리더십 유형이 의도적인 선택은 아니지만 군의 탈정치화를 촉진시키는 데 일조하였다. 시간이 흐르면 모든 것이 자동으로 해결될 것이라는 소극적·방어적인 자세, 인내와 기다림, 우유부단, 무결정, 무결단으로 일관하는 방관자적·상황적응적인 리더십이 민-군 간에 힘의 균형이 시민사회 쪽으로 기우는데 순기능적으로 작용하였다. 결국 자유방임과 무책이 정책이 되고 될 대로 되라는 식의 자연순리적인 통치스타일은 국민의 정치적인 욕구가 일시에 분출되는 계기가 마련되어 국가의 시민사회 통제력을 상실하게 하였다.[40] 노태우 정부 출범이후 다시 한 번 국가와 시민사회간의 역학관계가 T에서 F로 이동되는 과정을 반전(反轉)시키려는 군부의 시도가 예상되었으나 노태우정부는 국가의 패권적인 지위를 시민사회에 아무 저항 없이 스스로 포기하여[41] 군의 탈정치화에 기여하였다.

실질적인 군의 탈정치화는 김영삼 정부의 출범을 기점으로 삼을 수 있을 것이다. 민주적인 절차와 방법에 의하여 국민이 선택한 민간정부의 탄생은 30여년 간의 군부지배체제를 공식적으로 해체시키는 전기가 마련된 것이다. 또한 김영삼 대통령의 군에 대한 개혁은 탈정치화를 가속화 시키는 결과를 가져왔다. 김영삼 대통령은 취임 후 권영해 국방장관을 내세워[42] '하나회'를 포함한 군내 사조직의 해체와 인사상의 불이익, 기무사조직의 재편과 정치적 역할 축소, 군 수뇌의 대대적인 교체, 군내의 각종 비리척결 등 군의 탈정치화를 추진하였다.[43] '전광석화와 같이 추진한

40) 홍득표(1993), p.289.

41) 홍득표(1993), p.297.

42) "청와대 용병 권영해 연구" 「신동아」 (1993.9), pp.186~201.

43) 김영삼정부의 군 개혁에 관하여 다음을 참조. 이준형, "문민정부 군개혁의 성과와 전망" 인하대학교 국제관계연구소 민-군관계 워크샵 논문 발표,(1994.11.3).

깜짝 놀란 만한 군의 개혁' 은 군의 정치적 중립을 확보, 군에 대한 문민통제와 우위 확립, 군수조달 비리 척결 등의 효과를 가져왔다. 본질적인 군의 탈정치화는 부정 축재사건과 관련하여 노태우 전 대통령과 12·12, 5·18 사건과 관련 전두환 전 대통령을 사법처리토록 한 것이다. 두 전직 대통령에 대한 사법처리는 군의 탈정치화를 실질적으로 마무리 짓고자 하는 역사적인 결단이라고 평가할 수 있을 것이다.

군의 개혁은 탈정치화의 가속화에 긍정적으로 작용하였다. 그러나 군을 민간화 시켜 군 기강을 문란케 하고 군의 사기를 저하시켜 전투능력에 차질을 가져왔으며, 국가에 대한 충성심을 약화시켰고, 군인사의 특정지역 우대로 편파성 시비와 군내 또 다른 파벌의 형성 등 군의 특수성을 저해하여 군의 군사화라는 측면에서 부정적으로 평가할 수 있을 것이다.[44]

군의 탈정치화 과정에서 일부 군 장성들은 강제 전역조치에 대한 불만을 노골적으로 나타냈으며,[45] 국방부장관을 상대로 「전역처분 취소의 소」를 제기하고,[46] 야당으로 입당하는 등의[47] 반발 사례가 있었지만 군 개혁을 추진하는 민간출신 대통령의 국민적 지지와 성원 때문에 조직적인 반작용으로 발전하지 못하였다. 한국군의 탈정치화는 시민의 민주화 운동의 결실로 계기가 마련되자 정치엘리트가 국민여론을 배경으로 구체적인 군의 탈정치화 구상을 실행에 옮길 수 있었다. 한국군의 탈정치화는 군사정부에 의한 자발적인 선택이나 결정에 의해서 이루어진 것도 아

---

44) 김진영 전육군참모총장은 군 개혁의 내용은 특정지역의 사람을 제거하는데 역점을 두었다고 하면서 바람직한 군 개혁의 방법은 전력강화, 대적 대비태세의 능률화를 목표로 해서 제도 규정 관행을 효율적으로 개선하고, 군의 사기를 높여 우수한 인재들이 군에 모이도록 하는 것에 역점을 두어야 한다고 보았다. "흡수통일 포기는 우리국가 이념의 포기" 「월간조선」 (1995.5), p.246.

군 개혁에 대하여 "군 무력화, 권력의 시녀화," "군 개혁 방향 틀렸다," "군은 통수권자의 사병이 아니다," "군 고립돼서는 안 된다," "직업군인을 천대 멸시하는 한 막강한 군은 요원한 꿈,"등 반작용에 관한 내용은 다음을 참조. "군 인사 감정개입 웬 말인가," 「신동아」(1994. 6), pp.216~227; "YS 군, 정치적 중립 훼손했다," 「신동아」 (1995.6), pp.144~157;"집중조명 군 시들고 있다," 「신동아」(1995.2), pp.248~295;"하사관 부재로 한국군 지반이 흔들리고 있다,"「월간조선」 (1994.11), pp.208~219.

45) 김진영 전육군참모총장은 군을 천직으로 알고, 한손에 방패들고, 한손에 창을 들고 평생을 살고 싶은 소망으로 36년간 군생활을 했으나 어느 날 아침 갑자기 창도 빼앗기고 방패도 빼앗겼으니 인간적 허탈감,인간적 서운함을 느꼈다고 실토하고 있다.「월간조선」 (1995.5) 참조. 이충석 장군의 인터뷰는 「신동아」(1994.6)참조.

46) "떨어진 별,하나회 장군들 그후," 「신동아」(1995.7), pp.266~281.

47) 자민련에 입당을 결심한 안병호 전수방사령관의 인터뷰 기사는 「신동아」 (1995.6) 참조.

니고, 또한 정치 엘리트와 합의에 의한 것도 아니었다. 군의 탈정치화는 시민에 의한 민주화 운동으로 기초가 다져지고 정치 엘리트가 국민여론을 지지기반으로 결단을 내린 결과라고 평가할 수 있다. 군은 탈정치화 과정을 어쩔 수 없이 수용하였다.

V. 맺는말

한국군의 탈정치화는 불규칙적으로 진행된 민주발전 과정에 나타난 하나의 자연스런 현상으로서 국가와 시민사회간의 역학관계가 시민사회 쪽으로 이동하는 과정에 이루어졌다. 군의 탈정치화에 많은 요인이 복합적으로 작용하였지만 특히 시민사회의 성장은 민주화와 군의 탈정치화를 가져오는데 중요한 역할을 하였다.

한국군의 탈정치화는 군사정권이 계획적·자발적으로 정치를 포기하고 병영으로 복귀하여 일어난 현상이 아니라 성숙한 시민사회가 점진적·평화적인 민주화 운동을 통하여 분위기를 성숙시키고, 국민의 지지와 성원을 배경으로 민간 정치엘리트의 결단에 의해서 추진된 것이다. 김영삼 정부의 출범과 더불어 30여년 만에 군 출신 대통령이 민간출신으로 바뀐 것은 군의 탈정치화가 가시화된 바람직한 현상이라고 볼 수 있다. 또한 군 사조직의 해체, 기무사의 정치적 역할 축소, 군 수뇌의 대대적인 교체, 군내의 각종부조리와 부정부패 척결 등 군내부의 부분적인 변화가 있었다. 군이 직접 정치과정에 개입하는 일이 없어졌으며, 민에 의한 군의 통제가 강화되고, 문민우위가 확립되는 과정에 있다.

그러나 한국군의 탈정치화는 완성된 것도 군이 구직업주의로 완전하게 복귀한 것도 아니다. 군이 구직업주의로 완전하게 복귀하여 높은 사기를 유지하고 엄정한 군 기강을 유지하면서 고도의 전투능력을 보유하고 있다고 볼 수 없다. 군에서 발생하는 빈번한 각종 안전사고나 군기사고에서 보듯이 군이 본연의 모습으로 완전하게 복귀한 것은 아니다. 군은 그동안 누리던 정치적인 지위를 상실하는데서 오는 허탈감이 있을 것이다. 군의 탈정치화 과정에 군 내부는 물론 장교들의 심리적인 혼돈상태가 있었을 것이다. 왜냐하면 군의 탈정치화가 자신들의 계획이나 의지와 무관하게 이루어졌으며, 군은 정치로 부터 내키지 않는 퇴진을 당한 피해자라는 인식을 갖고 있을지 모르기 때문이다.

군의 탈정치화에 대한 반작용의 가능성은 희박하지만 언제든지 재정치화 할 수 있는 능력이 있다. 군 조직상의 특성이나 군이 유일하게 폭력을 독점·관리하고 있다는 차원에서 충분한 능력이 있다. 그러나 군 탈정치화의 기회요인이 완전 소멸단계에 와 있으며 사회환경이 군의 개입을 허용하지 않는 방향으로 급변하고 있기 때문에 그 가능성은 희박하다고 볼 수 있다. 민주화라는 세계사적인 물결 속에 한국군의 탈정치화가 이루어졌으며, 탈정치화에 주체적인 역할을 수행했던 시민사회가 군을 충분하게 견제할 수 있을 만큼 성장·성숙했기 때문이다.

군의 탈정치화가 정치지도자에 의해서 위로부터 일방적으로 추진될 경우 그 지도자의 개혁의지가 약화될 때 방향을 상실할 수 있을 것이다. 그러나 한국군의 탈정치화는 시민사회로부터 태동된 것이기 때문에 보다 지속적으로 추진될 수 있을 것이다. 국가와 시민사회간의 역학관계가 반전될 가능성이 희박해졌다고 민간 정치인들이 방심하고 구태의연한 정치행태를 보여서는 안 된다. 민간정치인들이 군 출신과 별 차이가 없다는 평가를 받아서 안 된다. 또한 군의 직업주의 복귀와 정착에 민간정치인들이 각별한 관심과 세심한 노력을 기울여 군의 탈정치화를 완성해야 할 것이며, 아울러 민주화 시대가 요구하는 새로운 민-군관계상을 정립하도록 힘써야 할 것이다.

* 참 고 문 헌 *

백종천 · 온만금 · 김영호 공저. 1994.『한국의 군대와 사회』 서울 : 나남출판.

서경교. 1993. "군부의 정치퇴진에 관한 비교 연구 : 태국, 필리핀, 한국의 경우," 「한국정치학회보」 제27집 2호(상) (winter), pp.291~313.

양동훈. 1994. "제3세계의 민주화 과정 : 개념화의 문제" 「한국정치학회보」 28집 1호 (Summmer), pp.451~481.

이준형. 1994. "문민정부 군개혁의 성과와 전망" 인하대 국제관계연구소 민군관계 워크샵 발표논문 (11.3).

한배호. 1992. "정치변동과 국가-시민사회의 긴장관계," 한국사회학회 · 한국정치학회 편, 『한국의 국가와 시민사회』 서울 : 한울.

한용원. 1992. "한국군의 파벌구조와 민군관계," 인하대학교 국제관계연구소 제3회 민군관계 워크샵 발표 논문,(5.1).

한용원. 1993. 『한국의 군부정치』 서울 : 대왕사.

홍득표. 1993. 『한국정치분석론』 인천 : 인하대학교 출판부.

「뉴스메이커」, (95/11/9).

「신동아」, (93/9); (94/6); (95/6); (95/7).

「월간조선」, (87/12); (95/5); (94/11).

Bengt Abrahamsson. 1972. *Military Professionalization and Political Power*. Beverly Hills Calif. : Sage Publication.

Henri J. Barkey. 1990. "Why Military Regimes Fail:The Perils of Transition," *Armed Forces* and Society, Vol. 16, No.2(Winter), pp.69~192.

Giuseppe Caforio. 1966. The Military Profession:Theories of Change, *Armed Forces and Society*, Vol.15, No.1 (Fall), pp.5~69.

Gretchen Casper. 1991. "Theories of Military Intervention in the Third World : Lessons from the Philippines," *Armed Forces and Society*, Vol.17, No.2 (Winter) pp.191~210.

Robert H. Dix. 1994."Military Coups and Military Rule in Latin America," *Armed Forces and Society*, Vol. 20, No.3 (Spring), pp.439~456.

S.E.Finer. 1988. *The Man on Horseback : The Role of the Military in Politics*. New York : Boulder, Colo.:Westview Press.

S.E.Finer. 1995. "The Retreat to the Barracks : Notes On the Practice and the Theory of Military Withdrawal From the Seats of Power," *Third World Quarterly*, Vol.7, No.1, (January).

S. P. Huntington. 1957. *The Soldier and the State:The Theory and Politics of Civil-Military Relations*, The Belknap Press of Harvard University Press.

S. P. Huntington. 1968. *Political Order in Changing Societies*. New Haven : Yale University Press.

S. P. Huntington. 1984. "Will More Countries Become Democratic?" *Political Science Quarterly*, Vol. 99, No.2 (Summer), pp.93~218.

S. P. Huntington. 1991a. "Democracy's Third Wave," *Journal of Democracy*, Vol. 2, No. 2, (Spring), pp.11~34

S. P. Huntington. 1991b. *Third Wave : Democratization in the Late Twentieth Century*. Norman and London : University of Oklahoma Press.

S. P. Huntington. 1992/1993. "Challenges Facing Democracy : What Cost Freedom" *Harvard International Review* (Winter), pp.22~27.

Morris Janowitz. 1974. *The Military in the Political Development of New Nations*. Phoenix Books : The University of Chicago Press.

V. O. Key. 1955. "The Theory of Critical Elections," *Journal of Politics*, Vol. 17 (February), pp.3~18.

Fred R. von der Meheden. 1964. *Politics of the Developing Nations*. Englewood Cliffs : Prentice-Hall, Inc.

Eric A. Nordlinger. 1977. *Soldiers in Politics : Military Coups and Governments* .Englewood Cliffs : Prentice-Hall, Inc.

David Potter. 1993. "Democratization in Asia," in David Held,(ed.), *Prospects for Democracy:North, South, East, West*. Stanford : Stanford University Press.

Lucian W. Pye. 1966. *Politics : Aspects of Political Development*. Boston : Little, Brown and Company.

Charlie Rose. 1994. "Democratic Control of the Armed Forces : A Parliamentary Role in Partnership for Peace, *NATO Review*, No.5 (October), pp.34~40. Dankwart A. Rustow. 1990. "Democracy : A Global Revolution?" *Foreign Affairs*, Vol. 9, No.4(Fall), pp.75~91.

Dankwart A. Rustow. 1970."Transitions to Democracy : Toward a Dynamic Model" *Comparative Politics*, Vol. 2(April), pp.337~363.

Doh Chull Shin. 1994. "On the Third Wave of Democatization" *World Politics*, Vol.47, (October), pp.135~170.

Donald Share. 1987. "Transitions to Democracy and Transition Through Transaction"

Comparative Political Studies, Vol. 19, No. 4(January), pp.525~548.

Peter H. Smith. 1991."Crisis and Democracy in Latin America," *World Politics*, Vol. 43, No.4 (July), pp.608~634.

Alfred Stepan. 1973. "The New Professionalism of Internal Warfare and Military Role Expansion,"in Stepan (ed.) *Authoritarian Brazil*, New Haven and London:Yale University Press.

Alfred Stepan. 1990. "Paths Toward Redemocratization" in Roy C. Macridis and Bernard E. Brown, *Comparative Politics : Notes and Readings*, 7th ed. Belmont : Wadsworth Publishing Company.

Myron Weiner. 1990."From Authoritarianism to Democracy," in Roy C. Macridis and Claude E. Welch,Jr. 1992. "Military Disengagement From Politics : Paradigm, Processes, or Random Events," *Armed Forces and Society*,(Spring), pp.323~342.

제7장

교육과 정치변동

1절 민주시민교육의 체제구축 방안*

Ⅰ. 머리말

국가발전(state development)은 여러 가지 의미가 있지만 크게 경제발전-산업화, 정치발전-민주화로 좁혀 생각할 수 있다. 우리나라의 경제발전은 전산업사회를 거쳐 산업화를 어느 정도 성공적으로 이룩하였으며, 다음 발전단계인 후기산업사회 혹은 정보화 사회의 진입을 목전에 두고 많은 노력을 기울이고 있다. 또한 세계화와 지구촌 경제(global economy)의 무한경쟁시대에 대응하기 위한 여러 가지 대응방안을 마련하고 있다. 그러나 한국경제는 고도압축 성장을 이룩하는 과정에 3고난-물가고, 임금고, 금리고, 3저난-저기술, 저생산, 저품질, 3무난-인력난, 자금난, 국가경영난 등에 시달리고 있으며, 각종 산업화 과정의 증후군을 헤쳐 나가지 못하고 있다. 오늘날 한국경제가 당면하고 있는 위기가 부분적이거나 일시적인 것이 아니기 때문에 경제의 틀을 다시 짜야한다는 주장이 제기되는 가운데 경제선진국으로 재도약하는 데 낙관할 수 없는 어려운 상황을 맞고 있다.

정치발전도 한국정치가 제3세계 '정치학의 실험실'(political science laboratory)과 같이 제국주의 식민통치, 국토의 분단, 외국군정, 전쟁, 학생혁명, 군사쿠데타, 국가지도자의 암살, 민주항쟁, 민간정부의 출현과 군의 탈정치화, 군정청산 등 한 나라가 한번만 경험해도 충분한 정치적 격변을 수없이 겪으면서 변증법적으로 발전하여 왔다.[1]

한국의 정치발전이 잦은 시행착오를 반복하면서 민주주의 원칙에 충실한 법적 · 제도적인 장치를 마련하고 군의 탈정치화가 이루어져 민간정부가 출현하는 등 외형적으로는 민주주의가 정착된 모습을 보이고 있다. 그러나 아직도 고비용·저효율 정치구조는 개선되지 못한 가운데 정책

* 민주시민교육협의회 제4차 학술대회(1997.9.12, 세종문화회관)에서 발표한 것을 수정·보완한 것임.

1) 이와 같은 현상에 대하여 한국정치를 "오뚜기 정치"로 표현한 다음을 참고할 것. 홍득표, 「한국정치분석론」(인천 : 인하대학교출판부, 1993), pp.1~14.

대결보다는 권력투쟁형 정치, 당리당략에 치중한 인신공격형 흠집내기 정치, 부패정치, 지역할거와 맹주정치 등의 부정적인 모습을 보여주고 있다. 또한 한국정치에는 오직 대권정치만이 유일한 정치현상이라는 인상을 줄 정도로 과열현상을 보여주고 있다. 이러한 현상에 대해서 1차적인 책임은 정치인에게 있지만 어떤 면에서 이를 방관하고 있는 국민도 면책을 받을 수 없다. 왜냐하면 정치지도자는 바로 국민이 선택한 사람들이기 때문이다. 국민의 수준보다 높은 정치인을 갖는다는 것은 쉬운 일이 아니다. 이러한 부정적인 정치는 정치인과 국민의 공동 책임이라고 볼 수 있을 것이다.

그 본질적인 원인은 어디에 있을까? 한국의 정치발전은 더 이상 어려운 것인가? 한국정치는 발전의 한계(the limit to development)에 직면한 것인가?

한국의 민주정치가 이렇게 된 근본적인 원인은 여러 가지가 있겠지만 정치인과 국민의 낮은 민주정치 의식과 부족한 자질 그리고 발전되지 않은 정치문화에 있다고 볼 수 있을 것이다. 정치발전을 이룩하려면 민주주의 이념과 원리를 반영한 법적 · 제도적 장치가 마련되어야 하고, 이 제도가 제대로 정착되려면 이를 운영하는 정치인과 국민의 정치의식과 태도가 민주주의 이념과 원리에 맞아야 한다. 국민의 민주적인 태도와 정치의식 그리고 민주적인 행동이 민주제도를 정착시키는 데 중요한 요인으로 작용한다고 볼 수 있다.

국민의 정치의식과 태도를 민주적으로 변화시키고 발전시키는 방법은 무엇이 있을까? 한국 민주정치 발전의 제도적인 한계를 극복하기 위한 대안은 무엇일까? 이 문제에 많은 관심을 가지고 민주시민 교육을 주장하는 분위기가 확산되고 있으며, 민주시민교육을 위한 구체적인 방법을 모색하는 움직임이 일고 있다.

이 논문의 목적은 한국 민주정치 발전의 제도적인 한계를 극복할 수 있는 대안의 하나로 민주시민교육을 강조하고, 이를 위한 체제 구축방안을 제시하는 데 있다. 논의의 순서는 한국 민주시민교육의 문제점을 살펴보고, 민주시민교육 체제 확립의 필요성을 제기한 후 민주시민교육 체제의 다양한 유형별 장 · 단점을 분석하고자 한다. 그리고 결론적으로 가장 적실성 있는 민주시민교육 체제의 모형이 무엇인가 밝히고자 한다.

II. 민주시민교육의 문제점

한국에서는 그동안 여러 형태의 민주시민 교육을 실시해 온 것이 사실이지만 많은 문제점을 보여주고 있다.

첫째, 민주시민교육에 대한 편향된 인식을 들 수 있다. 민주시민교육은 정치교육의 일종이기도 하지만 영국이나 독일은 두 개념을 거의 구분하지 않고 사용하는 개념이며, 미국의 경우는 정치교육 대신 민주시민교육이란 용어를 사용한다. 명칭이 어떻게 불리던 민주시민 교육내용이나 체제의 운영이 철저하게 정치중립적인 입장에서 실시되어 왔다. 민주시민교육이 지배세력의 사적인 관심과 의도가 배제된 가운데 객관적인 지식과 정보를 전달하고 이를 실천에 옮기는 민주시민을 육성하기 위한 프로그램이 개발되고 이를 실행에 옮겼다. 국가와 시민을 위한 차원에서 순수하게 실시되고 있으며, 이를 국민 모두가 의심의 여지없이 수용하는 긍정적인 인식을 갖고 있다.[2]

그러나 한국의 경우는 민주시민교육을 지나치게 정치적으로 이용하여 왔다. 정치적이란 의미가 양면성이 있는 것은[3] 사실이지만 부정적인 측면이 훨씬 더 많이 부각되어 왔다. 민주시민교육이 특정 정치지도자나 정당 또는 지배세력의 정당성을 획득하는 정치적인 수단으로 활용되어 왔다는 인식 때문에 그 순수성에 대한 의구심을 가지게 되었다.

---

2) 정치와 교육의 관계는 ① 상호우위론 ② 일체론 ③ 분리론 등으로 나누어 볼 수 있다. 교육의 정치적 중립의 의미는 "교육과정과 교육내용이 특정한 정파나 지배세력의 이익을 옹호하고 찬양하는 종속적인 것이 아니고 객관성을 유지해야 하며, 교육현장에 있는 교사의 자율성이 정치적으로 침해되어서는 안 된다는 것"을 의미한다. 민주사회의 정치교육은 왕조시대의 신민교육(臣民敎育)과는 다른 것이다.

정치와 교육은 불가분의 관계에 있는 데 이를 완전히 분리하자는 취지가 아니다. 교육관련법의 제정, 교육재원의 할당 ,교육정책의 결정 등은 교육자가 아닌 정치인의 기능이기 때문에 정치와 교육의 관계를 완전하게 분리할 수 없다. 그렇다고 교육의 내용이나 방법 등이 객관성을 상실하고 정치적으로 편향되어서는 안 되고 학교현장에 있는 교사의 자율성이 보장되어야 함을 의미한다.

3) 듀베르제는 정치를 두개의 얼굴을 가진 야누스(Janus)신에 비유하였다. 정치를 화합,단결,평화,가치의 창출 등 통합(integration)적인 면과 권모술수, 투쟁, 음모, 수단과 방법을 가리지 않고 목적을 달성하는 갈등(conflict) 시각에서 조명하고 있다. Maurice Duverger, The Idea of Politics, (Chicago:Henry Regnery Co.,1970), pp.ix~xiv.

둘째, 민주시민교육에 대한 개념의 혼동 현상을 초래하였다. 민주시민교육과 유사한 개념으로 도덕교육, 인간교육, 정치·사상교육, 이데올로기 비판교육, 반공교육, 통일·안보교육, 경제교육, 새마을교육, 국민윤리교육, 국민정신교육, 정훈교육 등 헤아릴 수 없이 다양한 명칭이 등장하여 개념의 혼동현상을 초래하였다.

셋째, 권위주의 정치문화가 아직도 민주시민교육에 부정적인 영향을 미치고 있다. 사회전반은 물론 학교현장의 권위주의 정치문화는 민주시민성을 기르는 데 부정적인 요인으로 작용하고 있다. 민주시민교육의 산 학습현장인 가정에는 아직도 비민주적이고 가부장적인 분위기가 형성되어 자녀들의 민주시민성을 키우는 데 부정적으로 작용하고 있으며, 초중등학교의 운영이나 학생들의 자치활동 등이 민주주의 방식을 따르고 있다고 볼 수 없다. 부모와 자식, 교사와 학생, 교장과 평교사, 상급생과 하급생간의 관계가 지나치게 엄격한 위서관계, 명령과 복종관계를 유지하고 있다. 동료나 상하급생 간에 자행되는 학원폭력은 민주시민성과 너무나 거리가 먼 행태인 것이다.

문민정부가 출범했다고 하는 오늘의 정치현장에는 여·야를 막론하고 아직도 권위주의 정치행태가 반복적으로 나타나 자라나는 청소년들의 정치사회화와 민주시민성 향상에 부정적으로 작용하고 있다. 정당도 여·야 모두 당리당략을 앞세우고, 타협과 토론보다는 투쟁과 이전투구를 계속하고 있다.

넷째, 학교 교육이 더불어 사는 공동체의 일원으로서 지켜야 할 민주시민성을 기르기 보다 이기적이고 경쟁적이며 일류만을 지향하는 시험 잘 보는 기계를 제조하는 교육공장으로 전락하고 있다. 입시제도의 개혁안을 제시하지 못하면서 문제점만 지적하는 것은 도리가 아니지만 지나친 과열경쟁의 입시제도에서 파생되는 교육의 파행성은 이 시대가 해결해야 할 가장 시급한 당면과제가 아닐 수 없다. 고3 엄마가 고생엄마라 불리우고, 자녀의 사교육비를 충당하기 위해서 아르바이트를 해야 하는 현실, 고3이 되면 원하는 것을 다 해 주고 극진한 보살핌을 받기 때문에 평생 동안 고3으로 남았으면 좋겠다는 생각을 갖게 하는 교육제도에서 민주시민성을 기른다는 것은 산에 가서 고기를 구하는 것이나 다를 것이 없다.

그렇다고 대학에서 민주시민교육을 실시하고 이를 실천하는 기회를 제공하는 것도 아니다. 국민윤리 등 소위 국책과목은 폐지되었고, 어느 사회보다 최고의 학력집단인 대학생과 대학교수 사회의 일부 비민주성은 민주시민을 육성하는 데 부정적인 측면이 있다. 대학 학생회의 운영도 민주교육의 실습장이나 실천장과는 거리가 먼 경우를 많이 발견하게 된다.

다섯째, 학교교육이 추상적·관념적인 지식의 전달과 암기식의 밑줄 치는 교육에 치중하기 때문에 민주시민성을 기르는 데 한계가 있다. 민주시민 육성을 목표로 하는 사회과 교육도 마찬가지다. 예를 들면 미국의 사회과 교육은 실천적 행동을 강조하여 '시민행동접근법'(The Civic Action Approach)에 따라 아는 지식을 실제로 행동에 옮기는 참여를 강조하고 있다.[4)]

한국 사회과의 초중등학교 교과과정은 단계별, 영역별, 계열별로 편성되어 있으며, 교과서 내용도 정치적 종속성을 탈피하여 민주시민교육에 커다란 문제가 없는 것 같이 보인다. 그러나 교육방법에 문제가 있다. 대부분이 단순하게 지식을 전달하는 닫힌 교육을 실시하고 있다. 민주주의 가치, 이념, 기본원리에 대한 지식은 충분하게 전달되지만 이를 구체적인 행동으로 옮기는 실천적 교육, 참여교육과 학습자 중심의 열린교육은 제대로 이루어지지 않고 있다. 아는 것을 행동으로 옮기는 산교육이 아니기 때문에 민주시민을 기르는 데 한계가 있다.

여섯째, 민주시민 교육을 위한 사회교육체제의 미비를 들 수 있다. 한국에 사회교육/평생교육/성인교육을 실시하는 별도의 체제가 구축되어 있지 않다. 물론 정치사회화는 별도의 제도가 마련되지 않더라도 가정, 지역사회, 이웃·동료집단, 학교, 교회, 직장, 공식적인 조직, 대중 매체 등을 통하여 자연스럽게 민주시민성을 기를 수 있다. 그러나 이러한 정치사회화 구조가 제 기능을 다하고 있지 못하다.

전국의 76개 대학에서 경쟁적으로 설치·운영하는 사회교육원/평생교육원과 같은 부설기관이 성인교육에 기여하고 있는 것은 사실이지만 이를 학교의 중요한 수입원으로 간주하고 있으며, 민주시민의 자질과 태도의 함양에 촛점을 맞춘 것이 아니고 직업교육 또는 취미교육의 성향을 보이고 있다.[5)]

정보화 사회를 맞이하면서 대중 매체의 민주시민교육의 기능도 대단히 중요한 데 과연 한국의

---

4) National Council for the Social Studies(NCSS), Social Studies Curriculum Planning Resources (Iowa:Kendall/Hunt Publishing Co.,1990), p.11.

5) 한국대학사회교육협회가 펴낸 「요람,1997」에 의하면 1997년 5월 현재 76개대학이 협회에 가입했다고 함. 서울 모 대학의 사회교육원 프로그램을 보면 문예창작, 상담훈련, 환경디자인, 사진예술, 종이접기, 일본어, 영어, 테니스, 수지침, 생활법률 등의 과정을 개설하고 있다. 또 다른 대학에서 개설한 정치·사회 분야도 지역사회지도자, 자원봉사지도자, 땅이름과 국토기행, 생활법률 교실 등의 과정으로 나누어져 있다.

대중 매체가 이 역할을 다하고 있다고 볼 수 있는가? 저질·흥미위주나 폭력적인 일부 오락프로는 청소년들의 사회화에 부정적인 영향을 주고 있다. 그렇다고 공립도서관이나 시민/군민회관, 독서실, 마을회관과 같은 기구가 민주시민성을 향상시키는 기능을 수행한다고 볼 수 없다.

일곱째, 정치지도자들이 민주시민교육에 관심이 적은 것 같다. 정치교육을 정략적으로 이용할 수 있을 때는 관심을 보이다가 이것이 불가능해지자 무관심해진 것 같다. 물론 교육은 효과가 더디 나타나기 때문에 임기 중에 가시적인 성과가 나타나는 정책을 우선시하는 태도를 취할 수 있다. 하지만 정치 지도자들이 근본적으로 민주시민교육에 관심이 적은 것 같다. 정치적인 결단을 내리지 않으면 전국적인 규모의 민주시민교육을 실시하는 것은 사실상 불가능한 일이다. 정치 지도자들이 국가의 백년대계를 교육을 통하여 승부를 내겠다는 확고한 신념과 결의가 없는 한 한국의 정치, 경제, 사회, 문화발전의 한계를 근원적으로 치유하기는 어려울 것이다.

III.민주시민교육 체제 확립의 필요성

1. 민주시민교육의 필요성

영국의 경우 1980년대 중반까지는 의도적인 민주시민교육을 실시하지 않았다. 전통적인 역사와 종교의 영향과 일반 교과과정을 통하여 자연스럽게 민주시민성을 기르는 데 기여할 수 있었기 때문이다. 별도의 민주시민교육을 실시하지 않더라도 품격 높은 영국의 분위기가 자연스럽게 사회화되는 과정을 통하여 민주시민교육의 목적을 달성할 수 있었다.[6] 그러나 1980년대 후반부터 민주시민교육의 필요성이 새롭게 등장하였다.

그 이유는 첫째 영국인의 정체감(identity)이 흔들려 사회의 결속력이 약화되기 시작하였으며, 둘째 준법정신의 결여로 많은 사회문제가 파생되기 시작한 때문이다.[7] 영국은 시대적인 상황과 사회적 요구 때문에 국가차원에서 민주시민교육의 필요성을 절감하고 학교의 사회과를 통하여 민주시민교육을 강화하고 있다.

---

6) 공보처, '선진정치 민주시민교육으로부터' 공보초발행 팜프렛 (1994.12.24), p.13.

7) 황규호, "영국의 민주시민교육" 곽병선외,「민주시민교육」(서울:교육개발원,1994), p.247.

한국은 1980년대 후반 이전의 영국사회와 같이 민주시민교육의 산 교과서인 민주주의 역사와 전통 그리고 종교의 역할도 없다. 민주시민교육에 대한 문제점이 한두 가지가 아니며 사회가 당면한 시대적인 과제를 해결하고, 발전과 성장의 한계를 극복하기 위해서 민주시민교육이 절실하게 요구된다고 볼 수 있다. 민주시민교육이 모든 문제를 해결할 수 있는 만능적인 처방은 아니지만 민주시민교육이 필요한 이유가 있다.

첫째, 시민의 정치능력(political skill)을 향상시켜 민주주의를 발전시키기 위해서다. 정치능력은 민주제도를 민주적으로 운영할 수 있는 지도자와 국민의 능력을 의미한다. 민주발전은 잘 훈련되고 제대로 교육받은 유능한 시민, 현명한 시민, 똑똑한 시민, 성숙한 시민 없이는 발전할 수 없는 것이다. 시민의 정치능력이 향상되면 정치적 주체로서 자아에 대한 정체감과 정치적 효능감을 높일 수 있을 것이다. 이는 결국 정치체제의 능력을 제고시키고, 정치인의 행태변화에도 직·간접적인 영향을 줄 것이다.

민주주의는 민주적 소양과 자질을 갖추고 민주적 삶을 영위할 수 있는 자격있는 민주시민을 기를 때 뿌리 내릴 수 있다. 민주시민으로서 자격을 갖추기 위한 정치능력은 (1) 정치문제에 대한 현명한 판단력과 합리적인 비판력 (2) 대안에 대한 올바른 선택능력 (3) 정치과정이나 사회문제에 능동적으로 참여하고 행동하는 능력 (4) 설득, 타협, 협상능력 (5) 타인과 더불어 목적달성을 위하여 함께 노력할 수 있는 협동심과 단결력 등이 포함된다.

둘째, 시민의 민주적 신념, 민주정치의식, 민주적 생활양식, 민주적 사고방식을 길러 민주적으로 행동할 수 있도록 하기 위해서다. 건전한 민주사회의 건설에는 시민의 민주적인 행태가 필수적인 요인이다. 한국의 건전한 사회발전을 가로막는 시민의 비민주적인 행태로 (1) 부정부패 (2) 공동체 의식의 결여와 개인·지역이기주의 (3) 지역간·계층간 야기되는 갈등과 분파주의 (4) 무분별한 과소비, 사치, 향락주의 (5) 정당한 과정(due process)이나 절차를 무시한 목적지상주의 (6) 희박한 준법정신과 질서의식의 결여 (7) 인간의 존엄성을 무시하고 인간을 수단시 하는 태도 (8) 소수파나 반대자에 대한 관용정신의 결여 (9) 평등(equality)과 대등주의(sameness)의 혼동 (10) 방종 등을 꼽을 수 있다. 이러한 불건전한 시민의 행태를 민주시민교육을 통하여 건전하게 변화시켜 건강한 민주사회의 건설에 기여토록 해야 할 것이다.

셋째, 선진정치문화의 정착을 위해서다. 정치전반에 대한 시민의 태도, 가치관, 신념, 정향, 감정 등의 집합을 전체론적인 시각에서 정치문화라고 이해할 경우 시민의 정치의식은 정치문화를 구성하는 중요한 요인이라고 볼 수 있다. 민주시민교육을 통하여 정치의식을 향상시키게 되면 정치문화의 발전에 기여할 수 있을 것이다. 권위주의형 정치문화는 참여적인 민주형으로, 분극적인 정치문화(polarized political culture)는 합의적 정치문화(consensual political culture)로 산업화 과정을 거치면서 서서히 변화·발전하고 있는 것은 사실이지만 보다 체계적인 민주시민교육을 통하여 보다 빠르게 정치문화의 변동과 발전을 꾀해야 할 것이다. 정치문화의 변동과 발전은 오랜 시일이 소요되기 때문에 장기적인 프로그램을 가지고 체계적으로 추진하지 않으면 안 된다.

넷째, 세계화·지방화(glocalization)에 대응하기 위해서다. 세계화 시대에 살면서 국제사회의 이해능력을 기르고, 국제협력과 교류를 강화하며, 지구촌 전체의 번영과 세계평화에 기여할 수 있는 세계시민(world citizen)을 기르기 위해서 민주시민교육이 필요하다. 인류가 당면한 인구, 식량, 빈곤 ,환경, 에너지 등의 지구촌 문제를 상호협력과 조화를 통하여 공동으로 해결방안을 모색하는 데 동참할 수 있어야 할 것이다. 또한 지방화 시대를 맞이하여 주민의 자치역량을 배양시키기 위해서 민주시민교육이 필요하다.

다섯째, 한민족의 통합과 번영을 이룩하기 위해서다. 미국의 경우는 다양한 이민자들로 구성된 국민의 이질성을 극복하고 국민통합을 이룩하는 미국화=미국국민화를 민주시민교육을 통하여 달성한 바 있으며,[8] 독일은 통일 후 동독거주자에 대한 민주시민교육으로 독일을 하나로 만드는 작업을 진행하고 있다. 민주시민교육은 남북한 간의 이질감을 해소하는 용광로(melting pot)와 같은 역할을 수행할 수 있을 것이다. 민주시민교육을 통하여 북한에 대한 이해의 증진, 한민족의 공동번영과 공동체 의식의 함양, 통일 후 북한주민과 더불어 살겠다는 동포애의 배양과 북한주민의 정치의식 향상을 꾀할 수 있을 것이다.

2. 민주시민교육 체제의 유형

한국사회가 요구하는 민주시민을 육성하기 위해서는 보다 체계적인 교육이 필요하다. 현행체제로는 바람직한 민주시민교육을 실시하기 어렵고 또한 정치사회화가 제대로 이루어지지 않고 있기 때문에 새로운 체제의 구축이 필요하다. 민주시민교육을 효과적·지속적으로 실시할 수 있

8) 김왕근, "미국의 민주시민교육," 곽병선외(1994), p.223.

는 체제 구축 방안으로 다음과 같은 대안을 검토할 수 있을 것이다.

첫째, 학교를 통한 민주시민교육의 강화 방안을 들 수 있다. 미국과 영국의 경우가 여기에 해당된다. 학교는 조직적·체계적인 교육이 가능한 공식적인 제도이기 때문에 전국적으로 동시에 민주시민교육을 실시할 수 있다. 특히 정치사회화가 마무리 되지 않은 미숙한 학생들을 상대로 민주시민교육을 실시하는 것이기 때문에 교육효과가 클 것으로 예상된다.

민주시민 육성을 학습목표로 하는 초중등학교의 사회과 교과과정을 혁신하여 민주시민교육을 실시할 수 있을 것이다. 그러나 사회과만의 변화를 가져오는 데는 한계가 있다. 대입제도의 개선 등을 포함한 교육개혁, 고학력·일류간판을 선호하는 사회인식의 변화 등이 동시에 이루어져 학교 교육이 정상화될 때 민주시민교육도 가능할 수 있을 것이다.

둘째, 대중 매체를 활용한 민주시민 교육체제를 확립하는 방안이다. 신문, 잡지, 라디오, TV 등 각종 대중 매체를 활용하여 민주시민교육 프로그램을 편성·편집·보도토록 하는 방법이다. 정부가 나서서 통제하기보다 자율적으로 대중 매체가 그 필요성을 공감하고 매체의 특성에 맞는 프로그램을 개발하여 전국적으로 동시 다발적인 민주시민교육을 반복적으로 실시한다면 효과가 대단히 클 것으로 기대된다. 전국적인 네트웍을 유지하고 있는 대중 매체의 영향력이 어느 조직이나 기구보다도 큰 오늘날 국민교육 기능을 수행한다면 건전한 시민문화의 정착에도 기여 할 수 있을 것이다. 그러나 상업성을 강조하고 구독율이나 시청율 경쟁에 신경을 쓰는 대중 매체가 얼마나 자발적·중립적으로 민주시민교육에 동참할 수 있을지가 문제점으로 등장한다.

셋째, 대학의 사회교육원/평생교육원을 활용한 민주시민 교육체제의 확립 방안이다. 이는 대학의 중요한 기능인 사회봉사 기능을 수행하는 결과를 가져오고, 대학과 시민사회와의 거리를 좁히고 유대를 강화할 수 있으며, 대학과 지역사회간의 협력체제를 구축하는 데 기여할 것이다. 전국 대학에 80여개의 사회교육원/평생교육원이 운영되고 있다. 이를 모든 대학으로 확대하고 민주시민교육과 관련한 강좌를 개설하여 평생교육 차원에서 민주시민교육을 실시하는 방법이다. 학기 중에도 민주시민교육을 실시할 수 있지만 특히 방학동안이나 야간을 최대한 활용할 수 있을 것이다.

그러나 모든 대학이 자율적으로 민주시민교육 체제를 유지하는 것은 대학의 재정형편상 어려울 것이다. 그렇기 때문에 정부에서 재정을 지원해 주고, 각 대학의 특성에 맞는 민주시민교육의 기본적인 프로그램과 다양한 교육방안을 개발하여 실시할 수 있도록 지원하는 방안이다. 그러나 대학이 전국 경향각지에 골고루 분포되어 있지 않다는 문제점이 있다.

넷째, 「민주시민교육원」(가칭, 이하 민교원이라 함)과 같은 전담 사회교육 체제를 설립하는 것이다. 독일의 「정치교육원」(Politische Bildung)과 유사한 기구를 만들어 민주시민교육을 지속적으로 실시하는 방법이다. 민교원의 설립은 공식적인 민주시민교육 체제를 제도적으로 마련하는 결과를 가져오게 될 것이다. 민교원이 설립되어 민주시민교육의 필요성에 부응하고, 국민의 지지 획득과 성원을 결집한다면 사회교육기관으로서 중요한 역할을 수행하게 될 것이다. 그러나 전국적인 규모의 방대한 새로운 사회교육 체제를 어떤 유형으로 어떻게 설립 하느냐 하는 것은 대단히 어려운 일이며, 유사한 각종 교육원이나 연구소와의 관계설정도 쉽지 않은 일이다. 또한 교육대상을 선발·관리하는 것도 보통 일이 아니다.

위의 네 가지 대안 모두가 필요한 것으로 인정되며 우선순위를 정하기 대단히 어려운 입장에 있다. 첫 번째는 학교 교육을 통한 민주시민교육 체제구축 방안이고, 나머지는 사회교육과 관련이 있다. 양자가 상호보완적인 관계에 있기 때문에 어느 하나만이 꼭 필요하다고 볼 수 없다. 왜냐하면 민주시민교육을 학교에만 의존할 수 없고, 또한 학교에서 시키지 못한 민주시민교육을 사회교육을 통한 재교육이나 재사회화에만 맡기는 것도 교육효과에 문제가 있기 때문이다.

그러나 가장 시급하고 정상적인 것은 학교 교육을 통한 방법이다. 학교 교육의 정상화가 한국이 당면한 커다란 과제이기 때문에 학교교육을 통한 민주시민교육 체제를 확립하는 것이 가장 바람직하다고 본다. 그 다음으로 사회교육체제를 확립하는 것이다. 그러나 본 논문에서는 사회교육 체제의 하나인 「민교원」설립과 관련하여 구체적인 방법을 모색해 보고자 한다.

Ⅳ. 민주시민교육원 설립방안

1. 설립목적[9)]

① 자유민주주의 이념에 입각한 정치체제와 시장경제체제를 유지·발전시키는 데 기여토록 한다.

9) 민주시민교육원의 설립 목적은 다음을 일부 참고하였음. 전득주, '민주시민교육원의 설립을 제안한다' 공보처 발행 팜프렛 (1995.4.29), p.28.

② 자유민주주의 원리와 이념을 학습시켜 민주적 신념, 민주정치 의식, 민주적 사고, 민주적 생활양식과 태도, 정치능력, 정치기술 등을 배양하며, 이를 실생활에서 실천토록 하여 한국이 당면한 민주발전의 제도적인 한계를 극복토록 한다.

③ 권위주의 정치문화를 참여적·민주적·선진형 시민정치문화로 변화·발전시키는 데 기여토록 한다.

④ 지방화 시대를 맞이하여 지역공동체의 발전에 기여하고, 더 나아가 지역발전에 적합한 지방정치 지도자를 올바르게 선택할 수 있는 능력을 키워주며, 주민자치 능력과 봉사정신을 함양한다.

⑤ 세계화 시대에 대비하여 국제정세의 올바른 이해, 국제협력의 증진, 지구촌의 번영과 인류평화에 이바지 할 수 있는 세계시민을 기른다.

⑥ 남북관계의 올바른 인식, 통일방안에 대한 공감대 형성, 그리고 통일 후 민족의 통합과 한민족의 번영에 동참하여 한민족공동체 건설의 기반을 다진다.

2. 기능과 역할[10)]

① 민주시민교육을 직접 담당하며, 외부의 요청에 강사를 파견하거나 위탁교육을 실시한다.

② 민주시민교육 담당자의 연수를 실시한다.

③ 민주시민교육의 프로그램을 작성하여 배포한다.

④ 민주시민교육 또는 유사한 교육에 관심 있는 모든 단체나 기관과 유기적인 협조와 지원체제를 구축하며 민주시민교육과 관련된 업무를 기획·조정한다.

⑤ 민주시민교육과 관련된 연구와 연구 결과의 발표, 그리고 민주시민 교육관련 교과과정의 개발, 교육지침의 작성, 교재의 개발, 교육의 효과분석 및 평가, 개선방안 등을 모색한다.

⑥ 외국의 민주시민 교육기관과의 유기적인 협력체제를 구축한다.

⑦ 민주시민교육과 관련된 학술지를 발행하고 주보, 월보 등 정기간행물을 발간하여 전국에 배포한다.

---

10) 민주시민교육원의 기능과 역할은 '민주시민교육협의회'에서 작성한 「민주시민교육법 제정 계획」(1997.6)을 일부 참고 하였음.

3. 교육내용[11)]

교육내용은 ① 정치지식(political knowledge) ② 민주주의에 대한 신념(democratic belief) ③ 민주적 사고능력(democratic thinking skill) ④ 정치참여기술(political participation skill) 등으로 구성될 수 있을 것이다.

가. 정치지식[12)]

민주시민은 무엇보다도 자신이 몸담고 있는 정치세계에 대한 폭넓은 지식을 획득해야 한다. 적어도 객관성과 타당성을 지닌 쓸모 있는 지식을 갖추고 있어야 자격있는 민주시민이 될 수 있다. 정치지식의 교육내용에 포함될 수 있는 항목은 다음과 같다.

① 인간의 존엄성

② 국가의 이념, 목표와 체제

③ 헌법, 형법 등 법교육과 시민의 권리와 의무

④ 민주주의 가치, 민주정치 과정과 제도

⑤ 정치, 경제, 사회 윤리

⑥ 사회정의, 사회복지, 환경, 여성, 노사관계

⑦ 지방자치의 원리와 주민참여와 지역발전

⑧ 세계정세와 국제이해

⑨ 남북한의 정치, 경제, 사회, 문화, 교육의 실상과 통일·안보문제

나. 민주주의에 대한 신념

민주시민은 적어도 민주주의의 기본가치에 대한 확고한 신념이 있어야 할 것이다. 민주주의에 대한 신념은 ① 정의(justice) ② 평등(equality) ③ 책임(responsibility) ④ 자유(freedom) ⑤ 다양성(diversity) ⑥ 사생활의 보장(privacy) 등을 들 수 있다.[13)]

---

11) NCSS의 주장에 정치분야를 강조한 것임. (1990), pp.9~11.

12) 지식교육 내용은 다음을 일부 참고 하였음. 전득주(1995), P. 31;조찬래, '민주시민교육법 제정을 위한 공청회' 발표논문 (1997.6), pp.6~7.

13) NCSS(1990), pp.9~10.

다. 민주적 사고능력

민주시민은 알고 있는 지식을 신념과 행동으로 연결시킬 수 있어야 한다. 그러기 위해서 주어진 환경 속에서 합리적인 행동을 할 수 있는 사고능력을 계발시켜야 할 것이다. 민주적인 사고능력은 ① 자료수집 능력(data-gathering skills) ② 지적능력(intellectual skills) ③ 의사결정능력(decision-making skills) ④ 인간관계 능력(interpersonal skills) 등으로 실습을 통하여 계발할 수 있을 것이다.[14)]

라. 정치참여기술

민주시민은 배우고 익힌 정치지식과 기술, 민주적 신념,정치능력 등을 정치행동으로 옮길 줄 알아야 한다. 구술이 서말이라도 꿰어야 보배이듯 배우고 익힌 것을 실천해야 한다. 민주시민은 배우고 익힌 것을 ① 선거참여(electoral participation) ② 시민행동(civic action) ③ 시민의 관여(citizen involvement) ④ 의무적 참여(obligatory participation) ⑤ 사회참여(social participation) 등을 통하여 실천해야 할 것이다.[15)]

4.교수 · 학습 원칙[16)]

민주시민교육의 수월성을 확보하기 위해서 다음과 같은 교수·학습 원칙을 제시하고 있는 데 참고하는 것이 좋을 것이다.

① 의미(meaningful)있는 학습이 되어야 한다. 배우고 익힌 지식과 기술, 태도가 실생활에서 유용하게 활용될 수 있고 또한 응용이 가능토록 교육해야 한다.

② 통합성(integrative)을 지녀야 한다. 시간과 공간의 초월, 지식·기술·신념·태도와 행동의 통합, 다른 분야와 연계성 등을 지닌 통합 교육이 실시되어야 한다.

---

14) NCSS(1990), p.10.

15) S. Langton, *Civic Participation and Citizen Education in 21st Century*, ERIC Ed. 309-101 (1988), p.3.

16) 교수·학습 원칙(Principles of Teaching and Learing)은 원론적인 입장에서 미국 「사회과교육연합회」(NCSS)가 사회과 교육에 있어서 민주시민성을 기르는 데 가장 효과적이라고 제시한 내용을 참고하였음. Donald Schneider,Chir. Curriculum Standards for Social Studies, (NCSS,1994), pp.11~12.

③ 가치에 기초한(value-based) 교육이어야 한다. 윤리·도덕, 상식, 사회가치 등에 기초한 교육이 실시되어야 한다. 그래야 정치·경제·사회문제, 정부의 정책, 개인의 이해관계 등에 있어 가치판단 능력이 생기게 된다.

④ 도전적인(challenging) 교육이어야 한다. 누구나 민주시민교육을 통하여 바람직한 민주시민이 되기 위해서 노력할 수 있도록 의욕을 북돋아 주고 또한 도전적인 태도를 취할 수 있도록 해야 한다.

⑤ 능동적(active)인 교육이어야 한다. 피교육자가 적극적인 학습태도를 가지고 교육에 자발적으로 참여토록 유도해야 하며, 또한 배운 것을 실제로 현실에 적응토록 동기를 부여하는 방향으로 교육이 이루어져야 한다.

위와 같은 원칙에 입각한 교육이란 주입식이나 전달식 교육이 아닌 학습자 중심의 열린교육 방법을 의미한다. 그러나 열린교육에 익숙하지 못한 현실에서 위에서 제시한 교수·학습원칙을 지키는 것은 어렵다고 보기 때문에 교수요원에 대한 별도의 교수법 교육과 기술개발이 있어야 할 것이다.

5.교육대상

민교원의 교육 대상은 ① 민주시민교육 담당요원 ② 각급학교 교사 ③ 공무원과 군인 ④ 정치인 ⑤ 언론인 ⑥ 대학교수 ⑦ 근로자 ⑧ 학생 ⑨ 일반시민 등을 포함할 수 있다. 그러나 대한민국 국적을 가진 전국민을 대상으로 자발적으로 교육에 참여를 유도하는 방법이나 사회 지도층 인사들의 교육참여를 권장하는 것은 쉬운 일이 아닐 것이다. 그렇다고 교육이수를 의무화 할 수도 없다. 교육자 선발이 대단히 어려운 문제가 아닐 수 없다. 교육참여자에게 특별한 동기부여의 기회를 마련하지 않고 자발적으로 교육에 참여하기를 기대하는 것은 어려울 것이다.

6. 조직과 운영

가. 기구

민교원 중앙본부에는 교육, 연구, 출판사업과 기타 사업을 담당할 수 있는 기구를 둘 수 있다. 집행기구로는 ① 원장 ② 부원장(복수) ③ 사무총장 ④ 국장(약간명) ⑤ 교수부를 둘 수 있으며,

의결기구로 ① 이사회를, 그리고 기타 위원회로 ① 감독위원회와 ② 평가 및 자문위원회 등을 각각 설치할 수 있다. 또한 전국 16개 시·도에 분원이나 지부를 설치하되 중앙과 유사한 형태의 기구를 둘 수 있다.

그러나 전국적인 규모로 민주시민교육을 실시하려면 기구가 방대해야 할 것이며, 16개 시·도에 분원이나 지부를 두어 시·도의 민주시민교육을 담당토록 할 경우 지역의 광역성과 교육대상이 수백만 명이나 되는 커다란 시·도의 경우 교육수요에 대응하기가 상당히 어려울 것으로 예상된다.

나. 민주시민교육원의 유형

민교원을 설립할 경우 그 성격상 어떤 유형의 체제를 유지해야 할 것인가가 중요한 쟁점이다. 일반적으로 그동안 논의 된 유형은 ① 정부주도형 ② 민간주도형 ③ 혼합형 등 세 가지가 있다.[17]

(1) 정부주도형

민교원을 정부의 기구로 설립하여 교육이나 운영 등 모든 책임을 정부가 담당하는 방법이다. 크게 두가지 유형이 있을 수 있는 데 ① 행정부인 국무총리실의 국정홍보처, 행자부 산하에 민교원을 설립하는 것이고 ② 입법부 소속으로 설립하는 방안이다.

국무총리실 산하 기구로 설립하게 되면 민교원이 총리직속 기구이기 때문에 위상도 높고 각 부처 간의 업무협조나 지원이 용이할 것으로 기대된다. 국정홍보처는 언론과 협력이 용이하기 때문에 민교원의 홍보가 타 부처 보다 유리할 것으로 예상되며, 교육효과를 쉽게 확산·전파시킬 수 있다는 장점이 있다. 그러나 총리실이 집행기구역할을 하는 것은 어려움이 있을 것이다. 또한 정부의 홍보기능을 담당하는 부처가 시민교육을 주관한다면 정치적 중립성에 대한 논란의 소지가 생길 것이다.

행자부 산하의 경우는 전국적인 행정조직망을 가동하기 용이하고 지방정부의 협조를 얻기 쉽다는 장점이 있어 체계적인 지원이 가능할 것으로 기대된다. 새마을연수원과 같은 기구를 민교

17) 전득주 교수의 경우 ① 정부여당 주도안 ② 여·야합의하의 정부주도안 ③ 여·야공동주도안 ④ 민간주도안 등 네가지를 제시하고 여·야합의하의 정부주도안이 가장 적합하다고 주장하였다. "한국적 민주화를 위한 민주시민교육 강화 방안 모색" 세계정치학회(IPSA) 17차 서울세계대회 동시학술회의 주제 「세계화와 민주화 시대의 정치와 교육」 발표논문,(1997.8. 19) 참조.

원으로 개편하는 방법 등을 연구해 볼 수 있을 것이다. 그러나 지방자치제의 정착과 더불어 행자부의 위상이 격하된 상황이기 때문에 장기적으로 볼 때 문제가 있다.

입법부 산하에 두면 행정부의 관료주의의 영향도 덜 받을 수 있으며, 예산의 확보도 용이할 것으로 보인다. 그러나 정부여당이 주도하는 민교원의 설립안에 야당이 찬성할 리 없다. 야당이 반대하는 한 관변단체 시비로 국민의 지지를 받기 어려울 것이며 결국 입법부에 정부주도의 민교원 설립은 불가능 할 것이다.

만일 여·야 합의하에 국회가 주도하더라도 합의와 타협의 정치문화가 정착되지 못한 현실, 정당의 미발달, 정당의 빈번한 이합집산과 낮은 제도화 수준, 정당의 파벌성과 붕당성, 여·야간 정권교체 경험의 미축적, 여·야간 동반자 관계가 아닌 타도와 투쟁적인 자세 등으로 민교원의 운영에 정치논리가 등장할 가능성이 높다. 현실적으로 여·야가 초당적·초정파적·초정권적으로 국가사업을 공동 추진한다는 것은 기대하기 어렵다.

또한 여·야합의 하에 행정부에 소속하더라도 행정부가 국회의 의사를 잘 반영시킨다는 보장도 없을 뿐만 아니라 국회와 행정부간의 갈등 양상도 표출될 가능성이 있다. 어떤 형태든 집권여당이 더 많은 영향력을 행사할 수 있을 것으로 예상된다.

정부주도형의 장점으로 지적될 수 있는 것은 ① 재정확보 및 행정지원이 용이하다. ② 전국적인 조직을 가동하기 쉽고, 민교원의 운영에 있어서 체계성 유지와 효율성을 높일 수 있다 ③ 교육내용 및 편성의 전문성을 살릴 수 있다. ④ 교육대상의 선발이나 동원이 유리하다. ⑤ 교육의 통합성을 유지하기 용이하다. ⑥ 민주시민교육원이 추진하는 기타 사업을 능률적으로 집행할 수 있다.

단점은 ① 교육의 정치적 중립을 유지하기 어렵다. ② 과거 정부주도의 정치교육에 대한 불신과 부정적인 인식 때문에 국민의 지지를 획득하기 어렵다. ③ 민교원이 교육기관인데도 불구하고 관료주의와 행정편의주의로 운영될 공산이 크다. ④ 내실보다는 업적에 치우쳐 형식적인 교육이 될 가능성이 있다. ⑤ 정부 내에 전국적인 기구를 설립하는 것은 행정개혁 등 작은 정부를 지향하는 추세에 역행하는 결과를 가져올 수 있다. ⑥ 민주시민교육의 생명인 다양성을 침해하고 관주도로 획일화되기 쉽다. ⑦ 교육현장의 자율성을 지속적으로 신장시키고 있는 정부(교육부)의 방침과 상반된다. ⑧ 시민사회의 성장과 더불어 국가의 개입이 극소화되는 추세에 역행하는 결과를 가져올 수 있다. ⑨국가의 과중한 재정부담이 예상된다. ⑩정부주도안에 대해서 여·

야간 합의가 어려울 것이다.

(2) 민간주도형

민간주도형은 민주시민교육에 뜻이 있는 개인이나 민간단체가 민교원을 설립하여 운영하는 방법이다.

장점으로는 ① 조직의 운영에 있어서 자율성과 민주성을 확보하기 용이하다. ② 교육의 정치적 중립을 보장할 수 있다. ③ 시민의 자발적인 참여를 유도하여 교육의 저변확대 명분이 있다. ④ 비정부기구(NGO)의 역할이 증대되는 시대적인 상황과 부합된다. ⑤ 교육내용과 운영에 있어서 국가와 사회 그리고 시민의 요구에 객관적으로 부응할 수 있다. ⑥ 다양성을 유지하기 쉽다. ⑦ 시민사회의 성숙과 성장에 이바지 할 수 있다.

단점으로 ① 재정의 확보가 어렵다. ② 민교원의 설립에 동참하는 다양한 이해당사자들간의 입장을 조율하기 어렵다. ③ 설립과 운영 등에 많은 시일이 소요될 것으로 예상된다. ④ 조직운영의 일관성과 효율성을 제고하기 어렵다. ⑤ 주도권 문제 등으로 갈등이 발생할 소지가 있다. ⑥ 재정 후원자의 영향력을 벗어나기 어려운 경우가 생길 수 있다. ⑦ 민간단체가 자발적으로 전국적인 규모의 교육기관을 설립 · 운영하는 것은 전례가 드문 일로 현실적으로 실현이 불가능한 일이다. ⑧ 대외적인 공신력을 획득하는 데 많은 시일이 소요될 것이다.

(3)혼합형

정부는 재정을 지원하고, 그 운영 책임은 전적으로 민간단체에게 맡기는 방법이다. 장점은 ① 정부와 민간단체가 연계하여 국가적인 사업을 동시에 추진한다는 명분이 있다. ② 재정확보가 용이하다. ③ 교육내용과 방법에 있어서 어느 정도 정치적 중립성을 유지 할 수 있다. ④ 순수 정부주도형 보다 민간의 자발적 참여를 유도하기 용이하다.

단점으로 ① 정부와 민간단체간에 주도권, 운영방법, 교육내용 편성 등에 있어 갈등의 소지가 있다. ② 재정지원을 하는 정부로부터 인사, 교육내용, 조직관리 및 운영 등에 있어서 완전한 자율성을 확보하기 어렵다. 최소한 예산결산, 직무감사, 교육효과 측정 및 평가 등에 감독과 통제를 받아야 한다. ③ 조직이 민(民)과 관(官)으로 이원화되어 있을 경우 책임소재가 불분명하며 갈등의 소지가 있다. ④ 조직내부에 민간이 주도적인 역할을 하게 될 경우 행정과 조직관리의 비전문성과 비효율성을 초래할 수 있다. ⑤ 조직내부에 관(官)이 주도적인 역할을 행사할 경우 관료화에 대한 폐단이 우려된다. ⑥ 소속직원에 대한 법적 신분과 처우 문제 등이 사전에 조정되어야 한다. ⑦ 정부가 막대한 시설투자와 운영비를 지원하면서 전국적인 규모의 교육기관 운영을 민간단체에게 전적으로 위임하겠는가 하는 의구심이 있다.

다. 한국에 적합한 민주시민교육의 체제유형

3가지 유형을 중심으로 민주시민교육 체제를 구축하려면 이상과 현실을 조화시켜야 할 것이다. 한국실정에 가장 적합한 유형이 무엇인가를 모색하기 위해서 몇 가지 기준을 제시하면 다음과 같다.

① 교육내용이나 민교원의 운영에 있어서 정치적 중립성이 절대로 보장되어야 한다.

② 다양성을 최대한 유지하면서 통합성을 이룰 수 있어야 한다.

③ 교육기관의 자율성을 최대한 유지할 수 있어야 한다.

④ 정치권, 행정부, 민간단체간에 상호협력 체제를 구축해야 한다.

⑤ 가급적 빠른 시일 내에 민교원이 설립되어 교육을 실시할 수 있어야 한다.

⑥ 교육의 지속성과 효율성을 유지할 수 있어야 한다.

⑦ 전국적인 규모의 교육체제가 확립되어야 한다.

위의 세 가지 모형은 모두가 장·단점이 있다. 정부주도형은 현실형이다. 여러 가지 제약점이 있음에도 불구하고 전국 규모의 사회교육체제를 설립하는 데는 가장 현실적이고 실현가능한 방법이다. 그러나 운영상 문제가 가장 많다.

민간주도형은 이상형으로 장점도 많다. 여론조사에서도 이 유형을 선호하는 응답자가 가장 많은 것으로 나타났다.[18] 그러나 현실적으로 실현가능성이며 가장 낮은 방안이다.

혼합형은 절충형이라고 볼 수 있는 데 위에 제시한 기준에 비교적 근접한 유형이다. 혼합형은 정부주도형과 민간주도형의 장점을 가지고 있어 위의 기준을 어느 정도 충족시킬 수 있다고 본다. 민간단체가 민교원 운영의 주도권을 행사하면 정치적 중립성, 다양성, 자율성을 유지할 수

---

18) 한국갤럽조사연구소의 여론조사 결과는 민주시민교육을 시민단체가 주도해야 한다는 의견이 가장 많은 것으로 나타났다. "민주시민 교육에 대한 국민여론 조사,"(서울:한국갤럽조사연구소,1994) 참조.

있으며, 정부로 부터 협조나 재정지원을 받게 되어 체제의 원활한 운영이 가능할 것이고, 전국적으로 민주시민교육을 실시 할 수 있는 체제구축이 용이할 것이다.

혼합형을 보다 구체적인 민주시민교육체제로 발전시키기 위한 방안을 제시하면 다음과 같다.

① 민간단체가 민교원을 '재단법인' 형태로 설립하고 그 운영을 책임진다.

② 재단법인 민교원은 여·야합의 하에 입법부에 등록한다.

③ 재정은 여·야가 만장일치로 「민주시민교육원 지원에 관한 특별법」(가칭)을 제정하여 지원하는 보조금과,[19] 민교원의 목적과 이념에 동의하는 국내외 단체 또는 개인의 출연금 및 기부금, 회비, 성금, 기타 수입금으로 충당한다.

④ 정치적 중립을 보장하고 정치권의 협력을 획득하기 위하여

– 이사회의 구성에 여·야 추천 인사를 동수로 일부 참여시킨다.

– 민교원의 원장은 여·야 합의하에 추대된 인사 중 이사회가 임명한다.

– 부원장은 여·야가 각각 1명씩 추천하여 이사회가 임명한다.

– 감독위원회는 국회교섭단체의 비율에 따라 여·야 국회의원으로 구성한다.

⑤ 국회가 지원한 보조금의 사용에 관하여 국회의 감사를 받는다.

⑥ 교육내용, 민교원의 운영 등 기본정책은 최고의결 기구인 「이사회」가 자율적으로 결정하고 집행부가 이를 실행토록 한다.

⑦ 자문위원회는 사회의 존경받는 인사와 학자로 구성한다.

⑧ 민교원의 각 시·도분원과 지방의회간의 협력체제를 구축한다.

라. 향후과제

민교원을 혼합형의 유형에 따라 설립할 경우 해결해야 할 과제가 몇 가지 있다.

첫째, 여·야 합의를 획득해야 한다. 민교원의 재단법인 국회등록을 승인하는 것은 사무처 소관 업무일지라도 사전에 여·야의 동의를 획득해야 할 것이다. 재단법인 등록은 국회의 지원을 전제로 하기 때문이다. 또한 「민주시민교육원 지원에 관한 특별법」을 제정하려면 여·야 국회의원이

---

19) 「민주시민교육원지원특별법」이 아닌 「민주시민교육법」을 제정하게 되면 민교원의 성격이 혼합형이 아닌 행정부나 입법부 또는 정당주도형이 되기 때문에 국가가 설립한 교육기관, 즉 관주도형이 될 수 밖에 없을 것이다.

찬성해야 한다. 얼마나 많은 국회의원들이 민교원 설립 취지에 동감하여 특별법 제정에 동의할 것인가 하는 것이다. 정치적으로 중립적인 민주시민교육은 정치적 이해관계가 적기 때문에 정치인들이 관심을 보이지 않을 가능성이 있다. 또한 민교원을 설립하는 데 앞장서는 민간단체와의 친소관계 때문에 정치적 이해득실을 따져 반대할 소지도 있다. 우선 급한 것은 여·야당과 국회의원을 설득하는 일이다.

둘째, 어떤 형태든 민교원이 재단법인 형태로 설립되려면 민주시민교육에 관심이 있는 많은 민간단체, 협회, 학회, 연구소 등을 결집하여 연대감을 형성해야 할 것이다. 민교원 설립을 주도하는 민간단체가 대외적인 대표성과 권위를 획득하는 것은 쉽지 않은 일이다. 대표성이 있어야 정부에서 재정을 지원하더라도 정당성과 명분이 확보될 수 있을 것이다. 그 중심적인 역할을 하는 민간단체에 대한 타 단체의 동의를 밟는 과정이 그리 쉬운 일은 아니다. 정부에서 재정지원을 한다면 많은 민간단체가 관심을 보일 것이며, 또한 주도권 문제를 놓고 상당한 진통이 예상되기 때문이다. 그리고 그동안 정부로부터 지원을 받고 있던 유사한 교육이나 연수기관이 기득권을 수호하기 위해서 조직적으로 반발할 경우 이를 무마해야 하며 업무의 중복성 등을 사전에 조정해야 할 것이다. 민주시민교육을 실시할 목적으로 민교원을 설립하면서 참여 단체 간에 비민주적인 갈등 양상을 보일 가능성이 있다. 소외된 단체가 생기지 않도록 내부적인 합의과정을 거치는 절차가 필요하며 갈등과 반목의 소지를 없애는 것이 좋을 것이다.

셋째, 국민적인 공감대를 형성해야 할 것이다. 특히 언론에서 민교원 설립취지에 대한 긍정적인 입장을 보여야 대국민 홍보나 설득이 용이할 것이며, 학계나 종교계 등의 지지를 받아야 순조롭게 추진될 것이다. 또한 국민이 낸 세금인 국고가 보조되는 민교원의 설립과 운영에 국민의 지지획득이 중요한 변인으로 작용할 것이다.

넷째, 재단법인인 민교원의 역량이 국가적 차원의 전국적인 시민교육을 감당할 수 있다는 실증적인 자료를 토대로 확신을 심어주어야 할 것이다. 하나의 재단법인이 전국적인 대규모 조직을 가지고 대국민 교육을 실시할 수 있는 능력이 있을지 의문이 되기 때문이다. 시설확보, 조직정비, 직원충원, 교재개발, 교수요원의 확보, 교육대상자의 선발과 관리, 교육지원체제의 정비 등을 정부가 나서지 않고 민간인 중심으로 추진할 수 있을까 하는 의구심을 해소해야 할 것이다.

다섯째, 민교원의 설립으로 민주시민의식이 어느 정도까지 고양되고 한국이 당면한 민주발전의 제도적인 한계를 얼마나 효과적으로 극복할 수 있을까 하는 의구심을 해소시켜야 할 것이다.

이를 위하여 구체적인 민주시민교육의 프로그램이 개발되고 방법론이 제시되어 그러한 의구심을 불식시켜야 할 것이다. 특히 이미 정치사회화가 마무리 된 성인남녀를 대상으로 사회교육을 실시할 때 의식과 행태의 심리적인 변화정도, 재사회화의 가능성 등 교육효과에 대한 보다 객관적인 예측과 평가방법이 충분하게 제시되어야 할 것이다. 특히 민교원의 설립 취지대로 교육효과가 나타날 수 있을 것인가, 민교원이 설립목적에 얼마나 충실하게 운영될 수 있을 것인가 등에 대한 의구심을 해소시켜 주어야 할 것이다

여섯째, 혼합형의 단점을 보완하는 방안을 모색해야 할 것이다. 앞서 지적한 단점의 보완 없이 민교원의 설립목적을 달성하는 데 많은 어려움이 따를 것으로 예상되기 때문이다. 특히 재정을 정부에만 의존하지 않고 재단 스스로 출연금을 마련하는 것이 민교원 설립의 가장 커다란 과제가 아닐 수 없다.

V. 맺는말

국가의 장래문제를 논하면서 한국이 당면한 민주발전의 제도적인 한계를 극복하고, 한국이 지향하는 21세기 국가상인 「통일민주복지국가」를 건설하기 위해서 국민 정치의식의 개혁이 절실하다는 인식이 확산되고 있다. 그 대안의 하나로 민주시민교육의 필요성이 제기되고 있다.

원칙적으로 민주시민교육의 필요성에 반대하는 사람은 없을 것이다. 그러나 문제는 실시방법과 체제구축 방안에 있다. 전국민을 대상으로 지속적이고 효율적으로 민주시민교육을 담당하는 전국 규모의 민주시민교육 체제를 구축하는 일이 그리 단순한 문제가 아니다. 정치적 결단이 요구되는 중요한 국가정책의 하나라고 볼 수 있을 것이다. 전국적인 규모의 사회교육 기관을 설립하는 것은 막대한 예산이 소요되고, 법적·제도적인 뒷받침이 있어야 하며, 국민적인 공감대가 형성되어야 하는 과제로 정부가 직접 나선다 해도 어려운 사안이다. 하물며 민간단체가 이를 감당할 수 있을지 걱정이 앞서는 것은 사실이다. 그렇다고 정부주도형의 체제를 선택하는 것은 현실적으로 민교원의 설립은 용이할지 몰라도 운영과 교육내용 등에서 정치적 중립성과 다양성을 유지하기 어렵기 때문에 수용하기 어려운 방안이다. 기본적으로 제도가 중요하지만 그 제도를 어떻게 운영하느냐가 더욱 더 중요한 것이다. 따라서 대안으로 혼합형을 제시한 것이다.

우선 뜻 있는 민간단체가 재단법인 형태의 민주시민교육원을 설립하여 여·야 동의를 받아 국회에 등록을 마쳐야 할 것이다. 그리고 민주시민교육 프로그램을 개발하고, 이를 특정지역에 실험적으로 적용하여 그 효과를 객관적으로 정밀 분석한 뒤 실증적 자료를 근거로 정치인과 국민을 설득해 나가는 것이 보다 합리적이고 실질적이며 현실적인 접근법이 아닐까 한다. 경험을 쌓고 실적을 내세워 의구심을 해소하고 국민과 국회를 설득하는 것이 순서일 것이다.

아울러 민주시민교육원의 설립은 물론 학교의 사회과 교육의 개혁방안, 대학의 사회교육원/평생교육원의 개편방안, 대중 매체의 민주시민교육 동참방안, 시민단체등의 효율적인 시민의식 개혁운동 참여방안 등을 동시에 연계하여 추진하는 지혜를 발휘해야 할 것이다.

* 참 고 문 헌 *

곽병선외. 1994. 「민주시민교육」, (서울 : 한국교육개발원)

공보처. 1994. 「선진정치 민주시민교육부터」. (12월 24일)

권터 튀터. 1995. "독일통일 이후의 정치문화와 정치교육" 독일 콘라드 아데나워재단(KAS), 제4권. (March)

신정현외. 1994. 「통일시대의 민주시민교육」, (서울 : 탐구당)

전득주 외. 1994. 「민주시민교육의 이해-세계화와 한국의 대응」, (서울 : 학문사)

전득주 외. 1992. 「민주시민교육론」, (서울 : 평민사)

한국갤럽조사연구소. 1994. "민주시민교육에 대한 국민여론 조사", (서울 : 한국갤럽조사연구소)

한국대학사회교육협회. 1997. 「요람, 1997」, (서울:한국대학사회교육협회)

한국미래연구학회. 1994. "미래의 한국과 세계" 제1권 5호

한국민주시민교육협의회. 1996. "시민교육,민주화 그리고 통일" 1996년도 사회정치지도자를 위한 워크 샵,(9월 13일) 한국정신문화연구원

한국민주시민교육협의회. 1997. "민주시민교육 강화를 위한 체제구축 방안" 제4차학술회의 논문집,(9월 12일) 세종문화회관

한국정치학회. 1997. "세계화와 민주화시대의 정치와 교육" 세계정치학회(IPSA) 17차 세계서울

대회 동시학술회의,(8월 19일) 서울 힐튼호텔

허영식. 1997. 「민주시민교육의 방법」, (서울 : 학문사)

홍득표. 1993. 「한국정치분석론」, (인천 : 인하대학교출판부)

Gabriel A. Almond and Sidney Verba,(ed.,). 1989. *The Civic Culture Revisited*, (Newbury Park, CA; SAGE Publications)

Maurice Duverger. 1970. *The Idea of Politics*,(Chicago : Henry Regnery Co.,)

Paul Kennedy, 1994. *Preparing for the Twenty-First Century*, (New York : Random House)

S. Langton, 1988. *Civic Participation and Citizen Education in 21st Century*, ERIC Ed., 309-101

Donald Schneider,(Chair). 1994. Curriculum Standards for Social Studies,(NCSS)

NCSS, Social Studies Curriculum Planning Resources, 1990. (Iowa : Kendall/Hunt Publishing Company)

제7장

교육과 정치변동

제1절 민주시민교육의 체제구축 방안

제2절 싱가폴의 세계화 교육

제3절 한국 정당의 민주시민교육

제2절 싱가폴의 세계화 교육*

Ⅰ. 머리말

싱가폴은 적도 바로 아래 위치하고 있으며 633km의 작은 면적에 약 280만명의 인구를 가진 도시국가로 경제적으로 아시아에서 일본에 이어 두번째로 국민소득이 높다. 싱가폴은 아시아에서 한국과 더불어 네마리 용의 하나로 불리우고 있으며 가장 대표적인 신흥공업국(NICs)의 하나로 각광을 받고 있다.

싱가폴은 크게 두가지 측면에서 관심의 대상이 되고 있다. 첫째는 가장 성공적으로 근대화를 이루하여 국제경쟁력이 높은 국가의 하나로 그 원인이 무엇인가를 규명하는 것이다. 둘째는 1965년 말레시아로부터 독립한 이후 1990년까지 싱가폴의 총리를 역임한 리콴유(Lee Kwan Yew) 현 '원로장관'(Senior Minister)의 리더십에 관한 것으로 집약되고 있다.

싱가폴의 발전은 여러가지 요인이 복합적으로 작용한 결과이지만 교육정책을 주요 요인으로 주목하는 경우는 흔하지 않은 일이다. 싱가폴은 작은 도시국가이면서 지하자원이 전연 없는 가운데 오늘날과 같은 성공적인 근대화를 이룩하여 국제경쟁력을 갖추게 된 배경에 교육의 역할이 컸다는 사실을 묵과할 수 없을 것이다. 또한 중국계(77.7%), 말레이계(14.1%), 인도계(7.1%), 기타(1.1%) 등 다양한 인종(multi-racial), 다양한 언어(multi-lingual), 다양한 문화(multi-cultural)를 가졌지만 효율적으로 국민통합을 이룩한 배경에도 교육이 있었다. 싱가폴이 세계화되어 자유무역항, 창고무역(entrepot), 국제금융, 상업중심(emporium) 등으로 세계 해상무역의 중심지가 된 배경에는 교육이 있었다. 싱가폴의 성공적인 근대화의 배후에는 교육이 중추적인 역할(pivotal role of education)을 하였으며, 또한 사회변동의 동인(agent)으로 작용하였다.

한국은 21세기 국가목표를 「통일된 세계중심국가」로 설정하고 국가발전 전략으로써 세계화를 내세우고 있다[1]. 정치, 행정, 경제, 기업경영, 교육 등 모든 분야가 세계화 추진에 박차를 가하고

---

* 「국제정치논총」 36집 3호(pp.605~628)에 발표한 것을 수정·보완 하였음.

있다. 세계화를 국가목표 달성의 중요한 전략으로 삼고 있는 한국이 교육정책적 측면에서 어떻게 대응전략을 세워야 할 것인가가 본 논문의 첫번째 관심영역이다. 이를 위해서 세계화가 잘 이루어진 싱가폴의 전반적인 교육을 연구하여 한국의 교육정책에 시사하는 바가 무엇인지를 밝히는 것이 본 논문의 궁극적인 목적이다.

본 논문에서는 싱가폴의 세계화 요인, 세계화를 위한 교육정책적 수용과 방향, 세계화 교육정책의 방법 등을 살펴보고 싱가폴 교육을 세계화라는 관점에서 평가한 후 결론적으로 한국이 참고해야 할 내용이 무엇인지를 제시하고자 한다.

II. 싱가폴의 세계화 요인

싱가폴은 세계화의 개념을 정의하고, 세계화란 변화를 의식하여 인위적으로 세계화를 내세운 것이 아니라 자연적으로 국가발전 전략을 모색하다 보니 결과적으로 세계화에 성공하게 되었다고 볼 수 있다. 정치지도자의 어록이나 많은 자료에 세계화에 대한 언급을 발견하기 어렵고 학자들의 연구에서 국제화라는 용어가 종종 발견되는 정도일 뿐이다.

싱가폴의 지정학적인 요건과 대외지향적인 근대화 전략은 결과적으로 세계화를 성공시키는 요인으로 작용하였다.

1. 지정학적 상황

국제관계를 연구하는 데 환경이론(environmental theory)은 몇가지 제한점이 있음에도 불구하고 한 나라의 문화, 역사, 정치현상, 국제관계를 이해하는 데 아직도 상당한 설득력을 지닌 유

1) 세계화에 대한 개념을 본 논문에서는 다음과 같이 정의하고자 한다. "세계화란 자본주의 생산, 분배, 소비관계의 심화 및 확대"를 의미한다. 자본주의는 필연적으로 자유시장과 이윤추구를 기본이념으로 하기 때문에 국가간에 경쟁이 필연적인 현상이라고 볼 수 있다. 한나라가 세계화되었다는 의미는 지구촌사회에서 한나라의 국제경쟁력이 높다는 것을 의미한다. 세계화에 대응하기 위한 교육은 지구촌의 무한경쟁사회에서 고도의 국제경쟁력을 갖춘 인력을 배출하는 것이라고 볼 수 있다. 세계화의 개념은 다음을 참고하였음. Park Kun Young, "Globalization, Nation-State, and Prospects for Democracy" 한국국제정치학회 제16차 국제학술대회 발표 논문(서울 힐튼호텔, 1996.6.7).

용한 이론이라고 볼 수 있다. 특히 지정학(geopolitics)은 정치현상과 지리(geography)와의 관계를 설명하는 하나의 요인으로 간주되고 있다.[2] 싱가폴의 세계화에 대한 이해는 우선적으로 지정학적인 입장에서 분석해야 할 것이다.

싱가폴의 가장 두드러진 지정학적인 특징으로 천혜의 보호된 심해항구(sheltered deep-water habour)를 들 수 있다.[3] 동남아시아가 서방세계의 지배에 들어가기 전에 이미 육로인 비단길과 말레이 반도와 말라카와 순다해협(Straits of Malacca and Sunda), 인도네시아의 수마트라(Sumatra)의 북쪽과 북동해안, 남인도차이나는 인디아, 중국, 동남아를 연결하는 불가피한 해상무역로(inescapable maritime trade route)를 구성하고 있었다. 7세기부터 13세기까지 수마트라에 대무역제국인 스리비자야(Srivijaya)왕국을 형성하여 그 영향력을 말라카, 순다해협, 싱가폴까지 확장하면서 동서교역의 중심지를 형성하여 번영을 누려왔다. 스리비자야 왕국은 말레이반도와 인도네시아 자바(Java)를 통제함으로서 아랍, 인도, 중국 등과 해상무역을 장악하였다.

8~10세기에 자바를 중심으로 앙코르(Ankor) 농업왕국이 형성되어 이 지역에 무역과 농업을 기반으로 왕국의 지배가 이어졌다. 스리비자야 왕국은 1293년 마자파히트(Majapahit)왕국으로 계승되어 말라카에 새로운 상업중심지를 형성하게 되었다. 1400년에는 수마트라로부터 망명한 파라메스바라(Paramesvara)왕자가 말라카군주국을 건설하였다. 그러나 1511년 포르투갈이 말라카를 점령하였으나 무역독점에 실패하였고, 1641년에는 치열한 전투 끝에 덴마크에게 지배권을 넘겼으며, 그 후 네덜란드를 점령했다가 다시 1818년에는 덴마크가 되찾기도 하였다. 말레시아와 싱가폴의 역사는 말라카의 역사와 더불어 시작되었다.

1819년에는 영국이 천연양항(天然良港)이며 중국으로 가는 항로의 중간지점이라는 지정학적인 조건, 덴마크의 해군과 지역 해적으로 영국선을 보호해야 될 필요성, 그리고 인디아와 캔툰(Canton)간의 원양항로에 기항지(staging-post)를 설치하기 위한 목적으로 스템퍼드 래플스

---

2) 지정학과 환경이론의 제한점에 관하여 다음을 참고할 것. James E. Doughty and Robert L. Pfaltzgraff Jr.(1990), *Contending Theories of International Relations:A Comprehensive Survey*, Third Edition (New York:Harper and Row, Publishers,1990), pp.64~76

3) 싱가폴이 무역의 중심지로 발전하게 된 역사적인 배경에 대하여 다음을 참조한 것임.Philippe Regnier(1990), *Singapore:City-State in South-East Asia* (Malaysia : Polygraphic Marketing Sdn Bhd,1990)의 서장, "Singapore, A Trading Emporium:Basic Elements and Historical Continuity," pp.1~26

(Stamford Raffles)가 싱가폴에 상륙하여 영국 식민지의 첫발을 내디디게 되었다.

영국의 식민지가 된 후 싱가폴은 급속도로 발전하여 19세기 중엽에는 이 지역 유일의 자유무역항(free port)이 되었다. 1825~1940년에는 유럽의 대형상선, 중국선박, 그리고 여러나라 선박의 집결지(rendez-vous)가 되었으며 래플스의 뒤를 이은 크러퍼드(Crawfurd)는 동인도 회사와 합의하에 싱가폴을 이 지역 유일의 자유무역항으로 만들어 해상무역과 상업경제(mercantile economy)를 급진전 시켰다.

1896년 스에즈 운하의 개통으로 런던으로부터 항해시간이 반으로 단축되었고, 1859년과 1870년에는 바타비아(Batavia)와 캘커타간에 전신기가 설치되어 지역내 통신의 중심지로 성장하기 시작하여 싱가폴은 동남아에서 유일한 기항지로서 번창하는 전기를 맞이하게 되었다. 싱가폴은 영국의 금융이익의 전초기지 역할을 수행하였으며, 주석과 자연산 고무, 석탄, 석유 등의 조달중심지가 되었다. 또한 중국노동자의 유입, 아랍과 말레이 상인의 왕래, 성지순례 회교도의 왕래 등으로 문화중심지 역할을 수행하기도 하였다.

영국은 동남아에서 영국의 지배를 공고히 하고 일본의 팽창주의에 맞서기 위해서 1921년 싱가폴에 강력한 해군기지를 건설할 계획을 세워 20여년만에 완성하였으며, 싱가폴 공항이 1937년 개항되었다. 이 당시 건설했던 인프라시설이 싱가폴의 국제교차로의 부상과 오늘날 싱가폴 발전의 한 요인으로 중요한 역할을 하였다.

1942년 영국의 식민통치가 일본에게 넘겨졌으며 일본 점령자들은 싱가폴을 동남아의 공동번영(Co-prosperity Sphere)중심과 이 지역과 말레이의 행정·군사지휘기지로 활용하였다. 1943년 도조(Tojo)총리가 싱가폴을 방문하여 대동아제국 건설의 발판으로 삼을 것과 신세계질서의 교통통신의 중심지로 활용하겠다는 것을 확인하였다. 1945년 9월 일본 식민통치는 끝나고, 1959년 영국은 자치권을 인정하였다.

1961년에는 싱가폴을 포함한 말레시아 연방이 건설되었으나 인민행동당(Peoples Action Party : PAR)을[4] 이끌던 리콴유 당시 「선임장관」(Chief Minister)은 싱가폴이 말레시아 연방에 속해 있는 것은 정치, 경제, 지정학적으로 잘못된 것이라고 하면서 싱가폴의 생존기회를 10배 이상 높일 수 있을 것이라고 독립을 역설하였다. 싱가폴은 1965년 8월 9일 말레시아 연방으로부터 탈퇴하여 오늘날의 싱가폴을 건설하기에 이른 것이다.

싱가폴의 역사를 통해서 알 수 있는 것은 싱가폴의 지정학적인 가치가 당시 열강으로 하여금 싱가폴을 지배하기 위한 경쟁을 촉발하였다는 점이다. 싱가폴 항은 7세기경부터 양항으로 알려졌으며 본격적으로 무역항의 면모를 갖추기 시작한 14세기경부터 해상에 기초한 상업의 중심지가 되어 오늘에 이르고 있다. 싱가폴을 인디아, 아랍, 중국, 동남아를 연결하는 지정학적인 위치가 중개무역과 창고무역 등 국제해상무역의 중심, 통신의 중심, 문화의 중심으로 발전하는 조건을 제공하게 되었다. 싱가폴 항구는 현재 세계에서 네번째로 큰 가장 값진 자산으로서 싱가폴 발전에 결정적인 요인이 되고 있다.

싱가폴의 지정학적인 위치는 결국 원치 않은 서방세계의 영향력(undesirable wastern influence)을 받게 되었다.[5] 싱가폴은 자신의 선택이 아니라 천혜의 항구를 포함한 지정학적인 가치를 인정한 열강에 의해 식민지화 되었고 개방을 강요당할 수밖에 없는 상황이 되었다. 세계화의 개념을 정의하고 그에 대응하는 전략을 수립하기 이전에 이미 국제정치의 현실주의가 싱가폴의 세계화에 기여했다는 아이러니를 지적하지 않을 수 없다.

2. 대외지향적 경제발전 전략

국가형성 초기에 국가발전 전략을 수립함에 있어서 일반적으로 두가지의 선택이 가능하다. 하나는 농업에 기초한 중농정책이나 다른 하나는 공업에 기초한 중상정책 혹은 중공정책을 채택하는 것이다. 싱가폴의 경우는 지하자원과 농토가 없는 조그만 도시국가라는 제약점이 있다. 싱가폴이 선택할 수 있는 발전전략은 상업에 기초할 수밖에 없는 상황이었으며, 또한 앞에서 지적한 바와 같이 3~4세기부터 외부세계와의 상호작용속에 무역중심의 국가발전 전략을 수립할 수 밖에 없는 입장이었다.

싱가폴은 운명적으로 외부에 의하여 조건 지어진 경제발전(externally-conditioned economic development)전략을 택할 수밖에 없었다. 1965~87년 대외무역량이 평균 GNP의 3

---

4) 리콴유는 인민행동당(PAP)을 1954년 창당하여 정계입문의 발판으로 삼았다. 싱가폴은 1955년 부분적인 지방정부의 자치권을 부여받고, 1958년 완전한 지방자치권을 인정 받았으며, 1963년 말레시아연방의 자치주가 되었다. PAP는 1955년 첫 선거에서 3석의 의석을 획득하였으며, 1959년에 지방정부를 구성하였고, 1963년 두번째 지방정부를 구성한 후 1965년 독립이후 현재까지 싱가폴의 집권당이 되고 있다.

5) S. Gopinathan,"Education" in Jon S.T. Quah,Chan Heng Chee and Seah Chee Meow(ed.), *Government and Politics of Singapore* (Singapore:Oxford University Press,1985). p.201

배가 넘는 결과를 가져올 정도로 대외지향적 발전 대안을 선택하였다.[6]

그러나 독립이후 싱가폴은 인도네시아와 대립, 말레시아와의 분리 때문에 야기된 불협화음, 국내시장의 협소, 높은 실업율(1962년 15.2%), 창고무역의 저조, 영국에 의한 해공군기지의 재사용, 국내 자본 부족 등으로 경제적으로 커다란 도전에 직면하게 되었다. 그래서 싱가폴 정부는 준가공(semi-processing)산업과 수입 대체산업의 육성에 역점을 두었으며, 경제의 자유화와 외국투자를 유치하기 위한 정책을 추진하였다. 싱가폴은 1967년과 1968년 산업확장과 산업관계법(Industrial Expansion and Industrial Relations Acts)을 제정하여 경제발전을 위한 정치사회적인 환경을 조성하였다. 그 결과 외국의 투자는 급증하게 되었고, 경제성장율은 대단히 높았으며, 선진국과 경쟁할 수 있을 정도의 품질이 좋은 상품과 서비스를 수출 할 수 있는 경제도약을 이룩하기 시작하였다.

1979~1981년부터는 경제구조를 고도의 기술전략(high-tech strategy)과 서비스 산업으로 전면 재조정하여 지속적인 성장과 발전을 거듭하였다. 2000년대는 항공, 바이오텍, 전기와 정보기술, 화학과 약물학, 공학과 텔레컴 등을 전략산업으로 선택하여 제2의 산업혁명을 구상하고 있다.

싱가폴의 세계화는 정치적인 측면 보다는 대외지향적인 경제발전 전략을 추진한 덕분에 이룩된 것이라고 볼 수 있다.

Ⅲ. 세계화 개념의 교육정책적 수용과 방향

싱가폴의 교육 목적은 첫째, 국민적인 일체감을 형성하고 국가에 대한 충성심을 기른다. 둘째, 다인종, 다언어, 다문화를 증진시킨다. 셋째, 개인과 사회의 지속적인 발전을 위한 능력을 배양시킨다. 넷째, 근대화가 요구하는 기술교육을 강화한다는 것이다.[7] 이와 같은 교육목표를 달성하기 위해서 생존전략과 실용주의 교육, 국민통합과 언어교육 등 두가지 전략을 채택하였다.

---

6) Regnier(1990), p.27.

7) Saravanan Gopinathan(1974), *Towards a National System of Education in Singapore 1945~1973*.(SingaporeOxford University Press,1974), p.53.

1. 생존전략과 실용주의 교육

교육의 기능이 국가의 이상을 실현하고 인간다운 삶을 영위하는데 필수적이라는 사실은 새삼스러운 논의의 대상이 아니다. 그러나 교육의 중요성을 얼마나 인식하고 교육을 국가정책의 우선순위에 어느 정도 올려 놓느냐에 따라서 교육의 기능은 다르게 나타나기 마련이다. 부존자원이 없는 싱가폴은 생존하기 위해서 국가발전에 직접적인 가장 중요한 변수인 인적자원을 개발하는 실용주의 교육정책을 채택하였다. 싱가폴은 미래의 국가생존과 연관시켜 교육의 중요성을 강조해 오고 있다. 1965년 독립 이후 싱가폴 정부가 가장 역점을 두고 추진한 것이 인간자원(human resources)의 개발이었다. 싱가폴은 지하자원이 없고 오직 유일한 자산인 인간요인(human factor)만 있다는 독특한 특징을 고려할 때 인간자원의 효율적인 활용은 경제성장과 복지를 극대화하는데 결정적이라는 인식하에 인간자원 개발을 강조하였다.[8]

국가발전은 인간의 노력과 의지의 산물이라는 확신을 갖고 있었다. 즉 자본을 동원하고, 자연자원을 개발하며, 시장을 창출하고, 외국과 상거래를 하려면 인간자원이 어떤 지식, 기술, 능력을 갖추었느냐에 달려있다. 따라서 1970~80년대 고도성장과 발전에 필요한 것은 지식, 기술, 능력을 갖춘 인간자원이라는 인식을 바탕으로 교육을 중시하였다. 싱가폴은 어느 나라보다도 미래가 젊은 세대에 달렸다고 생각하여 국가안보 다음에 많은 예산을 교육에 투자하고 있다.[9] 싱가폴의 교육예산은 1980년대는 GDP의 4%선이었으나 1990년대는 6%선을 유지하여 교육에 대한 투자를 강화하였다.[10]

국부(國富), 정치, 경제, 사회발전의 원동력은 인간의 내면능력을 효율적으로 활용할 수 있는 힘(power)에 달려있기 때문에 인간의 의지나 능력은 근대화에 기본자산이라고 인식하였다. 근대화 국가발전=교육이라는 등식을 인정하고 교육의 힘(power of education)을 믿었다.[11] 무한경쟁

---

8) Toh Mun Heng,"Human Resources Development Policies in the 1980s," in Linda Low and Toh Mun Heng(ed.,) (1992), *Public Policies in Singapore:Changes in the 1980s and Future Signposts*,(Singapore:Time Academic Press,1992),p.226.

9) Regnier(1990), pp.250~251.

10) 싱가폴의 교육예산은 1980/81년 S$ 6.88억,1990/91년 S$ 20.6억,1995/96년 S$ 34.2억이다. 1995/96년의 경우 한화로 약 2조원에 해당된다. 같은 해 한국의 교육 총예산은 15.6조원이지만 싱가폴 인구가 한국의 7% 미만인 점을 감안하면 1인당 교육비는 한국의 약 2배나 된다. Ministry of Education, *Education Statistics Digest 1995*,(Singapore:Minister of Education, 1995), p.43

의 지구촌 사회에서 생존하기 위한 필수조건은 훈련된 인력을 배출하는 교육에 달렸다는 사실을 실천한 것이 싱가폴이라고 볼 수 있다.

2. 국민통합과 2종언어교육

정치사회화는 국가에 충성하는 민주시민을 육성하고, 그 나라 국민임을 자각케하는 정체성을 확립하는데 기여한다. 이는 민주국가에서 추구하고 있는 정치교육의 목적이기도 하다. 싱가폴은 다원주의 사회이기 때문에 여기에 대한 요구가 더욱 더 절실하다고 볼 수 있다. 싱가폴의 인종은 중국, 말레이, 인도, 유럽과 미국, 아랍, 유태, 아프리카, 샴(Siamese), 마닐라(Manila), 기타 등 다민족 사회이며, 영어, 중국어, 말레어, 타밀어와 20~30여개에 달하는 지방사투리 등 다언어 사회, 그리고 다문화 사회이기 때문에 국가형성 과정에 국민통합(national integration)이 필수적인 요구사항이라고 볼 수 있다. 동일한 민족이 아닌 이질적인 배경을 가진 국민을 하나로 통합하는데 교육을 활용하였다.

1960년대와 70년대 싱가폴 교육부는 두가지 목표를 내세웠다. 하나는 상이한 인종, 언어, 종교, 문화를 싱가폴인화(Singaporeanized)하는 작업이고, 다른 하나는 다양성을 인정하는 것이다.[12] 싱가폴인화 하기 위해서 역사, 지리, 국부(founding father), 문화 등을 교과서에 포함시키고 각종 의식을 통하여 국기, 국가, 국경일, 국가원수 등 상징성을 강조하였다. 이는 국가에 대한 충성과 인종간의 관용과 화합을 위한 것이었다.

다원주의화는 우선적으로 헌법에 각 인종간의 평등주의를 채택하였으며, 중국, 인도, 말레이, 유럽 등 주요 문화에 대한 이해교육을 강조하였다. "혼합문화" (mixed bag of cultures)를 학생들에게 교육시켜 다양한 인종간에 이해와 공감대를 넓혀 나갔다. 특히 영어, 중국어, 말레이어, 타밀어를 정부의 공문, 언론, 방송 등 국가 공용어로 대등하게 사용하도록 하는 언어정책을 통하여 다원주의를 인정하였다.

국민통합을 위해서 1966년부터 2종언어(bilingualism)교육을 초중등학교에서 필수로 하였다.

---

11) Francis Wong Hoy Kee, *Comparative Studies in Southeast Asian Education* (Singapore : Heineman Educational Book(Asia)Ltd.,1973), pp.81~83

12) Chiew Seen-Kong,"Ethnicity and National Integration," in Peter S.J. Chen, Singapore *Development Policies and Trends*,(Singapore:Oxford University Press,1983),p.46.

실질적으로 영어를 필수공통어로 하고 나머지는 각 인종별 고유언어를 이수토록 하였다.

2종 언어 정책은 세가지 면에서 국민통합에 기여하였다. (1) 같은 인종과 언어 때문에 형성된 일체성을 파괴하여 인종간의 장벽을 깨고, (2) 같은 인종간에 공통언어를 통하여 공유하던 이해와 의사전달 수단인 언어를 파괴하여 인종간 경계를 허물며, (3) 종전에 영어를 할 줄 아는 사람들만 누리던 좋은 취업기회와 대우를 받던 불평등한 장벽을 없애는 데 목적이 있었다.[13] 특히 영어를 교육, 무역, 국제관계 등에서 공통어로 채택하게 된 것은 (1) 영어는 국제어로서 의사전달, 상업, 공업, 과학기술 용어로 전세계적인 보편성을 인정받고 있으며 (2) 영국이 점령한 이래 영어는 행정, 사법, 사업, 교육 등의 분야에 주요 의사전달 수단으로 사용되었고 (3) 2종언어 정책을 통하여 고유한 언어인 모어와 영어간의 균형을 이루어 정체성 조성에 기여하였으며 (4) 경제발전을 위한 외자도입 및 외국인 투자자가 사용하는 언어라는 실용성이 중시된 것이다.

영어는 결국 다인종, 다언어, 다문화 사회에서 어느 특정언어가 아닌 중립적인 언어매체로서 인정받을 수 있었고, 싱가폴 대외지향적인 국가발전 계획을 추진해 가는데 유용성을 인정받아 거부감 없이 모든 사람들이 수용하게 되었다고 볼 수 있다. 싱가폴이 다양한 인종을 성공적으로 관리하여 국민통합을 이룩한 배경에는 언어정책이 성공을 거둔 때문이라고 볼 수 있다.

Ⅳ. 세계화 교육정책의 방법

1. 교육발전과 교육개혁

영국 식민통치 시절의 교육은 기독교 선교회와 각종 지역사회에 맡겨졌으나 1946년 말레이 독립정부가 출범하면서 1947년 교육발전 「10개년 계획」(Ten-Year Plan)과 1950년 부록으로 된 교육발전 「5개년 계획」(Five-Year Plan)을 통하여 ① 6~12세 아동의 초등학교 무료교육 ② 자치능력의 배양 ③ 시민의 충성심과 책임감의 향상 ④ 기술교육과 산업훈련 등을 목표로 내걸었다.

1951년에 「찬취킷 위원회」(Chan Chieu Kiat Commission)를 설치하여 직업기술 교육의 포괄적인 계획을 수립하는 임무를 부여하였다. 1962년에는 「림타이보 위원회」(Lim Tay Boh

13) Chiw Seen-Kong(1983), p.47.

Commission)를 구성하여 직업교육 이외의 전반적인 교육정책을 검토하도록 하였다. 1968년에는 「국가산업훈련회의」(National Industrial Training Council)를 구성하여 기술교육과 산업훈련 시설을 확충토록 했다. 1969년에는 「교육과정발전자문위원회」(Advisory Committee on Curriculum Development)를 설치하여 교과과정의 변경 및 실행을 담당하도록 하였다.[14]

싱가폴의 본격적인 교육개혁은 1978년 구성된 당시 부총리였던 고켕쉬(Goh Keng Swee)박사가 이끈 연구팀이 건의한 「고 보고서」(Goh Report)에 의해서 이루어졌다.[15] 싱가폴 교육의 문제점을 지적하고 건의한 「신교육체계」(New Education System)가 싱가폴 교육의 핵심을 이루고 있다. 보고서는 교육과 국가발전과의 관계를 강조하면서 싱가폴의 교육은 급변하는 사회경제적 요구에 부응할 수 없음을 지적하였다. 당시 싱가폴 사회는 ① 산업불안 ② 실업증가 ③ 상품부족 ④ 주택난과, 학교교육은 ① 졸업생의 기대수준 미달 ② 조기 자퇴자의 급증 ③ 유급자의 속출 ④ 졸업생의 미취업 ⑤ 학교간 학력차의 심화 ⑥ 교사의 윤리의식 결여 ⑦ 교육부의 비능률적인 교육정책과 리더십 등의 문제점이 있었다. 예를 들면 중등학교 졸업생의 36%가 「졸업자격시험 'O'수준」(GCE O-Level:General Certificate of Education Ordinary Level)에 미달하였고, 9%만이 「졸업자격시험 'A' 수준」(GCE A-Level)에 합격하여 대학진학이 가능할 정도였다.

싱가폴이 요구하는 교육은 보다 잘 훈련되고 교육받은 인력이 필요하며, 국제무역, 관광, 금융의 중심지가 되려면 영어구사 능력을 실질적으로 향상시켜야 한다는 것 이었다. 교육개혁안은 경제성장에 상응한 지적능력을 갖춘 우수인력을 기르고 과도한 교육투자를 지양하기 위한 능력주의(meritocracy)교육, 경쟁적인 교육제도의 도입을 위한 신교육구조로서 우열반 개념인 「능력별 학급편성제」(Streaming System), 그리고 「영어교육을 강조한 2종언어교육」정책을 담고 있었다.

2. 능력주의와 경쟁위주의 교육제도

교육개혁안은 1979년부터 시행되었다. 능력별 학급편성제는 획일적인 교육, 교과과정, 평가

14) 싱가폴 교육의 발전과정에 대한 자료는 다음을 참조할 것. Ministry of Education, *Education in Singapore*, 2nd Edition,(Singapore:Educational Publication Bureau,1972), pp.1~5.

15) 싱가폴의 신교육체계에 대해서는 다음을 참조할 것. Soon Teck Wong, *Singapore's New Education System:Education Reform for National Development* (Singapore : Institute of Southeast Asian Studies, 1988)

등에 문제점을 지적하고 능력에 따라 교육의 기회를 부여해야 한다는 것으로 개인의 수학능력과 성적에 따라 교육의 내용과 방법, 교육과정이 달라야 한다는 것이다. 기본원칙은 능력과 자질에 따라 고등교육의 기회를 부여해야 한다는 것이다. 따라서 중등학교에서 우수한 수학능력을 인정 받지 못하면 대학진학이 원천적으로 봉쇄되고 직업교육을 받아야 한다는 것이다. 또한 능력이 부족한 학생은 2종언어 교육도 효과가 없다는 것이다.

영어교육을 강조한 언어교육도 능력위주의 교육이었다. 능력이 뛰어난 학생은 영어와 모어 그리고 제3의 언어를 가르치고, 보통수준의 학생은 모어와 제2언어인 영어를, 그리고 2종언어를 수학할 수 없는 학생은 모어만을 교육시킨다는 것이다.

싱가폴의 능력위주와 경쟁주의 교육제도는〈그림-1〉에 나타나 있는 교육체계를 보면 쉽게 이해 할 수 있을 것이다.「초등학교졸업시험」(PSLE:Primary School Leaving Examination)의 결과 학습속도나 적성과 성적에 따라 중등학교의 진학이 결정되고, 4~5년제인 중등학교(Secondary School)는 능력에 따라 특수, 속성, 정상과정 등에 배정된다. 이들은「졸업자격시험」성적에 따라 대학진학과 취업이 결정된다.

싱가폴의 실력위주의 학급편성과 능력위주의 엘리트 교육체제에 대해서 고등교육 기회의 박탈, 교육평등주의 철학에 위배, 수학능력의 객관적이고 정확한 평가의 어려움 등을 들어 반대여론이 있는 것은 사실이다. 하지만 싱가폴 교육의 가장 핵심적인 특징을 이루는 제도라고 볼 수 있다.

싱가폴 교육제도의 특징은 ① 능력주의(meritocracy) ② 경쟁주의 ③ 기술교육 강화 ④ 국제수준 유지 ⑤ 특정집단에 대한 특권배제를 강조한다는 점이다.[16] 교육의 능력주의는 싱가폴을 철저하게 능력위주의 경쟁사회로 만들었다. 영국의 모델인 엘리트 교육에 기초하여 우수한 인재만이 경쟁에서 분명하게 생존할 수 있다는 적자생존의 원리를 철저하게 시행하고 있다. 예외 없이 이 원칙이 적용되기 때문에 사회규범으로 자리잡게 된 것이다. 능력주의는「초등학교졸업시험」이나 각급「졸업자격시험」(GCE)의 성적에 따라 학급이 편성되고 상급학교에 진학할 수 있기 때문에 각급 교육현장에서 학생들의 경쟁은 치열해 질 수 밖에 없다. 초등학교 졸업생의 20%가 중등학교 진학에 탈락하고, 대학에 진학하는 비율은 약 5%로 경쟁의 정도를 짐작할 수 있다. 학교 교육뿐만

16) Barbara Leitch LePoer (ed.), *Singapore : A Country Study* (Singapore:Library of Congress, 1989), p.116.

〈그림-1〉 싱가폴의 교육체계

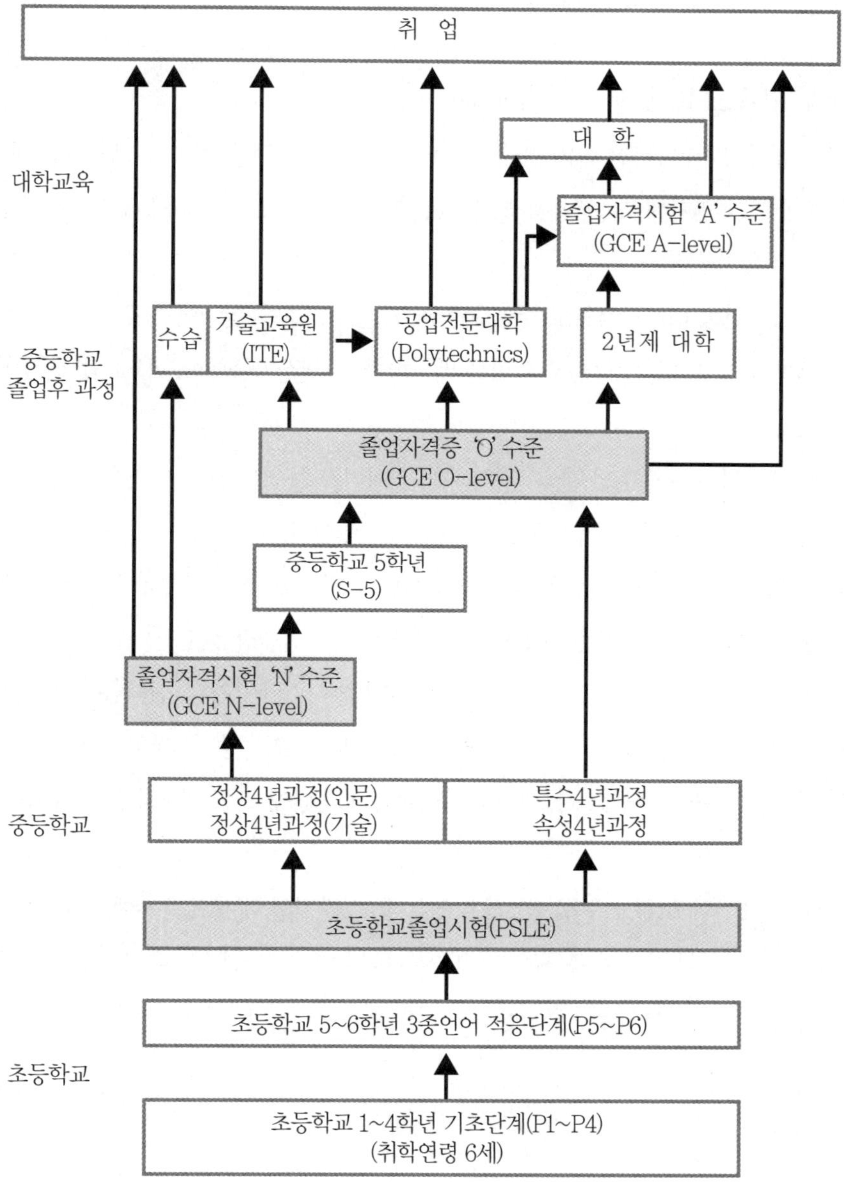

보기) 음영색은 국가고사(National Examination)를 의미함
출처) Ministry of Education, *Education Statistics Digest*(1995) p.2

이 아니라 사회에서도 철저한 능력주의를 채택하여 싱가폴의 사회규범으로 자리잡게 되었다.

3. 3단계 고등교육체계와 기술교육

싱가폴은 〈그림-1〉에 나타난 바와 같이 「중등학교 졸업 후 교육」(Post Secondary Education)을 수학능력에 따라 「3단계고등교육체계」(Three-Tiered Higher Education System)를 유지하고 있다.[17]

제1단계는 정상적인 대학과정으로 주로 과학과 기술에 초점을 맞추어 연구, 컨설턴트 등 공공 및 기업 분야에서 요구하는 고급전문 인력을 배출한다. 국립싱가폴대학(NUS)과 난양공대(NTU)가 여기에 해당된다.

제2단계는 중간관리층 수준의 관리, 경영, 기술, 서비스 능력을 갖춘 인력을 양성하는 교육으로 공업전문대학(Polytechnics)에 진학시켜 교육을 받게 한다.

제3단계는 정부, 기업, 외국기업과 공동으로 설립한 직업중심의 「기술교육원」(ITE)에 입학시켜 산업화에 요구하는 기술인력을 배출한다. 실질적으로 산업현장에서 필요로 하는 기술과 새로운 변화에 효율적으로 대응할 수 있도록 교육과 훈련을 시킨다. 「기술교육원」은 ① 평생교육과 훈련을 통한 기술수준의 향상 ② 기업중심의 기술교육과 훈련의 증진 ③ 일정한 자격과 기술수준의 유지 ④ 기술교육과 훈련의 자문역 ⑤ 기술교육과 훈련에 관한 연구증진 등의 목적을 가지고 있다.

싱가폴 정부는 3단계 고등교육을 강조하고 있는데 그 단적인 예가 교육총예산에서 3단계 고등교육이 차지하는 비중이 꾸준히 증가하고 있다는 사실이다. 1970년 13%에서, 1980년 16%로, 그리고 1990년에는 26%로 늘어났다.[18]

---

17) 3단계 고등교육체제에 관하여 다음을 참조할 것. Ministry of Information and the Arts, *Singapore 1995* (1995). pp.184~205;Viswanathan Selvaratnan, *Innovations in Higher Education:Singapore at the Competitive Edge*,(Washington D.C:The World Bank,1994).

18) 교육예산의 할당비율은 1990년의 경우 초등학교 26%, 중등학교 29%, 3단계고등교육 26%, 기타 19%로 나타났다. Viswanathan Selvaratnam, *Innovations in Higher Education*(1994), pp.77~78

4. 교육과정

싱가폴의 교육과정은 ① 독해 및 작문능력(literacy) ② 산수(numeracy) ③ 2종언어(bilingualism) ④ 체육(physical education) ⑤ 도덕(moral education) 등 5개 분야를 강조하고 있다. 초등학교의 기초과정에서는 교과과정의 80%를 영어와 고유언어 그리고 산수에 할당하고 있다. 나머지는 음악, 예술, 공예, 보건 등이 포함되지만 도덕교육을 강조하여 아시아의 가치와 국가의 정체성을 확립하는데 기여하고 있다. 통상 주당 수업시간은 23~24시간을 배당하고 있는데 영어와 고유언어가 차지하는 비중이 학년에 따라 45~55%나 된다. 초등학교 교과과정은 1~2학년, 3학년, 4학년, 5~6학년 등 다르게 구성되어 있는데 예를 들면 3학년의 경우 주당 제1언어 7.5, 제2언어 5, 공민·도덕 1.5, 이과 1.75, 산수 3.5, 미술·공예 1.5, 음악 1, 체육 1, 보건 0.5, 집회 0.5 등 23.75시간으로 짜여져 있다.

중등학교의 경우 특수과정, 속성과정, 그리고 정상과정의 인문과는 영어, 영문학, 고유언어, 수학, 과학, 역사, 지리, 예술, 공예, 디자인, 기술, 가정, 도덕, 체육, 음악 등을 가르친다. 이중 영어, 고유언어, 수학, 음악, 체육, 도덕은 필수과목이다. 주당 수업시간은 40시간이지만 영어 8시간, 고유언어 6시간으로 언어교육에 35%를 할당하고 있다. 예를들면 중학교 1,2학년의 교과과정은 제1언어 8, 제2언어 6, 국어 1, 수학 5, 이과 6, 체육 2, 공민 1, 집회 1, 지리·역사 4, 미술·공예 2, 음악 1,기술·가정 3 등 40시간으로 구성되어 있다. 중등학교의 정상과정 중 기술과는 영어, 기본 고유언어, 수학, 컴퓨터, 기술교육, 가정학 등의 과목을 이수토록 하고 있다. 싱가폴 초중등학교의 교과과정에서 특징적으로 발견할 수 있는 것은 언어교육의 강화를 들 수 있다.

5. 교육지원체제

교육주무 부처는 교육부이지만 정책을 입안·집행하는 유관부처는 총리실, 외무부, 국방부, 법무부, 문화공보부, 통상산업부 등이며, 각급학교, 각종 언론매체 등이 교육정책의 수립과 집행에 영향을 미친다.

교육부는 통상적인 교육업무를 담당하며 교육개혁이나 발전을 위한 각종위원회가 구성되어

---

19) 교육부장관의 경우도 1959년부터 1980년까지 21년동안 7명을 경질하여 비교적 교육정책 결정자를 자주 바꾸지 않고 있다.

활동한다.[19] 특히 「교과과정발전위원회」(CDC)는 상시 가동 중에 있어 교과과정에 대한 전반적인 연구와 분석을 지속적으로 진행하여 신교육체제의 틀 속에서 학생들에게 무엇을 어떻게 가르쳐야 할 것인가를 연구하고 있다. 미래교육을 위한 「수월성교육국가위원회」(National Commission on Excellence in Education)등도 가동시키고 있다.

싱가폴 교육에서 또한 핵심저인 역할을 하고 있는 지원기관으로 난양공대에 설립된 「국가교육연구소」(National Institute of Education)가 있다. 가장 기본적인 기능은 교사를 양성하고 각급 학교 교사와 교장 등에 대한 교육을 실시하는 것인데 수료과정, 학사과정, 명예학위과정과 대학원 과정이 설치되어 있다. 뿐만 아니라 교육관련 연구를 병행하고 있어 싱가폴 교육에 관한 각종 자료를 가장 많이 소장하고 있는 국가의 교육종합연구기관이라고 볼 수 있다.

직업교육은 1979년 통상산업부 산하에 설립된 「직업·기술교육회의」(CPTE : Council of Professional and Technical Education)에서 주관하여 직업, 기술, 숙련인력의 수급계획을 수립한다. 「직업·기술교육회의」는 싱가폴이 필요로 하는 중·고급의 인력수요를 기획·계획·검토하고 있으며, 매년 고등교육기관의 졸업생 취업에 대한 조사를 실시한다. 3단계 고등교육기관은 이곳에서 수립된 인력수급 목표에 따라 교육을 실시한다.

6. 국가의 개입과 미래교육

싱가폴은 국가의 번영과 발전은 교육에 좌우된다는 사실을 인식하고 미래는 교육을 통하여 승부를 걸어야 한다는 국정방침을 내세워 국가가 교육에 직접 개입하여 왔다. 가장 대표적인 것으로 「초등학교 졸업시험」과 각종 졸업자격시험을 국가가 직접 관리하는 국가고사제를 채택하고 있으며, 3단계 고등교육기관의 운영과 재정지원 등도 국가가 맡고 있다. 대학의 운영도 정부의 영향력이 크게 작용한다. 정부의 대학 경영 개입의 법적 근거는 「국립싱가폴대학법」과 「국립난양공대법」에 근거하고 있다. 국가는 또한 연구개발에도 직접 간여하고 있으며 고등교육기관의 연구환경 개선 및 연구동기부여, 고급인력수급계획의 수립, 대학과 산업체간의 연계와 상호작용을 위해서 연구개발비의 투자를 확대하고 있다.[20]

---

20) 연구개발비를 「국가기술계획 1991」(National Technology Plan 1991)에서 1995년까지 GDP의 2% 투자계획을 수립한 바 있다. Viswanathan Selvaratnam, *Innovations in Higher Education*(1994), p.5.

국가가 개입하는 이유로 ① 교육기관은 현실적으로 국가의 당면과제(agenda)와 씨름할 열의가 부족하다는 점 ② 국가발전의 우선순위 등은 정부가 직접 계도(guidance)할 필요성 때문에 교육정책의 수립과 집행 그리고 학교의 운영 등에 국가가 직접 관장할 수밖에 없다고 한다.[21] 국가가 직접 나서서 교육이 사회변화에 부응토록 독려하고 감독·관리를 강화하고 있는 것이 사실이다. 이에 대해서 자율성의 침해라는 논란과 특히 고등교육기관과의 갈등이 발생하기도 하였다.

그러나 1980년대 중반부터 중앙집권적인 교육방식을 지양하는 추세로 변모하기 시작하여 교육현장에 최대한의 자율성을 부여하려고 노력하고 있다. 싱가폴 교육은 1960년대는 양적팽창과 정부의 교육투자 확대, 1970년대 초까지 교육의 질적향상에 대한 정부의 개입과 노력, 1979년 교육의 문제점을 심층적으로 분석하여 그 교육개혁안으로 신교육체제를 도입하였다. 1986년에 교육부는 ① 교육정책과 경제·사회정책간의 조화 ② 언어, 과학, 수학, 인문 등 기초과목을 강화하여 합리적 사고와 평생학습에 대한 동기부여 ③ 교사와 교장이 주도하는 상향식 접근으로 교육현장의 자율성을 신장하여 창의성을 향상시켜야 한다는 계획을 발표하였다.[22] 〈표-2〉에 나타난 바와 같이 싱가폴의 교육은 단계적으로 국가개입의 기회를 축소하는 방향으로 발전하고 있다.

〈표-2〉 싱가폴교육의 발전과정

분 야	제1단계 (국가주도)	제2단계 (중앙집중적 협력)	제3단계 (중앙집중적 혁신)	제4단계 (분권의 시작)
교육개혁	1965년 이전	1966~1978	1979~1984	1985~1990
학교경영	1965년 이전	1965~1975	1976~1981	1982~1990
교육기술활용	1965~1975	1975~1985	1985~1990	1990년 이후
교사교육	1965년 이전	1965~1972	1973~1981	1982~1990
연구 및 평가	1965~1972	1973~1980	1981~1990	1990년 이후
교과과정 기획	1965년 이전	1965~1970	1970~1980	1981~1990
교과과정 발전	1965~1969	1970~1979	1980~1990	1990년 이후

출처) John Yip Soon Kwong and Sim Wong Kool (ed), Evolution of Educational Exellence(1990), p.188

21) Viswanathan Selvaratnam, *Innovations in Higher Education*(1994), p.6.

22) John Yip Soon Kwong and Sim Wong Kool, *Evolution of Educational Excellence* (Singapore:Longman,1990), p.25.

1990대 이후 싱가폴은 ① 상향식 접근법에 따른 학교의 자율성 확대 ② 학교자체의 체계적인 교육과정 개발 ③ 교육과정발전위원회의 연구결과와 참고자료의 제공확대 ④ 수업과 학교경영 등에 있어서 정보기술의 활용 ⑤ 교사교육에 대한 연구 등을 강조하고 있다.[23]

V. 싱가폴 교육체제의 평가

싱가폴은 세계화니 국제화니 하면서 그에 대응하기 위한 교육정책을 특별하게 수립하여 집행한 흔적은 없다. 말레시아 연방으로부터 독립하여 싱가폴의 생존전략의 일환으로 추진한 각종 교육정책이 결과적으로 세계화나 국제화에 크게 기여했다는 평가를 할 수 있을 것이다. 싱가폴의 미래 생존문제를 다름아닌 교육을 통해서 승부를 걸겠다는 정치지도자의 확고한 의지가 독립 후 30여년이 지난 현재 그 효과를 발휘하여 좋은 결실을 보게 된 것이다. 리콴유 총리는 싱가폴 교육의 목표를 "좋은 사람(good man)과 쓸모있는 시민(useful citizen)으로 성장시키기 위해서 개인의 잠재력을 최대한 발휘토록 하는 것"[24] 이라고 하면서 "밭에 씨앗을 뿌리면 한번 밖에 수확할 수 없지만 사람을 교육시키면 백번 수확할 수 있다"는[25] 확신과 "싱가폴 발전의 원동력을 효율적인 인간자원의 개발"에 두었다.[26]

한국과 같이 세계화나 국제화의 개념을 정의하고, 국가가 나서서 대응전략을 마련한 것이 아니다. 지정학적인 환경변수에 적합한 국가발전 전략의 하나로 교육정책의 중요성을 강조한 것이 세계화에 기여하는 결과를 가져왔다. 세계화와 관련이 있는 몇 분야를 평가하고자 한다.

1. 2종언어 교육정책

싱가폴의 2종언어 교육정책은 최초에는 세계화에 의도적으로 대비하기 위해서 채택한 정책이 아니었다. 2종언어 정책은 다인종, 다언어, 다문화라는 사회적 특성을 싱가폴 국민의 정체감

23) Ibid., pp.184~185

24) Ministry of Education, *Educating Our Next Generation*(1995), p.18.

25) Ibid., p.69.

26) Ibid., p.89.

(National Identity)을 확립시키기 위해서 국민통합 차원에서 추진한 것이다. 또한 싱가폴의 지정학적인 환경 때문에 서방세계에 일찍 개방된 상태에서 1819년 영국 식민통치가 시작되어 영어를 공용어로 사용하기 시작하였지만 영어를 고유언어로 하는 민족적인 배경이 없는 가운데 국민통합의 수단으로 중립적 언어인 영어를 채택한 것이다.[27] 1990년 센서스에 의하면 5세 이상의 가족이 가정에서 사용하는 언어가 영어라는 응답자가 19.2%로 나타나 1980년도의 조사보다 증가된 것은 사실이지만[28] 정부, 학교, 직장 등에서 영어를 제1언어로 사용하는 것에 비하면 높은 수치는 아니다. 그러나 분명한 것은 싱가폴에서 2종언어 정책이 성공을 거두어 영어를 고유어 수준으로 구사할 수 있는 국민이 많다는 사실이다.

영어를 제1언어로 조기에 초등학교부터 필수과목으로 가르치고, 초등학교 졸업시험이나 각급의 졸업자격시험에서 가장 중시하고 있으며, 교과과정에서도 시간을 가장 많이 할당하고 있다. 개인의 학업능력이나 상급학교의 진학, 능력별 반편성 등에도 영어가 차지하는 비중이 가장 높다. 영어를 못하면 학교나 사회의 경쟁에서 뒤질 수 밖에 없는 것이 싱가폴의 현실이다. 민족이나 역사, 문화적인 동질성이 없는 싱가폴이 국어 없이 외국어인 영어를 제1언어로 택한 것은 민족교육이란 차원에서 보면 부정적인 면이 있는 것이 사실이다. 하지만 거의 모든 국민이 오늘날 외국과의 공적, 사적 상호작용에서 가장 많이 쓰이고 있는 영어를 자유자재로 구사할 수 있다는 것은 세계화에 효과적이었다고 평가할 수 있다.

2. 능력위주와 경쟁주의 교육제도

교육열이 높다는 것은 인간발달에 교육이 절대로 필요하다는 인식을 가지고 자녀교육에 아낌없이 투자하는 경우와 치열한 입시경쟁 때문에 무리한 교육투자를 강요당하는 경우로 나누어 생각할 수 있다. 한국의 교육열은 후자쪽에 가깝고, 교육열보다 상급학교 진학열이 높다고 볼

---

27) 싱가폴에 '식민지 근대화론'이 적실성이 있는지 여부를 평가하려는 의도는 전연 없으나 영국의 식민통치가 적어도 영국식 교육체제를 도입하고 영어를 공용어로 채택하는데 도움이 되었다는 것은 부정할 수 없다.

28) 인종간에 영어 사용은 중국계 19.6%, 말레이계 6.2%, 인도계 33.4%, 기타 68.5%로 나타났다. Tham Seong Chee(1990), *Multi-Lingualism in Singapore:Two Decades of Development*, Census of Population,1990 Monograph No.6 (Singapore:Ministry of Trade and Industry,1990), pp.8~9.

수 있다.

싱가폴의 능력위주의 교육제도는 학교 교육과 사회분위기에 엄청난 파급효과를 가져와 경쟁사회가 되고 있다. 초등학교부터 상급학년에 올라가기 위한 시험을 매학년 치르고, 5학년부터 배워야 할 언어의 수가 결정된다. 초등학교 졸업시험에 따라 중등학교의 수업연한이 4년이나 5년으로 조기졸업과 조기진급이 결정되고 대학진학이나 직업학교, 취업이 결정된다. 4년제 정규대학은 2년제 대학, 예비대학, 공업전문대 등을 거쳐서 일정한 자격을 갖춘 학생만이 입학할 수 있어 대학의 문은 좁고 높다.

능력주의(meritocracy)는 민주주의 정치체제와 자본주의 경제체제를 채택하고 있는 나라에서 선의의 경쟁을 통한 사회가치의 배분이라는 측면에서 바람직한 사회규범임에 틀림없다. 게임규칙이 공정하고 그 관리가 정대하면 그 결과를 모든 사람이 승복하게 되어 사회질서 유지에 가장 이상적이라고 할 수 있다. 싱가폴의 능력위주의 경쟁적 교육제도는 이런 맥락에서 긍정적인 면이 있다. 또한 학업능력이나 소질이 없는 학생을 비효율적으로 과도하게 교육비를 투자하는 것보다 조기에 많은 비용의 낭비를 막을 수 있다는 장점이 있다. 전문직의 재능과 적성이 부족한 학생에게 기술교육을 시켜 사회에 진출시키는 것도 시간과 자원의 낭비를 줄일 수 있다는 장점이 있다.

그러나 엘리트 교육의 문제점 이외에 학생의 잠재능력을 조기에 얼마나 정확하게 판단할 수 있느냐 하는 의문점이 있다. 인간의 성장발달 과정의 개인차를 정확하게 평가하기란 쉬운 일이 아니다. 개인의 장래진로가 초등학교부터 결정되는 능력위주의 걸러내는 교육방법이 얼마나 객관성을 유지하고 있느냐가 가장 커다란 쟁점이라고 볼 수 있다.싱가폴은 국민의 반대여론이 있음에도 불구하고 흔들리지 않는 신교육정책으로 자리를 잡아 교육질서와 사회의 경쟁규범으로 정착시켰다. 싱가폴의 능력위주의 경쟁적인 교육체제는 대학생의 학업성취도가 세계 일류수준으로 평가 받는데 기여 하였다. 특히 졸업자격시험의 평가방법을 영국의 캠브리지대학 방식을 채택하여 세계적인 대학과 동등한 학력수준을 유지하고 있다.

3. 기술교육

교육을 실용주의적인 기능주의에 치중하느냐 아니면 순수 학문적인 입장을 강조하느냐 하는 것은 오랫동안 논란의 대상이 되어왔다. 싱가폴의 교육은 기능주의적인 차원에서 기술교육을 특히 강조하였다. 인적자원의 계발은 결국 기술교육의 강화로 산업화에 요구되는 인력을 배출하는 것이었다. 독립 후 싱가폴이 당면한 과제중 하나가 경제발전에 필요한 기술인력이 절대적으로 부족하다는 것이었다. 과거 식민시절의 교육은 학문적·학술적 유형의 교육에 치중하여 주로 암기위주의 지식전달 교육에 치중하였기 때문이다.[29]

따라서 독립 이후 기술교육을 강화하기 시작하였다. 개인의 능력에 따라서 최고관리자가 될 수 없다는 평가를 하게 되면 조기에 기술교육으로 전환시켜 산업현장에 투입하였다. 대표적인 것이 3단계 고등교육체계에서 보여주고 있는 바와 같이 모든 단계에서 기술교육을 강조하고 있다. 심지어 대학의 교과과정도 「직업·기술교육회의」(CPTE)의 폭넓은 지침을 따라야 할 정도로 기술분야에 대한 교과를 강조하고 있다.

고촉통(Goh Chok Tong) 전 총리도 21세기 싱가폴의 힘은 근육(brawn), 땀(sweat), 지하자원보다는 지식(knowledge), 기술(technology), 숙련(skill)에 달려 있으며 좋은 교육과 좋은 기술은 결국 제1세계의 생활수준을 유지하는데 기여할 수 있을 것이라고 기술교육의 중요성을 강조하였다.[30] 싱가폴의 기술교육강화 정책은 1970~80년대 고도 성장과 발전에 필요한 고급기술인력을 제공하는데 기여하였다. 현재는 단순기능인을 기르기 보다는 교육에 있어서 조화와 균형을 강조하고 있다. 전인발달(all round development)과 직업·기술교육의 조화, 인문교육과 과학교육, 제도적인 교육과 비제도적인 교육 등의 조화와 균형을[31] 통하여 실용적이고 기능주의에 치우친 교육의 역기능과 기술교육만을 강조한 문제점을 보완하려고 노력하고 있다.

4. 교과과정

싱가폴은 「교과과정발전위원회」(CDC)를 통하여 각급학교에서 무엇을 가르칠 것인가를 꾸준히 연구하고 있다. 국가가 각급학교의 교과과정을 연구 개발하는 책임을 지고 있다. 교과과정은

29) Hory Kee, *Comparative Studies in Southeast Asian Education*(1973), p.83.

30) Ministry of Education, *All Children Can Learn and Achieve* (1993), p.6.

31) Hory Kee, *Comparative Studies in Southeast Asian Education*(1973), pp.82~83

전인교육과 실용적·기술적 교육의 조화를 바탕으로 사회가 요구하는 인력 배출에 초점을 맞추어 개발하고 있다. 조화 있는 교과과정의 국가수준에서의 개발이 이루어지고 있는 것이다.

싱가폴은 1978년 완성된 「신교육체계」의 기본 틀이 이미 제도화되었고 이를 바탕으로 무엇을 어떻게 가르칠 것인가에 관심을 가지고 있기 때문에 교육에 내실을 기할 수 있게 되었다. 한국과 같이 아직도 교육의 근본적인 틀을 바꾸는 교육개혁이 마무리 되지 못한 것에 비하면 싱가폴은 이미 오래전에 교육의 기본 골격이 제도화 된 가운데 교과과정의 중요성을 강조하고 있는 것이다.

5. 교육지원체제

교육의 1차적인 책임은 교육부가 맡고 있으며 교육부에는 「국가교육연구소」등 각종 위원회가 설치되어 분야별 기획과 연구를 진행하고 있다. 그러나 직업교육과 인력수급계획은 통상산업부와 협의하고 있으며, 교육의 전반적인 정책의 결정과 집행은 각급대학, 사회단체 등과 협력을 강화하고 있다.

교육 지원체제는 국가의 생존과 미래를 결정한다는 차원에서 거국적인 체제를 유지하고 있다. 정치엘리트가 교육정책을 중시하여 자원배분에 있어서 최우선 순위에 올려놓고 있다. 교육이 교육부만의 고유업무가 아닌 정치의 가장 중요한 의제의 하나로 간주되어 교육에 대한 지원을 범국가적인 차원에서 실시하고 있다.

6. 국가의 개입주의와 자율성

싱가폴은 <표-2>에서 보여준 바와 같이 국가가 7개의 분야에서 직접 개입하였지만 어느 정도 교육이 정상적인 궤도에 진입했다고 판단되는 시점에서 분권화를 추진하기 시작하였다. 초기 산업화 과정에 교육의 기본 골격을 짜고 이를 뿌리 내리게 하기 위해서 국가에서 적극적으로 개입하여 교육정책을 효율적으로 추진하였지만 현재 교육현장에 최대한의 자율성을 제고하는 방향으로 정책을 전환하고 있다. 장기적으로 올바른 선택이라고 볼 수 있다.

VI. 맺음말 : 시사점

오늘의 싱가폴이 있기까지는 교육이 국가발전에 견인차 역할을 하였다. 싱가폴이 경제적으로 번영할 수 있었고, 모든 분야에서 본 받을 점이 많은 나라로 부상한 것은 교육이 중요한 몫을 했다. 싱가폴 교육은 영국식을 따랐고, 고도로 구조화(structured), 계층화(stratified)되었으나 국가의 발전목표와 통합된(integrated) 모습을 보이고 있다.[32] 싱가폴은 인구 300만도 안되는 작은 나라이기 때문에 국가의 개입도 용이했을 것이고, 계획한 목표를 단기간에 효율적으로 달성할 수 있었을 것이다. 그러나 조그만 도시국가라고 해서 장기적인 국가발전 전략이나 철학없이 자연발생적으로 눈부신 성장을 이룩할 수 있었던 것은 아니다. 나라가 작다고 해서 발전의 결실을 과소평가 할 수 없는 것이며 발전전략과 원리는 참고할 만한 충분한 가치가 있다고 본다.

작은 나라의 예를 마치 세계화 교육의 전형으로 받아들일 수 없지만 그 발상이나 내용은 시사하는 바가 많다. 싱가폴 교육정책의 연구를 통하여 한국의 실정에 적합한 방안을 탐색하는 자료로 활용 할 수 있을 것이다.

첫째, 외국어 교육의 방법을 개선해야 할 것이다.

한국은 세계화 교육의 일환으로 초등학교 3학년부터 영어교육을 시작하였다. 영어교사의 연수 및 원어보조교사의 초빙, 교재개발, 어학실 확충, 교육기자재 확보 등 여러가지 준비를 했으나 부실교육이 될 가능성이 높다. 잘못하면 아동의 맹목목적인 외국어학습이 될 우려의 목소리가 높고, 명목이나 형식, 그리고 구호에 그쳐 어중간하게 국어교육도 훼손하고 영어도 제대로 가르치지 못하는 결과를 가져오지 않을까 우려된다. 보다 철저한 준비와 더불어 외국어 조기교육을 위한 체계적인 대응방안이 마련되어야 할 것이다.[33] 어학교육에 있어서 문제는 영어를 세계화 추진의 실용적 가치와 수단적인 도구로서 가르치느냐 아니면 순수 어학교육 차원에서 가르치는 것이냐에 대한 보다 심층적인 검토가 있어야 할 것이다.

또한 영어조기 교육에 대해서 국어의 중요성에 대한 인식이 흐려질 뿐 아니라 학습의 성취도도

32) Viswanathan Selvaratnam(1994), p.23.

33) 이스라엘의 경우도 영어를 국제적인 의사소통의 수단으로 보고 이에 필요한 영어교육을 실시하고 있으며, 초등학교 3년만 영어공부를 해도 간단한 대화에는 지장이 없을 정도라고 한다. "이스라엘인들이 영어를 잘하는 이유는? 의사소통 능력에 중점을 둔 영어교육이 비결,"「월간조선」(1996.11), pp.435~443.

기대하기 어려워 반대하는 소리도 있는데 귀담아 들을 필요가 있다. 아동의 맹목적적인 영어학습만을 위한 것은 지양되어야 할 것이다.

둘째, 능력과 적성에 맞는 교육을 실시해야 할 것이다

싱가폴의 경우는 초등학교부터 능력과 재능 그리고 잠재력에 따른 철저한 단계적인 교육이 실시되고 있는 점을 참고해야 할 것이다. 상급학년 진급이나 상급학교 진학을 단계적인 평가를 통하여 결정하고 있다. 평가는 영국의 캠브리지대학과 똑같은 성취도 평가기준을 적용하기 때문에 적어도 싱가폴에서 대학을 나온 사람은 영국 캠브리지대학 출신과 맞먹는 실력을 갖추고 있다는 자부심을 갖고 있는 점을 주목해야 할 것이다. 세계화에 대비하려면 선진국 수준의 실력을 갖춘 졸업생을 배출해야 국제경쟁에서 뒤지지 않을 것이다.

셋째, 기술교육과 인간교육의 조화를 이루어야 할 것이다.

세계화 교육에서 대부분 국가들이 한결같이 강조하고 있는 것은 기술교육이지만 또한 이에 따른 역기능을 보완하려고 노력하고 있다. 싱가폴은 기술강화 교육이 1970~80년대 고도 성장과 사회발전에서 필요로 하는 고급기술인력을 제공한 것은 사실이지만 현재는 교육에 있어서 인문교육과 직업·기술교육의 조화와 균형을 강조하여 전인발달 교육을 강조하고 있다.

우리나라도 세계화 교육의 중점과제로 정보화시대에 알맞는 직업·기술교육체제를 구축하기 위해서 「직업훈련촉진법」, 「자격기준법」, 「직업능력개발원법」등의 법률안을 마련하여 국가기술자격제도를 정비하고, 직업교육을 강화하며, 고교 실업교육의 지원책을 강구하고 있다.

세계화에 대응하는 국제경쟁력을 키우기 위해서 기술교육은 필수불가결한 요인임에 틀림없으며 우리나라의 국제경쟁력 저하가 기술수준의 한계에서 기인한다는 사실을 인정할 때 더욱 그렇다. 그러나 한국의 교육은 기술교육인 기능교육과 인문교육, 인성교육을 조화시키는 방향으로 나아가야 할 것이다. 학교교육을 기능인력만을 기르는 기술학원이나 고시학원으로 전락시켜서 안된다. 산업화를 추진하는 과정에 지나치게 기능인만을 양성하여 공동체 윤리의 부재현상과 사회성이 소멸되는 등 인성교육의 부재를 낳고 있다. 국제경쟁력을 향상시키기 위한 기술자를 양성하는 것 못지 않게 인간다운 인간을 기르는 것도 중요하다. 기술교육과 인문교육, 인성교육을 병행하여 균형과 조화있는 인간을 기르도록 해야 할 것이다.

넷째, 교과과정 연구의 전담기관을 설립해야 할 것이다.[34)]

한국의 교육개혁은 아직까지 그릇을 만드는 정책에 치중하여 왔다. 아직도 교육의 틀을 제도화

시키지 못하고 있는 실정이다. 하루빨리 그릇 논쟁에 종지부를 찍고 그릇에 무엇을 담을지에 대한 연구가 강화되어야 할 것이다. 교육의 내용을 결정하는 교과과정에 따라서 어떤 유형의 인간을 기르느냐가 결정되기 때문에 초중등학교의 전반적인 교과과정을 연구하고 다양한 모형을 전문적으로 개발하여 교육현장에서 취사선택 할 수 있도록 해야 할 것이다. 특히 세계화에 대비하려면 국제이해교육이나 세계시민교육 등에 관한 교과과정이 폭넓게 연구 개발되어 교육현장에서 활용할 수 있도록 해야 할 것이다.

다섯째, 교육을 국가정책의 최우선 순위에 올려놓아야 할 것이다.

교육을 통한 세계화의 추진전략이 가장 확실한 방법임을 깨닫고 교육적 대응책을 마련해야 한다. 현재 문명사적인 변화의 흐름인 세계화는 교육을 통하여 대응해야 하며, 선진국의 문턱에서 각종 사회병리현상 때문에 낙관할 수 없는 국가의 미래도 교육을 통하여 승부를 내야 할 것이다. 21세기 한국의 국가발전은 교육의 성패에 달려 있다는 인식을 새롭게 하고 국가정책의 최우선 순위에 올려놓아야 할 것이다. 구호가 아닌 실질적인 교육대통령이 나와야 한다. 국가의 최고 정치 엘리트는 교육의 효과가 더디 나타나기 때문에 임기 중에 가시적인 성과가 나타나는 정책에 관심을 갖게 되는 측면이 있지만 미래지향적인 국가발전의 전략을 교육에서 찾아야 할 것이다.

마지막으로 학교의 자율성을 신장시켜야 할 것이다.

싱가폴도 국가의 개입이 점차로 줄어들고 학교와 교사의 자율성이 확대되는 방향으로 전환되고 있음을 참고하여야 할 것이다. 세계화라는 변화에 대응하고 지구촌 건설에 기여하려면 획일적이고 정답형인 인간을 기르기보다 다양성과 창의성 있는 인간이 요구된다. 이는 국가의 개입보다는 교육현장의 자율성을 보장하는 열린교육을 통하여 이룩할 수 있을 것이다.

* 참 고 문 헌 *

공보처. 1995. 「대통령의 신교육 구상」 (서울 : 공보처)

교원복지신문. 1996. 8. 28

---

34) 논문을 쓸 당시와 달리 현재 「한국교육과정평가원」이 설립되어 유사기능을 수행하고 있다.

「조선일보」. 1994. 9. 6
주싱가폴 한국대사관 제공. 「싱가폴의 교육제도」
Barbara Leitch Lepoer, (ed.,). 1989. *Singapore:A Country Study*,(Singapore:Federal Research Division)
Francis Wong Hoy Kee. 1973. *Comparative Studies in Southeast Asian Education*, (Singapore : Heinemann Educational Books Ltd.,)
James E. Dougherty and Robert L. Pfaltzgraff Jr., 1990. *Contending Theories of International Relations:A Comprehensive Survey*, Third Edition (New York : Harper and Row, Publishers)
John Yip Soon Kwong and Sim Wong Kooi. 1990. Evolution of *Educational Excellence*, (Singapore : Longman)
John S.T Quah(ed.,). 1985. *Government and Politics of Singapore*, (Singapore : Oxford University Press)
Kun Young Park. 1996. "Globalization, Nation-State, and the Prospects for Democracy." 16th International Conference on Recasting International Relations Paradigms,(June 7). The Korean Association of International Studies.
Linda Low and Toh Mun Heng(ed.,). 1992. *Public Policies in Singapore:Changes in the 1980s and Future Signposts*, (Singapore : Time Academic Press)
Ministry of Education. 1972. *Education in Singapore*(Singapore : Educational Publications Bureau)
Ministry of Education. 1993. All *Children Can Learn and Achieve : The Schools' Challenge, Procedings of the Principals'* Conference 1993 (Singapore)
Ministry of Education. 1995. *Education Statistics Digest 1995*, (Singapore).
Ministry of Education. 1995. *Hallmark of Excellence : Educating Our Next Generation*, (Singapore : Octogram)
Ministry of Information and Arts. 1995. *Singapore 1995*, (Singapore)
Peter S. Chen(ed.,). 1983. *Singapore Development Policies and Trends*, (Singapore :

Oxford University Press)

Philippe Regnier. 1990. *Singapore : City-State in South-East Asia*(Malaysia : Polygraphic Marketing Sdn Bhd)

Saravanan Gopinathan. 1974. *Towards a National System of Education in Singapore 1945~1973*.(Singapore, Oxford University Press)

Soon Teck Wong. 1988. *Singapore's New Education System : Education Reform for National Development* (Singapore : Institute of Southeast Asian Studies)

T.S. Selvan. 1990. *Singapore : The Ultimate Island* (Australia : Freeway Books)

Tham Seong Chee. 1990. *Multi-Lingualism in Singapore : Two Decades of Development, Census of Population*, 1990 Monograph No.6 (Singapore)

Viswanathan Selvaratnam. 1994. *Innovation in Higher Education : Singapore at the Competitive Edge* (Washington D.C : The World Bank)

제7장

교육과 정치변동

제1절 민주시민교육의 체제구축 방안

제2절 싱가폴의 세계화 교육

제3절 한국 정당의 민주시민교육

제3절 한국 정당의 민주시민교육*

Ⅰ. 머리말

인간은 정치적 동물로 태어나 정치의 세계에서 살고 있으며, 누구나 원하든 원하지 않든 정치와 불가분의 관계를 맺고 있다. 인간은 태어나면서부터 본인의 의사와 관계없이 정치세계에 던져져 정치와 자동적으로 관계를 맺게 되고 또한 누구나 특정 정치체제의 구성원이 된다.

인간이 자의든 타의든 정치와 관계를 맺게되면 정치사회화 과정을 거치게 된다. 인간은 부지불식간에 정치사회화 과정을 통하여 정치에 대한 이해, 정치지식의 획득, 정치기술의 연마, 정치태도의 형성 등이 이루어진다. 또한 의도적으로 특정 정치체제가 국민에게 요구하고 기대하는 정치정향을 형성시키기 위해서 정치교육(political education)을 실시하기도 한다. 정치교육은 정치사회화의 일부로서 정치적 목적과 의도를 가지고 특정한 정치적 태도와 행동의 변화를 유도하기 위해서 실시하는 방법이다.[1]

한국에서 일반적으로 정치교육에 대한 인상이 부정적이다. 그 이유는 정치교육을 여러 가지 변형된 이름으로 국가와 시민 편에서 실시한 것이 아니라 지배자 중심의 지배자가 원하는 정치적 의도를 가지고 실시해 왔기 때문이다. 정치교육을 도덕교육, 인간교육, 민주시민교육, 정치 사상교육, 이데올로기 비판교육, 반공교육, 통일 안보교육, 경제교육, 새마을교육, 국민윤리교육, 국민정신교육, 정훈교육 등 다양한 명칭으로 부르면서 이를 특정정권이나 통치자의 지지와 정통성 획득 수단 등으로 악용해 온 사례가 적지 않았다. 하지만 정치교육은 인간이 정치세계에 존재하

---

* 「인하교육연구」 제8호(pp.305~321)에 게재한 논문임.

1) 독일의 경우는 정치교육과 민주시민교육(democratic citizenship education)을 동일어로, 미국은 정치교육 대신 민주시민교육으로, 영국은 정치교육, 시민교육(civic education) 등 양자를 구분 없이 혼용하고 있다. 본 연구에서는 정치교육과 민주시민교육을 유사한 개념으로 간주하고자 한다. 양 개념의 구체적인 구분은 다음을 참고할 것. 김택환, "독일의 민주화와 민주시민교육" 전득주 외, 「현대민주시민교육론」(서울 : 평민사, 1992), p.180; 곽병선 외 「민주시민교육」(서울 : 한국교육개발원, 1994), p.24.

고, 생존하기 위해서 요구되는 정치정향을 형성하기 위해서 꼭 필요한 것이다. 그렇기 때문에 동서고금을 막론하고 어떤 형태든 정치교육이 오늘날까지 계속되고 있는 것이다. 주권국가가 존재하는 한 그들의 통치나 사회체제에 대한 국민들의 적응이나 미래를 지향하는 목표로서의 이상을 실현하기 위해 이러한 류의 교육은 매우 중요하게 여겨져 온 것이다.[2]

민주시민교육은 정치교육의 일부라고 볼 수 있는 데 민주주의 정치체제를 채택하고 있는 나라에서는 민주주의가 추구하는 민주적 가치를 실천에 옮길 수 있는 민주시민을 기를 필요가 있다. 민주시민교육을 통하여 민주주의가 요구하는 "시민정신, 시대정신 또는 시민성을 함양하여 훌륭한 시민(good citizen)"을 길러야 민주주의가 추구하는 이념과 이상 그리고 민주주의 원리를 구현할 수 있으며, 민주주의 정치체제와 각종 민주제도를 정착시킬 수 있기 때문이다.

민주시민교육은 가정, 동료집단, 학교, 종교집단, 정당, 사회계급, 종족집단, 직장, 대중매체 등 다양한 구조에 의하여 이루어진다. 하지만 본 연구의 관심은 정당의 민주시민교육에 있다. 정당은 다양한 방법으로 민주시민교육을 실시하는 데 그 중에서 정기적으로 발행하는 당보를 분석대상으로 삼고자 한다. 당보는 당원과 일반국민을 대상으로 특정 정치정향의 형성에 영향을 행사하기 위해서 발행하는 정당의 합법적인 커뮤니케이션 기제(mechanism)라고 볼 수 있다. 당보는 당원이나 일반 독자들로 하여금 투입기제인 정당이나 산출측면인 정책, 정치적 자아로서 당원이나 일반국민, 그리고 정치체제에 대하여 인지적·평가적·감정적 정향의 형성을 기대하고 발행되는 매체라고 볼 수 있다.

한나라당과 새천년민주당에서 발행하는 당보를 민주시민교육이란 관점에서 분석하고자 한다.

Ⅱ. 정당의 민주시민교육 기제

민주주의 정치체제를 채택하고 있는 국가에서 민주시민을 양성하기 위한 민주시민교육은 주로 학교교육 내지 사회교육(social education)/평생교육(life-long education)을 통하여 실시된다. 한국, 영국, 호주 등은 학교의 사회과교육(social studies education)에 전적으로 의존하고 있

2) 신정현 외,「통일시대의 민주시민교육론」(서울 : 탐구당, 1997), p.75.

으며, 미국도 학교의 사회교육과 교육에 의존하고 있으나 교회의 역할에 주목하고 있으며 사회교육기관인 민주시민교육센터(Center for Civic Education)도 중요한 기능을 수행하고 있다. 독일은 사회교육기관인 정치교육원(Politische Bildung)이, 일본은 학교 교육과 공민관이 민주시민교육 기능을 수행하고 있다.

정당도 민주시민교육의 주요한 구조의 하나로 간주되고 있지만 정당의 민주시민교육과 관련된 연구는 소홀하게 취급되어 온 것이 사실이다. 정당은 "정부권력의 통제에 관심을 가진 사람과 다른 집단 또는 다양한 견해를 가진 집단과 국민의 지지를 획득하기 위해서 경쟁하는 사람들로 구성된 사회의 활동적인 정치매개체의 집합적인 조직"으로서[3] 정치사회화, 정치참여의 촉진, 정치엘리트의 충원, 정치커뮤니케이션, 이익표출과 집약, 정책결정과 집행, 재정(adjudication) 등의 기능을 수행한다. 정치사회화의 일부인 민주시민교육에서 정당이 과연 어떤 역할을 하고 있는지 분석하는 것은 정당의 기능을 이해하는 하나의 방법이 될 수 있을 것이다. 정당이 정부권력의 통제를 목표로 국민의 지지를 획득하기 위해서 노력하는 과정에 민주시민교육을 어떻게 실시하고 있는지 그 현황과 문제점을 발견하고자 한다.

정당이 국민의 지지를 획득하기 위해서 수행하는 모든 일상적인 활동은 민주시민교육과 직간접으로 관련되어 있다. 여당은 계속적으로 국민의 지지를 받아 집권을 연장하고, 야당은 여당에 대한 국민적 지지를 철회시켜 집권의 기회를 만들기 위해서 노력하지만 결국 각종 정치정보의 제공, 대안의 제시, 각종 프로그램의 발표 등 활동방법은 같다. 구체적으로 각종 대중매체를 통하여 특정 쟁점에 대한 당 대표의 기자회견, 대변인 성명, 당 특별기구에 의한 입장 표명, 당보의 발간과 배포, 강연회, 좌담회, 정책세미나, 정책광고, 각종 홍보활동, 국회방문과 견학 등은 민주시민교육과 관련이 있다.

정당은 당원교육이나 연수·연찬회 등을 실시한다. 한나라당은 정치대학원과 중앙연수원을, 민주당은 연수원 등을 당의 공식 교육 및 훈련기구로 운영하고 있다. 국회의원의 의정보고회, 당원단합대회, 각종 지역구 활동, 또한 전당대회, 창당대회, 지역구 개편대회, 당직 경선, 대선후보 · 국회의원 후보 · 지방자치단체장이나 의원 후보 등의 당내 경선과 국민경선 등을 실시하는 것도 민주시민교육과 관련이 있다.[4]

---

3) Sigmund Neumann, "Toward a Comparative Study of Political Parties,' in Andrew J. Milnoe(ed.), *Comparative Political Parties : Selected Readings*(New York : Thomas Y. Crowell Co., 1969), p.26.

정보화사회를 맞이하여 각 정당은 홈페이지를 운영하고 있다. 한나라당(www.hannara.or.kr)은 e-hannara, 정책나라, 네티즌세상, 한나라웹진, 정보마당, 사이버 랜드 등과 한나라 internet TV, 한나라 일꾼, 사이버 당원가입, 대변인 브리핑, 정책 성명·논평, Hot News 등으로 구성되어 있다.

민주당(www.minjoo.or.kr)도 e-민주당, 민주정책 21C, 원내총무 24시, e-여성세상, 뉴스, 엔터테인먼트, 참여마당 등과 헤드라인 뉴스, 대변인 논평, 민주당 새소식, 노무현 뉴스 등으로 구성되어 있다.

정당에 의한 의정활동도 민주시민교육과 관련이 있다. 각 정당의 정강정책을 입법화하는 과정에 토론·설득·대결·갈등 등 일련의 활동과 인사청문회, 국정조사, 국정감사, 예결산 심의, 그리고 최종적으로 다수결에 의한 의사결정 등도 모두 민주시민교육과 관련이 있다고 볼 수 있다. 정당의 대부분의 활동은 민주시민교육과 직간접적으로 연관되어 있음을 알 수 있다.

III. 당보 분석방법

1. 연구방법

당보 분석의 연구방법으로서 내용분석(contents analysis) 기법을 활용하고자 한다. 내용분석은 사회과학의 조사연구에서 자주 활용되는 기법으로 "메시지의 특성을 객관적·체계적으로 분석해서 누가·왜·무엇을·어떻게·누구에게 전달해서 어떤 효과를 가져왔는가를 추리(making inferences)하는 문헌적 연구방법"이라고 할 수 있다.[5] 내용분석 연구방법은 "무엇이 말해졌나(What is said?)"를 발견하는 것으로 메시지를 연구의 대상으로 삼는다. 본 연구에서는 당보를 분석하는 데 당보가 무엇을 말하고 있는가에 초점을 맞추고자 한다. 즉 당보의 제목과 내용이 무슨 메시지를 전달하고 있는가를 파악하려는 것이다. 전달효과를 분석하지 않고 메시지만을 분석하는 이유는 무엇이 누구에게 전달되어 어떤 효과를 가져왔는가를 발견하는 것은 방법상 어려움

4) 홍득표, 「정치과정론」 (서울 : 학문사, 1999). p.327.

5) 차배근,「사회과학연구방법」(서울 : 세영사, 1994), pp.381~382.

이 있기 때문이다. 또한 메시지 내용을 분석하면 무엇을 의도하고 있는가를 파악할 수 있기 때문이다. 당보의 내용 구성은 당원이나 독자들로 하여금 당보를 읽고 어떤 특정한 정치정향(political orientation)이 형성되기를 의도하고 있기 때문에 내용을 분석하면 어떤 효과를 노리고 있는지 충분하게 이해할 수 있을 것이다.

2. 분석대상

한나라당과 새천년민주당에서 발행한 지령 1호부터 2002년도까지의 당보를 분석의 대상으로 삼았다. 표집(sampling)을 하지 않고 전집(universe of content)을 분석대상으로 삼은 이유는 양당 모두 역사가 미천하고, 발간된 당보도 그리 많지 않아 전체를 분석하는 데 어려움이 없었기 때문이다. 또한 내용분석의 대상도 모든 면에 보도된 기사를 망라하였다.

당보를 분석하기 위해서 우선 제호(title)와 내용을 중심으로 〈표-1〉의 항목별로 비율을 산출하였다. 항목의 설정은 기사의 제호와 내용을 개략적으로 살펴본 결과 대부분 그 범주로 분류할 수 있었기 때문이다. 그러나 본 연구의 목적은 정당의 민주시민교육을 분석하는 것이기 때문에 민주시민교육과 관련된 내용이 차지하는 비중이 얼마인가를 발견하는 데 있음은 두말할 나위가 없다.

3. 민주시민교육의 덕목

민주시민교육에서 강조하는 덕목이나 내용은 학자나 국가에 따라서 다양하게 제시되고 있다. 민주주의에 대한 인식과 이해가 그 나라의 역사적 배경, 정치, 경제, 사회적인 상황에 따라서 다르기 때문이다. 하지만 민주사회가 공통으로 지향하는 가치는 다를 수 없다는 것이 일반적인 시각이다. 가장 대표적으로 버츠(R. F. Butts)가 제시한 12가지를 민주시민의 덕목으로 꼽는다. 버츠는 민주시민의 이상적인 덕목으로 의무적인 측면에서 정의, 평등, 권위, 참여, 진리, 애국 등 여섯 가지를 제시하였으며 이는 시민 전체가 통합적으로 지녀야 하는 요건이라고 하였다. 시민의 권리적 측면에서 자유, 다양성, 사적자유, 의무, 재산, 인권 등 여섯 가지를 제시하였으며 이는 시민의 다원성을 인정하는 요건이라고 제시하였다.[6] 미국의 NCSS(National Council of Social Studies)에서는 민주적 신념으로 정의, 평등, 책임, 자유, 다양성, 사적자유 등을 제시하였다.[7]

6) Butts, R. Freeman "Curriculum for the Educated Citizen," *Educational Leadership* (October, 1980), pp.132~163.

한국에서 민주시민교육의 기본 내용은 민주사회의 기본가치를 함양하는 데 두고 있다. 예컨대 인간의 존엄성과 인간존중, 자유의 보장과 책임성의 강조, 법에 의한 지배, 공동체 생활의 원리로서 자율과 자치 등이다.[8]

그러나 본 연구에서는 민주시민교육 내용의 4대 영역으로 제시된 인간의 존엄성, 기본질서, 민주적 절차, 합리적 의사결정 등을 기준으로 삼고자 한다.[9]

첫째, 인간의 존엄성으로 자유, 평등, 국가에 대한 소속감, 민족적 연대의식 등을 핵심으로 한다.

둘째, 민주사회에서 요구되는 기본질서로 절제, 공공질서, 청결과 환경보호 등이다.

셋째, 자유사회에서의 절차로 이견과 갈등을 폭력적인 방법이 아닌 대화와 타협을 통하여 평화적으로 해결하는 민주적 절차 등이다.

넷째, 합리적 의사결정으로 현명하게 판단하고 결정할 수 있는 방법과 조건 등이다.

본 연구에서는 당보의 보도내용 중 민주시민교육에서 강조하는 덕목과 관련된 내용이 얼마나 나타나 있는지 그 빈도수를 살펴보고자 한다. 그 이유는 기사 내용을 가장 함축적으로 잘 나타내주는 제호나 내용분석을 통하여 정당이 민주시민교육에 대하여 어느 정도의 관심을 가지고 있는지 가늠할 수 있다고 보기 때문이다.

Ⅳ. 당보 분석

1. 당보의 일반적 현황

한나라당 당보는 1999년 1월 22일 창간호를 발행한 후 2001년 5월 제41호까지는 「민주저널」이었다가 2001년 6월 제42호부터 현재까지 「한나라」로 명칭을 바꾸어 발행하고 있다. 최근호는 2002년 9월 14일자 제57호와 9월 17일자 호외가 발행되었다. 발행인은 당의 총재나 대표로 되

---

7) NCSS, *Social Studies Curriculum Planning Resources, A Publication of NCSS* (Iowa : Kendall/Hunt Publishing Co., 1990), p.10.

8) 한국자유총연맹,「민주주의와 시민교육 1999」(서울 : 양동문화사. 1999), pp.12~13.

9) 곽병선, 「민주시민교육」(서울 : 한국교육개발원, 1994), pp.167~168.

어 있으며 홍보위원장이 편집인으로 되어 있다. 발행주기는 월간이나 상황에 따라서 호외나 특별당보를 발행한다. 발행부수는 15만부였으나 12월 대선을 앞두고 30만부로 늘릴 계획이라고 한다.

새천년민주당의 당보는 2000년 3월 9일 창간호부터 제13호까지는 「안정속의 개혁」이었다가 2001년 6월 제14호부터 현재까지 「평화와 도약」으로 명칭을 바꾸어 발행하고 있다. 최근호는 2002년 7월 19일자 제42호가 발행되었으며, 9월 10일 특별당보가 발행되었다. 발행인은 총재나 대표로 되어 있으며 편집인은 홍보위원장이 맡고 있다. 발행주기는 격주이나 상황에 따라 호외나 특별 당보가 발행된다. 발행부수는 20여만부에 이르고 있으며, 대선을 앞두고 늘릴 계획이라고 한다.

2. 내용분석

당보의 역사나 지령은 한나라당이 앞서 있으나 제호와 내용을 분류한 결과 한나라당은 683건, 민주당은 694건으로 민주당이 약간 많았다. 그 이유는 민주당은 당의 소식을 단신으로 더 많이 소개하였기 때문이다.

당보의 제호와 내용을 중심으로 〈표-1〉과 같이 분류하였다. 그 결과 한나라당은 정부여당과 정책에 대한 비판기사가 21.8%로 가장 많았으며, 김대중 대통령·가족·청와대에 대한 비판 기사 7.4%, 민주당 총재·대표·공직후보·정책 등에 대한 비판 기사 4.8% 등 비판기사가 34.0%를 차지하였다.

반면에 민주당은 선거·공직후보·지도부·원내활동 등 당에 대한 홍보기사 34.3%, 김대중 대통령·가족·청와대 홍보기사 6.7%, 정부·정권·정책홍보 8.4% 등 홍보기사가 49.4%로 나타났다. 이는 야당은 정부여당에 대한 비판과 견제기능을 수행하고, 집권여당이었던 민주당은 대통령·정부·정책 등의 홍보를 중시한 것으로 여야의 입장이 잘 나타난 결과라고 평가할 수 있을 것이다.

또 다른 특징은 현안 및 쟁점에 대한 해명·반박·입장 표명이 한나라당과 민주당 각각 14.1%와 12.0%로 상대당에 대한 비판기사보다 적었다. 민주당의 한나라당 총재·대표·공직후보·정책 등에 대한 비판기사가 17.0%로 해명·반박·입장표명보다 비율이 높았다. 양당간에 이해가 첨예하게 대립된 쟁점이나 국민적 관심사에 대한 입장표명이나 해명보다는 상대방의 헐뜯기에 더 많은

〈표-1〉 한나라당과 민주당의 당보 기사 내용

기 사 내 용	한나라당		민주당		비고
	건수(N)	비율(%)	건수(N)	비율 (%)	
김대중 대통령·가족·청와대 홍보			47	6.7	
김대중 대통령·가족·청와대 비판	51	7.4			
정부·정권·정책 등 홍보			58	8.4	
정부·정권·정책 등 비판	149	21.8			
상대당의 총재·대표·공직후보·정책 등 비판	33	4.8	118	17.0	
정책·비전 제시 및 국민과의 약속	40	5.9	39	5.6	
현안 및 쟁점에 대한 해명·반박·입장표명	96	14.1	83	12.0	
초당적인 정치지식·정치정보 제공	10	1.5	24	3.5	
정당·선거·공직후보·지도부·원내활동 등 홍보	143	20.9	238	34.3	
사건·사고에 대한 사실보도 및 인용보도	66	9.7	43	6.2	
정당 및 정치광고, 만화, 만평 등	78	11.4	35	5.0	
일반광고	6	0.9	4	0.6	
기타	11	1.6	5	0.7	
계	683	100	694	100	

지면을 할애했음을 말해 주는 것이다.

대부분의 기사가 당원이나 일반국민의 정치정향을 자기당에게 유리하게 형성할 목적으로 보도되었기 때문에 민주시민교육과 전연 무관하다고 볼 수는 없을 것이다. 그러나 앞서 제시한 네 가지 기준에서 볼 때 민주시민교육과 관련된 기사는 한나라당 1.5%(10건), 민주당 3.5%(24건)로 그 비중이 상당히 낮았다. 민주시민교육 관련 기사는 민주당이 한나라당보다 많았는 데 그 이유는 당외 인사에 의한 기고가 많았기 때문이다.

양당의 민주시민교육과 관련된 기사를 소개하면 한나라당의 「민주저널」 제16호(1999. 9. 30)와 제19호(1999. 11. 26)에서는 2000년도 정부예산안에 대하여 소상하게 분석한 내용을 보도하고 있다. 새로운 밀레니엄을 맞이하여 국가의 발전방향과 비전을 제시해야 한다는 시대적 요청의 중요성을 강조하고, 70조원에 달하는 누적재정적자와 300조원이 넘는 국가부채에 대한 대책 결여, 사회간접자본(SOC) 투자의 미흡 등을 지적하여 나라 살림살이의 실상에 대한 정보를 제공하였다.

「한나라」 제56호(2002. 7. 12)에는 "업그레이드 코리아 민생정치로 만든다"라는 제하의 기사에서 "우리당은 월드컵에서 보여준 국민적 단합과 저력을 국가 개혁과 도약의 발판으로 승화시키기 위한 정책개발에 착수했다"고 하면서 '업그레이드 코리아' 국민대토론회 토론결과를 소개했는 데 "국민적 자신감이 최고조에 달한 상황에서 지도자의 도덕성과 합리성을 바탕으로 당당한 국가비전 제시의 필요성," "기업과 공공부문의 선택과 집중의 필요성," "극동축구연맹의 창설로 스포츠 관광단지 유치" 등 건설적인 제안을 소개하고 있다. 월드컵 열기를 모아 일류국가 도약에 대한 비전을 제시한 것이다. 국가에 대한 소속감, 민족적 연대의식을 강조한 내용이라고 볼 수 있다.

민주당의 「평화와 도약」 제29호(2002. 7. 30)에서는 "해방 56년! 일제 잔재 청산, 민족정기 회복"의 제하에서 독일의 프랑스 점령 기간이 4년에 불과했지만 프랑스가 민족반역자에 대한 단죄와 민족정기를 회복한 사례를 반면교사로 삼아야 한다는 내용을 보도했다. 이는 국가와 민족에 대한 소속감과 연대의식을 강조한 내용이라고 볼 수 있을 것이다.

제35호(2002. 1. 15)에서는 국민경선에 대하여 소개하고 있다. 한국정당의 코페르니쿠스적 전환으로 당원의 권리와 더불어 의무도 강화되었다고 하면서 호주식 선호투표에 대하여 소개하고 있다. 미국 하버드 대학의 웨어(W, R, Ware) 교수가 주장한 것으로 사표방지, 소수득표자 후보 선출 방지 등 장점을 소개하고 있다. 생소한 제도에 대한 정보를 제공한 것이다.

제39호(2002. 5.3)에서는 당외 인사의 기고를 통하여 "인터넷과 정치, 그리고 선거혁명"이라는 제하의 글을 싣고 있는 데 인터넷이 미국과 한국 정치의 중심에서 비중을 차지하게 된 내용을 소개하였는 데 '닫힌 정치,' '배제의 정치'에서 '열린 정치,' '참여의 정치'로 전환하는 새정치의 필요성을 역설하면서 인터넷 정치의 위력이 커 질 것이라고 전망하였다. 지식정보화 시대의 정치의 변화에 대한 값진 정보를 제공하고 있다고 볼 수 있다.

당보는 크게 세 가지 시각에서 민주시민교육에 부정적으로 영향을 미친다고 평가할 수 있을 것이다.

첫째, 민주시민교육과 관련된 기사의 양이 너무 적다는 것이다. 상대당에 대한 비판이나 자당의 홍보에는 많은 관심을 보였지만 민주시민교육에는 무관심한 것이 단적으로 나타난 것으로 평가 할 수 있을 것이다. 자기당의 홍보나 상대당에 대한 비판 기사가 주를 이루고 있으나 민주시민교육의 분석기준으로 제시한 인간의 존엄성, 기본질서, 민주적 절차, 합리적 의사결정 등과 관련된 내용이 거의 없다는 것이다. 이는 당보를 그야말로 당의 일방적인 홍보지로 활용하고 있음을 보여주는 것으로 중장기적인 시각에서 국민의 정치정향을 민주적으로 형성하는 데 관심을 보이기보다는 단기적 · 당리당략적 차원에서 당보를 활용하고 있음을 보여주는 것으로 평가할 수 있을 것이다.

둘째, 보도 내용이 일방적 · 편파적으로 객관성과 공정성을 상실하여 건전하고 합리적인 의사결정을 저해하고 있다는 사실이다. 대부분의 보도 내용이 균형감각을 상실한 채 한쪽으로 치우친 정보를 제공함으로서 당원이나 일반국민으로 하여금 합리적 의사결정을 저해하는 요인으로 작용한다고 볼 수 있다. 시민이 합리적으로 의사를 결정하기 위해서는 객관적인 정보가 제공되어야 하는 데 당보 내용은 오히려 이를 저해하고 있다고 볼 수 있다. 양당의 보도 내용은 독자로 하여금 합리적 판단에 도달할 수 있는 객관적인 사실과 정보를 전달하는 것이 아니라 감정적 · 편파적 · 일방적 내용이기 때문에 건전한 판단과 선택에 오히려 방해가 된다고 볼 수 있다.

대표적으로 언론사의 세무조사에 대하여 「한나라」 제43호(2001. 7. 5)에서 "정권연장 언론 압살," "정권연장위한 언론탄압 노벨상이 부끄럽다"라는 제하에서 "현대판 붕서갱유," "히틀러의 만행보다 심하다," "언론자유의 종언" 등으로 비유하고 있다. 반면에 「평화와 도약」 제28호(2001. 6. 28)에서 "언론자유 탈세의 자유 아니다," "세무조사 결과 온 국민이 충격,"이란 제하에서 "비리에 성역 없다," "조세정의 확립 계기," "수구언론과의 전쟁불사," "일부 언론의 자가당착" 등의 내용을 보도하고 있다.

IMF 졸업에 대하여도 「한나라」 제45호(2001. 9. 22)에서는 "모든 부담을 국민에게 전가," "실정 감추려 통계까지 조작," "IMF보다 몇 배 더한 위기 온다"라는 내용을, 「평화와 도약」 제30호(2001. 8. 20)에서는 "IMF 완전 졸업! 이제는 민생경제로"라는 제하에서 "IMF 경제체제 3년 8개월만에 경제주권을 완전히 되찾게 되었다"고 보도하였다.

금강산 관광에 대하여 「한나라」 제43호(2001. 7. 5)에서는 "금강산관광에 혈세 900억," 제51호(2002. 3. 29)에서는 "나라 통째로 넘겨줄까 두렵다"라는 제하에서 "금강산 경비 정부지원… 매국적 퍼주기병 재발"이라고 보도한 반면에 「평화와 도약」 제26호(2001. 4. 27)에서는 "금강산 관광 중단해선 안 돼" 제하의 기사에서 "금강산 관광은 경제논리로만 접근할 수 없는 민족사적 의미를 지니는 것"으로 "독일통일 과정 소요 경비와 비교, 우리는 최소 비용으로 최대효과 얻어"라는 내용을 보도하고 있다. 양쪽의 상반된 주장을 비교할 수 있는 기회가 없을 경우 일방적인 주장에 동조하게 될 가능성이 높아 합리적 판단이 불가능하게 될 것이다.

셋째, 상대당에 대한 네거티브 정치선전은 민주시민의식에 부정적으로 영향을 미칠 수밖에 없을 것이다. 부정적인 정치선전을 '진흙탕 싸움' (mudslinging advertisement) 이라고 부른다. 이는 자신의 강점을 내세워 지지를 호소하기보다는 상대방의 약점이나 비리를 부각시켜 상대방의 지지도를 추락시키고 자신에게 유리한 환경을 조성하여 반사이익을 얻으려는 속셈으로 활용된다.

예컨대 한나라당의 「민주저널」 제5호(1999. 4. 10)에서는 "3·30 부정선거, 훔친 당선 반납하고 국민 앞에 사죄하라"는 제목의 기사에서 "한술 더 떠 정부여당은 이런 더러운 작태를 보이고도 반성은커녕 부정선거를 규탄하는 우리당과 국민들을 호도하기 위한 국면 전환용으로(중략)"라는 내용의 기사를 싣고 있다.

제20호(1999. 12. 15)에는 "국민 속이고 배신하는 김대중 정권"이란 제하의 기사에서 "우리나라의 빈곤이 앞으로 어떤 출구를 찾아 분출할 지 두려울 지경이다"라는 내용을 담고 있다.

제28호(2000. 4. 7)에서는 "DJ-북한특수 남북정상회담 헛소리에 김정일 동무만 살판났다"는 기사에서 DJ의 허구에 찬 남북관계발언, 북한특수 발언은 총선 사기극, 정신 없는 정권의 천방지축 행보, 북 보증서다 우리가 파산할 판 등의 내용을 보도하였다.

송년특집호(2000. 12. 14)에서는 "김대중 정권 올해 10대 실정-역대최고 무능정권! 민심 떠나고 희망도 없다"는 제하의 기사에서 헌정유린 정권, 거꾸로 가는 검찰, 의회정치 말살 정권, 독식정권, 자존심도 없는 정권이라고 규정하고 있다.

제38호(2001. 2. 16) 1면에 "나라망친 DJ 집권 3년…, 이제 2년 남았다," "DJ 집권 3년 실정, 서당개 3년이면 풍월을 읊는데"로 시작하여 "호남의, 호남에 의한, 호남을 위한 정권"이란 기사를 싣고 있다.

특별당보(2002. 8. 31)에서는 "병풍, 권력기관 총동원 야당 죽이기," "사기꾼 농간에 정권이 놀아난다" 등의 제하에서 "병풍은 김대중 부정부패 · 국정파탄에 전국민이 분노를 넘어 치를 떨고 있고(중략)"라는 내용의 기사를 보도하였다.

민주당도 마찬가지다. 제3호(2000. 3. 23)에서는 "한나라당은 혼란조장 세력인가? 라는 제하에서 "경제망친당," "반서민당," "군대기피당," "매국당"이라고 보도하였다. 한나당의 총선 전략은 "반민족적 · 반국가적"이라고 하면서 "국가채무의 과대조작으로 대외신인도를 추락시키고,"

"세계가 인정하는 현정부의 경제성과를 실정으로 매도하는 무책임한 매국당이라고 불러 마땅하다"고 보도하였다.

제5호(2000. 4. 6)에서 "한나라당 승리 땐 한국경제 침몰!"이라는 제하의 기사에서 "야당이 제1당이 될 경우 외국자본이 일시에 빠져나가 우리경제의 침몰, 제2의 IMF 초래, 경제개혁 후퇴, 증시붕괴로 국가부도 가능성" 등 총선 결과와 한국경제를 연결시키는 내용을 보도하고 있다.

특별당보(2000. 12. 13)에서는 "경악! 음모로 가득찬 이회창식 대선전략"이란 제하의 기사에서 "대권 눈 먼 이 총재, 국민에게 사죄하라"는 내용의 기사를 싣고 있다.

제32호(2001. 10. 15)에서는 "긴급점검-무식한 한나라당, 문맥도 모르나?"라는 제하의 기사에서 김대통령의 국군의 날 치사의 일부에 대한 한나라당의 색깔론에 대한 반박기사를 싣고 있다. "한나라당과 일부 수구 언론의 선동정치와 매카시즘이라는 야만적 작태"라고 규정하고 "한나라당의 행태는 역사 몰이해에서 비롯된 것으로 국가 기강을 혼란케 해"라고 반박하고 있다. 특별당보(2001. 11. 28)에서는 "민의 무시 · 개혁역행…국정농단 어디까지" 제하의 기사와 원내총무의 인터뷰 기사에서 "오만한 한나라당, 점령군처럼 행동"한다는 비판 기사를 싣고 있다.

제33호(2001. 11. 22)에서는 "한나라당이 집권하면 엄청난 역사 후퇴" 제하의 대담기사에서 "한나라당은 구시대로 회귀하는 이해집단의 야합세력"이라고 보도하였다.

진흙탕 싸움의 정치선전에 대하여 세 가지 시각에서 평가한다.[10] 첫째, 부메랑 효과(boomerang effect)로 진흙탕 싸움을 먼저 시작한 쪽에서 손해를 본다는 것이다. 왜냐하면 허위사실의 유포나 눈살을 찌푸리게 하는 폭로전에 시민은 식상해 하고 진흙을 먼저 던지는 사람이나 정당의 도덕성, 윤리, 자질, 품위, 인격 등에 대한 의구심을 갖기 때문이라고 한다.

둘째, 희생자 증후군(victim syndrome) 현상으로 진흙탕 싸움은 불공정하고 정당하지 못한 게임방식이기 때문에 진흙을 뒤집어쓰는 사람이나 정당에게 오히려 이익이 돌아간다는 것이다. 희생자에 대한 동정심도 작용하기 때문이다.

셋째, 이중손상 효과(double impairment effect)로 모두가 피해를 본다는 것이다. 진흙을 던지려면 진흙을 손으로 만져야 하고 또한 맞는 쪽도 진흙을 뒤집어쓰기는 마찬가지이기 때문이다.

---

10) Keren S. Johnson-Cartee and Gary A. Copeland, *Negative Political Advertising*(Hillsdale, NJ : Lawrence Erlbaum Associates, Publishers, 1991), pp.9~11.

진흙탕 싸움의 정치선전 효과에 대한 세 가지 접근법은 대체로 진흙탕 싸움을 먼저 시작한 쪽이 불리하다는 입장이다. 그 이유는 진흙탕 싸움을 시작한 후보의 자질과 도덕성에 대한 의구심 그리고 진흙탕 싸움으로 정치 전반에 대한 불신과 혐오감을 조장시키는 요인으로 작용한다고 보기 때문이다.

한나라당과 민주당 당보의 보도 내용과 태도는 네거티브 정치홍보 방식을 활용하고 있기 때문에 민주시민교육에 부정적인 영향을 미칠 것으로 평가할 수 있을 것이다. 당보에 의한 네거티브 정치선전은 정치에 대한 분노, 절망, 회의, 냉소, 무관심, 불신 등의 정향을 형성하는 요인으로 작용하여 결국 국민의 건전한 민주시민성 함양을 저해하게 될 것이다.

V. 결론 및 제언

당보는 당원에게 정당의 입장을 일방적으로 전달하는 당의 홍보매체란 특성이 있다는 점은 충분하게 이해할 수 있다. 당의 기관지로서 당의 정강정책이나 당 지도부의 동정, 상대당에 대한 비판적 기사를 주로 다루는 것이 오히려 당연한 것으로 간주될 수 있을 것이다. 하지만 민주시민교육이란 시각에서 보면 긍정적이라기보다는 오히려 부정적인 측면이 강하다고 볼 수 있다. 민주시민교육과 관련된 보도내용의 빈도수가 너무 적고, 보도내용의 일방성 · 편향성, 그리고 네거티브 보도방식 등은 민주시민교육의 저해요인이 된다고 볼 수 있을 것이다. 당보의 제호와 내용이 가치 중립적이지 못하고 정치권 전체에 대한 혐오감과 불신을 불러오고 시민의 합리적인 의사결정을 저해한다고 볼 수 있다. 따라서 당보는 정치사회화의 일익을 담당한다는 사명감을 갖고 민주시민교육과 관련된 기획기사를 보다 많이 보도하고, 기쁜 소식(good news)과 값진 정보를 제공하여 국민들이 많은 것을 배우고 또한 즐거워하고 만족감을 느낄 수 있는 내용으로 편집되어야 할 것이다.

당보를 제작하는 데 당리당략적 차원에서 근시안적으로 목전의 이익만을 앞세운 내용은 지양되어야 할 것이다. 대승적인 차원에서 민주시민교육에 이바지하고 나아가 한국의 정치발전에 기여할 수 있는 방향으로 편집방향이 전환되어야 할 것이다. 당보도 먼 훗날 당시의 정치상황과 정당을 평가하는 귀중한 자료가 된다는 역사의식을 갖는 것이 중요하다.

본 연구는 당보를 민주시민교육의 하나의 기제란 관점에서 최초로 분석한 데서 그 의미를 찾을 수 있을 것이다. 하지만 당보의 내용분석을 메시지의 내용과 더불어 효과를 계량적으로 조사 분석하여 당원이나 독자들의 정치정향 형성에 어떻게 작용했는 지 상관성을 발견하는 것이 유익한 연구가 될 수 있었을 것이라는 아쉬움이 있다. 또한 한나라당과 민주당 당보의 제호와 내용을 중심으로 몇 가지 분류기준에 따라 피상적으로 분석되었다는 사실도 인정하며, 앞으로 당보에 대한 보다 심층적인 조사연구의 시발이 될 수 있길 기대한다.

* 참 고 문 헌 *

곽병선 외. 1994.「민주시민교육」 서울 : 한국교육개발원,

김택환. 1992. "독일의 민주화와 민주시민교육" 전득주 외,「현대민주시민교육론」 서울 : 평민사.

새천민주당,「안정속의 개혁」 당보 제1호~13호, 호외, 특별당보. 2000. 3 ~ 2001. 8.

새천년민주당,「평화와 도약」당보 제14호~42호, 호외, 특별당보. 2001. 8 ~ 2002. 9.

신정현 외. 1997.「통일시대의 민주시민교육론」 서울 : 탐구당.

차배근. 1994.「사회과학연구방법」 전정판, 서울 : 세영사.

한국자유총연맹. 1999.「민주주의와 시민교육 1999」 서울 : 양동문화사

한나라당.「민주저널」 당보 제1호~42호, 호외, 특별당보, 1999. 1~2001. 5.

한나라당.「한나라」당보 제43~56호, 호외, 특별당보, 2001. 6~2002. 8.

홍득표. 1999.「정치과정론」 서울 : 학문사.

Butts, R. Freeman. 1980. "Curriculum for the Educated Citizen," *Educational Leadership* (October), pp.132~163.

Butts, R. Freeman. 1980. *The Revival of Civic Learning : A Rationale for* Citizenship *education in American Schools*, Bloomington, Ind. : Phi Delta Kappa Education Foundation.

Colin Wringe, *Democracy, Schooling and Political Education*, London : George Allen & Unwin. 1984.

Keren S., 1991. Johnson-Cartee and Gary A. Copeland, *Negative Political Advertising*, Hillsdale, NJ : Lawrence Erlbaum Associates, Publishers,

NCSS. 1990. *Social Studies Curriculum Planning Resources, A Publication of NCSS*, Iowa : Kendall/Hunt Publishing Co.,

Sigmund Neumann. 1969. "Toward a Comparative Study of Political Parties," in Andrew J. Milnoe(ed.), *Comparative Political Parties : Selected Readings*, New York : Thomas Y. Crowell Co.

제8장

정치의식과 정치변동

제1절 대학생의 정치참여 태도와 유형*

Ⅰ. 머리말

민주주의 국가에서 국민의 정치참여가 왜 중요한지는 더 이상 논의의 대상이 아니다. 정책결정 과정에 국민의 참여는 민주주의가 기능하기 위한 첫 번째 조건이라고 볼 수 있다. 민주정치체제가 정치지도자의 의지에 따라 작동할 수 있지만 기본적으로 국민의 지지와 요구가 투입되어야 한다. 국민의 의사가 정치과정에 투입되는 것은 민주정치 과정의 기본원리라고 할 수 있다.

대학생도 국민의 일부이기 때문에 일반국민과 분리하지 않고 동일한 맥락에서 취급할 수 있지만 우리나라 대학생의 경우는 예외적이고 특이한 정치행위자라고 할 수 있다. 한국정치의 주요 행위자 중에는 정치인, 군인, 시민, 노동자, 농민, 지식인, 언론인, 종교인 등이 있으나 대학생만큼 현실정치에 높은 비중을 차지하고 있는 경우는 없다. 한국 정치변동의 길목에는 항상 대학생들이 있어 왔다. 대학생은 민주화의 주역으로 한편으로는 무시할 수 없는 집권자의 비판세력으로 정치과정에 직간접적인 영향력을 행사하여 왔다.

한국정치의 파행성이 노정되면 대학생은 어느 정치행위자 보다도 앞장서 정치발전이라는 명분을 내세워 정치변화를 주도해 왔다. 대학생의 정치적 역할을 기성세대에 오염되지 않고 배움의 과정에 있는 젊은 대학생들의 특권으로 인식되어 온 것이 사실이며, 반면에 대학생들의 과격한 방법을 동원한 현실참여는 사회질서를 파괴한다는 우려의 목소리가 있어 왔던 것도 사실이다.

4.19 학생혁명 이후 1993년 문민정부가 출범하기 전까지 학생시위가 없는 날을 헤아리기 어려울 정도로 악순환을 거듭하였다. 학생시위의 주된 쟁점은 학내문제보다는 정치문제에 초점이 맞추어진 것이 사실이다. 심지어 학생회 간부의 선거공약도 학내 문제보다는 정치적인 쟁점에 치중하였으며, 어떤 경우에는 대통령의 선거공약과 유사한 것도 발견할 수 있었다.

그러나 문민정부가 출범한 후 학생시위는 소강상태를 유지하기 시작하였으며, 정치적인 쟁점이

---

* 인하대학교 「학생생활연구」 제 16집(pp.59~94)에 게재했던 내용임.

부각될 때 마다 시위에 나서지만 과거와 달리 그 규모나 강도에 있어서 상당히 약화된 것이 사실이다. 군부권위주위체제가 퇴진하고 소위 민주화가 이룩된 후 과격한 학생시위는 자취를 감추었다.

그 이유는 무엇인가? 대학생들이 주로 시위에 의존하던 정치참여 유형이 변한 것인가? 시위가 더 이상 정치참여의 방법으로 효율성을 상실했다는 것인가? 대학생의 현실 정치참여의 궁극적 목적인 군의 탈정치화와 민주발전이 가시화 되면서 시위명분이 소멸되었기 때문인가? 이제는 더 이상 대학생의 정치참여가 불필요하게 되었다는 것인가? 등등 많은 궁금증이 생기게 되었다.

그러나 또 다른 문제가 제기되고 있다. 15대 총선의 투표율은 역대 선거중 가장 낮은 63.9%를 기록하였다. 총선에서 목표의석을 획득하지 못한 야당의 경우는 젊은층이 대거 기권하였기 때문이라고 하였다. 특히 집권세력의 실정에 대해서 비판적인 젊은 유권자들이 야당을 지지할 것으로 기대했는데 그들의 투표불참으로 총선에서 더 많은 의석을 획득하지 못했다는 설명이다.

대학생의 시위를 통한 정치참여도 줄어들고 또한 젊은층을 정치적으로 대표할 수 있는 대학생들이 투표에도 소극적이라고 했을 때 대학생의 정치참여 태도를 분석하는 것은 의미가 있을 것으로 보인다.

따라서 본 논문의 목적은 대학생의 정치참여 태도와 유형을 밝히는데 있다. 특히 대학생의 여러가지 특성과 정치참여 유형과의 관계를 분석하고자 한다. 이는 대학생들의 정치참여에 대한 태도 연구를 통하여 향후 그들의 정치참여 방법에 대한 예측이 가능할 것으로 기대하기 때문이다.

II. 이론적 배경

1. 정치참여의 개념과 중요성

정치참여(political participation) 유형에 관한 이론을 살펴보기 전에 우선 정치참여란 무엇인가 개념을 정의해야 할 것이다. 정치참여에 대한 개념은 최근까지 많은 변화를 가져왔지만 "정부나 정치를 지지하거나 영향력을 행사하기 위한 일반시민(private citizens)의 행동(actions)"이라고 정의하고 있다.(Milbrath and Goel,1977:2) 여기에서 주목해야 할 사항은 일반시민의 행동이라는 사실이다. 이에 대해서 버바(sidney verba)는 "공식적으로 결정권이 없는 사람들"(those not formally empowered to make decisions)이라고 규정하고 있다(1967:55). 정치참여는 정치권력이 없는 국민이 정치권력을 가진 공직자들의 행태에 영향력을 행사하기 위한 행위라고 볼 수 있다. 이를 보다 구체적으로 살펴 볼 필요가 있다.(Verba, 1967:55~56)

첫째, 정치참여는 의사결정자에게 영향력을 행사한다는 의도(intention)가 내포되어 있다. 정치참여는 참여자가 자신들의 의사를 정책결정권자에게 전달하여 정치적인 결과(political outcomes)를 얻기 위한 의도된 행동이라고 할 수 있다.

둘째, 정치참여는 지지를 위한 참여(support participation)와 형식적이고 의례적인 참여(ceremonial participation)로 나눌 수 있다. 정부정책이나 특정 정치지도자를 지지하고 성원하는 경우도 있으며, 소극적인 의례적 참여도 있다.

셋째, 참여의 형태는 투표를 포함하여 다양한 방법이 있다.

넷째, 정치참여는 특정한 정부수준(government level)에 한정된 것이 아니라 정부의 모든 수준에서 광범위하게 이루어지고 있다. 중앙정부만을 상대로 참여하는 것이 아니라 지방정부 등 각급수준의 정부를 대상으로 시민의 정치 참여가 이루어진다.

다섯째, 참여행위는 시민과 정책결정자간의 상호작용(interaction)의 형태를 띠고 있다.

여섯째, 참여가 항상 정책결정자들의 행태를 성공적으로 변화시키는 것만이 의의가 있는 것이 아니다. 정치참여의 목적, 사회구조, 참여의 분포 등이 다양하기 때문에 항상 성공적인 참여만이 요구되는 것은 아니다.

일곱째, 참여는 행동(acts)을 수반한다.

앞에서 지적한 바와 같이 정치참여는 민주정치과정에서 매우 중요한 것으로 인식되고 있다. 왜냐하면 참여는 ① 사회의 일반가치를 대표하며 ② 좋아하는 정치지도자를 선출하고 ③ 정책결정자들에게 긴요하게 요구되는 정치자원인 지지와 정보를 제공하며 ④ 참여 그 자체가 목적이 될 수 있고 ⑤ 정부가 사회생활에 미치는 영향력이 크면 클수록 참여의 중요성이 증대되기 때문이다.

2. 정치참여 유형

그동안 정치참여에 관한 연구는 크게 두가지 시각에서 이루어졌다. 첫째, 시민들이 왜 투표에 참여하는가를 밝히는 것이다. 주로 투표행태를 연구하기 위해서 투표에 참여하는 사람들의 개인적 · 심리적 요인, 사회 · 경제적인 변수, 환경변수, 정치문화, 선택의 합리성 등을 고려하여 왜 그리고 어떤 이유에서 그들이 투표에 참여하는 가를 분석하였다.

둘째, 정치참여의 유형과 참여자의 배경을 연구하는 것이다. 이를 위해서 투표행태의 연구와 유사하게 참여자의 사회경제적인 지위(SES), 인생의 주기(life cycle), 성별, 인종, 종교, 조직가담 여부, 정당소속 여부 등의 변수를 고려하는 것이다.

정치참여의 유형은 참여의 강도에 따라서 대략 ① 전체 국민의 1/3에 해당하는 무관심층(apathetic), ② 약 60~70%에 해당되는 참여층(spectators), ③ 5~7%에 해당되는 적극적인 참여자(gladiators)로 나누기도 하였다.(Ibid,:11)

버바와 나이(Sidney Verba and N.H. Nie)는 정치참여의 유형을 ① 투표(voting) ② 선거운동(campaign activity) ③ 협조적 행동(cooperative activity) ④ 시민주도의 접촉(citizen-initiated contacts)등으로 나누었다.(1971:15~18, 1972:58)

김종림(Chong Lim Kim,1980:1~19)은 정치참여의 형태를 인습적(conventional)인 것과 비인습적(unconventional)인 것으로 나누고 이를 다시 자발적인 것과 비자발적인 것 등 네가지로 구분하였다.

본 논문에서는 밀브래스와 고엘, 김종림의 분류를 참고하여 〈표 Ⅱ-1〉과 같이 정치참여의 유형을 제시하였다.

〈표 Ⅱ-1〉 정치참여의 유형

분 류	유 형	비 고
Ⅰ. 인습적인 정치참여	① 시민단체 참여 ② 정치집회 참여 ③ 선거운동 참여나 정당가입 ④ 공직자의 접촉 ⑤ 정치토론	
Ⅱ. 비인습적인 정치참여	⑥ 청원 ⑦ 항의 ⑧ 시위 ⑨ 폭력	
Ⅲ. 수동적인 정치참여	⑩ 투표	
Ⅳ. 비활동적인 정치참여	⑪ 정치적 무관심	

Ⅲ. 연구 방법

1. 자료수집 및 표본의 성격

본 연구를 수행하기 위해서 서울, 인천, 수원 등의 수도권 대학과 강원, 충북, 광주, 경남 등 7개 대학의 1,000여명의 대학생을 대상으로 설문조사를 실시하였다. 그러나 응답을 하지 않은 문항이 발견되는 등 불량자료를 제외한 928명을 표본으로 하였다. 이는 수도권 대학생 550명, 지방대학생 378명으로 분포되었다. 설문대상의 표본은 대학전체 교양과목을 수강하는 학생을 대상으로 하였으며, 담당교수에게 의뢰하여 1995년 10월과 12월 중순 사이에 설문조사를 실시하였다.

표본의 성격은 〈표 Ⅲ-1〉에 나타난 바와 같이 동아리 하나에 가입한 학생이 59.4%, 신문은 매일 구독하는 학생이 48.7%, 정치관련 TV프로를 쟁점이 있을 경우 시청하는 학생이 47.7%로 가장 많은 것으로 나타났다.

자가용 등교하는 학우를 볼 때 자신의 부모를 원망하느냐는 질문에 느낌이 없거나 그렇지 않다는 학생이 87%로 나타나 현실을 자신의 부모와 연계시키지 않는 대학생이 많다는 것을 보여 주었다.

전공분야는 경상, 가정, 예체능과 의학이 표본규모가 다소 작고 사범계열이 약간 많은 것으로 나타났다. 전공에 대해서는 57%가 만족해 하며, 그저 그런 경우가 33%나 되었다. 응답자의 평균학점은 B로 나타났다.

자신의 이상 실현에 대해서 노력과 재능부족을 가장 커다란 장애요인으로 생각하는 응답자가 71%로 나타났으며 각종 제도의 불합리를 꼽은 응답자도 16%가 되었다. 자신의 장래에 대해서 낙관하는 학생이 63%로 나타났으며 그저 그렇다는 응답자도 29%나 되었으나 전반적으로 미래에 대해서 자신감을 갖고 있음을 보여 주었다.

가장 중시하는 가치는 정치권력이나 경제적인 부 보다는 사랑과 봉사가 45%, 명예와 존경이 29%로 나타나 응답자들은 상당히 건전한 가치관을 가지고 있음을 보여주었다. 성장지는 농어촌이나 읍면소재지 보다는 중소도시 이상 대도시, 광역시와 서울에서 성장한 학생이 81%를 차지하여 우리나라의 도시화가 상당히 진척되었음을 보여주었다.

성별은 남녀 비율이 55% 대 45%의 비율로 나타났다. 부모의 직업은 관리직, 상업, 자유업이 가장 많았으나(32.7%) 다양한 직업으로 골고루 분포되었고, 부모의 학력은 중고등학교 수준이 가장 많았고 대학교 이상은 부친의 학력이 모친의 학력에 비해서 훨씬 높은 것으로 나타났다. 응답자 부친의 30%가 대학이상의 학력을 가진 것으로 나타났다.

대부분의 응답자는(90%) 양친이 모두 생존해 있으며, 집안의 경제수준은 78.7%가 보통수준인 것으로 응답하였다. 종교는 기타 혹은 종교를 갖지 않은 응답자가 37%로 가장 높은 비율을 차지하였고 다음이 28%의 기독교로 나타났다.

〈표 Ⅲ-1〉 표본의 성격(단위 : %)

(1) 가입 동아리 수

변수	없음	하나	둘	셋	넷	다섯 이상
가입 동아리수	28.3	59.4	10.2	1.6	0.3	0.2

(2) 신문구독

변수	매일	2~3일에 한두번	1주일에 한번	한달에 한두번	전혀 보지 않는다
신문구독	48.7	33.7	11.4	4.8	1.4

(3) 정치관련 TV 프로 시청

변수	매일	쟁점이 있을 경우	2~3일에 한번	일주일에 한번	한달에 한두번	전혀 보지 않는다
정치관련 TV프로 시청	23.7	47.7	13.3	8.4	3.8	3.1

(4) 자가용 등교에 대한 입장

변수	아주 그렇다	느낌이 없다	그렇다	그렇지 않다	전혀 그렇지 않다
자가용 등교에 대한 입장	0.6	12.5	24.2	35.6	27.1

(5) 전공

변수	인문	법정	경상	사범	이과	공과	가정	예체능	의학
전공	16.5	16.5	5.3	19.2	13.1	24.3	0.7	3.4	1.0

(6) 전공의 만족도

변수	매우 만족	만족	그저 그렇다	불만족	매우 불만족
전공에 대한 만족도	15.8	41.5	33.0	7.7	2.0

(7) 이상실현의 장애요인

변수	노력과 재능 부족	사회적 배경 결여	각종 제도의 불합리	타고난 운명	기타
이상 실현의 장애요인	70.9	8.6	15.7	0.7	4.1

(8) 평균학점

변수	A	B	C	D	F
평균학점	8.7	71.5	18.0	1.4	0.4

(9) 장래에 대한 자신감

변수	아주 자신	자신있음	그저 그렇다	자신 없다	아주 자신 없다
장래에 대한 자신감	15.2	47.6	29.0	8.0	0.2

(10) 가장 중시하는 가치

변수	정치권력	경제적 부	명예와 존경	사랑과 봉사	기 타
가장 중시하는 가치	1.1	10.5	29.0	45.4	14.0

(11) 주 성장지

변수	농어촌	읍, 면소재지	중소도시	대도시	광역시 및 서울
주 성장지	13.1	6.0	21.0	20.3	39.6

(12) 성 별

변수	남	여
성별	55.0	45.0

(13) 부모의 직업

변수	농어민	관리직, 상업, 자유업	공무원, 군인, 경찰	회사원	근로자	전문직	기타
부모의 직업	14.2	32.7	18.5	16.8	7.5	3.5	6.8

(14) 부모의 학력

부/모

변수	무 학	초등학교	중, 고등학교	대학교	대학원
부모의 학력	1.2/3.3	15.3/28.8	53.5/59.3	25.4/7.9	4.6/0.7

(15) 양친의 유무

변수	양친 생존	한분만 생존	별거중	양친없음	기타
양친의 유무	90.0	8.6	0.9	0.4	0.1

(16) 집안의 경제수준

변수	아주 부유	부유	보통	가난	아주 빈곤
집안의 경제수준	1.4	10.0	78.7	8.9	1.0

(17) 종교

변수	불교	유교	기독교	천주교	기 타
종교	22.2	1.6	28.0	11.2	37.0

2. 조사내용 및 자료처리

본 논문에서는 〈표 Ⅱ-1〉의 정치참여유형과 〈표 Ⅲ-1〉의 대학생의 여러가지 특성과의 관계를 분석하였다. 대학생의 특성은 표본의 성격에서 보여준 바와 같이 도시화, 매스 미디어 노출, 조직의 가담, 소외의식, 상대적 박탈감, 가정환경, 자신에 대한 효능감 등을 평가할 수 있는 요인을 고려하였다. 동아리 가입, 신문구독, 정치관련 TV프로 시청, 자가용 등교 학우에 대한 태도, 전공, 전공의 만족도, 이상 실현의 장애요인에 대한 인식, 학점, 졸업후의 진로에 대한 자신감, 가치관, 주 성장지, 성별, 부모의 직업과 학력, 양친의 생존여부, 집안의 생활정도, 종교 등의 특성으로 나누었다.

회수된 설문지는 전산 입력시켜 SAS 프로그램으로 처리하였다. 분석방법은 조사대상자의 특성은 단순 빈도수에 기초하여 비율을 산출하였으며, 정치참여 유형과 변수별 관계는 유형별, 특성별로 응답내용의 평균치를 산출하였다. 즉 정치참여 유형의 응답에서 "매우 그렇다"를 ⑴로 "그렇다"를 ⑵, "그저 그렇다"를 ⑶, "그렇지 않다"를 ⑷, "전혀 그렇지 않다"를 ⑸의 점수를 부여하여 응답내용의 평균치를 산출하였다. 따라서 평균치가 1에 가까우면 매우 긍정적인 입장을 취하고 있는 것이며, 2.5에 가까우면 그저 그런 경우로, 5에 가까울수록 부정의 강도가 높은 것으로 해석할 수 있다.

Ⅳ. 설문조사결과 분석

1. 정치참여 유형 종합

응답자 전체의 정치참여에 관한 태도를 종합한 조사결과는 〈표 Ⅳ-1〉에 나타나 있다.

⑴ 시민단체가 정부정책에 영향력을 행사하기 위해서 활동하는 것에 대해서 응답자의 86%가 긍정적인 것으로 응답하여 시민사회의 성장과 더불어 시민단체의 활동과 영향력에 대해서 매우 긍정적으로 평가 하고 있음이 밝혀졌다.

⑵ 선거유세장에 나가 보는 것이 후보선택에 도움이 되느냐는 질문에 대해서는 긍정적인 답변이 50%인 반면에, 그저 그렇다도 33%로 나타났으나 정치집회의 효율성에 대해서는 대체로 긍정하는 수준이었다.

(3) 선거운동에 자원봉사자로 나서는 데 대해서 55%가 부정적으로, 14%가 긍정적으로 응답하여 응답자의 대부분이 선거운동에 나설 의사가 없는 것으로 나타났다.

(4) 정치행정문제를 해결하기 위한 공직자와 접촉에 대해서 48%가 부정적으로, 25%가 긍정적으로 응답하였으며, 실효성에 대해서 반신반의 하는 응답자도 27%나 되었다. 공직자와 접촉에 대해서 크게 기대하지 않거나 불신하는 것으로 나타났다.

(5) 정치적인 문제에 대해서 40%의 응답자가 자주 토론을 한다고 응답하였으며, 그저 그렇다가 40%, 아니다가 20%로 나타났다. 대체적으로 정치문제가 화두로 자주 등장하고 있는 편이라고 볼 수 있다.

위의 다섯가지 유형은 인습적인 정치참여 방법으로서 일반적으로 43%가 긍정적으로, 28%가 부정적이라고 볼 수 있을 것이다.

(6) 청원에 대해서는 52%가 부정적으로, 21%가 긍정적으로 응답하여 청원의 유용성에 대하여 의문을 제기하는 것으로 나타났다.

(7) 항의에 대해서는 60%가 부정적으로, 14%가 긍정적으로 답변하였다. 정치적인 쟁점이 발생했을때 언론사나 방송국 그리고 관련기관에 전화나 서신을 통하여 항의하는 것에 소극적인 것으로 나타났다.

(8) 집단적인 시위와 같은 정치참여 방식에 대해서 58%가 긍정적으로, 13.5%가 부정적으로 응답하여 여전히 시위가 정치문제 해결을 위해서 효율적인 수단이라고 생각하는 대학생이 많은 것으로 나타났다.

(9) 정치문제를 해결하기 위해서 과격한 수단인 폭력을 동원하는 것에 대해서는 57%가 반대하는 입장이었으며, 14%가 찬성하였다. 60%에 가까운 응답자가 시위방법을 정치참여의 효율적인 수단으로 인정하고 있지만 폭력을 수반하는 의사표시는 반대하는 것으로 나타났다.

위의 네가지 유형은 비인습적인 정치참여 방법으로서 45%가 부정적으로, 27%가 긍정적으로 그리고 중간의 입장이 28%로 나타났다. 응답자의 대부분은 인습적인 정치참여와 달리 비인습적인 정치참여에 대해서 부정적인 입장을 취하고 있음을 알 수 있다.

(10) 수동적인 정치참여인 투표에 관하여 68%가 긍정적으로 응답한 반면에, 13%는 부정적으로 응답하였다. 응답자의 2/3가 투표라는 방식의 정치참여에 대해서 찬성하고 있다고 볼 수 있지만 부정적인 응답자 13%와 그저 그렇다는 응답자 19%를 합쳐 30%이상이 투표방

식에 회의적인 입장이라는 사실을 주목할 필요가 있다. 정치과정에서 투표가 가장 민주적인 정치참여 방식이 아니라는 입장도 만만치 않다는 것을 알 수 있다.

(11) 우리나라 정치에 대해서 얼마나 알고 있는지를 묻는 질문에 50%가 잘 알고 있다고 응답한 반면에, 모른다가 7%, 보통이라는 응답자가 43%로 나타나 응답자의 과반수가 정치에 대해서 관심을 가지고 있는 것으로 나타났다.

〈표 Ⅳ-1〉 정치참여 유형(종합)

(단위 : %)

문 항	매우그렇다	그렇다	그저 그렇다	그렇지 않다	전혀 그렇지 않다
1)-1 시민단체	39.8	46.1	12.0	1.7	0.4
1)-2 정치집회	11.4	38.9	32.8	14.7	2.2
1)-3 선거운동	2.1	11.9	31.3	33.7	21.0
1)-4 공직자 접촉	4.9	19.8	26.9	33.3	15.1
1)-5 정치토론	7.3	32.4	40.2	16.8	3.3
1) 인습적 참여 (합계)	13.1	29.8	28.7	20.0	8.4
2)-6 청원	3.1	17.9	27.4	37.2	14.4
2)-7 항의	1.7	12.2	26.3	42.4	17.4
2)-8 시위	16.9	41.2	28.4	11.1	2.4
2)-9 폭력	3.4	10.6	29.2	40.1	16.7
2) 비인습적 참여 (합계)	6.3	20.5	27.8	32.7	12.7
3)-10 수동적 참여 : 투표	24.7	43.2	19.4	11.2	1.5
4)-11 비활동적 참여 : 무관심	6.4	43.6	43.4	5.7	0.9

2. 정치참여 유형과 동아리 가입

정치참여 유형과 동아리 가입과의 관계에 대한 설문은 조직에 적극적으로 가담하는 활동적인 대학생의 경우 어떤 유형의 정치참여를 선호하는가 알아보기 위한 것이었는데 조사결과는 〈표 Ⅳ-2〉에 나타나 있다. 인습적인 정치참여, 비인습적인 정치참여, 비활동적인 정치참여는 동아리의 가입 수와 별다른 관계가 없는 것으로 나타났다. 다만 수동적인 정치참여인 투표의 경우에 있어서 동아리에 셋이상 가입한 응답자 일수록 긍정적인 태도를 보였다. 그러나 동아리에 셋이상

가입한 응답자는 전체의 2%에 지나지 않기 때문에 통계적 의미를 부여하기 곤란하다.

일반적으로 많은 조직의 일원 혹은 회원이 된 활동적인 사람일수록 정치참여율이 높은 것으로 생각하고 있다. 그러나 조사결과는 적극적인 정치참여 방식 대신 수동적인 투표의 유용성을 보다 더 인정하는 것으로 나타났다. 동아리에 많이 가입한 경우 집단적인 활동을 통하여 민주적인 투표가 의사결정의 가장 좋은 방법이라는 사실을 체험하였기 때문이 아닌가 하는 해석을 할 수 있을 것이다.

〈표 Ⅳ-2〉 정치참여 유형과 동아리 가입

설문결과 / 참여유형	없음	하나	둘	셋	넷	다섯	F	Prob.
1)-1 시민단체	1.77	1.78	1.67	1.93	1.67	1.50	0.56	0.730
1)-2 정치집회	2.66	2.52	2.57	2.67	2.33	2.00	0.91	0.474
1)-3 선거운동	3.71	3.57	3.43	3.40	3.67	3.00	1.46	0.199
1)-4 공직자 접촉	3.38	3.33	3.15	3.87	3.67	2.50	1.60	0.157
1)-5 정치토론	2.84	2.75	2.66	2.67	3.00	2.50	0.75	0.580
1) 인습적 참여 (합계)	2.87	2.79	2.69	2.91	2.87	2.30		
2)-6 청원	3.48	3.41	3.32	3.27	3.67	2.50	0.73	0.598
2)-7 항의	3.70	3.61	3.44	3.27	4.00	3.50	1.52	0.181
2)-8 시위	2.45	2.41	2.32	2.07	2.33	2.00	0.70	0.621
2)-9 폭력	3.60	3.55	3.58	3.27	3.33	3.50	0.40	0.847
2) 비인습적 참여 (합계)	3.31	3.24	3.17	2.97	3.33	2.88		
3)-10 수동적 참여 : 투표	2.16	2.23	2.37	2.07	1.67	1.00	1.50	0.188
4)-11 비활동적 참여 : 무관심	2.52	2.53	2.40	2.50	3.00	2.50	0.74	0.591

3. 정치참여 유형과 신문구독

정치참여 유형과 신문구독과의 관계를 알아보기 위한 설문조사 결과는 〈표 Ⅳ-3〉에 나타나 있다. 이는 매스 미디어에 노출, 정치관련 정보의 획득 등이 정치참여 태도와 어떤 관계가 있는지를 밝히기 위한 것이다.

조사결과 인습적인 참여는 신문을 자주 보는 응답자일수록 긍정적인 입장을 취하고 있었다. 비인습적인 정치참여도 비슷한 현상이 나타났다. 그러나 수동적인 정치참여인 투표의 경우는 신문을 자주 읽지 않는 응답자가 오히려 선호하였다.

비활동적인 정치참여인 정치적 무관심은 신문을 읽지 않을수록 높은 것으로 나타났다. 즉 신문을 자주 보면 볼수록 정치적인 관심이 높고 정치가 어떻게 돌아가는지 이해의 범위가 넓다는 사실을 발견할 수 있었다. 이는 인습적인 유형인 정치토론에서도 현저하게 나타났다. 신문을 자주 읽는 응답자일수록 정치문제가 자주 화두로 등장하는 것으로 나타난 것이다.

〈표 Ⅳ-3〉 정치참여 유형과 신문구독

설문결과 / 참여유형	매일	2~3일에 한두번	1주일에 한번	한달에 한두번	전혀 보지않음	F	Prob.
1)-1 시민단체	1.72	1.76	1.86	1.95	2.43	2.90	0.021
1)-2 정치집회	2.55	2.61	2.53	2.57	2.86	0.41	0.805
1)-3 선거운동	3.48	3.69	3.67	3.89	3.86	3.47	0.008
1)-4 공직자 접촉	3.24	3.40	3.58	3.32	3.24	2.40	0.048
1)-5 정치토론	2.54	2.83	3.25	3.23	3.71	19.80	0.000
1) 인습적 참여 (합계)	2.71	2.86	2.98	2.99	3.20		
2)-6 청원	3.32	3.46	3.63	3.59	2.71	3.38	0.009
2)-7 항의	3.52	3.70	3.67	3.89	3.14	3.09	0.015
2)-8 시위	3.12	2.43	2.60	2.64	2.86	3.29	0.011
2)-9 폭력	3.53	3.57	3.62	3.70	3.57	0.47	0.759
2) 비인습적 참여 (합계)	3.17	3.29	3.38	3.45	3.07		
3)-10 수동적 참여 : 투표	2.19	2.22	2.38	2.09	2.00	1.03	0.392
4)-11 비활동적 참여 : 무관심	2.29	2.60	2.93	2.91	3.00	26.57	0.000

그러나 신문구독이 정치적인 관심을 불러왔는지 아니면 정치에 관심이 높은 응답자가 신문을 자주 찾게 되었는지를 확인할 수 없었다. 분명한 것은 신문을 자주 읽을수록 인습적 · 비인습적인 정치참여와 정치에 대한 관심이 높다는 사실이며 신문을 통하여 많은 정치정보를 획득하고 있다고 볼 수 있다.

4. 정치참여 유형과 정치관련 TV프로 시청

정치참여유형과 정치관련 TV프로의 시청과의 관계를 알아보기 위한 조사결과는 〈표 Ⅳ-4〉에 나타나 있다. 이 항목도 신문구독과 마찬가지로 정치정보의 획득과 정치참여 태도와의 관계를 알아보기 위한 데 목적이 있었다.

〈표 Ⅳ-4〉 정치참여 유형과 정치관련 TV프로 시청

참여유형 \ 설문결과	매일	쟁점이 있을경우	2~3일에 한번	일주일에 한번	한달에 한두번	전혀보지 않음	F	Prob.
1)-1 시민단체	1.69	1.72	1.91	1.82	2.00	2.03	3.16	0.008
1)-2 정치집회	2.52	2.56	2.65	2.56	2.49	2.79	0.63	0.636
1)-3 선거운동	3.91	3.61	3.64	3.67	3.74	3.66	0.60	0.699
1)-4 공직자 접촉	3.25	3.32	3.46	3.49	3.37	3.28	0.91	0.472
1)-5 정치토론	2.43	2.76	2.93	3.10	3.26	3.34	13.75	0.000
1) 인습적 참여 (합계)	2.68	2.79	2.92	2.93	2.97	3.02		
2)-6 청원	3.31	3.42	3.56	3.51	3.51	3.10	1.65	0.143
2)-7 항의	3.47	3.60	3.87	3.62	3.66	3.66	2.81	0.016
2)-8 시위	2.29	2.34	2.59	2.51	2.89	2.76	4.72	0.000
2)-9 폭력	3.49	3.55	3.54	3.62	3.86	3.89	1.51	0.185
2) 비인습적 참여 (합계)	3.14	3.23	3.39	3.31	4.48	3.35		
3)-10 수동적 참여 : 투표	2.24	2.19	2.28	2.18	2.23	2.31	0.28	0.925
4)-11 비활동적 참여 : 무관심	2.21	2.55	2.58	2.38	2.83	2.97	12.84	0.000

조사결과 정치관련 TV프로를 자주 시청할수록 인습적·비인습적인 정치참여를 선호하는 경향으로 나타났다. 이들 또한 정치에 대한 관심이 높은 것으로 나타났다. 정치관련 TV프로를 자주 시청하는 응답자일수록 인습적인 참여, 비인습적인 참여, 그리고 정치적 관심이 높은 것으로 나타나 신문구독과 같이 매스 미디어에 자주 노출되는 것이 정치참여 태도와 밀접한 관련이 있는 것으로 밝혀졌다. 그러나 수동적인 정치참여 유형인 투표와 TV시청과는 무관한 것으로 나타났다.

5. 정치참여 유형과 자가용 등교

상대적 박탈감이나 소외감과 정치참여의 유형과의 관계를 알아보기 위해서 자가용 등교의 동료 학우에 대한 태도를 설문하였는 바 응답결과는 〈표 Ⅳ-5〉와 같이 나타났다.

〈표 Ⅳ-5〉 정치참여 유형과 자가용 등교

설문결과 / 참여유형	아주 그렇다	그렇다	느낌이 없다	그렇지 않다	전혀 그렇지 않다	F	Prob.
1)-1 시민단체	1.67	1.76	1.82	1.76	1.74	0.37	0.832
1)-2 정치집회	2.33	2.55	2.71	2.51	2.54	1.79	0.128
1)-3 선거운동	3.83	3.59	3.68	3.56	3.96	0.62	0.647
1)-4 공직자 접촉	3.80	3.52	3.40	3.26	3.28	1.77	0.133
1)-5 정치토론	2.50	2.98	2.85	2.76	2.60	4.24	0.002
1) 인습적 참여 (합계)	2.83	2.88	2.89	2.77	2.74		
2)-6 청원	3.50	3.63	3.38	3.35	3.42	1.54	0.189
2)-7 항의	4.17	3.78	3.55	3.53	3.68	2.59	0.036
2)-8 시위	2.00	2.42	0.41	2.45	2.34	0.71	0.587
2)-9 폭력	3.17	3.58	3.46	3.60	3.62	1.13	0.340
2) 비인습적 참여 (합계)	3.21	3.35	3.20	3.23	3.27		
3)-10 수동적 참여 : 투표	2.17	2.18	2.24	2.15	2.29	0.74	0.562
4)-11 비활동적 참여 : 무관심	2.83	2.59	2.60	2.52	2.36	4.04	0.003

유형과 요인간에 일관성 있는 경향을 발견할 수 없었으나 자기 부모를 매우 원망하는 경우와 정반대의 경우간에 약간의 차이를 보였다. 그러나 아주 원망한다는 응답자가 0.6%에 지나지 않기 때문에 통계적인 의미는 없다고 보아야 할 것이다. 인습적인 정치참여의 경우 자기 부모를 가장 원망스럽게 생각하는 응답자가 전혀 그렇지 않은 응답자 보다 약간 부정적인 반응을 보였다. 비인습적인 정치참여와 수동적인 정치 참여인 투표의 경우는 그와는 정반대 현상이 나타났다.

정치적 관심은 부모를 원망하지 않는 응답자가 높게 나타났다. 자가용 등교에 대한 태도와 정치참여 유형과의 의미있는 관계를 발견하기는 곤란하다고 볼 수 있다.

6. 정치참여 유형과 전공

전공과 정치참여 유형의 관계를 알아보기 위한 설문조사 결과는 〈표 Ⅳ-6〉에서 보여주고 있는데 전공별로 특징을 발견할 수 있었다.

인습적인 정치참여의 경우 법정계가 가장 긍정적으로 평가한 반면 예체능계통의 전공자가 가장 부정적인 태도를 보였다. 비인습적인 정치참여의 경우 역시 법정계가 가장 긍정적이고 예체능과 의학전공자가 가장 부정적인 입장을 취하는 것으로 나타났다.

〈표 Ⅳ-6〉 정치참여 유형과 전공

설문결과 / 참여유형	인문과학	법정	경상	사범	이과	공과	가정	예체능	의학	F	prob.
1)-1 시민단체	1.73	1.68	2.06	1.71	1.89	1.70	1.83	2.16	1.78	3.04	0.002
1)-2 정치집회	2.57	2.53	2.56	2.61	2.42	2.63	2.17	2.84	2.33	1.10	0.363
1)-3 선거운동	3.67	3.28	3.87	3.61	3.81	3.51	4.00	3.84	4.22	4.06	0.000
1)-4 공직자 접촉	3.35	3.27	3.56	3.40	3.40	3.25	3.00	3.32	3.67	0.79	0.615
1)-5 정치토론	2.85	2.32	2.73	2.75	2.90	2.86	3.50	3.13	3.22	6.80	0.000
1) 인습적 참여 (합계)	2.83	2.61	2.96	2.82	2.88	2.79	2.90	3.06	3.04		
2)-6 청원	3.43	3.28	3.73	3.53	3.47	3.32	3.50	3.32	3.78	1.60	0.121
2)-7 항의	3.59	3.54	3.77	3.65	3.69	3.58	3.67	3.42	3.78	0.62	0.763
2)-8 시위	2.40	2.25	2.40	2.34	2.43	2.43	2.67	3.29	2.22	3.99	0.000
2)-9 폭력	3.49	3.39	3.48	3.58	3.69	3.60	3.83	3.84	4.11	1.71	0.091
2) 비인습적 참여 (합계)	3.23	3.12	3.34	3.28	3.32	3.23	3.42	3.47	3.47		
3)-10 수동적 참여 : 투표	2.22	2.26	2.02	2.10	2.29	2.27	1.83	2.32	2.33	0.92	0.497
4)-11 비활동적 참여 : 무관심	2.50	2.21	2.50	2.58	2.69	2.51	2.50	2.77	2.89	5.24	0.000

투표에 관하여 전공별로 커다란 차이를 발견할 수 없었느나 그 중에서 가정대생이 가장 긍정적이고 그 다음이 경상대생, 사범대생 순으로 나타났으며, 의대생이 가장 부정적이고 예체능, 이과대 순으로 부정적이었다. 정치적 관심에 대해서도 역시 법정계열의 전공자가 가장 높았고, 정치적 무관심은 의학, 예체능, 이과, 사범대생 순으로 낮았다.

일반적으로 사회과학을 전공하는 법정계열의 전공자가 정치적인 관심이 높게 나타났으며, 의학, 예체능, 이학, 사범계통의 전공자가 정치적 무관심이 높은 것으로 나타났다. 의대생은 특히 선거운동, 공직자 접촉, 청원, 항의, 폭력의 사용에 있어서 가장 부정적인 것으로 나타났다. 인문과학과 공대생의 경우는 중간적인 입장을 취하고 있는 것으로 응답하였다.

7. 정치참여 유형과 전공의 만족도

정치참여 유형과 전공의 만족도를 알아보기 위한 설문조사의 응답결과는 〈표 Ⅳ-7〉에 나타나 있다.

〈표 Ⅳ-7〉 정치참여 유형과 전공의 만족도

설문결과 / 참여유형	매우만족	만족	그저 그렇다	불만족	매우 불만족	F	Prob.
1)-1 시민단체	1.70	1.79	1.75	1.89	1.56	1.22	0.300
1)-2 정치집회	2.60	2.58	2.56	2.51	2.56	0.13	0.972
1)-3 선거운동	3.62	3.57	3.57	3.76	3.72	0.66	0.617
1)-4 공직자 접촉	3.14	3.34	3.37	3.55	3.35	1.95	0.100
1)-5 정치토론	2.59	2.70	2.85	3.08	2.61	4.67	0.001
1) 인습적 참여 (합계)	2.73	2.80	2.82	2.96	2.76		
2)-6 청원	3.09	3.42	3.47	3.77	3.56	6.13	0.000
2)-7 항의	3.41	3.61	3.63	3.82	4.11	3.66	0.006
2)-8 시위	3.42	2.48	2.30	2.54	2.28	1.82	0.123
2)-9 폭력	3.69	3.62	3.45	3.48	3.71	2.16	0.072
2) 비인습적 참여 (합계)	3.15	3.28	3.21	3.40	3.41		
3)-10 수동적 참여 : 투표	2.18	2.23	2.19	2.34	2.11	0.44	0.782
4)-11 비활동적 참여 : 무관심	2.36	2.49	2.58	2.70	2.28	3.95	0.003

전공의 불만과 인습적인 정치참여와 비인습적인 참여간에는 공히 전공에 불만인 응답자가 만족인 응답자 보다 부정적인 성향을 가지고 있는 것으로 나타났다. 투표의 겨우는 전공에 매우 불만인 응답자가 가장 긍정적으로, 그리고 정치적 관심도 가장 높은 것으로 나타났다.

전공에 대해서 불만인 경우 타분야, 특히 정치에 대한 관심으로 전가시키는 것이 아닐까 하는 해석도 가능하다고 볼 수 있다. 전공에 만족하면 흥미를 가지고 학업에 열중하겠지만 그렇지 못한 경우 전공외적인 분야에 많은 관심을 가진다고 볼 수 있다. 특히 시민단체의 활동이나 시위방법과 같은 정치참여 유형에 대해서 가장 긍정적인 응답을 보여 주어 이를 뒷받침하고 있다.

8. 정치참여 유형과 이상실현의 장애요인

정치참여 유형과 이상실현의 장애요인을 알아보기 위한 설문조사 결과는 〈표Ⅳ-8〉과 같이 나타났다. 이 문항은 대학생 자신에 대한 평가와 정치참여 관계를 살펴보기 위해서 설문조사를 실시한 것이다.

〈표 Ⅳ-8〉 정치참여 유형과 이상실현의 장애요인

설문결과 / 참여유형	노력과 재능부족	사회적 배경결여	각종제도의 불합리	타고난 운명	기타	F	Prob.
1)-1 시민단체	1.79	1.85	1.63	1.67	1.66	1.85	0.118
1)-2 정치집회	2.55	2.53	2.74	2.33	2.26	2.39	0.050
1)-3 선거운동	3.64	3.78	3.38	3.67	3.39	3.02	0.017
1)-4 공직자 접촉	3.38	3.55	3.17	3.83	2.97	3.15	0.014
1)-5 정치토론	2.81	2.74	2.64	2.83	2.50	1.79	0.128
1) 인습적 참여 (합계)	2.84	2.89	2.71	2.87	2.56		
2)-6 청원	3.43	3.59	3.32	3.00	3.26	1.33	0.258
2)-7 항의	3.65	3.67	3.50	3.33	3.47	1.10	0.353
2)-8 시위	2.41	2.49	2.38	2.67	2.42	0.25	0.907
2)-9 폭력	3.60	3.74	3.31	3.17	3.45	3.61	0.006
2) 비인습적 참여 (합계)	3.27	3.37	3.13	3.04	3.15		
3)-10 수동적 참여 : 투표	2.16	2.53	2.26	1.83	2.18	2.71	0.029
4)-11 비활동적 참여 : 무관심	2.56	2.50	2.40	2.33	2.21	3.21	0.012

이상실현의 장애요인과 인습적인 정치참여간의 관계는 기타 응답자가 가장 긍정적으로 응답하였고, 사회적 배경결여를 지적한 응답자가 가장 부정적으로 보았다. 비인습적인 정치참여와 수동적인 정치참여인 투표에 관해서는 타고난 운명을 지적한 응답자가 가장 긍정적이었고, 사회적 배경결여를 지적한 응답자가 가장 부정적이었다.

정치적 관심은 "기타" 응답자가 가장 높았으며, 자신의 노력과 재능부족이라고 지적한 응답자가 가장 낮았다.

정치참여유형과 이상실현의 장애요인 중 사회적 배경 결여를 지적한 응답자가 시민운동, 선거운동, 청원, 항의, 폭력의 사용, 투표 등의 방법에 관해서 가장 부정적인 입장을 취하고 있는 것으로 나타났다. 이들은 대부분 정치참여에 대해서 부정적인 태도를 보였는데 사회적인 배경이 출세의 수단으로 간주되고 있는 현실에 대해서 피해의식을 가지고 냉소적인 입장을 취하고 있는 것으로 해설할 수 있을 것이다.

9. 정치참여 유형과 평균학점

정치참여 유형과 평균학점간의 관계는 〈표 Ⅳ-9〉에 나타나 있다. 대학의 성적과 정치참여 유형과의 관계를 알아보기 위한 것이다.

인습적인 정치참여의 경우 학점과는 뚜렷한 차이는 없었으나 성적이 나쁠수록 긍정적인 것으

〈표 Ⅳ-9〉정치참여 유형과 평균학점

설문결과 / 참여유형	A	B	C	D	F	F	Prob.
1)-1 시민단체	1.83	1.75	1.82	1.76	1.50	0.56	0.691
1)-2 정치집회	2.49	2.58	2.60	2.15	1.75	1.59	0.173
1)-3 선거운동	3.70	3.60	3.50	3.62	3.50	0.55	0.696
1)-4 공직자 접촉	3.46	3.33	3.32	3.15	3.67	0.42	0.793
1)-5 정치토론	2.91	2.75	2.74	2.85	3.00	0.65	0.627
1) 인습적 참여 (합계)	2.88	2.80	2.80	2.71	2.68		
2)-6 청원	3.43	3.42	3.42	3.54	3.75	0.15	0.965
2)-7 항의	3.70	3.60	3.62	3.46	4.25	0.69	0.599
2)-8 시위	2.30	2.45	2.33	2.00	3.00	1.79	0.128
2)-9 폭력	3.35	3.65	3.40	2.91	3.75	4.33	0.002
2) 비인습적 참여 (합계)	3.19	3.28	3.19	2.98	3.69		
3)-10 수동적 참여 : 투표	2.31	2.20	2.18	2.46	2.50	0.56	0.694
4)-11 비활동적 참여 : 무관심	2.46	2.53	2.46	2.46	3.50	2.13	0.075

나 나타났다. 비인습적인 정치참여는 평균학점이 D인 경우 지지도가 가장 높았으며, F학점인 경우 가장 낮았다. 투표에 대해서는 평균 C학점인 응답자가 가장 선호하며, D, F학점자가 가장 싫어하는 것으나 나타났다. 정치적 관심은 F학점자가 월등히 낮았고 다른 요인간에는 별다른 차이가 없었다.

전반적으로 평균 F학점 기록자가 응답자의 0.4%에 지나지 않지만 시민단체, 정치집회, 선거운동 등에 긍정적이었고, 공직자 접촉, 정치토론, 청원, 항의, 시위, 폭력, 투표 등에 대해서 가장 부정적이었고 정치적 관심 또한 가장 낮았다.

D학점의 성적을 유지한 응답자는 정치집회, 공직자 접촉, 항의, 시위, 폭력의 사용 등을 가장 지지하는 것으로 나타났다. 투표의 유용성에 대해서는 F학점 다음으로 부정적이었다.

정치참여 유형과 대학의 학점과는 비교적 상관성이 높은 것으로 나타났다. 평균 F학점 보다는 D학점의 성적을 기록한 응답자가 정치참여에 있어서 보다 과격한 항의, 시위, 폭력적인 방법을 동원하는 정치참여 유형을 적극 지지하는 것으로 해석할 수 있다.

10. 정치참여 유형과 장래에 대한 자신감

정치참여 유형과 장래에 대한 자신감에 관한 조사결과는 〈표 Ⅳ-10〉에 나타나 있다. 장래에 대해서 자신감을 결여한 응답자가 어떠한 정치참여 태도를 가지고 있는가를 밝히기 위한 것이다.

인습적인 정치참여와 비인습적인 정치참여의 유형에 대해서 공히 장래에 대해서 자신이 있다는 응답자가 긍정적이었고 자신이 없다는 응답자가 부정적으로 응답하여 일관성 있는 경향을 보여주었다.

투표에 대해서도 일관된 경향이 나타났는데 장래에 대해서 자신이 있다는 응답자가 긍정적인데 반하여 자신이 없다는 응답자는 유용성이 적다는 태도를 보였다. 정치적 관심은 장래에 대해서 자신감을 상실한 응답자가 현저하게 많은 것으로 나타났으며 나머지는 특별한 특징을 발견할 수 없었다.

정치참여 유형과 장래에 대한 자신감 간에는 높은 상관성이 있음을 발견할 수 있다. 즉 장래에 대해서 자신이 없다는 응답자는 전반적으로 정치참여에 있어서 소극적인 성향을 보여주었는데 이는 정치적 효능감을 상실하고 있음을 보여주는 것이라고 해석할 수 있을 것이다. 장래가 불확실하여 자신감을 상실한 경우 선거운동, 정치토론, 청원, 항의, 시위, 폭력의 사용은 물론이고 정치적 관심도 가장 낮은 것으로 나타났다.

〈표 Ⅳ-10〉 정치참여 유형과 장래에 대한 자신감

설문결과 / 참여유형	아주 자신	자신 있음	그저 그렇다	자신 없다	아주 자신 없다	F	Prob.
1)-1 시민단체	1.74	1.71	1.84	1.92	2.00	2.22	0.065
1)-2 정치집회	2.60	2.53	2.61	2.61	3.50	0.85	0.496
1)-3 선거운동	3.60	3.59	3.55	3.81	4.50	1.38	0.240
1)-4 공직자 접촉	3.20	3.35	3.39	3.28	3.00	0.82	0.510
1)-5 정치토론	2.51	2.73	2.91	2.96	1.50	6.32	0.000
1) 인습적 참여 (합계)	2.73	2.78	2.86	2.92	2.90		
2)-6 청원	3.34	3.36	3.52	3.58	3.00	1.81	0.125
2)-7 항의	3.65	3.52	3.72	3.69	4.00	1.93	0.104
2)-8 시위	2.31	2.42	2.45	2.41	3.00	0.67	0.610
2)-9 폭력	3.49	3.58	3.54	3.64	4.50	0.80	0.526
2) 비인습적 참여 (합계)	3.20	3.22	3.31	3.33	3.63		
3)-10 수동적 참여 : 투표	2.19	2.25	2.14	2.28	3.50	1.44	0.220
4)-11 비활동적 참여 : 무관심	2.36	2.50	2.59	2.61	1.50	3.68	0.006

11. 정치참여 유형과 중시하는 가치

대학생이 평생동안 가장 소중하게 간직할 가치가 무엇인가를 설문하여 정치참여와의 관계를 살펴보기 위한 조사결과는 〈표 Ⅳ-11〉에 나타나 있다.

인습적인 정치참여와 비인습적인 정치참여의 경우는 중시하는 가치의 선호간에 현저한 차이를 발견하기는 곤란하지만 정치권력을 중시하는 응답자가 약간 긍정적인데 반해서 경제적인 부를 중시하는 응답자가 부정적인 것으로 나타났다.

투표에 관해서는 명예와 존경의 가치를 중시하는 응답자가 긍정적인데 반해서 정치권력을 중시하는 응답자가 가장 부정적인 태도를 보였다. 정치적 관심은 역시 정치권력을 중시하는 응답자가 높은데 반해서 경제적인 부를 중시하는 응답자가 낮았다.

〈표 Ⅳ-11〉 정치참여 유형과 중시하는 가치

참여유형 \ 설문결과	정치권력	경제적 부	명예와 존경	사랑과 봉사	기 타	F	Prob.
1)-1 시민단체	2.10	1.87	1.78	1.73	1.77	1.29	0.274
1)-2 정치집회	2.80	2.66	2.60	2.54	2.54	0.60	0.666
1)-3 선거운동	3.20	3.78	3.61	3.57	3.58	1.22	0.300
1)-4 공직자 접촉	3.00	3.71	3.27	3.36	3.24	3.44	0.008
1)-5 정치토론	2.70	2.91	2.73	2.75	2.74	0.68	0.607
1) 인습적 참여 (합계)	2.76	2.99	2.80	2.79	2.77		
2)-6 청원	3.50	3.65	3.39	3.44	3.30	1.74	0.140
2)-7 항의	3.50	3.85	3.60	3.60	3.54	1.71	0.145
2)-8 시위	2.80	2.31	2.38	2.46	2.39	0.99	0.415
2)-9 폭력	2.70	3.55	3.58	3.57	3.61	2.01	0.092
2) 비인습적 참여 (합계)	3.13	3.34	3.24	3.27	3.21		
3)-10 수동적 참여 : 투표	2.50	2.28	2.14	2.18	2.42	2.19	0.068
4)-11 비활동적 참여 : 무관심	2.00	2.67	2.53	2.48	2.50	2.63	0.033

대학생이 중시하는 가치와 정치참여 유형과는 관련이 있다고 볼 수 있다. 즉 정치권력을 중시하는 응답자는 경제적인 부를 중시하는 응답자보다 전반적으로 정치적 관심이 높고 정치참여에 보다 적극적이라는 사실을 발견할 수 있다. 개인이 중시하는 가치와 행동간에 깊은 관련성이 있음을 보여주는 것이다.

12. 정치참여 유형과 주 성장지

정치참여 유형과 주 성장지와의 관계를 알아보기 위한 설문조사 결과는 〈표 Ⅳ-12〉에 나타나 있다. 이 조사는 도시화 정도와 정치참여 태도를 살펴보기 위한 데 목적이 있다.

인습적인 정치참여는 농어촌 출신이 다른 네 곳 출신보다 지지도가 높은 것으로 나타났다. 비인습적인 정치참여와 수동적인 정치참여 방법인 투표에 대해서도 농어촌 출신이 가장 선호하는 것으로 나타났다. 정치적 관심은 광역시 및 서울 출신이 가장 높고 다음이 농어촌 출신으로 나타났다.

일반적으로 도시화가 이루어질수록 정치참여에 보다 적극적이라고 보고 있는데 조사결과는 정치적 관심은 광역시와 서울 출신이 높지만 나머지는 농어촌 출신이 높은 것으로 나타났다.

〈표 Ⅳ-12〉 정치참여 유형과 주 성장지

설문결과 / 참여유형	농어촌	읍, 면 소재지	중소도시	대도시	광역시 및 서울	F	Prob.
1)-1 시민단체	1.69	1.82	1.84	1.77	1.75	0.80	0.525
1)-2 정치집회	2.45	2.45	2.55	2.57	2.64	1.16	0.325
1)-3 선거운동	3.41	3.51	3.60	3.60	3.67	1.64	0.162
1)-4 공직자 접촉	3.24	3.11	3.38	3.32	3.39	1.16	0.325
1)-5 정치토론	2.59	2.85	2.77	2.84	2.77	1.55	0.187
1) 인습적 참여 (합계)	2.68	2.75	2.83	2.82	2.84		
2)-6 청원	3.31	3.27	3.53	3.47	3.40	1.28	0.275
2)-7 항의	3.56	3.62	3.64	3.63	3.61	0.15	0.961
2)-8 시위	2.32	2.65	2.48	2.44	2.35	1.70	0.147
2)-9 폭력	3.51	3.62	3.64	3.52	3.56	0.49	0.743
2) 비인습적 참여 (합계)	3.17	3.29	3.32	3.26	3.23		
3)-10 수동적 참여 : 투표	2.13	2.18	2.32	2.20	2.19	0.88	0.477
4)-11 비활동적 참여 : 무관심	2.48	2.51	2.56	2.68	2.41	4.74	0.001

13. 정치참여 유형과 성별

정치참여 유형과 남녀의 차이를 알아보기 위한 설문조사 결과는 〈표 Ⅳ-13〉에 나타나 있다. 네 가지 유형 모두 남학생이 여학생보다 적극적인 것으로 나타났다. 즉 응답자 중 남학생이 여학생 보다 여러형태의 정치참여에 여학생 보다 더 많은 관심과 긍정적인 입장을 취하고 있는 것으로 해석할 수 있다. 단지 11개의 유형중 정치집회만이 여학생이 남학생보다 더 찬성하는 쪽으로 나타난 것 이외에 남학생이 전반적으로 모든 정치참여에서 능동적이라고 볼 수 있다.

〈표 Ⅳ-13〉 정치참여 유형과 성별

참여유형 \ 설문결과	남	여	F	prob.
1)-1 시민단체	1.73	1.80	2.01	0.157
1)-2 정치집회	2.61	2.52	2.19	0.139
1)-3 선거운동	3.56	3.64	1.49	0.222
1)-4 공직자 접촉	3.24	3.45	8.34	0.004
1)-5 정치토론	2.59	2.98	39.68	0.000
1) 인습적 참여 (합계)	2.75	2.88		
2)-6 청원	3.32	3.53	9.01	0.003
2)-7 항의	3.57	3.68	3.31	0.069
2)-8 시위	2.38	2.45	1.16	0.282
2)-9 폭력	3.55	3.58	0.21	0.647
2) 비인습적 참여 (합계)	3.20	3.31		
3)-10 수동적 참여 : 투표	2.19	2.23	0.35	0.553
4)-11 비활동적 참여 : 무관심	2.36	2.705	0.63	0.000

14. 정치참여 유형과 부모의 직업

정치참여 유형과 부모의 직업과의 관계를 알아보기 위한 설문조사 결과는 〈표 Ⅳ-14〉에 나타나 있는데 전반적으로 일정한 추세를 발견하기 어려운 입장이다.

인습적인 참여의 경우 전문직, 농어민의 부모 순으로 지지하며, 회사원을 부모로 가진 응답자가 가장 적게 지지하는 것으로 나타났다. 비인습적인 정치참여의 경우는 전문직에 종사하는 부모를 가진 응답자가 가장 많이 지지하고 있으며, 회사원을 부모로 가진 응답자가 가장 적게 선호하는 것으로 나타났다.

투표의 경우는 농어민의 부모를 가진 응답자가 가장 많이 찬성하고 있으며, 관리직, 상업, 자유업을 부모로 가진 응답자가 가장 적게 찬성하는 것으로 나타났다. 정치적 관심은 근로자의 자녀가 가장 높았으며, 관리직, 상업, 자유업의 부모를 가진 응답자가 가장 적은 것으로 나타났다.

부모의 직업과 관련한 정치참여 유형은 공무원, 군인, 경찰의 자녀가 중립적인 입장을 취하고 있으나 나머지는 유형에 따라 상이한 응답결과가 나타나 일반적인 경향을 발견하기 어렵다.

〈표 Ⅳ-14〉 정치참여 유형과 부모의 직업

설문결과 / 참여유형	농어민	관리직, 상업, 자유업	공무원, 군인, 경찰	회사원	근로자	전문직	기타	F	Prob.
1)-1 시민단체	1.71	1.77	1.81	1.81	1.68	1.74	1.79	0.41	0.874
1)-2 정치집회	2.46	2.61	2.62	2.55	2.42	2.55	2.71	0.98	0.438
1)-3 선거운동	3.50	3.66	3.61	3.55	3.68	3.45	3.53	0.68	0.668
1)-4 공직자 접촉	3.27	3.43	3.26	3.46	3.30	2.94	3.16	1.91	0.076
1)-5 정치토론	2.61	2.75	2.83	2.90	2.60	2.77	2.84	1.74	0.109
1) 인습적 참여 (합계)	2.71	2.84	2.83	2.86	2.74	2.69	2.81		
2)-6 청원	3.31	3.55	3.27	3.63	3.38	2.87	3.16	4.90	0.000
2)-7 항의	3.63	3.66	3.57	3.67	3.65	3.13	3.53	1.64	0.134
2)-8 시위	2.38	2.43	2.33	2.45	2.41	2.23	2.61	0.94	0.467
2)-9 폭력	3.56	3.56	3.58	3.53	3.54	3.35	3.75	0.62	0.712
2) 비인습적 참여 (합계)	3.22	3.30	3.19	3.32	3.24	2.90	3.26		
3)-10 수동적 참여 : 투표	2.13	2.54	2.15	2.17	2.41	2.16	2.27	0.90	0.496
4)-11 비활동적 참여 : 무관심	2.44	2.60	2.52	2.53	2.30	2.55	2.40	2.10	0.051

15. 정치참여 유형과 부모의 학력

정치참여 유형과 응답자 부모의 학력과의 관계를 알아보기 위해서 실시한 설문조사 결과는 〈표 Ⅳ-15〉에 나타나 있다. 가정이 자녀의 정치사회화에 미치는 영향이 어느정도인가를 살펴보기 위한데 목적이 있다.

인습적인 정치참여의 경우 부친의 학력이 낮을수록 긍정적으로 평가하였다. 비인습적인 정치참여와 투표의 경우는 부친의 학력이 높고 낮음에 따라서 일정한 추세를 발견할 수 없는 조사결과가 나왔다. 정치적 관심은 부친의 학력이 초등학교인 경우가 가장 높고, 무학인 경우가 가장 낮은 것으로 나타났다.

모친의 학력과 자녀의 정치참여 유형과의 관계도 모든 유형에서 일정한 추세를 발견하기 곤란한 조사 결과가 나왔다. 굳이 차이를 발견한다면 인습적인 정치참여의 경우 모친의 학력이 무학이거나 초등학교인 경우가 대학이나 대학원을 나온 경우보다 부정적인 입장을 나타냈고, 비인습적인 정치참여와 투표의 경우는 반대의 현상이 나타났다. 정치적 관심은 모친의 학력이 무학인 경우 가장 높게 나타나 부친의 학력과 반대의 현상이 나타났다.

부모의 학력과 자녀인 대학생의 정치참여 유형과의 관계는 무관하다고 할 수 없지만 무학인 경우와 대학이상의 교육을 받은 부모를 둔 자녀간의 어느 정도의 차이는 발견할 수 있다.

〈표 Ⅳ-15〉 정치참여 유형과 부모의 학력

설문결과 / 참여유형	무학	초등학교	중등학교	대학교	대학원	F	Prob.
1)-1 시민단체	1.00/1.40	1.64/1.70	1.77/1.80	1.82/1.95	1.95/1.33	5.02/4.13	0.001/0.003
1)-2 정치집회	2.82/2.73	2.46/2.46	2.62/2.53	2.95/2.67	3.71/3.33	2.78/2.39	0.026/0.049
1)-3 선거운동	3.55/3.57	3.60/3.59	3.40/3.60	3.59/3.71	3.71/3.17	0.15/0.51	0.962/0.726
1)-4 공직자 접촉	3.36/3.50	3.28/3.25	3.35/3.34	3.30/3.63	3.59/3.67	0.69/2.38	0.599/0.050
1)-5 정치토론	2.27/2.60	2.66/2.77	2.77/2.82	2.75/3.18	3.21/2.50	3.76/7.94	0.005/0.000
1) 인습적 참여 (합계)	2.60/2.76	2.73/2.71	2.80/2.83	2.82/2.03	3.08/2.60		
2)-6 청원	3.36/3.47	3.37/3.37	3.47/3.42	3.32/3.59	3.55/3.17	1.06/0.77	0.375/0.543
2)-7 항의	3.55/3.70	3.59/3.60	3.65/6.62	3.53/3.68	3.86/3.17	1.31/0.50	0.264/0.735
2)-8 시위	2.91/2.57	2.26/2.32	2.43/3.57	2.53/3.51	2.17/3.67	1.22/0.30	0.095/0.297
2)-9 폭력	3.73/3.40	3.60/3.57	3.55/3.57	3.56/3.51	3.62/3.67	0.17/0.30	0.955/0.881
2) 비인습적 참여 (합계)	3.39/3.28	3.20/3.12	3.27/3.26	3.22/3.33	3.38/3.04		
3)-10 수동적 참여 : 투표	2.27/2.13	2.11/2.31	2.26/2.16	2.16/2.27	2.29/2.83	0.93/1.64	0.447/0.051
4)-11 비활동적 참여 : 무관심	2.64/230	2.39/2.42	2.55/2.56	2.49/2.60	2.60/2.33	1.49/2.64	0.204/0.033

16. 정치참여 유형과 양친의 유무

정치참여 유형과 양친의 생존여부와의 관계를 알아보기 위한 설문조사 결과는 〈표 Ⅳ-16〉에 나타나있다. 이는 가정환경과 정치참여의 차이를 살펴보기 위한 것이다.

모든 참여 유형에서 두드러지게 나타난 결과는 기타의 경우를 제외하고 부모중 한 분만 생존해 있다는 응답자가 별거중이거나 양친이 없는 경우보다 현저한 차이를 보이고 있다. 한 분만 생존해 있다는 응답자가 인습적 참여, 비인습적인 참여, 투표등의 정치참여 유형에 대해서 가장 긍정적인 입장을 보이고 있으며, 정치적인 관심도 가장 높다. 별거중이거나 양친이 없다는 응답자가 반대로 인습적인 참여, 비인습적인 참여, 투표 등에서 가장 부정적이고, 정치적 관심은 가장 낮게 나타났다.

기타의 경우는 표본의 성격에서 나타난 바와 같이 응답자의 비율이 0.1%이기 때문에 통계적인 의미가 없다. 양친이 생존해 있다는 응답자가 다른 경우보다 비교적 중간적인 위치에 있음을 알 수 있으며 부모의 생존여부와 정치참여간에는 상당한 정도의 관계를 발견할 수 있다.

〈표 Ⅳ-16〉 정치참여 유형과 양친의 유무

설문결과 / 참여유형	양친생존	한분만 생존	별거중	양친없음	기 타	F	Prob.
1)-1 시민단체	1.77	1.70	2.00	2.00	3.00	1.14	0.338
1)-2 정치집회	2.56	2.66	2.75	2.50	3.00	0.32	0.865
1)-3 선거운동	3.58	3.76	4.25	3.25	2.00	2.15	0.073
1)-4 공직자 접촉	3.35	3.70	3.88	4.25	4.00	2.20	0.067
1)-5 정치토론	2.77	2.65	2.88	3.50	4.00	1.42	0.224
1) 인습적 참여 (합계)	2.81	2.77	3.15	3.10	3.20		
2)-6 청원	3.43	3.23	4.00	4.25	4.00	2.05	0.086
2)-7 항의	3.61	3.56	4.13	4.25	4.00	1.10	0.355
2)-8 시위	2.41	2.34	2.25	2.75	5.00	2.07	0.083
2)-9 폭력	3.57	3.56	3.38	4.00	2.00	0.88	0.475
2) 비인습적 참여 (합계)	3.25	3.17	3.44	3.81	3.75		
3)-10 수동적 참여 : 투표	2.22	2.14	2.25	2.25	2.00	0.14	0.968
4)-11 비활동적 참여 : 무관심	2.52	2.38	2.88	2.50	1.00	2.21	0.066

17. 정치참여 유형과 집안의 경제수준

정치참여 유형과 집안의 경제수준과의 관계를 조사한 결과는 〈표 Ⅳ-17〉에 나타나 있다. 이는 양친의 유무와 같이 가정환경과 정치참여에 대한 태도를 살펴보기 위한 것이다.

인습적인 정치참여의 경우는 부유한 집안 출신의 응답자가 가난한 집안 출신의 응답자보다 부정적인 입장을 취하고 있는 것으로 나타났다. 비인습적인 정치참여의 경우는 아주 빈곤한 집안 출신이 가장 선호하는 태도를 보였으며 특히 시위의 경우에는 현저하게 지지도가 높은 것으로 나타났다.

투표에 관해서는 대체로 가난한 집안의 응답자가 부유한 집안 출신보다 약간 소극적이며 정치적인 관심은 현저하게 낮은 것으로 나타났다. 경제수준이 보통인 경우는 일반적으로 중간적인 입장을 취하고 있다.

집안의 경제적 환경은 자녀들의 정치참여에 영향력이 있는 것으로 해석할 수 있으며, 가난한 집안 출신의 응답자가 그렇지 못한 집안의 출신보다 비정상적이고 좀 더 과격한 정치참여 유형을 선호하는 것으로 나타나 소외의식이나 상대적 박탈감이 정치참여 태도에 영향을 미친다고 볼 수 있다.

〈표 Ⅳ-17〉 정치참여 유형과 집안의 경제수준

설문결과 / 참여유형	아주 부유	부 유	보 통	가 난	아주 빈곤	F	Prob.
1)-1 시민단체	1.93	2.01	1.74	1.76	1.56	3.03	0.017
1)-2 정치집회	2.31	2.62	2.58	2.51	2.33	0.54	0.707
1)-3 선거운동	3.54	3.50	3.63	3.51	3.22	0.86	0.490
1)-4 공직자 접촉	3.69	3.48	3.33	3.28	2.78	1.37	0.243
1)-5 정치토론	2.54	2.83	2.77	2.70	2.89	0.45	0.774
1) 인습적 참여 (합계)	2.80	2.89	2.81	2.75	2.56		
2)-6 청원	3.23	3.43	3.43	3.37	2.89	0.78	0.538
2)-7 항의	3.38	3.62	3.61	3.70	3.56	0.34	0.853
2)-8 시위	2.62	2.62	2.40	2.26	1.78	2.71	0.029
2)-9 폭력	3.31	3.55	3.60	3.32	3.33	1.83	0.122
2) 비인습적 참여 (합계)	3.13	3.31	3.26	3.16	2.29		
3)-10 수동적 참여 : 투표	2.38	2.08	2.20	2.41	2.33	1.44	0.219
4)-11 비활동적 참여 : 무관심	1.92	2.53	2.52	2.48	2.67	2.24	0.063

18. 정치참여 유형과 종교

정치참여 유형과 종교와의 관계를 조사한 결과는 〈표 Ⅳ-18〉에 나타나 있다. 종교별로 정치참여 유형에 어떤 차이를 보이고 있는가를 알아보기 위해서 설문조사를 실시한 것이다.

인습적인 정치참여와 비인습적인 정치참여에 관하여 유교 신자가 가장 긍정적으로 응답한 반면 기독교 신자가 가장 부정적인 것으로 나타났다. 투표에 관해서도 유교 신자의 선호도가 가장 높았고, 불교 신자가 가장 낮았다. 정치적 관심은 기타와 기독교 신자순으로 높았으며, 불교신자가 가장 낮았다.

종교와 정치참여 유형과의 관계는 유교 신자와 기독교 신자간에 약간의 차이가 발견되긴 했으나 두드러진 경향을 발견 하는데는 무리가 있다고 볼 수 있다.

〈표 Ⅳ-18〉 정치참여 유형과 종교

참여유형 \ 설문결과	불 교	유 교	기독교	천주교	기 타	F	Prob.
1)-1 시민단체	1.84	1.80	1.80	1.68	1.74	1.03	0.390
1)-2 정치집회	2.57	2.33	2.59	2.63	2.54	0.41	0.803
1)-3 선거운동	3.63	3.27	3.67	3.50	3.58	1.10	0.355
1)-4 공직자 접촉	3.35	3.67	3.36	3.33	3.30	0.46	0.767
1)-5 정치토론	2.70	2.80	2.79	2.92	2.76	1.02	0.394
1) 인습적 참여 (합계)	2.82	2.77	2.84	2.81	2.78		
2)-6 청원	3.34	3.33	3.47	3.62	3.37	1.56	0.182
2)-7 항의	3.60	3.53	3.62	3.66	3.62	0.11	0.978
2)-8 시위	2.53	2.07	2.48	2.28	2.36	2.16	0.072
2)-9 폭력	3.67	3.40	3.60	3.54	3.52	0.95	0.432
2) 비인습적 참여 (합계)	3.28	3.08	3.29	3.28	3.22		
3)-10 수동적 참여 : 투표	2.24	2.07	2.20	2.14	2.21	0.26	0.905
4)-11 비활동적 참여 : 무관심	2.59	2.53	2.51	2.53	2.49	0.55	0.699

V. 요약 및 결론

응답자 전체의 정치참여에 대한 태도를 종합하면 다음과 같다.

① 인습적인 정치참여의 경우 43%가 긍정적으로 응답하였고, 그저 그렇다가 29%, 그렇지 않다가 28%로 나타나 대체로 긍정적인 입장이라고 평가 할 수 있을 것이다. 시민단체의 활동, 정치집회, 선거운동, 공직자 접촉, 정치토론 등에 있어서 전반적으로 긍정적인 태도를 보인 것이다.

② 비인습적인 정치참여의 경우 45%가 부정적으로, 28%가 중간적인 입장을 취하였으며, 27%가 긍정적으로 응답하였다. 인습적인 정치참여와 정반대의 현상이 나타난 것이다. 응답자는 전반적으로 인습적인 정치참여보다 비인습적인 정치참여에 소극적인 태도를 보였다. 그러나 시위에 대하여 58%가 긍정적으로 응답하였다. 반면에 항의는 60%, 청원은 52%, 폭력의 동원은 57%가 반대의 입장을 취하였다. 대학생들은 비인습적인 정치참여 유형 중 아직도 시위를 중요한 정치참여의 수단으로 인정하고 있으나 폭력의 동원은 반대하는 태도를 보였다.

③ 투표에 대해서는 68%가 긍정적으로, 13%가 부정적으로 응답하였다. 대체로 투표를 통한 정치참여에 긍정적인 입장이라고 볼 수 있다.

④ 정치에 대한 관심은 50%가 높은 것으로, 43%가 그저 그렇다는 입장이고, 7%가 정치적 관심이 없다고 응답하였다. 대학생은 대체로 정치에 대해서 관심이 있음을 발견하였다.

이상의 네가지 정치참여 유형을 17개의 특성변수와 어떤 관계가 있는지 조사결과를 요약하면 다음과 같다.

① 동아리의 가입 숫자와 정치참여 태도간에는 밀접한 관련이 없는 것으로 나타났다.

② 신문을 자주 읽을수록 인습적, 비인습적인 정치참여에 긍정적인 태도를 보였으며, 정치적 관심 또한 높게 나타났다. 그러나 투표에 대해서는 소극적인 입장을 보였다.

③ 정치관련 TV프로를 자주 시청할수록 인습적, 비인습적인 정치참여에 대하여 적극적이었으며, 정치적 관심이 높은 것으로 나타났다.

④ 자가용으로 등교하는 동료학우에 대한 태도와 정치참여 유형간에는 관련이 없는 것으로 나타났다.

⑤ 전공과 정치참여 유형과는 밀접한 관계가 있는 것으로 나타났는데 사회과학 전공자가 인습

적, 비인습적인 정치참여에 대하여 긍정적인 태도를 보였으며, 또한 정치적 관심이 높았다. 반대로 의학, 예체능, 사범대생은 소극적이었으며, 공대생은 중간적인 입장으로 나타났다. 투표에 관하여 가정대생이 가장 긍정적으로 평가했다.

⑥ 전공에 대하여 불만이 높은 응답자일수록 인습적, 비인습적인 정치참여와 투표에 대하여 긍정적이었으며, 정치적 관심이 높은 것으로 나타났다.

⑦ 이상실현의 장애요인으로 사회적 배경결여를 지적한 응답자가 모든 유형의 정치참여에 대해서 냉소적인 입장을 취하는 것으로 나타났다.

⑧ 학점이 낮을수록 인습적인 정치참여와 비인습적인 정치참여인 항의, 시위, 폭력의 사용 등에 적극적인 태도를 보였으며, 투표에 대해서는 부정적인 것으로 나타났다.

⑨ 장래에 대해서 자신감이 없다는 응답자일수록 인습적, 비인습적인 정치참여 유형과 투표에 대하여 부정적인 입장을 보였으나, 정치에 대한 관심은 높은 것으로 나타났다.

⑩ 개인이 중시하는 가치관과 정치참여 태도와는 밀접한 관련이 있는 것으로 나타났는데 정치권력을 강조하는 응답자가 경제적인 부를 중요하게 인정하는 응답자보다 인습적, 비인습적인 정치참여에 적극적인 태도를 보였다. 또한 그들은 정치적 관심이 높은 것으로 나타났으나 투표에 대해서는 가장 부정적이었다.

⑪ 주 성장지와 정치참여 유형에서는 농어촌 출신이 인습적, 비인습적인 정치참여와 투표에 적극적인 반응을 보였다.

⑫ 성별과 정치참여 유형은 남학생이 여학생보다 각종 유형의 정치참여에 적극적인 것으로 나타났다.

⑬ 부모의 직업과 정치참여 유형과는 무관한 것으로 나타났다.

⑭ 부모의 학력도 정치참여 유형과 일관성 있는 경향을 발견할 수 없었다.

⑮ 양친의 생존과 정치참여 태도와는 관련성이 높은 것으로 나타났는데 부모가 생존해 있는 경우 중간적인 입장을 취하고 있으며, 한 분만 생존한 경우가 별거중이나 양친이 없다는 응답자 보다 인습적, 비인습적, 투표, 정치적 관심 등에서 가장 적극적인 태도를 보였다.

⑯ 집안의 경제수준이 낮을수록 비인습적인 정치참여를 적극 지지하는 것으로 나타났다.

⑰ 종교와 정치참여 태도와의 관계는 무관한 것으로 나타났다.

조사결과를 토대로 대학생은 인습적인 정치참여와 투표방식의 정치참여에 대해서 긍정적이며, 정치적 관심이 높은 것으로 나타났지만 비인습적인 정치참여에 대해서는 부정적인 태도를 갖고 있다고 결론지을 수 있을 것이다.

이러한 정치참여 유형에 강력한 영향을 미치는 특성변수는 ① 매스 미디어의 노출-매일 신문 구독, 정치관련 TV의 잦은 시청 ② 전공-사회과학과 의학, 예체능, 사범계열 ③ 믿음이나 신념-가장 중시하는 가치 ④ 상대적 박탈감이나 소외의식-전공의 불만, 사회적 배경결여, 불량한 평균학점, 가난한 집안의 출신, 결손가정 ⑤ 자신의 효능감-장래에 대한 자신감의 상실 ⑥ 성별 등이 중요한 변수로 작용하고 있음을 발견 할 수 있었다.

* 참 고 문 헌 *

김광웅, 김학수, 박찬욱. 1991. 『한국의 의회정치』, 서울 : 박영사

박동서, 김광웅. 1987. 『한국인의 민주정치의식:대중과 엘리트』, 서울 : 서울대학교

이지훈. 1989. 『한국정치문화와 정치참여』, 서울 : 형설출판사

한배호, 어수영. 1987. 『한국의 정치문화』, 서울 : 법문사

Gurr,ted. 1970. *Why Men Rebel*, Princeton : Princeton University Press.

Kim, Chong lim. (ed.,). 1980. *Political Participation in Korea*, Santa Barbara California : Clio Books

Llipset. S.M., 1959. "Some Social Requisites of Democracy : Economic Development and Political legitimacy," *American Political Science Review*. Vol. 53, No.1 (March), pp. 69~105.

Nie, N. H, G. Bingham Powell, and Kenneth Prewitt. 1969. "Social Structure and Political Participation : Developmental Relationship, I and II, *American Political Science Review*, No. 2 and 3(1969), pp.361~378, 808~832.

Verba, Sidney. 1967. "Democratic" *The Annals of the American Academy of Political and Social Science*. Vol. 373(September), pp.53~78.

Verba, Sidney and Norman H. Nie. 1971. *The Mode of Democratic Participation : A Cross*

National Comparson. Sage Prcfessional Papers in Comparatiye Politics, Series no. 01–013, Ca.beverly Hills.

Verba, Sidney ed., 1973. "The Modes of Participation : Continuities in Research" *Comparative Political Studies*, Vol. 6. No. 2 (July), pp.235~250.

〈부록〉

설 문 지

안녕하십니까?

다름이 아니라 대학생의 현실정치참여에 대한 조사를 통하여 대학생들의 정치참여에 관한 유형을 연구하고자 합니다. 다소 시간이 걸리더라도 한 문항도 빠뜨리지 말고 솔직하게 응답해주기 바랍니다.

1995. 10.

홍득표 (인하대 교수, 정치학)

※ 해당되는 () 속에 V 표시를 하시오.

	매우 그렇다	그렇다	그저 그렇다	그렇지 않다	전혀 그렇지않다
1. 시민단체가 정부정책에 영향력을 행사하기 위하여 전개하는 시민운동에 박수를 보낸다	( )	( )	( )	( )	( )
2. 선거유세장에 나가보는 것이 후보선택에 꼭 필요하다.	( )	( )	( )	( )	( )
3. 특정 정당을 지지하거나 후보를 지원하기 위하여 선거 자원봉사자로 나선다.	( )	( )	( )	( )	( )
4. 지역발전을 저해하는 정책을 따지기 위하여 해당 행정기관을 방문한다.	( )	( )	( )	( )	( )
5. 동료학우들과 만나면 정치문제가 화두로 자주 등자한다.	( )	( )	( )	( )	( )
6. 민원을 해결하기 위하여 행정당국에 진정서를 보낸다.	( )	( )	( )	( )	( )
7. 정치적인 쟁점이 부각되었을 때 언론사와 방송국에 전화를 걸어 여론을 환기시킨다.	( )	( )	( )	( )	( )

	매우 그렇다	그렇다	그저 그렇다	그렇지 않다	전혀 그렇지않다
8. 잘못된 정부정책을 시정하려면 집단적인 시위가 효과적이다.	( )	( )	( )	( )	( )
9. 정치문제 해결을 위하여 과격한 수단을 동원하는 것도 무방하다.	( )	( )	( )	( )	( )
10. 정치문제는 정상적인 투표과정을 통하여 표로서 해결하는 것이 가장 민주적이다.	( )	( )	( )	( )	( )
11. 우리나라 정치가 어떻게 돌아가고 있는지 알고 있다.	( )	( )	( )	( )	( )
12. 정부정책의 결정이나 변동에 가장 많은 영향력을 행사할 수 있는 방법은 시민운동이다.	( )	( )	( )	( )	( )
13. 강연회나 정치집회에 참가하는 것은 정치현안을 이해하는데 도움이 된다.	( )	( )	( )	( )	( )
14. 정당의 이념이나 정강정책에 공감이 가는 정당이 있으면 입당하고 싶다.	( )	( )	( )	( )	( )
15. 공과금이 잘못 부과되면 직접 해당기관의 담당자를 만나러 간다.	( )	( )	( )	( )	( )
16. 동료학우들과 만나면 사적인 문제보다 정치적인 문제가 주된 화제거리이다.	( )	( )	( )	( )	( )
17. 서명운동에 동참하는 것은 정부의 입장을 바꾸는데 도움이 된다.18. 거주지역에 문제가 발생하면 지역구 국회의원이나 지방의원에게 연락하여 시정해 줄 것을 촉구한다.	( )	( )	( )	( )	( )
19. 반정부 시위대를 보면 그 심정을 충분히 이해할 수 있으며 지지를 보낸다.	( )	( )	( )	( )	( )
20. 시위의 효과를 높이기 위하여 화염병이나 투석(投石)이 필요할 경우가 있다.	( )	( )	( )	( )	( )
21. 역대선거 결과는 민의를 올바르게 반영하는데 효율적이었다.	( )	( )	( )	( )	( )
22. 정치에 대하여 흥미를 가지고 있으며 기회가 오면 정치를 하고 싶다.	( )	( )	( )	( )	( )

23. 몇 개의 동아리에 가입하여 활동하고 있는가?
(1) 없음( )
(2) 하나( )
(3) 둘( )
(4) 셋( )
(5) 넷( )
(6) 다섯이상( )

24. 신문(스포츠신문 제외)을 어느 정도 자주 읽는가?
(1) 매일( )
(2) 2-3일에 한번( )
(3) 1주일에 한번( )
(4) 한달에 한두번( )
(5) 전혀 읽지 않음( )

25. TV프로에서 정치관련 뉴스나 시사토른을 얼마나 자주 보는가?
(1) 매일 정기적으로( )
(2) 쟁점이 있을경우( )
(3) 2~3일에 한번정도( )
(4) 일주일에 한번정도( )
(5) 한달에 한두번( )
(6) 전혀 보지 않음( )

26. 자가용으로 등교하는 동료학우를 보면 부럽기도 하고 내 부모가 원망스러울 때가 있다.
(1) 아주 그렇다( )
(2) 그렇다( )
(3) 느낌이 없다( )
(4) 그렇지 않다( )
(5) 전혀 그렇지 않다( )

27. 전공계열은?
(1) 인문과학( )
(2) 법정( )
(3) 경상( )
(4) 사범( )
(5) 이과( )
(6) 공학( )
(7) 가정( )
(8) 예체능( )
(9) 의학( )

28. 자신의 전공에 대하여 어느정도 만족하고 있는가?
(1) 매우 만족( )
(2) 만족( )
(3) 그저 그렇다( )
(4) 불만족( )
(5) 매우 불만족( )

29. 자신의 이상을 실현시키는데 가장 커다란 장애요인은?
(1) 자신의 노력부족과 재능결핍( )
(2) 힘있는 사회적 배경 결여( )
(3) 정치 · 경제 · 사회 · 문화제도의 부적합( )
(4) 자신의 타고난 운명( )
(구체적으로 :)( )

30. 대학에서 자신의 평균 학점은?
(1) A ( )
(2) B ( )
(3) C ( )
(4) D ( )
(5) 기타
(5) F ( )

31. 졸업후 자신의 장래에 대하여 자신감을 가지고 있는가?
(1) 아주 자신있다( )
(2) 자신있는 편이다( )
(3) 그저 그렇다( )
(4) 자신이 없다( )
(5) 아주 자신이 없다( )

32. 자신이 평생동안 가장 소중하게 간직할 가치는?
(1) 정치권력( )
(2) 경제적인 부( )
(3) 명예와 존경( )
(4) 사랑과 봉사( )
(5) 기타(구체적으로 :   )

33. 대학입학전 주 성장지는?
(1) 농촌 및 어촌( )
(2) 읍·면 소재지( )
(3) 중소도시(인구 20만 이하)( )
(4) 대도시(인구 20만 이상)( )
(5) 광역시 및 특별시(인구 100만 이상)( )

34. 성별
(1) 남 ( )
(2) 여 ( )

35. 부모의 직업
(1) 농어민( )
(2) 관리직, 상업 및 자유업( )
(3) 공무원, 경찰 및 군인( )
(4) 회사원( )
(5) 근로자( )
(6) 전문직( )
(7) 기 타( )

36. 아버님의 학력
(1) 무학( )
(2) 초등학교( )
(3) 중·고등학교( )
(4) 대학교( )
(5) 대학원( )

37. 어머님의 학력
(1) 무학( )
(2) 초등학교( )
(3) 중·고등학교( )
(4) 대학교( )
(5) 대학원( )

38. 양친의 생존여부
(1) 양친 생존( )
(2) 한분만 생존( )
(3) 생존해 계시나 별거중( )
(4) 두분다 안계심( )
(5) 기타( )

39. 집안의 경제생활정도
(1) 아주 잘사는 편( )
(2) 잘사는 편( )
(3) 보통 수준( )
(4) 못사는 편( )
(5) 매우 못하는 편( )

40. 종교
(1) 불교( )
(2) 유교( )
(3) 기독교( )
(4) 천주교( )
(5) 기타( )(구체적으로:)

- 끝 -

제8장

정치의식과 정치변동

제2절 재미 동포의 정치의식*

Ⅰ. 머리말

한국은 해방 이후 서구식 민주주의 제도를 직수입하여 많은 시행착오와 시련을 겪으면서 민주주의를 정착시키려는 과정에 제3세계 정치학의 실험실과 똑 같이 한번만 겪어도 충분한 정치적 격변을 수없이 반복하였다. 30여년 동안의 군부 통치가 종식되고 정치 발전의 한 단계인 민간 정부가 출범하였으며, 뒤이어 여·야간 평화적인 정권교체가 이루어져 민주주의가 제도적으로 공고화 될 것이라는 기대를 갖게 하였다.

그러나 정치가 제도적으로 한 단계씩 점진적으로 발전되어 가는 모습과는 달리 여·야는 당리당략에 혈안이 되어 이전투구식 대립과 갈등으로 허구한 날 정쟁을 일삼고 있으며, 특정지역 출신을 우대하는 불공정한 인사정책, 지역주의에 편승한 정치행태, 부정부패의 만연, 공직자의 도덕성 해이, 공권력의 남용과 운영의 편파성, 권위주의 통치행태, 국민과의 약속 파기 등 민주정치의 내실을 기하지 못하고 있다.

한국의 민주정치 발전 과정에 규범적인 접근법이나 제도적 · 절차적인 접근법의 한계가 분명하게 나타나고 있다. 립셋(S. M. Lipset)류의 정치 발전과 경제발전, 사회유동성과의 상관관계도 적실성이 적으며, 오히려 다알(R. A. Dahl)이나 헌팅톤(S. P. Huntington)의 주장과 같이 한국의 민주발전은 단선적인 경로를 밟기보다는 변증법적으로 진행되고 있음을 알 수 있다.

민주발전의 조건 변수로 여러 가지를 제시하고 있으나 한국의 경우는 제도적 접근보다는 정치행위자적인 접근법이 보다 중요하게 인식되어 제도를 운영하는 정치주체들의 정치의식과 태도가 민주적으로 바뀌고 그것을 실천에 옮기는 것이 선결과제라고 할 수 있다. 정치행동이나 정치적 선택에는 정치의식이 중요하게 작용하기 때문이다.

민주발전의 제도적인 한계를 극복하기 위해서는 무엇보다 정치인과 국민의 정치의식이 민주

---

* 「국제정치논총」 제 39집 2호(pp.289~316)에 게재했던 것임.

적으로 바뀌는 것이 시급하다는 것을 인식하고 정치의식의 특성과 변화에 관하여 연구하고자 한다. 정치의식에 대한 연구는 정치문화의 연구와 더불어 그 특성과 변화에 대하여 많은 관심을 기울여 왔다.

한국인의 정치의식에 대한 경험적 조사는 많은 반면에 한국사회에서 어느 정도 사회화가 이루어진 가운데 새로운 정치환경으로 이주하여 살고 있는 해외동포들의 정치의식에 대한 연구는 찾아볼 수 없다. 해외동포들의 정치의식에 대한 연구는 새로운 정치세계에 살면서 그들이 어떻게 재사회화되고 있는 가를 발견할 수 있을 것이다. 민주화 도상에 있는 한국에서 태어나 비교적 민주정치가 발전되고 시민문화(civic culture)가 정착된 것으로 평가받는 미국사회로 이주한 재미동포들의 정치의식을 조사하는 것은 의미가 있을 것으로 기대된다. 따라서 본 연구는 재미동포들의 정치의식을 조사하여 그들의 정치의식 수준을 발견하고, '새로운 정치환경의 변화에 따라서 정치의식도 변한다' 는 가설을 입증하려는 것이다.

II. 정치의식론

1. 정치의식의 개념

인간의 행태를 조건짓고 또한 결정하는 데 다양한 요인이 작용한다. 생물적·심리적 요구, 사회관습, 유전, 문화 등을 들 수 있다(Paik, 1990, 1). 인간의 정치행태(political behavior)에 영향을 주는 요인은 정치적 사고(political thinking), 정치지식(political knowledge), 정치적 가치(political value), 정치적 착상(political idea), 정치문화(political culture), 정치의식(political consciousness) 등을 들 수 있다. 인간의 정치행태는 정치사회화 과정을 거치면서 형성된 다양한 요인들이 복합적으로 작용한 결과라고 볼 수 있으며 정치의식은 인간의 정치행태에 영향을 미치는 중요한 요인으로 작용한다. 정치 현상에 대한 이해, 판단, 인식, 예측 등은 정치의식에 바탕을 두고 이루어진다.

그러면 정치의식의 개념을 어떻게 정의할 수 있을 것인가? 정치의식을 정치 행동을 결정하는 정신작용이라고 정의하고 있다. 즉 정치와의 관계에서 사람이 갖는 의식의 총칭으로 정치적 사상(事象)과 특정한 정치문제에 대해서 사람들이 가지게 되는 인식·평가·태도를 총칭하여 정치의식이라고 정의한다(이극찬, 1995, 298).

정치의식을 정치문화와 유사한 개념으로 보는 견해도 있다. 환원론적인(reductionism) 시각에서 정치문화와 정치의식을 동일한 개념으로 취급하는 것이다. 대중 개개인의 가치관, 신념, 태도 등의 정치의식을 산술적으로 집합해 놓은 것이 결국 정치문화라고 본다(Lane, 1969, 312).

다른 한편 정치문화를 전체론적(holism) 입장에서 개체로 세분할 수 없는 특징이나 속성이 있다고 보기 때문에 정치의식과는 다른 개념으로 보고 있다.

본 연구에서는 환원론적인 입장에서 정치의식이 정치문화를 구성하는 기본 요인이라는 사실은 인정하지만 정치의식과 정치문화를 별개의 개념으로 보려고 한다. 전체론에서 주장하는 바와 같이 정치문화는 개체의 산술적인 집합체가 아닌 개체로 세분할 수 없는 집단 전체의 속성이 있을 수 있다고 보기 때문이다. 동일한 개념으로 본다면 재미 동포의 정치의식 조사가 재미 동포의 정치문화 연구와 똑 같아질 수 있을 것이다.[1]

정치의식을 "개개인이 가지고 있는 정치세계(world of politics)에 대한 판단과 선택 그리고 정치행동에 작용하는 정치적 자아의 인지적·감정적·정향"이라고 조작적 정의를 내리고자 한다. 국민 개개인이 가지고 있는 정치세계에 대한 태도, 가치관, 정향, 신념, 감정, 정보, 기술 등으로 이해하고자 한다.

2. 정치의식의 대상

정치의식의 대상을 정치세계라고 하였는 데 구체적으로 무엇을 의미하는 것일까? 즉 정치적 자아(self-in-politics)의 인지적·감정적·평가적 정향의 대상이나 차원은 무엇일까?

도손(R. E. Dawson)은 개인의 정치적 자아에 대한 태도, 신념, 감정, 정향 등은 민족주의, 애국심, 자기 종족에 대한 충성심과 같은 애착, 특정 정파, 정치집단, 사회집단과의 일체감, 이념적인 위치, 특정한 정치쟁점, 정치적 인물, 정치사건, 정책 등에 대한 평가와 태도, 정치세계에서 자신의 권리, 책임, 지위에 대한 자기영상(self-image), 정치제도, 정치역할, 정치과정 등 정치구조와 절차에 대한 지식과 평가 등이라고 주장하였다(Dawson, Prewitt and Dawson, 1977, 40).

다알(R. A. Dahl)은 정치정향의 대상으로 ① 국가사회에서 충성의 분포와 범위에 영향을 주는

1) 박동서 · 김광웅 교수는 민주정치의식에 대한 조사를 정치문화의 연구와 연계시키지 않았다(1987).

전체적인 정치체제 ② 정치집단과 정치적 상호작용을 형성하는 데 작용하는 타인에 대한 태도, 협력과 개인에 대한 태도 ③ 정당간의 상호작용에 영향을 주는 문제해결에 대한 태도 등으로 나누었다(Dahl, 1966, 352).

파이와 버바는(L. Pye and S. Verba)는 정치발전에 초점을 맞추면서 ① 국민일체감 ② 참여자로서 자신에 대한 태도 ③ 동료시민에 대한 태도 ④ 정부의 산출과 수행실적에 대한 태도와 기대 ⑤ 의사결정과정에 대한 지식과 태도 등을 지적하였다(Pye and Verba, 1972, Chapter. 12).

클라크(T. Clark and M. Rempel)는 정치정향의 대상으로 시민들, 정당들, 이익집단들, 정부기구들 또는 미디어들이 정치 행위를 하는 데 기초가 되는 게임 규칙이라고 보았다(1997, 11).

정치의식의 대상에 대한 다양한 주장들을 종합하면 결국 알몬드와 버바(G. A. Almond and S. Verba)가 지적한 정치문화의 대상인 ① 일반대상으로서의 체제(system) ② 투입(input) ③ 산출(output) ④ 능동적인 참여자로서 자신(self)과 대동소이하다고 볼 수 있다(1972, 16). 일반적으로 정치의식의 대상과 정치문화의 대상을 거의 동일하게 취급하고 있음을 알 수 있다.

그러나 본 연구에서는 〈표-1〉과 같이 정치의식의 대상으로 정치적 판단과 선택 그리고 정치적 행동에 작용하는 정치적 자아의 정치적 권리와 의무에 대한 인지적 정향, 애국심과 민족정신, 민주시민으로서 민주주의에 대한 인지적 정향과 실천적 태도, 정치참여의 경험적 태도, 정치적 효능감에 대한 태도 등 다섯가지를 선정하였다.[2]

---

2) 정치의식의 조사 대상을 축소한 데는 몇 가지 이유가 있다.

첫째, 조사 내용의 방대함 때문이다. 단행본이 아닌 한편의 논문이 수용할 수 있는 연구의 범위는 극히 제한되어 있기 때문에 정치의식의 모든 대상을 연구 범위에 포함시킬 수 없다.

둘째, 재미 동포를 대상으로 한국의 정치체제, 투입기제, 산출결과 등에 대한 인지적·감정적·평가적 정향을 설문 조사하는 것은 재미 동포가 획득하고 있는 정보의 한계 때문에 문제가 있을 것으로 보기 때문이다. 한국정치체제의 직접적인 적용대상이 아니고 미국의 정치 환경에서 살고 있기 때문에 이해당사자가 아니라서 객관적으로 응답할 가능성은 높으나 구체적인 정보나 지식이 제한적일 수밖에 없다. 특히 국가적·민족적 차원의 정책에 대하여 해외 동포들의 의견을 묻는 것은 의미가 있을 수 있으나 일반적인 정책이나 정치적 사건, 정치쟁점에 대한 조사는 커다란 효과가 없을 것으로 보인다. 왜냐하면 그들은 사실상 한국 정치의 주된 행위자가 아니기 때문이다. 그들이 가지고 있는 정보란 한국 거주 당시의 경험과 지식, 그리고 외국 언론이나 미국 현지에서 접할 수 있는 제한적이고 간접적으로 획득된 것이기 때문에 현장감이 떨어질 것으로 보인다. 또한 미국 정치체제에 속해 있기 때문에 한국정치체제나 투입 기제, 산출결과 등을 평가할 때 미국과 무의식적으로 비교할 가능성이 크다.

정치의식의 구성요소로 정치권리와 의무에서는 시민의 정치적 권리에 대한 인지적 정향과 시민의 정치적 의무에 대한 복종적 행동을,[3] 애국심과 민족정신에서는 국가에 대한 애국심과 민족주체성 등을 선정하였다.[4] 민주시민성은 민주주의의 개념, 민주주의의 이념적·절차적 원리에

〈표-1〉 정치의식의 조사 대상

정치의식의 대상	구성요소	하 위 요 소
(I) 정치 권리와 의무	(1) 시민의 정치적 권리	① 정치적 권리의 인지
	(2) 시민의 정치적 의무	① 자원제공 ② 자원수혜 ③ 행위규제의 수용 ④ 상징의 제공 ⑤ 상징의 수혜
(II) 애국심과 민족정신	(1) 국가에 대한 애국심	① 충성심 ② 한국인으로서 만족도 ③국가의 대외자율성
	(2) 민족주체성	① 민족문화의 자긍심 ② 민족의 우월성 ③ 민족혈통의 우수성
(III) 민주시민성	(1) 민주주의의 개념	① 민주주의의 개념의 인지
	(2) 민주주의의 이념적 원리	① 인간존중 ② 자유 ③ 평등 ④ 국민주권 ⑤ 개인주의
	(3) 민주주의의 절차적 원리	① 토론절차 ② 관용 ③ 비판과 타협 ④ 다수결과 소수자의 보호
	(4) 민주적 생활태도	① 약속의 준수 ② 공존의 원리
(IV) 정치참여	(1) 인습적 참여	① 시민단체참여 ② 정치집회참여 ③ 선거운동 참여 ④ 정당가입 ⑤ 공직자와 접촉 ⑥ 정치토론
	(2) 비인습적 참여	① 청원 ② 항의 ③ 시위 ④ 폭력
	(3) 수동적 참여	① 투표
(V) 정치적 효능감	(1) 정치적 관심	① 정치적 보상 ② 선택의 중요성 ③ 결과에 대한 영향력 ④ 정치지식
	(2) 정치적 무관심	① 정치과정의 복잡화 ② 심신의 피로 ③ 매스컴의 마취적 기능 ④ 번영된 사회생활 ⑤ 아노미 현상

3) 시민의 정치적 의무는 참여적 행동과 복종적 행동으로 분류할 수 있으나 정치참여를 별도의 대상으로 선정하였기 때문에 복종적 측면만을 고려하였으며, 하위요소의 선정에 다음을 참고하였음(Almond and Powell, 1984, 48).

4) 애국심과 민족주체성의 하위요소는 다음을 참고하였음(이지훈, 1989, 27~28).

대한 인지적 정향, 민주적 생활태도와 같은 실천적 태도,[5] 정치참여는 경험적인 시각에서 인습적, 비인습적, 수동적 유형에 대한 태도,[6] 정치적 효능감에서는 정치적 자아의 정치적 관심과 무관심의 원인에 대한 태도[7] 등을 구성요소로 삼았다.

정치의식 조사대상의 설문지는 한국에 대한 인지적·감정적·평가적 정향과 현재 미국에 거주하면서 경험했던 정치일반에 대한 태도를 복합적으로 응답하도록 설계하였다.[8]

III. 연구의 목적과 방법

1. 연구의 목적

본 연구의 목적은 재미동포의 정치의식을 분석하려는 것이다. 정치의식은 정치 현상이 발생하는 장(場)의 분위기, 문화, 전통, 역사, 관습 등 다양한 정치환경에 영향을 받기 때문에 한국에서 태어나 미국으로 이민가서 살고 있는 동포들을 대상으로 그들의 정치의식을 조사·분석하려는 것이다. 그들에 대한 정치의식 조사를 통하여 정치의식의 현황을 파악하고, 한국에서 정치사회화 과정을 통하여 형성된 태도, 가치관, 신념, 감정, 의식, 정향 등이 미국이라는 새로운 정치환경 속에 살면서 어떤 모습으로 재사회화되고 있는가를 추적하려는 것이다.

5) 민주정치 의식을 민주시민성으로 바꾸고 그 하위요소의 선정에 다음을 참고하였음(박동서·김광웅, 1987, 50~58).

6) 정치참여 유형 중 비활동적인 참여인 정치적 무관심은 정치적 효능감에 포함시켰으며, 정치참여의 유형에 대한 분류와 하위요소 선정에 다음을 참고하였음(홍득표, 1996, 63).

7) 다알(Robert A, Dahl)이 정치적 남성과 여성(Political Men and Women)에서 정치적 인간의 유형으로 분류한 ① 권력자(the powerful) ② 권력추구자(the power seeker) ③ 정치적 관심층(the political stratum) ④ 정치적 무관심층(the apolitical stratum) 중 정치에 관심을 갖거나 무관심한 이유가 정치적 효능감과 관련이 있다고 보았으며, 하위요소의 선정에 다음을 참고하였음(Dahl, 1991, 96; 이극찬, 1995, 327~341).

8) 설문지에서 '시민의 정치적 의무'의 일부분과 '애국심과 민족정신'에 관한 것은 한국과 관련된 내용으로 설계하였으며, 나머지는 응답자의 정치일반에 대한 정향과 태도를 측정하는 내용이었다.

2. 연구내용 및 방법

(1) 연구의 주제와 대상

본 연구의 주제는 재미동포의 정치의식을 경험적으로 분석하는 것이며, 조사 대상으로 재미 동포가 가장 많이 거주하고 있는 로스엔젤리스(Los Angeles) 지역을 선정하였다.

(2) 연구의 내용과 방법

정치의식에 관한 연구는 일반적으로 설문조사, 심층인터뷰, 내용분석, 객관적인 실험 기법 등을 활용하고 있으나 설문조사 방법을 활용하였다. 재미동포들의 정치의식 수준을 조사하여 국내 연구와 비교하고, 재미 동포의 사회·경제적인 배경 변수인 성별, 연령, 교육정도, 미국 수학경험, 성장지, 직업, 미국거주 햇수, 경제수준, 이민동기, 미국생활의 만족도, 법적 지위, 이민권장 여부 등과 정치의식간에 어떤 관계가 있는지를 분석하려고 한다.[9)]

(3) 설문지 작성

설문 내용은 〈표-1〉을 기초로 구성요소별 하위요소를 측정할 수 있는 문항으로 작성하였으며, 설문지는 본문에 포함시켰다.

(4) 표본의 추출과 조사방법

로스엔젤리스 거주 동포를 모집단으로 표집하여 1998년 9월부터 10월사이에 조사를 실시하였다. 표집방법으로 한인 동포만 수록된 한인록을[10)] 기준으로 무작위 표본을 추출하여 우편조사를 고려하였으나 회수율이 낮을 것을 우려하여 한인이 밀집한 한국타운(Korea Town)의 올림픽가(Olympic Blvd.)와 윌셔가(Wilshire Blvd.), 로랜하이츠(Rowland Heights) 지역의 콜리마로(Colima Rd.), 오랜지카운티(Orange County) 가든그로브(Garden Grove) 지역의 가든그로브가(Garden Grove Blvd.) 등 네 곳을 선정하여 모든 한인업소를 직접 방문하여 1,500여매의 설문지를 배부하였다. 2~3차례 방문하여 576매를 회수하였으며, 그 중에서 유효한 551매를 통계처

---

9) 정치환경에 따라 정치의식이 변한다는 가설을 입증하기 위해서는 (1) 재미동포의 이민 전후를 조사하여 비교하는 방법 (2) 동일한 설문내용으로 비슷한 시기에 실시한 국내 거주자에 대한 조사결과와 비교하는 방법 (3) 다른 여러 나라에 거주하는 해외동포에 대한 설문조사를 실시하여 상호 비교하는 방법 등이 있을 수 있다. 그러나 위의 세가지 방법은 현실적으로 어려움이 있기 때문에 재미동포의 배경 변인별 비교와 그리고 국내거주자에 대한 선행연구와 비교하는 방법을 택할 수밖에 없었다.

10) 대표적으로 「중앙한인업소록」(미주 중앙일보간, 1998)을 들 수 있다.

리 하였다.

(5) 표본의 성격

표본의 성격은 〈표-2〉에 나타난 바와 같이 학력수준이 높고, 대도시에서 성장한 사람 들이 압도적으로 많으며, 이민동기가 다양하고, 미국생활에 대체로 만족하고 있었다. 직업의 분포는 자영업의 비율이 높았으나 대표성에는 문제가 없다고 볼 수 있다.[11)]

(6) 자료처리

설문조사 결과는 SAS(Strategic Applications Software) 프로그램을 활용하여 하위요소별 빈도수(frequency), 비율(%), 평균(mean)을 구하였다. 구성요소별 응답자의 평균을 산출하기 위해서 매우 찬성 5점, 약간 찬성 4점, 보통 3점, 약간 반대 2점, 매우 반대 1점 등의 평정척도를 부여하였다.

44개의 하위요소 중 '정치적 권리'와 '민주주의의 이념에 대한 인지' 등을 제외한 42개의 하위요소와 12개의 배경변인간 교차제표(Cross Table)에 의한 빈도수와 비율 그리고 Chi-Square, Phi Coefficient, Cramer's V, 유의확률(Probability Value: P값) 등을 구하여 분석하였으나 도표가 504개나 되는 등 출력 자료가 너무 방대하여 소개하지 않았다.

그 대신 정치의식의 조사 대상인 13개 구성요소 중 '시민의 정치적 권리'와 '민주주의 개념'을 제외한 11개의 구성요소와 12개의 배경 변인간의 관계를 일반선형모형(general linear model)과 상관분석(correlation analysis)의 방법으로 분석하였으나 일반선형 자료를 평가의 기초로 삼았다. 상관분석을 활용하지 않는 이유는 직업, 법적지위, 이민동기 등 상관계수를 구할 수 없는 배경 변인들이 있기 때문이며, 분석의 일관성을 유지하기 위해서 일반선형모형에 의존하였다. 배경 변인별 의미 있는 관계는 유의수준인 P값을 0.05이하로 삼았다.

---

11) 1996년 미연방 센서스국의 조사에 의하면 한인의 자영업 종사 비율이 남성 27.9%, 여성 18.9%로 미국 거주 민족 중에서 가장 높게 나타났다. 연방조사에 의하면 이밖에 식당 및 음료판매 8.1%, 의료산업 7.1%, 자동차 정비 7.1%, 일반건축 6.5%, 법 · 공학 · 회계 2.7%로 나타났다(중앙일보, 미주판, 1998년 11월 28일, A-1). 본 조사에서는 식당 및 음료판매, 자동자 정비공장의 운영 등을 자영업으로 분류하였기 때문에 표본상 직업의 분포는 미 연방조사와 비슷하다고 볼 수 있다.

〈표-2〉 표본의 성격

배경변인	항 목	수(N)	비율(%)	계 (%)
성별	남	264	47.9	551
	녀	287	52.1	(100)
연령	20세미만	6	1.1	
	20~29세	58	10.5	
	30~39세	156	28.3	
	40~49세	187	33.9	
	50~59세	105	19.1	
	60세이상	39	7.1	
교육정도	무학	1	0.2	
	초등학교	2	0.4	
	중학교	13	2.4	
	고등학교	70	12.7	
	전문대학	83	15.1	
	대학교	297	53.9	
	대학원	85	15.4	
미국의수학경험	있다	256	46.5	
	없다	295	53.5	
성장지	대도시	433	78.6	
	중 · 소도시	78	14.2	
	읍 · 면소재	31	5.6	
	농어촌	9	1.6	
직업	자영업	190	34.5	
	공무원	7	1.3	
	회사원	106	19.2	
	전문직	38	6.9	
	근로자	26	4.7	
	주부	42	7.6	
	학생	27	4.9	
	기타	115	20.9	
미국거주 햇수	1~3년	50	9.1	
	4~6년	48	8.7	
	7~9년	70	12.7	
	10~14년	117	21.2	
	15년 이상	266	48.3	
경제수준	제일 잘 사는 층	7	1.3	
	그런대로 잘 사는 층	83	15.1	
	중간정도 사는 층	319	57.1	
	중간보다 약간 못사는 층	108	19.6	
	중간보다 훨씬 못사는 층	23	4.2	
	제일 못사는 층	11	2.0	
법적지위	시민권자	255	46.3	
	영주권자	228	41.4	
	영주권 신청 중	37	6.7	
	방문자	15	2.7	
	기타	16	2.9	

배경변인	항 목	수(N)	비율(%)	비 고
이민동기	경제적으로 잘 살기 위해서	119	21.6	
	자유롭게 살기 위해서	97	17.6	
	자녀의 교육 때문에	64	11,6	
	이곳에 태어나서	3	0.5	
	미국체류 중 기회가 생겨서	113	20.5	
	한국사회가 못 마땅해서	33	6.0	
	기타	122	22.1	
미국생활의 만족도	매우 만족한다	116	21.1	
	약간 만족한다	313	56.8	
	그저 그렇다	115	20.9	
	약간 불만이다	5	0.9	
	매우 불만이다	2	0.4	
이민권장	적극 권장하겠다	49	8.9	
	권장하겠다	105	19.1	
	본인의 의사에 맡기겠다	356	64.6	
	말리겠다	31	5.6	
	적극 말리겠다	10	1.8	

IV. 경험적 분석

1. 정치권리와 의무

(1) 시민의 정치적 권리

시민의 정치적 권리에 대한 인지적 정향을 조사하기 위해서 "시민으로서 누려야 할 정치적 권리는 무엇인가"를 설문하였다. 조사결과 참정권(78.0%, N=284), 사회보장(5.2%, N=19), 정부에 대한 비판과 항의권(4.9%, N=18), 법의 보호를 받을 권리(4.4%, N=16), 알권리(2.7%, N=10), 사생활 보호권(1.4%, N=5), 생존권, 기본생활권(1.1%, N=4), 결사권(0.8%, N=3), 행복추구권(0.6%, N=2), 기회균등(0.6%, N=2), 환경권(0.3%, N=1) 등으로 응답하였다.

응답내용의 78%가 참정권을 시민의 대표적인 정치적 권리로 인지하고 있었다. 그러나 두 번째로 사회보장과 같은 경제적 권리를 지적한 것은 정치적 권리 못지 않게 경제적 권리의 중요성을 인정하고 있는 것으로 해석할 수 있다.

⑵ 시민의 정치적 의무

① 자원제공 : "군에 입대하지 않는 좋은 방법이 있더라도 군복무를 마치는 것이 한국 국민으로서 떳떳한 도리라고 생각한다"는 설문에 찬성 78.8%, 보통 12.5%, 반대 8.7%, 평균 4.3067로 군복무와 같은 자원제공에 절대다수가 찬성하는 것으로 밝혀졌다. 국민의 권리와 더불어 국민의 의무를 다하는 것이 중요하다고 인식하는 것이며, 국민의 의무를 회피하기 위한 방법을 찾는 것은 바람직하지 않게 생각하는 것으로 볼 수 있다.

② 자원수혜 : "정부가 국민에게 각종 복지혜택을 제공하는 것은 당연한 일이다"라는 설문에 찬성 90.6%, 보통 7.9%, 반대 1.5%, 평균 4.6388로 정부가 국민에게 연금, 생계보조비, 의료비 등을 제공하는 것을 너무 당연한 것으로 받아들였다. 이는 미국 사회가 탈세가 용인되지 않지만 반면에 납부한 세금에 비례하여 노후에 생계를 보장해 주는 국민복지 제도가 정착된 데 영향을 받은 때문이라고 평가할 수 있다.

③ 행위규제의 수용 : "밤에 보는 사람도 없고, 지나가는 자동차가 없더라도 빨간 신호 등에 통과해서는 안된다"는 설문에 찬성 94.7%, 보통 2.0%, 반대 3.3%, 평균 4.8003으로 법이나 규정을 준수해야 한다는 생각이 절대적임을 알 수 있다. 법 준수 의식과 법치주의가 자리잡은 미국사회의 영향을 받은 것으로 평가할 수 있다.

④ 상징의 제공 : "한국(Korea)이라는 글자가 새겨진 티셔츠를 입고 여럿이 모인 곳에 가는 것은 자랑스러운 일이다" 라는 설문에 찬성 48.8%, 보통 42.5%, 반대 8.7%, 평균 3.6806으로 나타났다. 위의 다른 설문에 비하여 보통의 응답이 많아 공공장소에서 한국이라는 상징성을 과시하는 것을 꺼리는 견해가 있음을 알 수 있다. 미국 사회에 살면서 공개된 장소에서 누가 묻지도 않는 데 굳이 한국인임을 스스로 나타낼 이유가 없다는 태도를 가지고 있는 것으로 볼 수 있다.

⑤ 상징의 수혜 : "태극기를 볼 때마다 조국은 한국이라는 것을 확인하게 된다"는 설문에 찬성 86.6%, 보통 13.0%, 반대 0.4%, 평균 4.5699로 나타났다. 찬성율이 높고 반대가 극소수로 태극기에 대한 대한민국의 상징성에 대한 인식은 대단히 높다고 볼 수 있다.

〈표-3〉 시민의 정치적 의무

단위 : %

응답 / 요소	매우찬성	약간 찬성	보통	약간 반대	매우 반대	계 (Mean)	평균	표준편차
자원제공	64.1	14.7	2.5	5.3	3.4	100	4.3067	
자원수혜	75.0	15.6	7.9	1.3	0.2	100	4.6388	
행위규제의 수용	90.7	4.0	2.0	1.1	2.2	100	4.8003	
상징의 제공	31.2	17.6	42.5	5.4	3.3	100	3.6806	
상징의 수혜	71.0	15.6	13.0	0.2	0.2	100	4.5699	
종합							4.3993	0.5087

⑥ 종합분석 : 시민의 정치적 의무에 관하여 위의 다섯 가지 구성요인을 종합한 결과 평균 4.3993으로 정치적 의무에 대한 인식이 강한 것을 발견할 수 있다. 시민의 정치적 의무에 대한 다섯 가지의 하위 구성요소를 합칠 경우 그 의미가 반감될 가능성도 있으나 재미동포의 정치적 의무에 대한 생각은 권리 못지 않게 중요하게 인식되고 있음을 발견할 수 있다.

배경 변인별 의미 있는 차이는 〈표-4〉가 보여주는 바와 같이 성별, 연령, 미국의 수학경험 등에서 나타났다. 남성(평균 4.35)보다는 여성(4.45)이, 나이가 많을수록, 수학경험이 있는 경우(평균 4.33)보다 없는 경우(4.46)가 정치적 의무감에 대한 의식이 약간 높은 것으로 나타났다.

〈표-4〉 배경변인과 시민의 정치적 의무

배경변수	성별	연령	학력	수학경험	성장지	직업	미국거주햇수	경제수준	이민동기	법적지위	생활만족	이민권장
P값	0.0267	0.0045	0.2100	0.0047	0.1639	0.1907	0.2800	0.2544	0.9563	0.8543	0.0824	0.5387

2. 애국심과 민족정신

(1) 국가에 대한 애국심

① 충성심 : "한국과 미국이 운동경기를 할 때 한국선수를 응원하겠다"라는 설문에 찬성 91.4%, 보통 8.0%, 반대 0.6%, 평균 4.7169로 미국에 살면서도 한국선수를 응원하는 강도가 대단히 높게 나타났다. 질문의 성격상 의견이 갈릴 것으로 예상했는데 의외로 거의 일치

된 태도를 보였다. 한국을 어떤 이유에서든 떠났기 때문에 애증이 있을 수 있지만 자기들이 선택한 나라인 미국에 정착하여 살면서도 조국선수를 응원하겠다는 응답자가 많은 것은 그만큼 조국애가 투철하다는 것을 반증해 주는 결과라고 볼 수 있다.

② 한국인으로서의 만족도 : "외국사람이 어느 나라 사람이냐고 물으면 나는 한국사람이라는 사실을 당당하게 밝힐 수 있다"라는 설문에 찬성 96.0%, 보통 3.6%, 반대 0.4%, 매우 반대는 한 명도 없으며, 평균 4.8621로 절대다수가 한국인임을 당당하게 밝힐 수 있다고 응답하였다. 이는 한국인이라는 자신의 정체성이 대단히 강하다는 사실을 보여주는 예라고 볼 수 있다.

③ 국가의 대외 자율성 : "한국은 국제사회에서 어느 나라의 간섭도 받지 않고 독자적으로 행동할 수 있는 능력이 있다"는 설문에 매우 찬성 32.3%, 보통 34.5%, 반대 33.2%, 평균 3.0490으로 한국의 대외적 자율성에 대하여 그저 그렇다는 입장을 나타냈다. 반대가 33.2%가 되는 것을 주목해야 할 것이다. 이는 세계의 최강국인 미국에 살면서 비교적인 입장에서 한국의 국제사회에서의 지위가 그리 높지 못하다는 사실을 인지했기 때문이라고 평가할 수 있을 것이다.

④ 종합 : 애국심과 관련된 응답자의 평균은 4.2093으로 비교적 높은 것으로 나타났다. 재미동포의 조국애는 고국을 떠났어도 변함없이 높다고 평가할 수 있을 것이다.

배경 변인에서는 남성(평균 4.16)보다는 여성(4.25)이, 나이가 많을수록, 미국수학 경험이 있다(평균 4.10)는 경우보다 없다(4.30)는 응답자가 애국심이 강한 것으로 나타났다. 시민의 정치적 의무나 애국심에서 남성보다 여성의 지지가 많은 것은 모성애와 관련이 있지 않나 해석할 수 있

〈표-5〉 국가에 대한 애국심

단위 : %

응답 / 요소	매우찬성	약간 찬성	보통	약간 반대	매우 반대	계	평균 (Mean)	표준편차
충성심	80.9	10.5	8.0	0.4	0.2	100	4.7169	
한국인으로서의 만족도	90.6	5.4	3.6	0.4	0	100	4.8621	
국가의 대외자율성	18.3	14.0	34.5	20.7	12.5	100	3.0490	
종 합							4.2093	0.5590

으며, 나이가 많을수록 애국심이 강하게 나타난 것은 나이가 들면서 고국에 돌아가고 싶은 향수와 고향에 대한 추억, 미국생활에서 느끼는 고독감과 소외의식이 강하게 작용한 것으로 볼 수 있다. 미국에서 정식으로 학교를 다녀 본 경험이 있다는 응답자는 그 만큼 미국 지향적인 사회화가 더 많이 이루어졌기 때문이라고 볼 수 있을 것이다.

〈표-6〉 배경변인과 시민의 정치적 의무

배경 변수	성별	연령	학력	수학 경험	성장지	직업	미국 거주 햇수	경제 수준	이민 동기	법적 지위	생활 만족	이민 권장
P값	0.0485	0.003	0.0589	0.0001	0.4558	0.3899	0.8005	0.1200	0.6028	0.8077	0.6197	0.5036

(2) 민족주체성

① 민족문화의 자긍심 : "한국의 옛 풍습과 전통은 세계 어디에 내 놓아도 자랑할 만하다"라는 설문에 찬성 64.9%, 보통 29.6%, 반대 5.4%, 평균 3.9873으로 나타났다. 민족문화의 우수성에 대하여 약간 찬성하는 태도를 보였다. 미국에 살면서 다양한 외국 문화를 접촉해 본 경험이 있기 때문에 비교적인 차원에서 민족문화에 대한 자긍심이 상대적으로 약화된 것이 아닌가 해석할 수 있을 것이다.

② 민족의 우월성 : "한국 민족은 어느 나라 민족보다 뛰어난 재능이 있다"라는 설문에 찬성 72.6%, 보통 24.5%, 반대 2.9%, 평균 4.1071로 비교적 민족의 우월성을 인정하는 태도를 보였다. 환경이 판이하게 다른 이국 땅에서 성공적으로 이민생활을 영위하는 한민족에 대하여 긍정적으로 평가하기 때문이라고 볼 수 있다.

③ 민족혈통의 우수성 : "한국사람의 혈통은 어느 나라와 비교해도 우수하다"라는 설문에 찬성 68.6%, 보통 28.3%, 반대 3.1%, 평균 4.0254로 한민족혈통의 우수성에 대하여 긍정적으로 평가하는 경향을 보였다.

④ 종합 : 민족의 주체성에 대한 응답자의 평균은 4.0399로 국가에 대한 애국심보다는 낮았으나 전반적으로 찬성하는 태도를 보였다. 재미동포는 한민족의 우월성이나 민족의 주체성에 대하여 긍정적으로 인식하는 태도를 보였다. 배경 변인과 민족의 주체성과는 의미 있는 차이를 발견할 수 없다.

〈표-7〉 민족의 주체성

단위 : %

요소 \ 응답	매우찬성	약간 찬성	보통	약간 반대	매우 반대	계	평균 (Mean)	표준편차
민족문화의 자긍심	39.9	25.0	29.6	4.7	0.7	100	3.9873	
민족의 우월성	41.6	31.0	24.5	2.4	0.5	100	4.1071	
민족혈통의 우수성	37.7	30.9	28.3	2.4	0.7	100	4.0254	
종 합							4.0399	0.7777

〈표-8〉 배경변인과 민족의 주체성

배경 변수	성별	연령	학력	수학 경험	성장지	직업	미국 거주 햇수	경제 수준	이민 동기	법적 지위	생활 만족	이민 권장
P값	0.0955	0.3512	0.3391	0.2181	0.5401	0.1766	0.9421	0.7647	0.7853	0.4992	0.0798	0.0986

3. 민주시민성

(1) 민주주의의 개념 인지

민주주의의 개념에 대한 인지적 차원의 정향을 조사하기 위해서 "민주주의 하면 가장 먼저 무슨 말이 떠오르느냐"고 설문하였다. 조사결과 자유(N=207), 평등(100), 언론과 표현의 자유(43), 링컨의 국민에 의한 국민을 위한 국민의 정치(40), 권리와 의무(35), 법치, 법 준수, 법질서(25), 평화(24), 인권(18), 다수결 원칙(17), 책임(14), 선거(10), 사회 정의와 공정(8), 주권재민(7), 미국(7), 인간존종, 인격존중(6), 토론, 합의, 타협(6), 삼권분립(5), 집회 및 시위, 정직(4), 의회, 독재, 자본주의(3), 화합, 진실, 양보, 투쟁, 방종, 합의성, 양심, 청문회(2) 그리고 케네디의 연설문, 박정희, 지방자치, 도덕, 불공정, 균형과 견제, 중우정치, 공동체, 공동이익, 배부름, 돈, 행복, 중산층, 이중성, 국민, 밝은 사회, 종교의 자유, 주거의 자유, 4·19, 공산주의, 주인의식, 자본주의, 시민의식, 정치적 음모 등을 지적한 응답이 하나씩 나오는 등 다양하게 인지하고 있었다.

박동서·김광웅 교수의 국내연구와 비교할 때 민주주의의 개념으로 자유와 평등을 압도적으로 지적한 것은 똑 같다고 볼 수 있다(박동서·김광웅. 1987, 82). 그러나 국내조사의 경우 3위부터 주권재민, 인간존중, 인격존중, 책임, 준법·질서·안정 순으로 나타났는 데 재미동포는 언론과 표현의 자유, 국민을 위한 정치, 권리와 의무, 평화, 다수결, 집회 및 시위, 정직 등을 보다 중시하고 있는 것으로 나타났다.

자유와 평등은 민주주의의 보편적인 가치로서 인류전체가 합의한 개념이지만 그 외에는 나라마다 다르게 인식되고 있음을 보여주는 결과라고 볼 수 있다. 국내 조사에서는 주권재민, 인간존중, 책임, 준법 등을 강조하였지만 민주주의가 잘 발달된 미국에서는 국민을 위한 정치가 행해지고, 정부에 대한 언론의 견제역할이 제대로 수행되고 있으며, 공직자나 일반시민에게 정직이 중요한 덕목으로 받아들여지고 있는 데 영향을 받은 것으로 평가할 수 있을 것이다.

(2) 민주주의의 이념적 원리

① 인간존중 : "인간의 가치는 무엇과도 바꿀 수 없이 고귀한 것이다"라는 설문에 찬성 97.7%, 보통 2.0%, 반대 0.3%, 평균 4.8675로 절대 다수가 인간의 존귀함을 민주주의의 가치로 인정하고 있었다.

② 자유 : "자유라고 해서 내가 원하는 것은 무엇이든지 내 마음대로 할 수 있는 것이 아니다"라는 설문에 찬성 94.9%, 보통 3.1%, 반대 2.0%, 평균 4.7913으로 자유의 개념에 대하여 올바르고 확고한 인지적 정향을 가지고 있었다.

③ 평등 : "모든 사람은 재산, 학력, 피부색, 직업에 관계없이 동등하게 대접받아야 한다"는 설문에 찬성 94.76%, 보통 3.8%, 반대 1.5%, 평균 4.7786으로 평등의식이 상당히 높음을 알 수 있다. 소수민족으로서 차별에 대한 우려와 경험이 작용한 것으로 해석할 수 있을 것이다.

④ 국민주권 : "나라의 주인은 국민이기 때문에 대통령이라도 국민의 의견에 따라야 한다"라는 설문에 찬성 95.1%, 보통 3.6%, 반대 1.3%, 평균 4.7459로 국민주권의 절대성을 인정하는 것으로 나타났다. 국민이 정치의 주역을 담당하고 있는 미국사회의 영향을 많이 받은 것으로 볼 수 있다.

⑤ 개인주의 : "국가나 민족의 발전을 앞세워 개인의 희생을 강요할 수 없다"는 설문에 찬성 77.7%, 보통 15.6%, 반대 6.8%, 평균 4.1887로 나타났다. 공공의 이익을 위해서 개인을 희생시켜서는 안 된다는 생각을 갖고 있어 개인주의가 심하다는 사실을 알 수 있다.

⑥ 종합 : 민주주의의 목적가치인 이념적 원리에 대한 응답자의 평균은 매우 찬성에 가까운

4.6744점, 표준편차 0.3767로 재미 동포는 민주주의의 기본 가치에 대하여 확고하고 일치된 견해를 가지고 있는 것으로 조사되었다. 인간존엄, 자유, 평등, 국민주권 등에 대하여 모두 95%이상 찬성함으로서 민주주의의 이념적 원리에 높은 가치를 부여하고 있으며, 또한 개인주의 성향도 매우 높음을 알 수 있다.

〈표-9〉 민주주의의 이념적 원리

단위 : %

응답 / 요소	매우찬성	약간 찬성	보통	약간 반대	매우 반대	계	평균 (Mean)	표준편차
인간존중	89.9	7.8	2.0	0.3	0	100	4.8675	
자 유	87.5	7.4	3.1	0.7	1.3	100	4.7913	
평 등	84.7	10.0	3.8	1.3	0.2	100	4.7786	
국민주권	81.1	14.0	3.6	0.9	0.4	100	4.7459	
개인주의	51.2	26.5	15.6	3.4	3.3	100	4.1887	
종 합							4.6744	0.3767

〈표-10〉 배경변인과 민주주의의 이념적 원리

배경 변수	성별	연령	학력	수학 경험	성장지 0.0910	직업	미국 거주 햇수	경제 수준	이민 동기	법적 지위	생활 만족	이민 권장
P값	0.2016	0.0031	0.8708	0.9366		0.5593	0.5160	0.3821	0.2154	0.5448	0.5149	0.3308

배경 변인에서는 나이가 많을수록 민주주의 이념에 대한 확고한 태도를 갖고 있는 것으로 나타났다. 예를 들면 20세미만의 평균(4.10)에 비하여 60세이상의 평균(4.76)이 훨씬 높았다.

재미동포의 조사결과를 〈표-11〉에 나타난 바와 같이 박동서·김광웅 교수의 국내연구와 비교할 때 많은 차이를 발견할 수 있다. 국내의 조사와 비교에서 인간존엄에 대한 찬성률의 차이는 크지 않지만 자유, 평등, 국민주권 등 민주주의의 이념적 원리에 대하여 재미동포가 보다 확고한 가치를 부여하고 있음을 알 수 있다.

특히 개인주의에 대하여 재미동포가 국내거주자에 비하여 3배이상 찬성률이 높았으며, 평균도 재미동포(평균 4.187)가 국내거주자(평균 2.458)보다 훨씬 높게 나타났다. 재미동포가 국내 거주자에 비하여 집단이나 국가보다는 개인주의적 가치를 보다 중시하고 있음을 말해 주는 것으로 이는 극도의 개인주의를 지향하는 미국사회의 영향 때문이라고 볼 수 있을 것이다.

민주주의의 이념적 원리에 대한 국내와 재미동포의 비교에서 전반적으로 재미동포가 보다 확고한 태도를 가지고 있는 것으로 나타난 것은 재미동포가 한국에서 태어났지만 민주주의가 잘 발달된 미국사회에 살면서 재사회화 과정을 통하여 민주주의의 이념적 정향이 높아졌기 때문이라고 볼 수 있다.

〈표-11〉 민주주의의 이념적 원리 비교

국내/재미동포

구 성 요 인	찬성률(%)	평 균	비 고
인간존중	93.9/97.7	4.739/4.868	
자 유	76.9/94.9	4.117/4.791	
평 등	82.1/94.8	4.379/4.779	
국민주권	87.4/95.1	4.445/4.746	
개인주의	24.5/77.7	2.458/4.187	

출처 : 박동서·김광웅(1987), p.84.

(3) 민주주의의 절차적 원리

① 토론 : "중요한 문제를 결정할 때 한두 사람이 효율적으로 처리하는 것 보다 여러 사람에게 공개하여 상의 절차를 밟는 것이 좋다"는 설문에 찬성 91.3%, 보통 7.6%, 반대 1.1%, 평균 4.5735로 나타났다. 매우 반대가 한 명도 없을 정도로 민주주의 원리로서 토론의 중요성을 인정하고 있음을 알 수 있다. 민주적인 토론문화가 정착된 미국사회의 영향을 받은 것으로 볼 수 있다.

② 관용 : "선거 때 자기를 지지하지 않은 사람에게 당선된 뒤 불이익을 주어서는 안된다"는 설문에 찬성 97.5%, 보통 2.0%, 반대 1.5%, 평균 4.8312로 나타나 반대자의 보복에 대하여 강력하게 거부하였다. 선거 후 정치보복이 없는 미국사회의 영향을 받았을 것으로 보인다.

③ 비판과 타협 : "토론 과정에 나와 정반대 되는 의견이 나와도 귀담아 들어야 한다"는 설문에 매우 찬성 98.4%, 보통 2.4%, 매우 반대 0.2%, 평균 4.8693으로 비판과 타협에 대하여 적극적인 태도를 가지고 있는 것으로 나타났다.

④ 다수결과 소수자의 보호 : "공개적인 경쟁에서 아슬아슬하게 졌더라도 결과에 따라야 한다"라는 설문에 찬성 97.4%, 보통 2.5%, 평균 4.8748로 반대입장을 취한 응답자가 하나도 나오지 않았다. 다수결에 승복해야 한다는 확고한 태도를 가지고 있음을 알 수 있다.

⑤ 종합 : 민주주의의 수단가치인 절차적 원리에 대한 응답자의 평균이 4.7872로 어느 구성요소보다도 지지도가 높은 것으로 나타났으며, 표준편차가 0.3593으로 응답내용이 비교적 일치된 경향을 보여주었다.

〈표-12〉 민주주의의 절차적 원리

단위 : %

응답 / 요소	매우찬성	약간 찬성	보통	약간 반대	매우 반대	계	평균 (Mean)	표준편차
토 론	67.2	24.1	7.6	1.1	0	100	4.5735	
관 용	89.3	7.2	2.0	0.2	1.3	100	4.8312	
비판과 타협	89.8	7.6	2.4	0	0.2	100	4.8693	
다수결과								
소수자의 보호	90.0	7.4	2.5	0	0	100	4.8748	
종 합							4.7872	0.3593

배경 변인별 차이는 〈표-13〉과 같이 연령과 미국생활의 만족도에서 나타났다. 나이가 많을수록, 이민생활에 만족할수록 민주주의의 절차적 원리에 대하여 적극적으로 찬성하는 태도를 보였다. 나이가 들면서 경험적으로 민주주의 가치의 중요성에 대한 사회화가 더 많이 이루어졌기 때문이라고 볼 수 있다. 미국생활에 만족도가 높다는 것은 민주주의의 절차가 비교적 잘 정착된 미국사회에 대한 긍정적인 인식이 강하게 작용하여 어느 다른 사회보다도 토론, 관용, 비판과 타협, 다수결과 소수자의 보호 등 민주주의의 절차적 원리가 사회의 중요한 가치로 자리잡고 있는데 영향을 받았기 때문이라고 볼 수 있다.

〈표-13〉 배경변인과 민주주의의 절차적 원리

배경 변수	성별	연령	학력	수학 경험	성장지	직업	미국 거주 햇수	경제 수준	이민 동기	법적 지위	생활 만족	이민 권장
P값	0.2068	0.0001	0.6240	0.2824	0.0911	0.1986	0.2867	0.9993	0.1950	0.2613	0.0054	0.1816

재미동포의 조사와 박동서·김광웅 교수의 국내연구 결과를 〈표-14〉에 나타냈다. 모든 요인에 있어서 재미동포가 국내 거주자의 조사에 비하여 월등히 높다는 사실을 발견할 수 있어 재미동포가 민주주의의 절차적 원리에 대하여 보다 확고한 정향을 가지고 있음을 발견할 수 있다. 특히 관용에서 찬성률 40%이상, 비판과 타협은 거의 2.5배에 가깝도록 국내거주자와 재미동포의 태도에 커다란 차이가 있음을 알 수 있다. 반대자에 대한 보복이 자행되고, 비판이 용인되지 않으며, 타협보다는 흑백대결에 익숙한 한국의 정치문화와 그렇지 않은 미국과의 차이 때문이라고 해석할 수 있을 것이다.

〈표-14〉 민주주의의 절차와 이념비교

국내/재미동포

구 성 요 인	찬성률(%)	평 균	비 고
토론절차	72.05/91.3	3.953/4.574	
관 용	55.5/97.5	3,474/4.831	
비판과 타협	40.0/98.4	3.01/4.869	
다수결과 소수자의 보호	60.2/97.4	3.521/4.875	

출처 : 박동서·김광웅(1987), p.86.

(4) 민주적 생활태도

① 약속의 준수 : "한번 약속한 것은 나에게 손해가 오더라도 꼭 지켜야 한다"는 설문에 찬성 93.6%, 보통 5.3%, 반대 1.1%, 평균 4.7350으로 약속 준수의 중요성에 대한 인식이 대단히 높음을 알 수 있다. 약속을 지키지 않고 신용이 없으면 원만한 사회관계를 유지하기 어려운 사회 분위기를 반영한 것이라고 볼 수 있다.

민주적 생활습관에 관한 국내거주자의 조사에서 "비록 나에게 손해가 오더라도 다른 사람들과 한 약속은 모두 지켜야 한다는" 설문에 찬성 70.7%, 보통 10.4%, 반대 18.7%, 무응답 0.2%, 평균 3.882(박동서·김광웅, 1987, 108)로 찬성률에서 20%이상, 평균에서도 차이가 컸다. 재미동포의 약속의식이 국내 거주자에 비하여 훨씬 투철한 것으로 평가할 수 있다.

② 공존의 원리 : "나에게 불리한 법이라도 사회 전체를 위해서 반드시 지켜야 한다"는 설문에 찬성 92.6%, 보통 5.4%, 반대 2.0%, 평균 4.6751로 공존의 원리에 대하여 매우 긍정적인 태도를 가지고 있음을 알 수 있다. 개인주의를 지향하면서도 남과 더불어 함께 살아야 한다

는 공동체의식이 강한 것으로 볼 수 있다.

유사한 설문내용인 "사회질서를 유지하고 남과 더불어 잘 살겠다고 법을 철저히 지키는 것"과 관련되어 찬성 81.2%, 보통 8.8%, 반대 9.4%, 무응답 0.6%, 평균 4.314(박동서·김광웅, 1987, 108)로 나타났으나 재미동포의 공존의 원리에 대한 의식이 높다는 것을 알 수 있다.

③ 종합 : 민주적 생활태도에 대한 두 구성요소의 평균은 4.7051로 매우 찬성 쪽에 가깝게 나타나 약속과 공존의 원리에 대한 의식이 대단히 높다는 것을 알 수 있다.

〈표-15〉 민주적 생활태도

단위 : %

응답 / 요 소	매우찬성	약간 찬성	보통	약간 반대	매우 반대	계	평균 (Mean)	표준편차
약속의 준수	81.1	12.5	5.3	0.9	0.2	100	4.7350	
공존의 원리	77.5	15.1	5.4	1.5	0.5	100	4.6751	
종 합							4.7051	0.5606

배경 변인별로는 나이가 많을수록 민주적 생활태도를 가지는 경향이 일관성 있게 높게 나타났으며, 직업별로는 자영업자(평균 4.80), 전문직(4.76), 공무원(4.71) 순으로 높았고, 근로자(4.40), 학생 및 기타(4.50) 순으로 낮게 나타났다. 미국거주 햇수는 15년이상(평균 4.81)이 가장 높았고, 4~6년되었다는 응답자(4.52)가 가장 낮게 나타났다. 경제수준이 낮을수록 지지도가 떨어지는 추세를 발견할 수 있으며, 시민권을 취득하는 등 법적 지위가 안정되었을수록, 이민 생활의 만족도가 높을수록 찬성하는 경향이 높은 것으로 나타났다. 이민권장 여부도 적극 권장할수록 민주적 생활태도에 대한 지지도가 높게 나타났다.

〈표-16〉 배경변인과 민주적 생활태도

배경 변수	성별	연령	학력	수학 경험	성장지	직업	미국 거주 햇수	경제 수준	이민 동기	법적 지위	생활 만족	이민 권장
P값	0.1645	0.0001	0.1059	0.1479	0.2424	0.0063	0.0004	0.0227	0.0653	0.0050	0.0001	0.0535

4. 정치참여

(1) 인습적 참여

① 시민단체참여 : "각종 사회문제를 정부에 건의하기 위해서 시민단체에 가입하여 활동하는 것이 효과적이다"라는 설문에 찬성 72.5%, 보통 23.6%, 반대 4.0%, 평균 4.1034로 약간 찬성의 태도를 보였다.

② 정치집회 참여 : "선거 유세나 정치 집회에 참가하는 것은 후보 선택이나 정치를 이해하는 데 많은 도움이 된다"는 설문에 찬성 66.7%, 보통 28.1%, 반대 5.3%, 평균 3.9564로 약간 찬성 쪽에 가깝게 나타났다. 미국사회는 청중을 동원하는 대규모 정치집회보다는 정치행사에 자발적으로 참여하는 분위기가 조성된 가운데 이해관계에 따라서 참여를 결정하는 분위기에 영향을 받은 것으로 볼 수 있다.

③ 선거운동참여 : "좋아하는 후보의 당선을 위해서 선거 운동에 나설 수 있다"는 설문에 찬성 50.1%, 보통 39.7%, 반대 9.8%, 평균 3.5898로 나타났다. 과반수만이 찬성하는 입장을 보여 선거운동의 참여에 대하여 그저 그렇다는 태도를 갖고 있음을 알 수 있다. 이는 재미동포가 특정 후보를 지지하기 위해서 선거운동에 나서는 것은 언어의 장벽 등 많은 제약이 따르기 때문이며, 정치인과의 1차적 연고관계가 약한 데 그 원인이 있을 것으로 평가된다.

④ 정당가입 : "내 뜻과 똑 같은 정강 정책을 내세운 정당이 있다면 입당하겠다"라는 설문에 찬성 43.4%, 보통 38.5%, 반대 18.2%, 평균 3.3956으로 나타났다. 재미 동포의 정당가입에 대한 입장은 소극적인 것으로 평가할 수 있다. 정당원이 되면 당비도 납부하고, 당의 의사결정에 참여해야 하는 등 당원에게 부과된 의무가 있을 뿐만 아니라 시간, 경비, 노력 등에 비하여 실질적인 보상이 적기 때문이라고 해석할 수 있다.

⑤ 공직자와 접촉 : "세금이 잘못 나온 것 같으면 담당공무원을 찾아가 확인한다"는 설문에 매우 찬성 92.7%, 보통 6.2%, 반대 1.1%, 평균 4.6951로 매우 찬성 쪽에 가깝게 나타났다. 개인의 이익과 직접 관련 있는 문제이기 때문에 공직자와 접촉하여 해결해야 할 필요성을 느끼고 있는 것으로 볼 수 있다.

⑥ 정치토론 : "여럿이 모이면 정치 문제를 자주 화제로 삼는다"는 설문에 찬성 33.3%, 보통 49.2%, 반대 17.6%, 평균 3.2178로 정치토론에 소극적인 태도를 보였다. 재미동포들이 여럿이 함께 모일 수 있는 경우는 주말의 종교행사나 연말 연시의 동창회 등과 관련이 있기 때

문에 종교활동 중에 정치이야기를 화두로 삼을 수 있는 분위기도 아니며, 모처럼 만난 자리에서 정치보다는 생활과 직접 관련된 문제에 대한 정보를 교환하는 분위기 때문이라고 볼 수 있다. 또한 정치가 재미동포들의 생활에 직접적으로 미치는 영향이 그리 크지 않기 때문인 것으로 볼 수 있다.

〈표 -17〉 인습적 정치참여

단위 : %

응답 / 요소	매우찬성	약간 찬성	보통	약간 반대	매우 반대	계	평균 (Mean)	표준편차
시민단체 참여	43.6	28.9	23.6	2.4	1.6	100	4.1034	
정치집회 참여	35.8	30.9	28.1	3.8	1.5	100	3.9564	
선거운동 참여	20.9	29.6	39.7	7.3	2.5	100	3.5898	
정당가입	20.7	22.7	38.5	11.8	4.6	100	3.3956	
공직자와 접촉	78.0	14.7	6.2	0.9	0.2	100	4.6951	
정치토론	11.3	22.0	49.2	12.5	5.1	100	3.2178	
종 합							3.8264	0.6190

⑦ 종합 : 인습적 참여에 대한 평균은 3.8264로 약간 찬성 쪽에 가깝게 나타났다. 공직자와 접촉은 지지도가 높았으나 선거운동 참여, 정치토론, 정당가입 등은 상대적으로 낮았다.

배경 변인별로는 성별에서 여성(평균 3.77)보다 남성(3.90)이, 나이가 많을수록, 미국에 오래 살았을수록 높았으며, 법적 지위에서는 시민권자(평균 3.93)가 가장 높았고, 영주권 신청자(3.56)가 가장 낮았으며, 법적 지위가 안정되었을수록 지지도가 높게 나타났다. 이민을 권장할수록 인습적 정치참여에 대한 지지도가 높았다.

〈표-16〉 배경변인과 인습적 정치참여

배경 변수	성별	연령	학력	수학 경험	성장지	직업	미국 거주 햇수	경제 수준	이민 동기	법적 지위	생활 만족	이민 권장
P값	0.0062	0.0001	0.5831	0.9508	0.6848	0.3927	0.0002	0.4375	0.3652	0.0004	0.2364	0.0106

(2) 비인습적 참여

① 청원 : "민원이 생기면 행정기관에 서면으로 해결을 요청한다"는 설문에 찬성 68.4%, 보통 27.6%, 반대 4.0%, 평균 4.0453으로 청원에 대하여 약간 찬성하는 태도를 보였다. 청원에 보다 적극적이지 않은 것은 서류를 영어로 작성해야 하는 어려움도 작용했을 것으로 보인다.

② 항의 : "신문이나 방송 보도가 잘못되었을 때 항의 전화를 걸거나, 서면으로 정정보도를 요청한다"는 설문에 매우 찬성 52.4%, 보통 35.8%, 반대 11.8%, 평균 3.6624로 항의에 대하여 소극적인 태도를 보이고 있음을 알 수 있는 데 언어의 장벽과 관련이 있을 것으로 보인다.

③ 시위 : "정부의 잘못을 바로잡기 위해서 집단으로 단체 행동을 해도 괜찮다"는 설문에 찬성 48.8%, 보통 28.9%, 반대 22.3%, 평균 3.3993으로 나타나 시위와 같은 집단행동에 대하여 그저 그렇다는 태도를 보였다.

④ 폭력 : "정부의 잘못에 대하여 바로 잡을 것을 평화적인 방법으로 여러 번 요구했으나 반응이 없어 난폭한 방법을 동원하기로 했다"는 설문에 찬성 12.0%, 보통 14.3%, 반대 73.7%, 평균 1.9093으로 폭력적인 방법으로 의사를 표시하는 데 반대의 입장을 분명히 했다.

〈표-19〉 비인습적 참여

단위 : %

응답 / 요소	매우찬성	약간 찬성	보통	약간 반대	매우 반대	계	평균 (Mean)	표준편차
청원	41.4	27.0	27.6	2.7	1.3	100	4.0453	
항의	29.4	23.0	35.8	8.0	3.8	100	3.6624	
시위	23.4	25.4	28.9	12.3	10.0	100	3.3993	
폭력	5.1	6.9	14.3	21.2	52.5	100	1.9093	
종합							3.2541	0.7472

⑤ 종합 : 비인습적인 정치참여의 평균은 3.2541로 그저 그렇다는 태도를 보였다. 특히 시위에 대하여 소극적이며, 폭력적인 정치 참여를 반대하는 것을 알 수 있다.

배경 변인별로는 성별에서 남성(평균 3.33)이 여성(3.18)보다, 나이가 많을수록 지지도가 높았고, 법적 지위에서는 방문자나 기타, 시민권자, 영주권자 순으로 높게 나타났으며, 영주권을 신청중이라는 응답자가 가장 낮았다. 이는 영주권 신청중에 문제가 생기면 영주권을 취득할 수 없다는 심리적 부담감이 작용한 것이 아닌가 한다. 이민권장 여부에서는 적극 권장한다(평균 3.52), 말린다(3.48), 적극 말린다(3.13), 권장한다(3.06) 순으로 나타났다.

〈표-20〉 배경변인과 비인습적 정치참여

배경 변수	성별	연령	학력	수학 경험	성장지	직업	미국 거주 햇수	경제 수준	이민 동기	법적 지위	생활 만족	이민 권장
P값	0.0196	0.0486	0.1624	0.9.50	0.4022	0.4250	0.1626	0.1759	0.3057	0.0172	0.5024	0.0026

(3) 수동적 참여(투표)

"선거 때 투표에 참가한다"는 설문에 찬성 87.5%, 보통 10.7%, 반대 2.0%, 평균 4.6116, 표준편차 0.7965로 투표에 적극적으로 참여하는 것으로 나타났다. 투표에 적극적인 것은 소수민족이 결집해야 정치적 영향력을 확대할 수 있다는 교민사회의 움직임과 관련이 있으며, 투표의 효율성에 대한 신뢰가 크기 때문이라고 볼 수 있다.

〈표-21〉 수동적 정치참여

단위 : %

응답 / 요 소	매우찬성	약간 찬성	보통	약간 반대	매우 반대	계	평균 (Mean)	표준편차
수동적 참여	76.8	10.7	10.7	0.9	1.1	100	4.6116	0.7965

배경 변인별로는 연령과 성장지에서 의미 있는 차이가 나타났는 데 나이가 많을수록, 도시출신보다는 읍·면이나 농·어촌 출신이 보다 투표에 적극적인 것으로 나타났다.

〈표-22〉 배경변인과 수동적 정치참여

배경 변수	성별	연령	학력	수학 경험	성장지	직업	미국 거주 햇수	경제 수준	이민 동기	법적 지위	생활 만족	이민 권장
P값	0.0604	0.0001	0.4952	0.0594	0.0400	0.0924	0.7796	0.6808	0.6128	0.7782	0.7549	0.5183

5. 정치적 효능감

(1) 정치적 관심

① 정치적 보상 : "어떤 형태든 정치와 관계를 맺을 때 무엇인가 얻는 것이 있다"는 설문에 찬성 22.1%, 보통 48.5%, 반대 29.4%, 평균 2.8276으로 일반적으로 정치가 일상생활에 미치는 영향이 그리 크다고 느끼지 않는 것을 알 수 있다.

② 선택의 중요성 : "선거 때 어떤 인물을 대통령이나 국회의원으로 선출하느냐가 중요하다"는 설문에 매우 찬성 87.3%, 보통 11.3%, 반대 1.4%, 평균 4.5245로 선거 때 올바른 후보의 선택이 매우 중요하다는 인식을 갖고 있는 것으로 나타났다.

③ 결과에 대한 영향력 : "투표에서 내가 찍은 한 표가 당락에 영향을 미칠 수 있다"는 설문에 찬성 81.0%, 보통 17.1%, 반대 2.0%, 평균 4.3739로 투표시 자신의 정치적 영향력에 대하여 높은 평가를 하고 있음을 알 수 있다.

④ 정치지식 : "정치라면 나도 아는 것이 있어서 나름대로 한 마디 할 수 있다"는 설문에 찬성 40.0%, 보통 52.6%, 반대 16.3%, 평균 3.2050으로 나타나 정치에 대한 지식이 보통수준이라는 겸손한 태도를 보였다.

〈표-23〉 정치적 관심

단위 : %

응답 / 요 소	매우찬성	약간 찬성	보통	약간 반대	매우 반대	계	평균 (Mean)	표준편차
정치적 보상	6.5	15.6	48.5	12.9	16.5	100	2.8276	
선택의 중요성	67.3	20.0	11.3	0.7	0.7	100	4.5245	
결과에 대한 영향력	59.0	22.0	17.1	1.5	0.5	100	4.3739	
정치지식	11.4	19.6	52.6	10.7	5.6	100	3.2050	
종 합							3.7328	0.5832

⑤ 종합 : 정치적 관심에 대한 평균은 3.7328로 보통수준 이상으로 나타났다. 이는 정치적 효능감이 그리 크지 않다는 것을 말해주는 것으로 그 이유는 미국은 정치화된 사회가 아니며, 정치에 입문하기도 어렵고, 정치와 직접적인 관계를 맺지 않아도 사회생활에 전연 지장이

없기 때문이라고 해석할 수 있을 것이다. 정치적 보상에 대한 기대가 적은 것과 관련이 있을 것이다. 변수별로는 성별에서 남성(평균 3.82)이 여성(3.66)보다 높고, 연령별로는 20대 미만(평균 3.33)이 가장 낮고, 60대이상(4.05)이 가장 높으며, 학력이 높을수록, 성장지가 농어촌으로 갈수록, 법적 지위는 안정되었을수록 지지도가 높은 것으로 나타났다.

〈표-24〉 배경변인과 정치적 관심

배경 변수	성별	연령	학력	수학 경험	성장지	직업	미국 거주 햇수	경제 수준	이민 동기	법적 지위	생활 만족	이민 권장
P값	0.0011	0.0001	0.0011	0.7241	0.0019	0.4074	0.1283	0.5977	0.8408	0.0236	0.3753	0.7724

(2) 정치적 무관심

① 정치과정의 복잡화 : "국가의 정책이 어떻게 결정되는지 너무 복잡해서 나 같은 사람은 뭐가 뭔지 잘 모르겠다"는 설문에 찬성 22.2%, 보통 51.7%, 반대 26.1%, 평균은 2.8984로서 정치과정에 대하여 보통이상 알고 있다는 태도를 보였다.

② 심신의 피로 : "사회생활이 너무 고달프고 피곤하여 정치에 신경 쓸 여유가 없다"는 설문에 찬성 20.7%, 보통 49.4%, 반대 26.1%, 평균 2.8766으로 나타나 바쁘고 고달픈 이민 생활과 정치적 무관심은 상관성이 적다는 것을 알 수 있다.

③ 매스컴의 마취적 기능 : "정치 뉴스보다는 스포츠 중계나 오락 프로가 더 재미있다"는 설문에 찬성 48.2%, 보통 36.1%, 반대 15.6%, 평균 3.5353으로 정치보다는 오락이나 스포츠에 더 많은 관심이 있는 것으로 나타났다.

④ 번영된 사회 : "경제적으로 풍족하다면 굳이 정치에 관심을 가질 필요가 없다"는 설문에 찬성 21.1%, 보통 27.8%, 반대 51.2%, 평균 2.5154로 경제적으로 풍요하더라도 정치에 관심을 가져야 한다는 태도를 보였다.

⑤ 아노미 현상 : "정치가 나의 기대와 너무 동떨어지게 움직여 환멸을 느낀다"는 설문에 매우 찬성 59.7%, 보통 28.9%, 반대 11.4%, 평균 3.8639로 정치에 대하여 보통 이상으로 실망과 환멸을 느끼고 있는 것으로 나타났다.

⑥ 종합 : 정치적 무관심은 평균 3.1379로 보통수준인 것으로 나타났다. 정치과정에 대하여 어

느 정도 알고 있으나, 정치보다는 스포츠나 오락이 더 재미있고, 정치에 대하여 실망한다는 태도를 보였다. 전반적으로 정치적 효능감에 대한 태도는 보통수준이라고 볼 수 있다.

〈표-25〉 정치적 무관심

단위 : %

응답 / 요소	매우찬성	약간 찬성	보통	약간 반대	매우 반대	계	평균 (Mean)	표준편차
복잡화	6.8	15.4	51.7	13.2	12.9	100	2.8984	
심신의 피로	7.1	13.6	49.4	13.2	12.9	100	2.8766	
매스컴의								
마취적 기능	26.1	22.1	36.1	10.3	5.3	100	3.5353	
번영된 사회	9.1	12.0	27.8	23.8	27.4	100	2.5154	
아노미 현상	41.6	18.1	28.9	8.0	3.4	100	3.8639	
종 합							3.1379	0.7327

배경 변인별로 나이가 적을수록, 학력이 낮을수록, 농어촌 출신일수록, 직업은 전문직보다는 근로자가, 미국거주 햇수가 오래 되었을수록, 경제수준이 낮을수록, 경제적으로 잘살기 위해서 이민을 왔다는 응답자가, 미국생활에 만족할수록, 이민을 말리겠다는 응답자일수록 정치적 무관심이 높은 것으로 나타났다.

〈표-24〉 배경변인과 정치적 관심

배경 변수	성별	연령	학력	수학 경험	성장지	직업	미국 거주 햇수	경제 수준	이민 동기	법적 지위	생활 만족	이민 권장
P값	0.7637	0.0501	0.0007	0.9898	0.0019	0.0001	0.0003	0.0001	0.0018	0.0236	0.0236	0.0330

V. 요약 및 결론

1. 요약

본 연구는 재미동포들의 정치세계에 대한 판단과 선택 그리고 정치행동에 작용하는 정치적 자아의 인지적·평가적·감정적 정향을 분석하기 위한 것으로 정치의식의 대상을 다섯가지로 선정하여 13개의 구성요소와 44개의 하위요소로 구분하여 설문조사를 실시하였다. 구성요소와 변수별 발견내용을 요약하면 다음과 같다.

(1) 시민의 정치적 권리로서 참정권의 중요성을 정확하게 인지하고 있으며, 정치적 권리 못지 않게 경제적 권리의 중요성에도 관심을 나타냈다.

(2) 시민의 정치적 의무, 특히 행위규제의 수용에 대하여 확고한 태도를 가지고 있지만, 자원과 상징의 제공 부분은 상대적으로 낮았다. 배경 변인별로는 나이가 많을수록, 남성보다는 여성이, 미국수학 경험이 없다는 응답자들의 시민의 정치적 의무감이 높게 나타났다.

(3) 한국에 대한 충성심과 한국인으로서의 만족도 등 국가에 대한 애국심에 대한 태도는 대단히 높았지만 한국의 대외적 자율성에 대한 평가는 낮았다. 배경 변인별로는 나이가 많을수록, 남성보다는 여성이, 미국수학 경험이 없다는 응답자의 애국심이 높게 나타났다.

(4) 민족의 주체성에 대하여 약간 찬성 수준의 태도를 보였으며, 배경 변인별 의미있는 차이를 발견하기 어려웠다.

(5) 민주주의의 가장 핵심적 가치인 자유와 평등에 대하여 국내거주자와 똑 같이 올바르게 인지하였다. 그러나 자유와 평등이외의 민주주의의 이념에 대하여 국내 거주자는 주권재민, 인간존중 등을 지적한 반면에 재미동포는 언론의 자유, 국민의 국민에 의한 국민의 정치 등을 중요하게 생각하였다.

(6) 민주주의의 이념적 원리에 대하여 매우 확고한 태도를 가지고 있으며, 국내 거주자보다 높게 나타났다. 자유, 평등의식, 국민주권 등에서 국내거주자 보다 높았으며, 개인주의에서는 3배나 높은 지지성향을 나타냈다. 배경 변인에서는 나이가 많을수록 이념적 원리에 확고한 태도를 보였다.

(7) 민주주의의 절차적 원리에 대하여 매우 높은 지지를 보내고 있으며, 모든 요인에서 국내 거주자보다 매우 확고한 태도를 가지고 있었다. 특히 관용, 비판과 타협에 대하여는 많은 차이가 나

타났는 데 비판과 타협에서는 국내거주자에 비하여 찬성률이 2.5배나 높았다. 배경 변인별로는 나이가 많을수록, 이민생활의 만족도가 높을수록 지지성향이 높았다.

(8) 민주적 생활태도에 대하여 매우 찬성에 가까울 정도의 확고한 입장을 나타냈다. 특히 약속의 준수에 대하여 국내 거주자보다 20%이상 찬성률이 높았으며, 공존의 원리는 약간 높게 나타났다. 배경 변인별로는 나이가 많을수록, 미국에 오래 거주 했을수록, 이민생활의 만족도가 높을수록, 이민을 적극 권장할수록 높게 나타났으며, 직업에서는 자영업자가 가장 높았다.

(9) 인습적 정치참여에 대하여 그리 적극적인 태도를 가지고 있지 못하며, 특히 선거운동, 정당가입, 정치토론 등에 소극적이었다. 배경 변인별로는 남성이, 나이가 많을수록, 미국에 오래 살았을수록, 법적 지위가 안정되었을수록, 이민을 권장할수록 높은 것으로 나타났다.

(10) 비인습적 정치참여인 청원, 항의, 시위 등에 대하여 소극적인 태도를 보였으며, 특히 불가피한 경우라도 폭력적인 방법에 의한 정치참여를 반대하는 입장이었다. 배경 변인별로는 남성이, 나이가 많을수록, 법적 지위가 불안할수록 지지성향을 보였다.

(11) 투표에 대하여 매우 높은 지지 태도를 보였다. 배경 변인별로는 나이가 많을수록, 도시가 아닌 곳에서 성장한 응답자일수록 적극적인 태도를 보였다.

(12) 정치적 관심은 전반적으로 보통수준 보다 높았다. 선택의 중요성이나 결과에 대한 영향력 등 정치적 효능감은 높았으나 보통 수준의 정치지식을 가지고 있었으며, 정치적 보상에 대한 기대가 낮았다. 배경 변인별로는 남성이, 나이가 많을수록, 학력이 높을수록, 시골에서 성장한 사람일수록, 법적 지위가 안정되었을수록 높게 나타났다.

(13) 정치적 무관심의 정도는 보통수준이며, 정치보다는 스포츠나 오락이 더 재미있고, 정치에 대하여 환멸을 느낀다는 태도를 보였다. 정치적 무관심은 나이가 어릴수록, 학력이 낮을수록, 농어촌 출신일수록, 근로자가, 미국에 오래 살았을수록, 경제수준이 낮을수록, 미국생활에 만족할수록, 이민을 권장하지 않을수록 높은 것으로 나타났다.

2. 결 론

재미동포의 정치의식에 대한 경험적 분석을 통하여 발견한 내용은 정치적 권리와 의무에 대한 태도, 애국심과 민족정신 등에 대한 의식은 비교적 높았으며, 민주시민의식은 매우 높았다. 정치참여에 있어서 인습적인 유형은 보통 이상의 수준으로 나타났으며, 비인습 정치참여에 대하여 매우 소극적인 태도를 보였다. 정치적 효능감은 보통수준을 나타냈다.

경험적 조사 결과 주목해야 할 특이한 내용은 '정치적 권리와 의무' 에 있어서 다른 요소와 달리 한국인임을 나타내는 상징물을 공개적으로 표현하는 데 적극적이지 않다는 사실이다. 이는 미국사회에 정착하면서 배타적으로 한국인임을 스스로 내세울 필요가 없다는 사실을 인식하고 있는 것으로 해석할 수 있다.

'애국심과 민족정신' 에서 한국과 미국이 운동경기를 할 때 한국선수를 적극적으로 응원하겠다는 태도를 보이고, 한국인으로서 만족도가 대단히 높은 반면에 한국의 대외자율성에 대하여 그저 그렇다는 태도를 보인 것은 국제사회에서 한국의 역할과 위상에 대하여 비교적 객관적인 시각에서 냉정하게 평가하고 있음을 알 수 있다.

'민주시민성' 에 대한 정향에서 두드러진 현상이 나타났다. 국내의 선행연구와 직접 비교했을 때 모든 요소에서 현저하게 차이가 났는 데, 특히 민주주의 절차적 원리에서 두드러졌다. 한국에서 태어나 미국이라는 새로운 정치환경으로 삶의 터전을 옮긴 동포들은 민주주의의 이념적 원리인 자유, 평등, 국민주권, 개인주의에서, 민주주의의 절차적 원리인 토론, 관용, 비판과 타협, 다수결과 소수자의 보호 등에서, 생활원리인 약속의 준수 등에서 국내 거주자에 비하여 매우 다른 태도를 보였다.

특히 개인주의는 찬성률에서 3배이상, 비판과 타협은 2.5배 정도 국내거주자보다 높은 지지성향을 나타냈다. 이는 개인의 존엄성과 개성을 소중하게 인식하는 미국사회의 분위기와 비판과 타협을 중시하는 정치문화 등에 많은 영향을 받은 것으로 평가할 수 있다.

'정치참여' 에 있어서 인습적 유형인 선거운동 참여, 정당가입, 정치토론 등에 소극적이었으며, 비인습적 유형인 항의, 시위, 폭력 등에 대하여 부정적이고, '투표' 에 대하여 적극적인 태도를 보였다. 인습적인 참여에 소극적인 것은 미국은 한국과 달리 정치와 일상생활간의 직접적인 연계성이 약하고 정치화된 사회가 아닌 데 영향을 받은 것으로 볼 수 있다. 투표에 적극적이고, 비인습적 정치참여에 일반적으로 부정적이며, 특히 폭력적인 방법에 대하여 매우 부정적인 태도를 보인 것은 투표의 효율성에 대한 긍정적인 인식과 사회질서를 유지하는 국가공권력에 대하여 폭력적으로 대항하는 것이 불용되고, 법치주의가 확립된 미국사회 분위기 때문이라고 해석할 수 있다.

'정치적 효능감' 에 있어서 정치적 보상과 정치지식에 대한 태도가 낮게 나타났다. 정치적 보상에 대하여 소극적인 태도를 보인 것은 정치와 직접적인 관계를 맺지 않더라도 사회생활에 불이익이 없는 미국의 현실과 소수민족인 재미동포들의 정치적 위상이 아직도 확립되지 못한 가운데 정치적 영향력 행사에 한계를 느끼고 있기 때문이라고 볼 수 있다. 정치지식에 대하여 아는 것이 보통수준이라는 태도를 보인 것은 언어의 장벽은 물론 정치적 무관심에 대한 태도에서 정치이외의 스포츠나 오락에 더 흥미가 있고, 정치에 환멸을 느낀다는 응답자가 많은 것과 관련이 있다고 보여진다.

결론적으로 재미동포의 정치의식에 대한 경험적 분석을 통하여 정치환경의 변화에 따라서 정치의식이 변할 것이라는 가설을 어느정도 입증한 셈이다. 특정한 정치적 정향이 형성되었어도 나이가 들면서 새로운 정치경험을 쌓고, 새로운 정치환경이나 정치문화에 노출되면 정치의식이 바뀐다는 것을 보여준 것이다. 재미동포는 한국과 다른 미국의 정치환경에 접변하면서 국내거주자 보다 민주적인 정치의식과 태도를 형성하는 등 재사회화 과정을 경험하고 있는 것으로 나타났다.

* 참 고 문 헌 *

공보처. 1996.『한국인의 의식·가치관 조사-요약』서울 : 에센시

박동서 · 김광웅. 1987.『한국인의 민주정치의식 : 대중과 엘리트』서울 : 서울대 출판부.

박찬욱. 1995. "한국인의 정치의식과 가치정향-1995년 국민의식조사를 중심으로," 국가전략」 제1권 2호. 가을·겨울호.

어수영 · 한배호. 1996. "한국정치문화의 변화와 지속성에 관한 연구," 「한국정치학회보」 30집 3호, 가을, pp.81~104.

신명순. 1996. "한국의 정치문화" 민준기 외 편,『한국의 정치』서울 : 나남출판.

이극찬. 1995.『정치학』서울:법문사.

이지훈. 1989.『한국정치문화와 정치참여』서울 : 형설출판사.

전득주(외). 1999.『정치문화와 민주시민교육』서울 : 유풍출판사.

「중앙일보」(미주판). 1998년 11월 28일

한배호 · 어수영. 1987. 『한국의 정치문화』 서울 : 법문사.

홍득표. 1996. "대학생의 정치참여유형," 인하대학교 학생생활연구, 제16집. 인하대학교 학생생활연구소, pp.59~94.

Almond, Gabriel A. and G. Bingham Powell, Jr., 1984. *Comparative Politics Today : A World View*, Boston : Little, Brown and Company.

Almond, Gabriel A. and Bingham G. Powell, Jr. 1978. *Comparative Politics : System, Process, and Policy*, Boston : Little, Brown and Company.

Almond, Gabriel A and Sidney Verba. 1963. *The Civic Culture : Political Attitude and Democracy in Five Nations*, Princeton : Princeton University Press.

Clark, Terry Nichols and Michael Rempel. 1997. *Citizen Politics in Post-Industrial Society*, Boulder : Westview Press.

Dahl, Robert A. 1991. *Modern Political Analysis*, Englewood Cliffs : Prentice-Hall.

Dahl, Robert A. 1966. *Political Opposition in Western Democracies*, New Haven : Yale University Press.

Dawson, Richard E. Kenneth Prewitt, and Karen S. Dawson. 1977. *Political Socialization*, 2nd ed., Boston : Little, Brown and Company.

Dunn, William N. 1981. *Policy Analysis : An Introduction*, Englewood Cliffs : Prentice-Hall.

Gibbins. John R. 1989. *Contemporary Political Culture : Politics in a Postmodern Age*, London : Sage Publications.

Ichilov, Orit. 1990. Political Socialization, *Citizenship Education, and Democracy*, New York : Teachers College Press, Columbia University.

Lane, Robert E. 1969. *Political Thinking and Consciousness : The Private Life of the Political Mind, Chicago* : Markham Publishing Company.

Lasswell, Harold D. 1948. *Power and Personality*, New York : Viking.

Paik, Wanki. 1990. *Korean Administrative Culture*, Seoul : Korea University Press.

Park, Edward J. W. 1996. "Political Formation of Korean American in Los Angeles : Vision of Political Power, 1992~1996," A Publication of the Southern California Studies

Center, (October), USC.

Plasser, Fritz and Andreas Pribersky(ed.). 1996. *Political Culture in East Central Europe*, Aldershot, England : Ashgate Publishing Ltd.

Pye, Lucian and Sidney Verba. 1966. *Political Culture and Political Development* Princeton NJ : Princeton University Press.

Richardson, Mradley M. 1974. The *Political Culture of Japan*, Berkely : University of California Press,

Welch, Stephen. 1993. *The Concept of Political Culture*, New York : St. Martin's Press.

제8장

제8장 정치의식과 정치변동

제3절 아시아적 가치와 정치발전*

Ⅰ. 머리말

유교가 자본주의 발전의 장애가 아니라 원동력이 된다는 논의는 1970년대 중·후부터 등장하였으며,[1] 아시아적 가치에 대한 논쟁은 국제사회에서 1990년대 초반부터 시작되어[2] 그 동안 학계의 중심적인 연구주제로 확고하게 자리를 잡았다. 유교자본주의는 일본에 대한 관심에서 시작되어 산업화의 후발주자인 한국, 싱가폴, 대만, 홍콩 등 소위 네 마리 용으로 불리는 신흥공업국가들의 초고속 경제발전에 대한 요인을 분석하는 과정에서 아시아적 가치에 대한 논쟁으로 발전하였다. 서구에서 오랜 시간에 걸쳐 이룩한 산업화를 불과 2~30년 남짓한 기간에 초고속으로 압축하여 이룩한 실로 경이적인 발전의 원인을 아시아적 가치가 긍정적으로 작용한 것과 관련하여 논의가 시작된 것이다.

아시아의 기적적인 경제발전에 작용한 내부적인 요인으로 아시아적 가치라고 이해되는 국가주도의 산업화, 질서의식에 기초한 사회안정, 국민들의 높은 성취욕, 열악한 노동환경에 대한 적응, 위계의식과 노사평화, 높은 교육열, 국민의 근면성과 인내심, 가족주의와 공동체 의식 등이 경제발전에 순기능적으로 작용했다는 것이다.[3] 즉 유교 르네상스론(Confucian Renaissance)이 등장하기에 이른 것이다.

그러나 1990년대 후반 한국을 비롯한 몇몇 아시아의 후발주자들이 외환위기를 맞이하여 경제적 위상이 용에서 지렁이로 바뀌면서 아시아적 가치의 역기능에 대한 논의가 다시 시작되었다. 권위주의적인 국가의 경제개입, 부정부패, 연고주의, 가족주의, 비합리성 등이 기업이나 국가의

---

* 「국민윤리연구」 제47집(pp.159~174)에 게재한 것임.

1) 김석근, "IMF, 아시아적 가치, 그리고 지식인 : 세기말 한국과 철학의 빈곤," 이승환 외, 『아시아적 가치』(서울 : 전통과현대, 1999), p.253,

2) 함재봉, 『유교 자본주의 민주주의』(서울 : 전통과현대, 2000), p.66.

3) 경제개발과 아시아적 가치의 긍정적인 요인에 대하여 다음을 참고 할 것. 함재봉(2000), p.67.

경쟁력을 약화시켰다는 지적이다. 유교 르네상스론은 정실자본주의론(Crony Capitalism)으로 전락하고 말았다. 하지만 아시아 국가들이 외환위기를 성공적으로 극복하는 과정을 목격하면서 또 다시 아시아적 가치의 유용성에 대한 논쟁이 일게 된 것은 아이러니가 아닐 수 없다.

아시아적 가치의 유용성에 대한 논쟁은 주로 경제발전과 관련하여 긍정적인 측면과 부정적인 시각에서 이루어 진 것은 사실이지만 상대적으로 민주발전과의 관련성에 대한 것은 적은 편이다. 아시아적 가치와 민주발전과의 관계에 대한 논의는 주로 정치문화적 요인에 초점을 맞추어 이루어지고 있다.[4)]

이 글은 아시아적 가치가 한국의 민주발전에 어떻게 작용했는 지를 밝히는 데 목적이 있다. 이를 위해서 전반부에서는 아시아적 가치의 개념과 요인, 아시아적 가치의 영향에 대한 상반된 주장, 민주발전과 아시아적 가치와의 관계 등 주로 이론적인 측면을 살펴보고, 본론에서는 아시아적 가치의 하나로 이해되고 있는 공동체를 위하여 개인의 자유와 권리는 제한될 수 있다는 '공동체중심'이라는 개념을 분석의 도구로 삼아 경험적인 정책사례를 분석하고자 한다. 아시아적 가치의 하나로 인식되는 공동체 중심적인 입장을 강조한 정책은 많지만 김대중 정부의 구조조정 정책을 분석의 대상으로 선정하였다.

이 글은 아시아적 가치와 민주발전과의 인과관계(causal relations)를 계량적으로 검증하기보다는 공동체중심적 시각이 강조된 하나의 정책사례를 분석하여 아시아적 가치가 어떻게 작용하고 있는가를 밝히려는 것이다. 때문에 구조조정 정책의 문제점을 해결할 수 있는 대안을 제시하거나 국가와 시장과의 관계를 논하는 것은 이 글의 범위가 아님을 밝혀둔다.

II. 아시아적 가치의 개념

아시아적 가치에 대한 논쟁은 정치, 경제, 문화 등의 모든 영역에서 이루어지고 있다. 아시아적

4) 김영명, "동아시아의 가치와 정치," 이승환 외(1999), pp.163~180; 함재봉, "아시아적 가치논쟁과 정치학의 인식론," 이승환 외(1999), pp.183~242; Francis Fukuyama, "Confucianism and Democracy," *Journal of Democracy*, 6-2(April, 1995), pp.20~33.

가치에 대한 논의의 출발은 앞서 지적한 바와 같이 한국, 대만, 싱가폴, 홍콩 등 동아시아의 몇몇 신흥공업국이 최단시일내 이룩한 경제기적의 원인을 설명하는 과정에 나타난 개념이다. 아시아적 가치(Asiatic values)라는 개념은 말 그대로 '아시아 문화권에 간직하고 있는 독특한 가치체계'를 의미한다.[5]

일반적으로 특정한 시각과 관점에서 아시아에서 발견되는 공통의 가치를 일컫고 있다. 그러나 아시아라는 지역의 광범위성, 종교의 다양성, 상이한 인종, 풍속, 언어 등 많은 이질적인 요인이 상호 복합적으로 혼재되어 있어 아시아라는 광대한 지역에 하나의 보편적인 가치체계가 존재하느냐 하는 것은 의문이다.[6] 동일한 역사와 관습 그리고 단일민족으로 구성된 국민국가 내에서도 지역적으로 가치체계가 다른 데 하물며 광활한 아시아 대륙을 대표하는 공통된 가치체제를 발견한다는 것은 결코 용이한 일이 아니기 때문이다.

그래서 아시아적 가치는 투명한 개념이나 객관 사실을 있는 그대로 지칭하는 중립적인 개념이 아니라 특정 시각과 관점에 의해 구성된(construct) '담론형성체'라고 보기도 한다. 심지어 아시아적 가치는 특정한 시간과 공간의 맥락 속에서 발화자의 의도에 따라 카멜레온처럼 색깔을 달리하는 '실재성'이 결여된 수상쩍은 개념이며, 오리엔탈리즘(orientalism)과 마찬가지로 서양인의 의도와 목적에 따라서 모습을 달리하는 허구적 구성(imaginary construct)일 따름이라고 보는 견해도 있다.[7]

아시아적 가치의 정체성에 대한 상반된 논의에도 불구하고 일반적으로 아시아적 가치는 유교주의(confucianism)의 특성과 동일하게 인식되고 있다.[8] 경제기적을 이룩한 아시아 국가들이 유교문화권에 속한다는 데 착안하여 아시아 국가들에게 공통으로 발견되는 특성을 유교주의적인 시각에서 접근하고 있는 것이다. 유교적인 문화의 특성으로 검소, 교육중시, 권위에 대한 경의,

5) 이승환, "아시아적 가치의 담론학적 분석" 이승환 외(1999), p.313.

6) 이승환 외(1999), p.318.

7) 이승환 외(1999), pp.318~320.

8) 아시아 문화권에 존재하는 대표적인 가치체계에 영향을 미친 공통의 사상적 배경은 유교와 불교라고 주장한다. 특히 동아시아적 가치를 유교주의 시각에서만 접근하는 것 보다는 불교적인 요인을 보완해야 한다는 주장이 제기되었다. 박병기, "동아시아적 가치와 오리엔탈리즘 : 불교적 접근," 한국국민윤리학회, 「아시아적 가치와 경제윤리」제6회 한·중 윤리학 국제학술대회(1999. 7. 14~15, 서울대학교), p.207.

집단주의, 근면, 사회화합의 강조, 의사결정시 반대 없는 합의 등을 들고 있으며, 아시아식 민주주의에 작용하는 유교적 문화로서 권위에 대한 경의와 위서적인 인간관계가 사회안정과 정치질서에 기여한다는 것이다.[9)]

한편 헌팅톤(S. P. Huntington)은 한국, 일본, 싱가폴, 타이완, 월남 등에서 발견되는 유교적인 전통은 개인보다 집단주의, 자유보다 권위주의, 권리보다 책임, 국가에 대항한 권리의식의 결여, 불일치와 경쟁보다 조화와 협력, 질서유지와 위계의 존중, 아이디어·집단·분파(parties)에 대한 부당성과 위험의식, 국가와 사회의 통합, 국가수준에서 사회기구의 자율성 불인정 등을 들었다.[10)]

위와 같은 유교문화의 특성을 아시아적 가치로 간주하고 경제 기적을 이룩한 다양한 원인 중 하나를 거기에서 찾고 있는 것이다. 즉 유교문화에 내재한 강한 리더십, 검약과 절제의식, 높은 교육열, 가족적 인간관계, 협동과 근면 등의 문화적 요인이 아시아 지역의 경제발전에 중요한 변수가 되었다는 것이다.[11)]

유교적 가치는 경제영역뿐만 아니라 정치적으로도 아시아 문화권에 독특한 정치행태를 설명하기 위해서 사용되어 왔다. 특히 자본주의 근대화를 이룩한 아시아 개발독재국의 정치지도자들은 "국가의 경제성장을 위해서라면 개인의 자유와 인권은 유보될 수 있다"는 태도를 보여왔다.[12)] 정치체제의 특성 면에서 정치권력의 일극 집중과 가부장주의적 권력관계[13)]라는 특징도 있다. 정치영역에 있어서 발견되는 개인의 자유와 권리보다는 국가와 사회라는 공동체 이익을 강조하고, 정치권력이 소수의 지배자에게 집중되어 있으며, 지배자의 권위주의적인 행태와 국민의 복종적인 신민적 태도 등이 아시아적 가치에 영향을 받은 것이라고 일반적으로 이해하고 있는 것이다.

---

9) Kim Yung-Myung,"Asian-Style Democracy : A Critique from East Asia," *Asian Survey*, 34-3(March, 1997), p.1128, 1130.

10) Samuel P. Huntington, "Democracy' s Third Wave," *Journal of Democracy*, 2 (Spring, 1991), p.24.

11) 이승환 외(1999), p.314.

12) 이승환 외(1999), p.315.

13) 김영명, "동아시아의 문화와 정치" 이승환 외(1999), p.167.

Ⅲ. 아시아적 가치의 영향

아시아적 가치의 뿌리가 유교문화의 전통에 기인했다면 아시아의 정치문화는 유교문화의 영향을 많이 받았다고 볼 수 있을 것이다. 정치학에서 문화적 변수의 중요성을 제기한 것은 플라톤(Platon)의 「정치학」에까지 거슬러 올라간다. 인간의 성향이 다양한 만큼 정부의 유형도 다양할 수밖에 없으며 인간의 태도와 가치가 중요하다는 점을 강조하였다.

민주발전과 정치문화의 상관성에 대한 논의는 비교적 오래된 주제라고 볼 수 있다. 정치문화가 민주발전의 독립변수냐, 개재변수냐, 종속변수냐를 따지는 것은 이 글의 주제가 아니기 때문에 논의대상에서 배제하고자 한다. 다만 여기서는 정치문화가 민주발전의 종속변수가 아니라는 시각에서 출발하고자 한다. 왜냐하면 정치문화는 개인의 정치적 행동은 물론 정치질서와 제도적 속성에 영향을 미치는 관계로 정치발전의 결정적인 변인의 하나로 간주되기 때문이다. 정치문화 결정론적인 시각에서 민주발전을 접근하려는 것이다.

문화결정론을 옹호하고 있는 싱가폴의 리콴유(Lee Kuan Yew) 전 수상은 유교와 서양가치의 차이점과 문화의 중요성을 강조하면서 "문화가 숙명"이라는 시각을 가지고 있다. 인간 삶에 있어 문화가 가장 심오하고 결정적인 측면이라는 것이다.[14] 문화가 인간의 정치행태와 정치적 삶에 영향을 행사하고 있음은 부인할 수 없다.

정치문화와 민주발전 간의 상관성이 있다면 문제는 그 영향력이 어떤 방향으로 작용하느냐 하는 것이다. 정치문화가 민주발전에 미치는 영향에 대하여 유익한 문화(conducive culture)와 그렇지 않다는 두 가지의 상반된 주장이 있다. 서양문화(Western cultures)는 민주제도와 민주주의 발전에 적절한 기초를 제공하는 유익한 문화라고 한다. 반면에 민주적인 규범의 사회 확산을 막고, 민주제도의 정당성을 거부하며, 민주제도의 출현과 효율적인 기능을 저해하는 반민주문화가 있다는 것이다. 대표적으로 유교와 회교(Islam)문화는 민주발전에 적대적이고 장애가 된다는 것이다.[15]

---

14) Fareed Zakaria, "Culture is Destiny : A Conversation with Lee Kuan Yew," *Foreign Affairs*, 73-2(March/April, 1994), p.125.

15) Samuel P. Huntington, *The Third Wave : Democratization in the Late Twentieth Century*, (Norman and London : University of Oklahoma Press, 1991), pp.298~300.

헌팅톤(S. P. Huntington)은 유교나 회교는 반민주적이고 비민주적인 정치문화라고 주장하면서 중국에서 한국, 일본, 싱가폴, 타이완, 월남 등으로 전파된 유교는 개인보다 집단, 자유보다 권위, 권리보다 책임을 강조한다고 하였다. 또한 국가에 대한 저항권이 결여되었고, 견해차 대신 조화나 경쟁 대신 협력을 선호하고, 위계조직의 존중과 질서유지가 중심적인 가치로 간주된다. 아이디어나, 집단간·분파간의 갈등은 위험하고 정당한 것이 되지 못한다. 가장 중요한 것은 국가와 사회를 통합하는 것이며, 국가차원에서 국가와 균형을 이룰 수 있는 자율적인 사회제도의 정당성을 인정하지 않는다는 것이다.[16]

헌팅톤의 주장과 달리 유교에 대한 아시아식 발전에 대한 우월성을 주장하는 목소리는 동아시아의 여러 곳에서 들을 수 있으며, 아시아적 가치에 대한 가장 공세적인 입장을 취한 나라는 싱가폴과 말레시아를 들 수 있다.[17] 정치 엘리트 중에서는 싱가폴의 리콴유와 말레시아 총리 마하티르 모하마드(Mahathir Mohamad)를 가장 대표적인 아시아적 가치의 옹호론자라고 볼 수 있다. 마하티르 총리는 '동방을 주목하라'(Look East)라는 입장을 취하는 아시아주의자로 알려져 있다. 또한 싱가폴의 리콴유는 전체공동체의 희생을 앞세운 개인자유(individual freedom)의 지나친 강조는 경제와 도덕의 쇠퇴를 가져오며, 가족의 연대와 규율(discipline)에 기초한 동아시아의 문화와 가치는 경제에서뿐만 아니라 정치에 있어서도 매우 긍정적인 역할을 한다고 주장하였다.[18]

후쿠야마(Francis Fukuyama)도 아시아적 가치로 대표되는 유교는 민주주의 본질적인 요구를 충족시킬 수 있기 때문에 민주제도를 창달할 수 있다고 긍정적으로 보고 있다. 유교와 민주주의가 양립할 수 있는 요인으로 인류애, 교육의 강조, 관용 등을 지적하였다.[19]

아시아적 가치의 뿌리가 되는 유교문화가 민주발전에 미치는 영향에 대한 시각은 부정적인 측면과 긍정적인 측면으로 양분되어 있음을 발견할 수 있다. 결국 아시아적 가치가 민주발전에 미치는 영향에 대하여 긍정론과 부정론이 팽팽히 맞서 있음을 보여주는 것이다.

---

16) Huntington(1991), pp.298~301.

17) Kim Yung-Myung(1997), p.1119.

18) 함재봉(2000), p.162.

19) Fukuyama(1995), p.25.

Ⅳ. 공동체중심적인 아시아적 가치

어느 정치체제든 개인(individual)과 공동체(community)와의 관계를 구조화해야 한다. 민주주의 정치체제는 개인의 통합(integrity of individual)과 공동체(community)의 안녕(well-being)을 보호하고 실현시킬 수 있도록 양자간의 관계를 조직화해야 한다. 전자를 개인중심이론(individual-centered theory), 후자를 공동체중심이론(community-centered theory)이라고 한다.[20]

개인중심이론은 민주발전을 정치적 권위(political authority)가 자유로운 타인과 조화를 이룬 가운데 자유로운 개인(free individual)으로부터 나오는 것을 보장하는 정치체제이며, 자유주의적인 입장을 취한다. 즉 개인이 민주정치의 주인이며, 개인의 권리(rights of individual)를 민주주의 핵심가치로서 인정한다. 자유민주주의 정치체제는 개인의 정치적·경제적·시민적·사적 권리를 보호할 수 있도록 설계되어야 한다는 것이다. 자유민주주의에서는 개인의 활동은 정부로부터 간섭받지 않고 최대한 보장되어야 하는 것이다. 정부나 정치의 본질적인 목표는 개인의 권리와 자율성을 보호하는 데 있다.

반면에 공동체중심이론은 모든 정치적 권위는 집단으로부터 연유한다는 것이며, 정치체제는 공공의 권리와 이익(public rights and interests)을 개인의 자율성이나 권리보다 중요하게 강조해야 한다는 입장이다.[21] 정치체제는 공동체의 권익을 보호하도록 설계되어야 하며, 정부는 전체 국민의 안녕을 우선적으로 고려하여 국민전체에게 봉사해야 한다. 공동체의 이익이 개인의 자유와 권리에 우선한다는 입장이다.

개인의 자유와 권리나 공동체의 안녕과 번영은 어느 하나도 무시할 수 없는 중요한 가치임에 틀림없다.[22] 공동선(common good)을 고려하지 않고 개인의 권리를 무제한 보장하는 것은 무정

20) Center for Civic Education, *An International Framework for Education in Democracy*, (January 4, 2001), p.7〈www.civiced.org/framework.doc〉.

21) Center for Civic Education(2001), p.8.

22) 공동체도 결국 개인의 집합으로 구성되며, 진정한 공동체는 부분적인 양보와 타협 그리고 조화와 균형을 모색하는 것이기 때문에 개인중심과 공동체중심에 대한 개념상 본질적인 차이점을 발견하기 어렵다는 측면도 있다. 하지만 이 글에서는 개인의 자유와 권리를 중시하는 자유주의와 집단의 이익을 중시하고 개인의 자율성을 침해하는 비자유주의적 시각에서 양자의 개념을 구분 짓고자 한다.

부상태의 위험성이 있으며, 개인의 권리를 무시한 공동선만의 강조는 개인의 자유를 파괴하게 된다. 두 가치는 민주주의 정치체제가 실현해야 하는 과제라고 볼 수 있다. 그러나 문제는 현실적으로 두 가지를 동시에 강조해야 할 상황이 발생할 때 어느 쪽을 우선적으로 고려해야 하느냐 하는 것이다. 양자택일은 결코 간단한 문제가 아니다. 예를 들면 정부에서 환경보전을 위해서 그린벨트 지역을 지정하여 개인 재산권의 행사를 원천적으로 제한한다고 할 때 공공의 이익과 개인의 권리간에 상충현상이 나타난다. 국토보전이라는 공동체의 이익 차원에서 그린벨트 지정을 무조건 정당화 할 수도 없고, 그렇다고 환경보존을 고려하지 않고 개인의 재산권 행사를 무제한 허용할 수도 없는 딜레마에 빠지게 된다.

그러나 개인의 자유와 권리를 최우선으로 강조하여 공동체의 이익을 훼손하는 지나친 개인주의(individualism)나 반대로 공동체의 이익과 권리를 앞세워 개인의 자유와 권리를 침해하는 극단적 집합주의(collectivism)는 안정적인 민주주의(stable democracy)[23]를 유지하는 데 장애가 된다. 양자 중 어느 쪽을 강조하느냐 하는 것은 전략적 선택의 문제지만 어느 한쪽만을 일방적으로 강조하는 극단주의는 민주발전을 저해하게 된다.

양자를 동시에 고려하여 균형을 이루는 것은 현실적·기술적으로 상당한 어려움이 있기 때문에 상황에 따라서 우선순위가 달라질 수밖에 없을 것이다. 하지만 안정된 민주정치체제라면 양자 간에 균형과 조화를 이루는 가운데 운영의 묘를 살리는 것이라고 볼 수 있다. 일반적으로 민주주의는 개인주의를 핵심가치로 개인중심적인 시각을 강조하고 있으나 이 글에서는 민주발전을 개인중심과 공동체중심의 이론을 조화시키는 것이라고 이해하고자 한다. 개인의 자유와 권리 그리고 공동체의 권익과 안녕을 동시에 균형적으로 조화시키는 것이 안정적이고 지속적인 민주발전의 필수요건이라고 이해하고자 한다. 단, 자연재난, 경제체제의 위기(crises in economic system), 전국적인 대규모 폭동, 전염병의 창궐, 외침 등과 같은 비상사태에서는 예외라고 볼 수 있다.[24] 그렇지 않은 경우 양자를 조화시켜야 안정적인 민주발전을 이룩할 수 있다.

아시아적 가치의 옹호론자들이 주장하는 국가발전을 위해서 개인의 자유나 권리는 유보될 수 있다는 시각은 공동체중심적인 접근과 맥을 같이한다고 해석할 수 있다. 왜냐하면 국가발전을

---

23) Center for Civic Education(2001), p.9.

24) Center for Civic Education(2001), p.48.

위해서 개인의 자유와 권리보다 공동체의 이익을 우선적으로 고려하기 때문이다. 이는 개인중심 이론과 공동체중심 이론을 조화시킨 것이 아니라 극단적으로 한쪽의 입장만을 편향적으로 강조한 것이기 때문에 안정적인 민주발전과는 거리가 있다고 볼 수 있다.

V. 공동체중심 정책의 경험적 분석

아시아적 가치로 대표되는 공동체중심적 접근은 한국의 민주발전에 어떻게 작용하고 있는가? 개인보다 공동체중심적 입장을 중시했던 경험적 사례는 많지만 김대중 정부가 외환위기를 극복하기 위해서 경제개혁의 일환으로 추진한 구조조정 정책을 하나의 분석대상으로 삼고자 한다.

1997년 12월 3일 한국정부는 국제통화기금(IMF)과 국제금융지원 협정을 맺었다. 이러한 외환위기라는 미증유의 국가부도 사태를 맞이하여 이를 극복하기 위한 공동체중심적인 경제개혁은 필연적으로 요구되었다. 외환위기의 와중에 출범한 김대중 정부는 기업, 금융, 공공, 노사 등 4대 개혁을 위한 구조조정을 최우선 정책과제로 추진하여 왔으며 이에 대한 국민적 공감대가 형성되었다. 구조조정의 본질은 정부나 기업내부의 불합리성과 비효율적인 낭비 요인을 제거하여 생산성을 향상시키고 대외 경쟁력을 높이는 데 있다. 예를 들면 기업의 경우 더 이상 성과에 기여하지 못하는 제품이나 서비스, 업무프로세스를 제거해 기업이 이익을 낼 수 있는 구조로 만드는 것이다.[25]

김대중 정부는 2001년 2월말로 4대 부문 개혁을 완료하겠다고 시한을 정했으나 스스로 미흡함을 인정하고 그 후 상시 개혁체제로 전환한다고 하였기 때문에 진행중인 구조조정 정책에 대하여 평가하는 것은 적절한 태도가 아닐 수 있다. 하지만 국내외의 일치된 평가는 한국은 IMF 관리체제를 조기 졸업했다는 것이며, 김대중 정부도 IMF 관리체제의 조기 극복을 주요한 치적으로 내세우고 있다. 중장기적으로 한국경제의 재도약에 대한 전망은 불투명하지만 국가부도와 같은 경제위기는 일단 벗어났다. 그럼에도 불구하고 아직도 구조조정 정책을 공동체중심적 시각에서 일방적으로 추진한 몇 가지 문제점을 지적하고자 한다. 공동체중심적 가치를 지나치게 강조한

---

25) 박창용, "구조조정 효과 거두려면 업무중심으로," 2001-02-21〈joins.com〉, p.07.〈검색일 2001-03-25〉

정책에 대한 사례분석을 통하여 개인의 자유와 권리를 침해하는 것은 균형적이고 안정적인 민주 발전의 저해요인으로 작용한다는 것을 뒷받침하기 위한 것이다.

첫째, 실업자의 양산으로 근로자 개개인의 생존권을 위협하였다. 실업자에 대한 통계에 의하면 2000년 9월 80.4만명(실업률 3.6%), 10월 76.0만명(3.4%), 11월 79.7만명(3.6%), 12월 89.3만명(4.1%), 2001년 1월 98.2만명(4.6%), 2월 106.9만명(5.0%) 등으로 나타났다. 2000년 3월 102.8만명이었던 실업자가 줄어들다가 1년여만에 다시 100만명을 넘어선 것이다.[26] 실업은 경기둔화, 구조조정, 계절적 요인 등이 복합적으로 작용한 결과지만 일자리를 잃고 경제활동이 중단된 상태에서 개인의 생존권이 보호될 수 없을 것이다. 경제를 살린다는 공적이익을 내세워 정리해고나 기업의 퇴출 등으로 실업자를 양산하여 개인의 권리를 보장하지 않았다. 대량실업, 임금하락으로 깊어 가는 경제적 불평등, 빈부격차의 심화는 개인의 경제적 자유와 권리는 물론 결국 생존권을 박탈하는 것과 같다. 노동탄압도 예외가 아니다. 김영삼정부 5년동안 노동자 507명이 구속된 반면 김대중 정부 3년 6개월동안 575명이 구속되었다.[27]

정리해고가 구조조정의 전부인양 인식되고 있다. 정리해고와 같은 인력감축은 생산성과 효율성 제고와 경쟁력 강화와 밀접한 관련이 있다는 것은 부인할 수 없다. 국제경쟁력의 기초는 개개인의 능력이나 자질과 직결되기 때문에 인력관리가 중요한 것도 사실이다. 또한 불필요한 인력을 감축하여 낭비적인 인건비를 줄이고 작고 효율적인 조직으로 재편하는 것이 구조조정의 1차적인 목표가 될 수 있을 것이다. 그러나 구조조정은 정리해고만이 전부가 아니다. 경제회생이라는 공익을 앞세워 미국이나 영국도 과감한 구조조정을 실시하였다. 레이거노믹스와 대처리즘으로 불리는 신자유주의 경제철학과 정책을 통하여 미국의 경제를 살렸고 영국병을 치유하였으며 국제경쟁력을 향상시켰다. 물론 정리해고가 구조조정의 전부는 아니었지만 영국의 대처수상은 노조의 세력과 맞서 과감한 구조조정으로 인력을 감축시켰다. 미국은 1980년대 10여년에 걸쳐 시장중심의 구조조정을 통하여 장기적인 호황의 터전을 마련하였다. 그러나 문제는 미국이나 영국의 노동시장은 유연하다는 점이 우리와 근본적으로 다르다.[28] 직장에서 쫓겨나더라도 다른 일자리를 구하기 용이하기 때문에 한국과는 상황이 다르다. 재취업의 기회가 제한되어 있고 노동

26) 송상훈, "실업자 107만명…20·30대서 두드러져," 2001-03-21〈joins.com〉, p.01〈검색일 2001-03-25〉

27) 「교수신문」"누가 조종을 울리나." (2001. 7. 9), p.1.

시장의 유연성이 낮은 상태에서 그리고 사회보장제도가 미흡한 한국에서 정리해고는 그야말로 개인입장에서는 경제적 사형선고나 마찬가지라고 볼 수 있기 때문이다.

둘째, 구조조정이 합의에 의하여 이루어지지 않았기 때문에 노사분규가 급증하고 있다. 개인의 타고난 자유와 권리는 어느 누구도 제한할 수 없다. 다만 정부는 필요시 개인의 동의(consent)에 기초하여 제한 할 수 있을 뿐이다.[29] 기업도 마찬가지다.

연도별 노사분규 발생건수에 의하면 1996년 86건, 1997년 78건, 1998년 129건, 1999년 198건, 2000년 246건으로 나타났다. 노사분규에 참가한 근로자는 1999년 9만여명에서 2000년에는 두 배로 늘어났으며, 근로손실 일수도 1999년보다 37.2% 늘어난 1850312일을 기록했다. 이를 구조조정에 대한 노조의 연대파업 때문에 분규가 증가하고 규모도 대형화·장기화했다고 분석하고 있다.[30] 노사분규의 증가는 일방적인 대량해고, 임금교섭권의 제한, 임금하락, 열악한 근로조건 등이 주원인이라고 평가할 수 있다.

노조의 활동은 결사에 의한 집단행동으로서 집단중심적인 측면이 있지만 결국 근로자 개인의 권리를 보장받기 위한 것이다. 경제개혁이라는 차원 높은 공동체의 목표를 내세웠지만 근로자들의 동의와 지지를 받지 못했기 때문이며 개개인의 이익이 침해되는 데서 나타난 현상이다. 경제개혁을 명분으로 구조조정의 절박성을 앞세워 강행된 기업의 퇴출과 정리해고에 대한 불만이 직접적으로 표현된 것이라고 볼 수 있다. 결국 경제개혁이라는 공동체 이익을 앞세워 단행된 정리해고는 근로자 개개인에게 경제적 불이익을 안겨 준 것이기 때문에 개인중심적인 측면을 지나치게 간과했다고 볼 수 있다.[31]

구조조정 과정은 조합주의적·다원주의라는 시각에서 추진되어야 할 것이다. 정리해고나 기업의 퇴출도 궁극적으로 근로자 개개인을 위한 것이기 때문에 사회적 합의에 기초한 조합주의와

---

28) 동아일보에서 2001년 2월 16일부터 23일까지 한국과 미국의 만 20세부터 39세까지의 남녀 각각 1000명을 대상으로 설문 조사한 결과에 의하면 세 번 이상 직장을 옮겼다는 응답자가 한국 33%, 미국 57%로 나타났다. 「동아일보」"어떻게 사는 게 좋은지 모르겠다," (2001. 3. 31).

29) Margaret Ng, "Why Asia Needs Democracy," *Journal of Democracy*, 8-2(April, 1997), p.11.

30) 신동재, "구조조정앓이 올 노사분규 급증," 2000-12-26〈joins.com〉, p.01〈검색일 2001-03-25〉.

31) 김대중 정부의 노동정책에 대한 이중성 논의는 다음을 참고할 것. 「주간조선」, "DJ 노동정책 태생적 한계 : 색깔도 원칙도 없다," (2001. 1. 11) 1636호, pp.20~21.

시장경제논리인 다원주의를 가미한 시각에서 추진해야 할 것이다. 그러면 노사분규가 발생할 수 있는 근본적인 원인이 소멸될 수 있을 것이다. 김대중 정부는 사회적 합의주의 전통이 강한 유럽의 조합주의 모델을 도입하여 노사정위원회를 출범시켰다. 그러나 이는 신자유주의 정책을 위한 위장술이나 노사정 합의는 장식물에 불과하다고 부정적으로 평가하는 시각도 있다.[32] 진정한 의미에서 경제위기를 극복하기 위해서는 조합주의적 시각과 자발적·경쟁적·비계서적인 다원주의를 조화시킨 가운데 정리해고와 기업의 퇴출이 이루어진다면 노사분규도 줄어들고 개인의 권리도 어느 정도 보장 될 수 있을 것이다.

셋째, 구조조정 과정에 정부의 권위주의적 리더십과 일방적인 의사결정으로 개인의 참여가 배제되는 결과를 가져왔다. 구조조정 과정에 아시아적 가치로 이해되고 있는 정부의 개입과 권위주의적 리더십이 등장한 것이다.

외국의 경우 기업의 구조조정을 위한 해고나 부실기업 퇴출은 정해진 법적 절차와 시장원리에 따라서 이루어지기 때문에 정치지도자의 권위주의에 대한 시비가 없다. 1980년대 이후 서구를 풍미한 신자유주의 정책은 정부개입의 최소화와 시장 기능의 확대, 노동시장의 유연화 등을 골자로 하며, 대처리즘과 레이거노믹스로 대표된다.[33] 그러나 김대중 정부의 경제정책은 구조조정 과정에 나타난 정부의 권위적인 개입과 관치의 시비로 신자유주의 노선을 유지했다고 평가할 수 없다.[34] IMF의 구조조정 처방은 시장의 최대한과 국가의 최소한을 신봉하는 신자유주의 정치경제학에 바탕을 두고 있다.[35] 하지만 IMF 장학생이라고 불리는 한국은 겉으론 신자유주의를 표방했지만 실은 국가의 경제 개입을 강화하였다.

---

32) 「주간조선」(2001. 2. 22), p.21.

33) 「주간조선」"DJ 노믹스 : 신자유주의 · 조합주의 · 포퓰리즘의 이상한 혼재," (2001. 2. 22), 1641호, p.20.

34) 빅딜 · 금융구조조정을 거의 정부가 주도하고 민간기업까지 무분별하게 개입하고 간섭한 사례에 대하여 다음을 참조할 것. "한국경제, '시장'은 실종. '관치'만 판친다," "금감위 확대·금감원 축소, 정부, 집요한 금융장악시도," "관치경제는 고위관료들의 태생적 체질?" 「주간조선」(2001. 4. 26), pp.18~27.
익명의 심사자는 이 글을 '신자유주의 정책=공동체중심'이라는 등식으로 이해하였는 데 이는 오해라고 본다. 신자유주의는 기본적으로 개인의 선택과 자유, 국가의 최소화, 시장의 최대화와 시장기능의 합리화 등을 강조하는 개념이기 때문에 신자유주의는 오히려 개인중심적 접근법에 가깝다.

35) 김명수, "시장의 신화와 국가의 오해 : 신자유주의 정치경제학의 비판," 한국비교사회연구회 편, 『동아시아의 성공과 좌절-새로운 발전모델의 모색』(서울 : 전통과현대, 1999), p.175.

자유민주주의의 이상적인 가치는 개인의 권리 존중과 다양한 이익과 견해의 타협(compromise)에 있다. 하지만 유교적 가치는 서구식 민주주의와 정반대(antithetical)적인 측면이 있다.[36] 권위주의적 정치리더십은 개인의 권리를 침해하고 다양한 이익과 견해에 대한 타협을 모색하기보다는 하향적·일방적 의사결정으로 민주적 가치를 훼손하고 있다.

김대중 대통령은 2001년 연두기자회견에서 '강한정부론'을 내세웠으며, 그 개념을 '옛날 군사정부와 같이 권위적 힘을 휘두르는 정부가 아니라 정반대로 민주적 절차를 준수하며, 대화와 양보로 풀어 가는 강력한 정부'라고 정의하였다. 강한 정부론이 등장한 이후 민주당 의원의 자민련 꿔주기, 자민련과 공조복원, 민국당과 정책연합 등 자기편 세력의 확대·강화와 언론의 세무조사 등 비판적·적대적 집단의 약화를 꾀하는 듯한 모습을 보여 강한 정부가 연성정부(soft government)에 대비되는 강성정부(hard government)라는 오해를 불러오기에 충분하다.

강성정부는 사회통제력을 강화하는 경향을 띄게되며 권위주의적인 통치행태를 보인다. 구조조정도 사용자나 노동자의 자발적 동의에 의하여 상향식으로 이루어지는 것이 아니라 금융감독위원회와 같은 정부기관의 지시에 의하여 하향식으로 이루어졌다. 정부 공권력은 기업의 퇴출, 공적자금의 조성, 기업의 선별적인 지원, 금융기관의 흡수합병 등 구조조정에 직접 개입하였다. 대표적인 예로 2001년 1월 산업은행으로 하여금 현대건설과 쌍용양회 등 6개 대기업의 회사채를 인수토록 한 것이나, 현대전자 등 현대그룹에 대한 특혜성 지원 등으로 시장중심적 접근과는 거리가 있다는 지적을 받고 있다.[37] 또 금융시장에 대한 정부의 역할도 외환위기 이전과 달라진 것이 없고 정부는 주요 금융기관의 소유자이면서 암묵적적인 보험제공자, 건전성 감독자로서의 역할을 동시에 한다는 지적을 받기도 하였다.[38]

민간중심, 시장중심의 구조조정만이 장기적인 시각에서 국가의 경쟁력을 향상시킬 수 있기 때문에 국가가 직접 개입하는 권위주의적인 방식은 지양되어야 한다. 권위주의적인 정부는 개입

---

36) Kim Yung-Myung(1997), p.1131.

37) 미국의 시사주간지 Business Week는 이를 두고 "김대중 정권 출범이후 시작된 한국의 경제개혁 작업이 어릿광대극(farce)으로 전락했다고 꼬집었다. Business Week, "Seoul : So Long, Corporate Reform," 〈Businessweek online : January 22, 2001 issue〉, p.1.

38) KDI가 2000년 12월 8일 외환위기 3년을 맞아 개최한 심포지엄의 「경제구조 조정 평가 및 향후 과제」라는 보고서에서 지적한 내용이다.

명분을 아시아적 가치가 강조하는 전형적인 공동체 이익의 옹호라는 입장에서 찾고 있다. 앞서 지적한 바와 같이 싱가폴 리콴유가 주장하는 전체 공동체의 이익을 위하여 개인자유의 제한은 불가피하다는 것과 같은 맥락이다. 즉 국가경제 발전이나 개혁을 위해서 권위주의 방식의 정부 개입은 불가피하다는 것이다. 하지만 시장의 기능과 기업의 자율성에 맡기는 자유주의적인 방식이 중장기적으로 경쟁력을 높이는 결과가 될 것이다. 아시아의 비교적 강력한 정치적 권위와 자유경제를 특징으로 하는 유연한 권위주의(soft authoritarianism)[39]가 한국에서는 딱딱한 권위주의(hard authoritarianism)로 나타나는 경향을 보이고 있다.

넷째, 부실기업과 금융기관을 구제하기 위해서 조성된 공적자금도 결국 국민 개개인의 부담으로 돌아갈 수밖에 없다. 부실기업과 금융권을 구제하기 위해서 140여조원의 공적자금을 조성하였다. 공적자금의 조성은 기업과 금융권을 살리기 위한 자구책이지만 공적자금은 국민의 혈세이기 때문에 부실은행이나 회생 불능한 기업에 지원되고 회수율이 24.4%에 불과한 상황에서 결국 그 부담은 고스란히 국민에게 넘어가게 될 것이다.[40] 이 또한 공익을 앞세운 공동체중심적인 접근으로 국민 개개인에게 부담을 전가시켜 개인의 이익을 침해하는 결과를 가져오는 셈이 된다.

이 글은 정부의 구조조정 정책의 공과를 평가하는 데 목적이 있는 것이 아니라 구조조정 과정에 나타난 공동체중심적인 시각이 개인중심적인 시각보다 우선시 되었다는 점을 밝히기 위해서 문제점 몇 가지를 지적한 것이다. 구조조정은 공동체 이익을 위한 경제개혁이라는 점을 지나치게 앞세워 국민 개개인의 자유와 권리를 제한했다는 사실을 발견하기 위한 것이었다.

구조조정 과정에 공동체중심적인 노선을 택한 것은 시장의 실패에 따른 국가의 개입이나 후발주자 국가들이 선성장후분배 논리와 적하이론(trickle-down theory)의 원리를 적용하여 평가할 수 있을 것이다. 개인은 어느 정도의 희생을 감수하더라도 전체를 위하여 우선 파이를 크게 만들고 난 후에 나누어 갖자는 선성장후분배 정책이나, 부유한 나라가 호황을 누리면 가난한 국가에 그 혜택이 흘러내린다거나, 사회의 상류층이 충분한 부를 누리면 그 여파가 다양한 하층계급까지 파급될 것이라는 적하이론의 논리는 그 적실성이 매우 약하다. 왜냐하면 아시아 국가에서 선

39) Fukuyama(1995), p.11.

40) 2001년 3월말까지 투입된 공적자금은 총 134조 7000억원이며, 이중 회수금액은 32조 8000억원으로 회수율이 24.4%에 그쳤다. 「문화일보」"공자금 회수 24%에 그쳐," (2001. 4. 23)

성장 발전전략은 성공했으나 후분배 경제정책은 성공을 거둔 예를 찾아보기 어려운 현실이며, 공동체 이익을 앞세운 구조조정의 결실이 개인의 권익으로 연결될 것이라고 기대하는 것도 불확실하기 때문이다.

Ⅵ. 맺는 말

아시아적 가치와 민주발전과의 관계를 살펴보기 위해서 민주주의 접근법의 하나인 개인중심이론과 공동체중심이론을 분석의 틀로 활용하였다. 개인중심이론은 모든 정치적 권위(political authority)가 자유로운 개인으로부터 출발하기 때문에 개인의 자유와 권리가 우선한다는 입장이며, 공동체중심이론은 정치적 권위가 공동체에 있기 때문에 집단의 권리와 이익이 중요하다는 것이다.[41] 공동체중심 이론은 집단의 이익과 전체국민의 권리에 봉사하도록 설계된 비자유주의 민주형(non-liberal type of democracy)[42]이기 때문에 개인이 주(primacy)가 되며, 개인권을 강조하는 자유주의 민주형과는 다르다. 핵심은 어느 한쪽을 극단적으로 강조하는 것은 균형적이고 안정적인 민주발전과 거리가 있다는 점이다. 실질적으로 양자 중 어느 하나만을 강조하는 것은 민주주의 가치를 훼손할 수 있기 때문에 양자가 조화를 이루는 것이 바람직하다고 볼 수 있다.

아시아적 가치는 국가, 국민, 사회차원의 질서, 안정, 복지, 번영 등을 우선적으로 강조하기 때문에 개인중심의 자유주의 민주형(liberal type of democracy)이라기보다는 공동체중심의 비자유주의 민주형에 가깝다. 그러나 공동체와 개인이익 중 어느 것이 먼저인가를 따지는 것은 닭과 계란 논쟁과 같이 결론에 도달하기 어려운 담론이라고 볼 수 있다. 공동체의 자유, 복지, 안전을 위해서 개인의 희생을 강요하거나 다른 한편 개인의 권리와 이익만을 앞세워 공동체의 집단적 이익을 훼손하는 것이나 모두 어느 한쪽에 극단적으로 경도된 것이기 때문에 바람직하지 않다. 따라서 개인중심과 공동체중심을 조화시키는 것이 안정적인 민주발전에 기여하게 된다고 볼 수 있다.

41) Center for Civic Education(2001), pp.7~9.

42) Center for Civic Education(2001), p.8.

아시아적 가치의 한 특성인 공동체중심이라는 접근법을 활용하여 구조조정 정책을 분석한 결과 정리해고, 정부의 개입과 권위주의 리더십, 공적자금의 조성 등 '공동체 이익'을 '개인의 자유와 권리'에 우선하는 공동체중심적 성향이 강하게 나타난 것을 발견하였다.

그러나 개인중심과 공동체중심의 조화는 그리 간단한 문제가 아니다. 개인의 자유와 권리 그리고 공동체의 권익을 동시에 고려하는 것은 이론적으로 가능하지만 현실적으로 많은 어려움이 있다. 양자를 조화시키는 과정에 항상 딜레마에 빠지게 된다. 외환위기 극복을 위한 경제개혁은 국가적 차원에서 너무나 절박한 과제이기 때문에 구조조정 과정에 신자유주의 노선을 유지하면서 정부가 개입하지 않을 수 없으며, 또한 경제를 살리기 위한 고육책으로 정리해고를 단행하여 개인의 생존권을 침해한 것은 불가피했던 조치일 수 있다.

문제는 국가부도 사태와 같은 절박한 경제위기를 넘겼는 데도 불구하고 아시아적 가치와 맥을 같이하는 공동체 중심적인 접근법을 아직도 지속적으로 적용하는 것은 중장기적으로 바람직하지 않다는 것이다. 외환위기 원인에 대하여 시장의 실패, 국가의 실패, 신자유주의 물결의 영향 등 다양하게 설명하고 있다. 어쨌든 이를 극복하는 과정에 불가피하게 공동체중심적으로 접근한 것은 사실이지만 위기가 관리된 이후에는 개인중심적인 자유주의 처방과 조화를 이루는 것이 필요하다.[43] 경제개혁이나 구조조정도 결국 국민 개개인을 위한 것이기 때문에 공동체의 이익을 명분으로 일방적인 정리해고를 단행하여 개인의 근로기회를 박탈하는 것을 정당화시킬 수 없다. 노동시장의 성격과 사회안전망 등이 외국과 전혀 다른 점을 고려해야 할 것이다. 국가경제를 살린다는 명분으로 국민 개개인의 자유와 권리를 침해하는 것은 지나친 공동체중심적 시각이다.

결론적으로 한국의 구조조정은 개인중심보다는 공동체중심적인 차원에서 추진되고 있다. 구조조정이란 경제개혁 정책은 공동체 이익을 위해서 한시적으로 개인의 자유와 권리는 어느 정도 희생과 고통을 감수할 수밖에 없다는 입장임을 이해할 수 있다. 하지만 문제는 경제위기를 넘긴 상황에서 그리고 미국이나 영국과 상황이 전혀 다른 한국의 특수성을 고려하지 않고 공동체중심적 접근법을 지나치게 강조하는 데 있다. 이는 아시아적 가치로 이해되는 공동체중심적인 접근

43) 한국경제 위기의 극복방안으로 국가의 개입을 옹호하는 입장과 국가와 시장이 적절하게 조화를 이루는 신국가주의(Neo-statism)를 주장하는 견해는 다음을 참고 할 것. 김명수(1999), pp.173~206; 박재규, "한국의 발전위기와 국가-시장체제의 전환," 한국비교사회연구회(1999), pp.287~333.

이 오랫동안 한국사회를 지배해 왔던 관행임을 반증하는 결과라고 해석할 수 있을 것이다.

공동체중심적 시각을 지나치게 강조한 나머지 개인중심이론의 중요성을 무시하는 결과를 가져왔으며, 어느 한쪽의 지나친 강조는 안정적인 민주발전을 위해서 바람직하지 않다는 점을 강조하고자 한다. 양자를 조화시키라는 주문은 이론적으로 가능하지만 현실화시키는 것은 대단히 어려운 문제다. 따라서 국민과 정부는 양보와 타협의 성숙한 자세를 유지하고 무엇보다 개인과 공동체의 가치를 조화시켜 양자간 균형을 모색하려는 사회적인 규범이 자리잡아야 할 것이다.

* 참 고 문 헌 *

「교수신문」 2001. 7. 9.

김경일. 1999. 『공자가 죽어야 나라가 산다』 (서울 : 바다출판사)

김석근. 1999. "IMF, 아시아적 가치 그리고 지식인," 이승환 외, 『아시아적 가치』 서울 : 전통과현대, pp.243~311.

김명수. 1999. "시장의 신화와 국가의 오해 : 신자유주의 정치경제학의 비판," 한국비교사회연구회, 『동아시아의 성공과 좌절』 서울 : 전통과현대, pp.173~206.

김영명. "동아시아의 문화와 정치," 이승환 외(1999), pp.163~180.

김영명. 1998. 『동아시아의 정치체제』 춘천 : 한림대학교 아시아문화연구소.

「동아일보」 2001. 3. 31.

「문화일보」 2001. 4. 23.

박병기. 1999. "동아시아적 가치와 오리엔탈리즘 : 불교적 접근," 한국국민윤리학회, 「아시아적 가치와 경제윤리」제6회 한·중 윤리학 국제학술대회(7. 14~15, 서울대학교).

박재규. 1999. "한국의 발전위기와 국가-시장체제의 전환," 한국비교사회연구회, pp.287~333.

박창용. 2000. "구조조정 효과 거두려면 업무중심으로," 2001-02-21〈joins.com〉. 〈검색일 2001-03-25〉

송상훈. 2001. "실업자 107만명…20·30대서 두드러져," 2001-03-21〈joins.com〉, 〈검색일 2001-03-25〉

신동재. 2000. "구조조정앓이 올 노사분규 급증," 2000-12-26〈joins.com〉, 〈검색일 2001-03-25〉.
이승환 외. 1999. 『아시아적 가치』 서울 : 전통과현대
이승환. 1999. "아시아적 가치의 담론학적 분석" 이승환 외, pp.313~336.
「주간조선」, 2001. 1. 11, 1636호; 2001. 2. 22, 1641호; 2001. 3. 29, 1646호.
한국국민윤리학회. 1997. 「아시아적 가치와 경제윤리」 제6회 한·중 윤리학 국제학술대회 (7. 14~15, 서울대학교 호암교수회관 컨벤션센터)
한국비교사회연구회. 1999. 『동아시아의 성공과 좌절』 서울 : 전통과현대
함재봉. 2000. 『유교 자본주의 민주주의』 서울 : 전통과현대
KDI. 2000. 「경제구조 조정 평가 및 향후 과제」 외환위기 3년의 보고서(12. 8)
Antlov, Hans and Tak-wing Ngo. 2000. *The Cultural Construction of Politics in Asia*. New York : St. Martin's Press.
Amsden, Alice. 1989. *Asia's Next Giant : South Korea and Late Industrialization*, New York : Oxford University Press.
Business Week. 2001. "Seoul : So Long, Corporate Reform,"〈Businessweek online : January 22, 2001 issue〉, pp.1~3.
Brzezinski, Zbigniew. 1997. "The New Challenges to Human Rights," *Journal of Democracy*, 8-2(April), pp.3~7.
Center for Civic Education. 2001. *An International Framework for Education in Democracy*, (January 4)〈www.civiced.org/framework. doc〉.
Chang Ha-Joon. 1998. "South Korea : Anatomy of Crisis," *Current History*, 97-6231 (December), pp.437~441.
Diamond, Larry. 1999. *Developing Democracy : Toward Consolidation*, Baltimore and London : The Johns Hopkins University Press.
Fukuyama, Francis, Confucianism and Democracy. 1995. *Journal of Democracy*, 6-2 (April), pp.20~33.
Fukuyama, Francis. 1995. "The Primacy of Culture," *Journal of Democracy*, 6-1(January), pp.7~14.

Hagopian, Frances. 2000. "Political Development, Revisited." *Comparative Political Studies*, 33-67 (August/September), pp.880~911.

Hall, David L. and Roger T. Ames. 1999. The *Democracy of the Dead : Dewey, Confucius and Hope for Democracy in China*, Chicago : Open Court.

Huntington, Samuel P. 1991. *The Third Wave. : Democratization in the Late Twentieth Century*, Norman and London : University of Oklahoma Press.

Huntington, Samuel P. 1991. "Democracy's Third Wave," *Journal of Democracy*, 2 (Spring).

Huntington, Samuel P. 1984. "Will More Country Become Democratic?" *Political Science Quarterly*, 99-2 (Summer), pp.193~218.

Johnson, James. 2000. "Why Respect Culture?" *American Journal of Political Science*, 44-3(July), pp.405~418.

Kausikan, Bilahari. 1997. "Governance That Works," *Journal of Democracy*, 8-2(April), pp. 24~48.

Kim, Yung-Myung. 1997. "Asian-Style Democracy : A Critique From East Asia," *Asian Survey*, 37-12 (December), pp.1119~1134.

Krugman, Paul. 1994. The Myth of Asia's Miracle," *Foreign Affairs*, 73-6(Nov/Dec), pp. 62~78.

Lee, Kuan Yew. 1998. *The Singapore Story. Singapore* : Times Editions,

Margaret, Ng, 1997. "Why Asia Needs Democracy," *Journal of Democracy*, 8-2(April), pp. 11~23.

Pye, Lucian. 1968. "Political Culture," in David L. Sills(ed.), *International Encyclopedia of the Social Science, 12*, New York : Macmillan and Free Press

Pye, Lucian and Mary W. Pye. 1985. *Asian Power and Politics : The Cultural Dimensions of Authority*, Cambridge, Mass. : Havard University Press.

Schlesinger, Arther Jr., 1997. "Has Democracy a Future?" *Foreign Affairs*, 76-5(September/October), pp.2~12.

Shin, Doh-Chull and Huoyan Shyu. 1997. "Political Ambivalence in South Korea and Taiwan," *Journal of Democracy*, 8-3(July), pp.109~124.

Wilson, Richard W. 2000. "The Many Voices of Political Culture : Assessing Different Approaches," *World Politics*, 52-2(January), pp.246~273.

Zakaria, Fareed., 1994. "Culture is Destiny : A Conversation with Lee Kuan Yew," *Foreign Affairs*, 73-2(March/April), pp.109~126.

한국의 정치변동

2006년 2월 17일 인쇄
2006년 2월 22일 발행

저　　자　홍득표 지음

발 행 처　인하대학교 출판부
인천광역시 남구 용현동 253
전화 : 032)860-8301~2
팩스 : 032)875-0909
출판등록 1979. 5. 23. 남구 제13호
인 쇄 처　진원디자인 프린텍
전 화 032)467-4544~5

I S B N　89-7407-203-3 93340
정　　가　17,000원